六朝隋唐道教思想研究

六朝隋唐道教思想研究

麥谷邦夫著

岩波書店

まえがき

六朝から隋唐時代にかけての思想史の一角を彩るのは、儒教、仏教、道教三教間の相互交渉から生み出された豊かな思想的営為である。なかでも道教は、中国古代の天の思想や鬼神論を背景に、神仙思想や種々の民間信仰をその基層に保持しつつ、老子の道の哲学を中核に据えてその教理思想の構築を進めてきた。この過程で、仏教の有する衆生済度の救済思想や三論をはじめとする仏教教理学の方法論を巧みに取り込むことによって、儒教や仏教に対抗しうる独自の教理思想体系の形成を目指したのである。こうした試みを経て形成された道教教理思想の根幹をなす概念は、「道」と「気」と「神」の三者である。この三者およびその相互関係をいかに規定するかは、この時期の道教教理学の最大のテーマであり、そこには体系化を志向する思想的営為の迹が集中的に現れている。

漢末までに一応の完成をみせ定着していた「道」と「気」との関係論、すなわち唯一絶対の根源的存在である「道」から形而下の「元気」が生じ、その元気から陰陽二気が分出し、陰陽二気が交わって万物が生じるとする哲学的生成論は、魏晋に入ると次第に関心の対象を「元気」から陰陽二気が分出する過程へと移すようになり、「道」と「元気」との関係については新たな展開はほとんど見られなくなる。その結果、「元気」は太易、太初、太始、太素、太極の五段階を漸変するという、易緯『乾鑿度』や皇甫謐『帝王世紀』などに見られる五運説が出現し、「元気」は実は漸変の過程を内包する複雑な存在であると考えられるようになった。しかしながら、道→元気→万物という単線的な生成のプロセス、ないしは道と気との関係論における「道」と「元気」との上下先後の関係には、あくまでも変化が生じることはなかった。

こうした情況に顕著な変化が兆してくるのは、道教教理の体系化の試みが始められるようになる東晋期以降のことであった。「道」を頂点とする哲学的生成論に基づく世界観と、元始天尊(「神」)を頂点とする道教の宗教的生成論や世界観とをいかに矛盾なく統一的に説明するかが、雑多な要素を時間の経過とともに重層的に積み上げてきた道教教理の体系化の過程にあっては、まず第一に解決しなければならない最大の問題であった。このような要請に応えようとする試みは、「道」と「気(元気)」との間に上下先後の絶対的区別を立てず、両者を同一の次元において捉え、その一体性を強調しようとする教説として結実する。『弘明集』巻八に載せる釈僧順「答道士仮称張融三破論」及び同じく劉勰「滅惑論」に引かれる「三破論」は、このような「道」と「気(元気)」との関係に関する新たな論を伝える最古の資料のひとつである。この両論によれば、「三破論」中には「道は気なり」あるいは「道は気を以て宗と為す」といった記述が含まれていたことが知られ、斉梁の頃の道教教理の中で「道」と「気(元気)」との同一性が主張され、それが仏教側の道教批判の対象とされていたことがわかる。この教説はやがて「道気」の概念として定着し、道教教理思想の核心的概念のひとつとして以後の道教経典の中に頻出するようになる。

釈僧順や劉勰らがこの「道は気なり」という教説を真っ先に取り上げたのは、「道」を形而下の存在である「気」と同一視する点を捉えて「道」の根源性を否定し、ひいては元始天尊の無因無待性をも否定して、道教の「教」としての存在意義を抹殺しようとの意図によるものである。それは、「道気」の概念がまさにこの時代の道教教理思想の核心をなすとともに、その最大の弱点でもありうると考えたからにほかならない。こうした仏教側からの批判を承けて、隋から初唐にかけての道教教理学の大成期には、この「道は気なり」という教説が一旦放棄されて、「道は理なり」という新たな主張が掲げられた。このことは、隋の『玄門大義』を節略した唐孟安排の『道教義枢』道徳義その他の資料に照らしても明らかなところである。しかし、このような情況は長くは続かず、仏教教理学の影響が徐々に弱まり、道教教理の独自性を回復しようとする動きが顕著となる中唐以降には、再び「道は気なり」という主張へと回帰することになる。

ところで、道教教理の中核をなす神々の世界は、様々な要素を取り込みながら徐々に体系化されてきた。その頂点に位置する神格としては、後漢期にはすでに老子その人が神格化されて(太上)老君として祠られていたが、続いて東晋末期までには、老子の説く「道」そのものが神格化の対象となり太上道君が加上され、さらには元始天王(天尊)が加上されて道教の最高神とされた。魏晋から六朝中期にかけて道教の教理思想が徐々に形成されていく過程では、老子の説く「道」の哲学が極めて重要な役割を果たしてきたのは事実であるが、本来こうした「神」を中心に構成されるべき道教教理の体系の中に、哲学的概念である「道」をそのまま持ち込むことには無理があった。そこに哲学的概念としての「道」の神秘化が進められる契機が存在したのだといえよう。かくて、この世界の根源的実在としての「道」と宗教的世界の始元的存在としての太上道君をはじめとする神格との一体性が明確に意識されるようになり、「道」即「神」という教理が形成されることになる。

こうした思想的営為の中で、道教の神学的生成論はどのように具体化されたのであろうか。例えば、『三天内解経』では、元気に先立って世界の原初に存在するのは道徳丈人という神格であり、『九天生神章経』では三元の気である天宝丈人、霊宝丈人、神宝丈人という三柱の神格から玄元始三気が生み出されて天界が生成され、以後、順次地上世界の生成が始まるとされている。そこでは、道気に対応する神格としての元始天王などは見えていないが、実質的には三元の気に先立つ窮極の存在としてそれらが自明のものとして前提されていたと考えられる。いずれにせよ、これらの経典では、神と混元の気との同一性一体性がその宗教的世界観の中核をなしていたといえる。かくて、「道」と「神」とは、生成論において対等の位置を占めるようになり、ここに「道気」を媒介として「道」と「気」と「神」とを同一のものとする、道教教理思想の根幹をなす道気神三位一体の教理思想が成立する基盤が提供されることになったと考えられる。「道気」という概念の出現は、このような道教教理の展開の迹を如実に示すものなのである。

この道教教理思想の形成過程において、『老子』の哲学の果たした役割は極めて重要であり、多数の『老子』注釈書が道教の経師たちの手によって著述されたが、その内容は教理形成の段階に応じてダイナミックに変化している。この種の『老子』注釈書の中で、資料的まとまりを持つ比較的初期のものとしては、唐の道士成玄英の注釈が注目される。成玄英の『老子』解釈には仏教教理学とりわけ三論教学の強い影響が看取される。成玄英が「道」を第一義的には万事万象を貫通する根源的真理としての「虚通の妙理」と定義していることは、六朝期における道の典型的な定義である「道は気なり」とは正反対であるかのように見える。しかしながら、成玄英は「道」と「気」との関係を本迹関係として捉え、道を「本」としての「真道(虚通の妙理)」と「迹」としての「応道」とに分けたうえで、「道は気なり」を「応道は気なり」と読み替えることで従来の道教教理との整合を図った。同時に「道」は形而下の「気」と同じだという仏教側からの批判に対しても、この論理を適用することによって対抗できると考え、「真道」はあくまでも窮極絶対であることを主張しようとしたのだといえよう。

このような「道」と「気」と「神」との一体性の教説は、他の諸宗教には見られない道教独自のものである。この教説こそが、「道気」の万物への遍在の思想を生み出し、「気」を媒介とする得道の階梯を明確に体系化することを可能にした。『道基吐納経』などの「道は気なり。気を保てば則ち道を得、道を得れば則ち長存す」という教説はその最も簡潔な表明であり、『思微定志経』などに見られる「両半成一」の教説も、万物の生成の過程を逆に遡ることによって道気を回復し、「道」すなわち「神」と一体となりうるという主張に他ならない。さらにいえば、『道教義枢』道性義に典型的に見られるような、人間以外の無識の存在にも得道の可能性を認める草木果石有道性説も道気神三位一体説の必然的な帰結といえよう。このような道性論が荊渓湛然の無識有仏性説に先立って成立していたことは、この時期の道仏交渉の観点からも注目すべきことである。また、『黄庭内景経』に代表される内観存思の理論も道気神の一体性を根拠とし、呼吸法による気の循環と観想とを通じて体内神(気)と混然一体となり、進んではこの世界に遍在する「気」の根源である天上の神々とも一体となりうるとするものである。この他にも、煉丹(外丹、内丹)、服薬、導引、気功などあまたの道術が考案され実践されてきたが、それらはすべて「気」の操作を通じて「道」あるいは「神」と一体となることを目指すものに他ならない。

このように、六朝後半からの教理体系化の過程においては、全般的に仏教教理学の影響を極めて強く受けたにもかかわらず、その宗教的世界観の根幹においては決して仏教の所説を受容しなかった点に、道教教理の独自性と中国における「気」の思想の揺ぎない伝統を看取することができよう。

六朝から隋唐にかけての道教教理思想の形成期に大きな問題として取り上げられたものには、道気論以外にも「道」と「自然」と「虚無」の関係に関する教説がある。これは、『老子』第二十五章の「道は自然に法《のっと》る」の解釈に関連して、仏教側から提起された批判とそれに対する道教側の反論を契機として展開された。仏教側からの批判は、もし、『老子』のこの説に従うならば、「道」は「自然」の下位に従属するのであり、「道」やその神格化された「道君」が窮極絶対の根源的存在だとする道教の教理は成立しえないというものであった。これに対する道教側の当初の反論は、『老子』の説は「道」が「自然」の下位にあるということではなく、「道」のありかたが「自然」であることを言ったに過ぎないというものであったが、これは実はかなり苦しい反論であった。道教経典の中には、『西昇経』のように明らかに「自然」や「虚無」を「道」の上位に置くようなものが存在したからである。つまり、「道」と「自然」と「虚無」の関係については、この時期の道教教理はいまだ統一的な見解を有してはいなかったのである。

こうした情況が最終的に解決されたのは、ようやく唐代に入ってからであった。唐の玄宗は『孝経』『老子』『金剛般若経』という三教の代表的経典に注釈を施し、それらの疏を作成させている。そこには当時の三教の間の複雑な関係が反映されているが、玄宗は『老子』の注疏の中で特に「妙本」という概念を提示して「道」に関する新たな解釈を行った。玄宗は、「妙本」と「道」との関係を、結局、根源的始元的存在の実体とそれに付された仮の名称との関係として規定した。その上で、「道」と「自然」と「虚無」とを「妙本」の「幻体」の「体」「性」「功用」に対する個別の名称に過ぎないとし、三者の関係をいわゆる「道」のさらに奥にある窮極的実体としての「妙本」のもとに整合的に規定しようとした。玄宗は、儒教であれ仏教であれ道教であれ、それらはいずれも「妙本」の「幻体」から派生した個別の教説に過ぎず、「妙本」のもとでは何らの区別もなくなるとして三教の斉一を主張したのである。

六朝から隋唐にかけての長い期間にわたって行われた道教教理思想の体系化の過程では、「道」と「気」と「神」の三者の関係をいかに規定するかが最重要課題であった。道教の宗師たちは、中国思想の根底にあって終始一貫それを支え続けてきた「気」の概念と『老子』の「道」の哲学とを巧みに援用することによって、この問題に最適な解を与えようと努力した。そうした試みを通じて、「道気」という新たな核心的概念が確立し定着していったのである。それとともに、「自然」「虚無」「因縁」をはじめとする様々な思想的問題が取り上げられ、仏教側との激しい論争が繰り広げられる中で、三論学派をはじめとする仏教教理学の方法論をも摂取しながら、独自の教理思想体系の構築が進められてきた。こうした思想的営為の先に、やがて三教を斉一たらしめる窮極の概念としての「妙本」の出現を見るに至ったのである。

本書の各論は、概ねこうした六朝隋唐期の道教教理思想史の大きな流れに沿いつつ、時として興味の趣くままにその支流にも分け入ることで、この時代の道教教理思想の諸相を三教交渉の視点を踏まえて明らかにしようとしたものである。

六朝隋唐道教思想研究

目次

第四部　唐玄宗三教思想研究

凡　例

一　本書中に引用した道蔵資料は、上海涵芬樓景印本の正統道蔵に拠る。引用に当たっては、該当箇所の葉数と表裏を注記した。

二　本書中に引用した仏典資料のうち、大正新脩大蔵経に拠るものについては、該当箇所の巻数、頁数と上中下段を注記した。

三　原文資料の引用に当たっては、原則としていわゆる新字体に改めた。

四　原文資料中の俗字、異体字については、通用の字体に改めたものがある。

五　引用資料の中には校勘用の記号を付したものがある。

・判読不明の文字は「?」、欠字は「□」で表示した。

・原文を改める場合には、置換ないし挿入する文字を[　]で括り、その後に置換ないし削除対象の文字を(　)で括って配置した。例えば、「道者、理也、通[也](者)、導也」とあるのは、原文に「道者、理也、通者、導也」とあるのを「道者、理也、通也、導也」に改めることを、「道[浄]虚通曰道[身]」とあるのは、原文が「道虚通曰道」とあるのを「道浄虚通曰道身」と「浄」「身」を補うことを意味する。

六　書名に関しては、混乱の生じない範囲で適宜略称を使用した。

第一部　道教教理思想の形成

第一章　魏晋南北朝期の道家・道教における気

はじめに

魏晋南北朝時代は、後漢礼教国家体制の崩壊の後を承けて、それまでの儒教一辺倒から、多様な価値体系の調和的並存へと移行した時代であった。知識人の必須の教養として玄儒文史の四科の学が挙げられ、なかんずく『周易』『老子』『荘子』の哲学を敷衍する三玄の学がその首位に挙げられたことや、宗教的方面では儒仏道の三教が並存していたことなどは、その端的なあらわれであった。このような時代状況の下での道家とは、先秦道家のような独創性を有する思想家集団では自ずからありえず、確乎たる儒教的基盤に立ったうえでの道家的思想家として存在せざるをえなかった。

一方、この時代の道教には二つの大きな流れがあった。一つは、戦国時代末期に斉燕の方士によって唱えられた神仙思想の流れのうえに形成された、主として少数のエリートの神仙術的実践による自己救済（神仙へ昇化すること）を意図する神仙術的道教の流れであり、いま一つは、遠く中国古代の天の思想や『墨子』の鬼神論の流れのうえに形成された、宗教的絶対者のもとに不特定多数の民衆の救済を意図する教団道教の流れであった。この両者は相互に影響しあいながら、やがて合流して民族宗教としての道教へと自己を形成していった。

この道家と道教とは、いずれも根源的理法ないしは実在として、『老子』の道をその根本に据えるという点では共通性を有する。しかし、道そのものをいかに解釈するかという点では、それぞれがより多くの独自性を主張している。そして、この両者の共通性と独自性とは、そのままその気論の共通性と独自性として顕現している。本章では、かかる見通しのうえに立って、まず道家系の気を王弼『老子注』、郭象『荘子注』、張湛『列子注』などを通して検討し、次に道教系の気のうち、神仙術的道教の系列として嵆康「養生論」、葛洪『抱朴子』、陶弘景『真誥』などに見える気を、最後に教団道教の系列として『太平経』『老子想爾注』および若干の道教経典に見える気を検討するとともに、仏教との関係をその気論との関連で検討する。

一　道家における気

魏晋における道家系の思想家としては、まず王弼が挙げられよう。しかし、王弼の思想の枠組のなかでは、気はさして重要な概念ではなかったと考えられる。彼が依拠し敷衍したはずの先秦道家の気には、大別して生成論的気と養生論的気があったが、現存する資料によるかぎり、王弼はこのいずれについても積極的な議論をしていない。これは、彼が注釈を施した『老子』そのものが気をあまり問題にしていないことにもよろうが、彼の『老子注』にやや遅れると思われる河上公の注が、気を『老子』解釈の重要な柱としていることを考えると、王弼の思想自体に主な要因があるというべきであろう。もちろん、王弼も『老子注』のなかで、「自然の気に任じ、至柔の和を致す」、「気は入らざる所無し」、「心は宜しく無有なるべし。気を使えば則ち強なり」など(1)と、自然的気から人間に内在する気までに言及してはいるが、それは伝統的な概念を踏襲し、現に存在するものとして肯定されるのみで、彼の思想にとっての重要な概念として積極的に取り上げられているわけではない。

彼の生成論は、「凡そ有は皆な無より始まる。……道は無形無名なるを以て万物を始成するを言う(凡有皆始於無、……言道以無形無名始成万物)」(第一章「無名天地之始、有名万物之母」注)といわれるように、無なる道から有なる万物が生じるとされ、先秦道家以来の通念である、道(無)から万物(有)への間に介在して生成論を具体化すべき気にはまったく言及しない。王弼の関心は、「万物万形、其の帰は一なり。何に由りて一を致すや。無に由ればなり(万物万形、其帰一也、何由致一、由於無也)」(第四十二章「道生一、一生二、二生三、三生万物」注)というように、万物生成の根源であるとともに、現実世界の多様な存在を統一し調和あらしめる原理としての「無」に専ら注がれた。王弼が貴無論者といわれる理由はここに存する。しかし、それはあくまで観念的抽象論の範疇でのことであって、現実世界の諸現象を具体的に説明すべき場合には、この立場から大幅に後退することを余儀なくされる。そして、そこには伝統的な気が顔を出してくるのである。

『老子』第四十二章は続いて「万物は陰を負い陽を抱き、沖気、以て和を為す」といい、王弼はこの部分に「万物の生ずるや、吾其の主を知る。万形有りと雖も、沖気焉《こ》れを一にす。百姓心有り。国を異にし風を殊にするも一なるを得る者は、王侯焉れに主たればなり」と注して[2]、現実世界を統一あらしめるものとしての沖気を、さらには人間社会の秩序の原理としての王侯を持ち出さざるを得なかった。もちろん、これらを「無」と重ね合わせようというのが彼の意図であろうが、それらの関係は曖昧でありかつ説得的であるとはいえない。王弼の思想が観念論としていかに優れたものであったかとは裏腹に、その脆弱さがここに露呈されているといえよう。それは、時代に抜きん出た王弼の思想も、伝統的気論の絆を肝心なところで完全には断ち切れなかったためであろう。

王弼にやや遅れて『荘子』に注を施した郭象における気はどうであろうか。郭象の場合も、王弼同様、気にはそれほど関心を払ってはおらず、『荘子』本文に見える気をほぼそのまま継承敷衍しているといえよう。ただし、郭象は安分自得の哲学と万物の自生自化の観点からその注を一貫させており、彼の気論もその枠内で独自性をもつと思われる。斉物論篇「夫れ大塊の噫気《あいき》、其の名を風と為す」に注しては、「夫れ噫気は豈に物有らんや。気は塊然として自ずから噫するのみ。物の生ずるや、塊然として自ずから生ぜざる莫ければ、則ち塊然の体大なり」といい[3]、知北遊篇「性命は汝の有に非ず。是れ天地の委順なり。孫子は汝の有に非ず、是れ天地の委蛻《いぜい》なり」に注しては、「今気聚まりて生ずるも、汝禁ずること能わざるなり。気散じて死するも、汝止どむること能わざるなり。其の結ぶに委ねて自ずから成るのみにして、汝の有に非ざるを明かすなり」という[4]。これは、知北遊篇の「人の生は気の聚まれるなり。聚まれば則ち生と為り、散ずれば則ち死と為る(人之生、気之聚也、聚則為生、散則為死)」を踏襲するが、それぞれに自ずからという限定が付され、気の離合聚散の運動は自然に自発的に起こるのであって、その運動を支配し統括する何らかの実体があるのではないとされる。同様の思想は、則陽篇「四時気を殊にし、天賜せず。故に歳成る」に、「殊気は自ずから有り。故に能く常に有り。若し本と之れ無くして天に由りて賜せらるれば、則ち時として廃する有らん」と注して[5]、四時の気の循環に対する天の支配を否定していることにも窺えよう。

郭象にあっては、気は万物の窮極的な斉同を支える原理であるとともに、万物の多様性を齎《もたら》す原理でもあった。至楽篇「万物は皆な機より出で、皆な機に入る」、寓言篇「万物は皆な種なり云々」などの注で、万物万形は変化して止むことがないが、その気を原《たず》ねていけば結局は同一なのだといった意味のことを述べ、万物の斉同を気を媒介項として説明している[6]。また、逍遥遊篇の藐姑射《はこや》の神人について、それは自然の妙気を受けたものであるといい[7]、徳充符篇では松柏が冬にも青々として衆木に優れる理由を、自然の鍾気、自然の正気を受けていることに帰している[8]。これは、ものの優劣——多様性をその稟受する気の優劣に根拠づける決定論であり、後述の嵆康「養生論」における神仙の定義と同様である。このように、郭象における気は、概ね先秦道家の気を踏襲して、万物の構成要素であるとともに、その斉一性と多様性とを支える原理であると考えられた。ただ、生成論的気に関して、気それ自身のうちに聚散の自ずからなる契機が内在するということを繰り返し強調したところにその特色があるといえよう。

次に、東晋の張湛『列子注』の検討に移ろう。彼の場合も王弼・郭象同様、あまり気には関心を持たなかったし、気に言及する際には伝統的な気の概念を踏襲することがほとんどである。しかし、それなりの独自性を出そうとした迹が見られないでもない。それは、万物生成の過程での原初的な気を、無限定なものとしてではなく一気と限定して捉えようとする態度である。天瑞篇で、太易―太初―太始―太素という一連の生成過程の最終段階である、気形質具わるも未だ相離れざる渾淪《こんろん》な状態に注して、「渾然として一気相い離散せずと雖も、三才の道は実に潜かに其の中に兆す」といい、続いて「易変じて一と為る」には「一気之れを恃みて化す」といい、また杞憂の説話の部分では「夫れ混然として未だ判れざれば、則ち天地は一気にして万物は一形なり云々」と注している。[9]

これらは、万物生成の原初段階を一気として捉えようとするもので、『荘子』大宗師篇の「天地の一気に遊ぶ(遊乎天地之一気)」、知北遊篇の「天下の一気に通ず(通天下一気耳)」、至楽篇郭象注の「一気にして万形(一気而万形)」などの一気が万物斉同の原理とされているのとは趣きを異にするといえよう。また、身体は「是れ一気の偏積する者なり(是一気之偏積者也)」(天瑞篇「是天地之委形也」注)とあり、伝統的な陰陽二気の交会や沖和の気といったものを媒介とせず、人と原初的な一気とが直接結びつけられていることも注目されよう。さらに、天瑞篇で栄啓期が万物のなかで人と生まれることができたのが一つの楽しみであるといっている部分に、「人の神気は衆生と殊ならず。適する所の者異なる。故に形貌一ならず」と注して、[10]ものの多様性を気のあらわれ方の相違によって説明しようとするのは、郭象などが特殊な気を考えるのとは傾向を異にする点であろう。

最後に、王弼の『老子注』と並んで、魏晋のいま一つの『老子』解釈を代表する『河上公注』をとりあげよう。[11]元来、『老子』本文には「気」なる語は三箇所しか出てこず、王弼の注もほとんど気には触れていないことは前述のとおりである。これに反して、『河上公注』では「気」が頻出し、『老子』の哲学を気で一貫して解釈しようとする態度が顕著である。それも、生成論的気と養生論的気が相互の関連性のうえでほぼ平衡的にとりあげられており、魏晋道家の気論の大要を示しているといえよう。

『河上公注』は、道のはたらきについて、「気を吐き化を布き、虚无より出でて、天地の本始と為るなり」、「気を天地に布き、通ぜざる所無し」と規定する。[12] このように、道は万物の根源的構成要素としての気を吐出し天地の間に流行させる具体的な作用をもつとされる。そして、「天地気を含みて万物を生ず（天地含気生万物）」（第一章「有名万物之母」注）るのであり、道の吐出した気は天地の間に包含され、そこに万物の生成が行われるという。この道―気―天地―万物という生成の過程は、『淮南子』天文訓に道―虚霩《きょかく》―宇宙―気―天地―万物という形に大成された道家の生成論をふまえたものであろう。[13] しかし、『河上公注』では、虚霩・宇宙は省略されており、しかも「万物始めて生ずるや、道従《よ》り気を受く」、「今万物は皆な道の精気を得て生ず」、「万物は皆な道に帰して気を受く」、「道は万物の精気を育養す」、「道は清浄にして言《ものい》わず。陰《ひそ》かに精気を行《めぐ》らし、万物自ずから成るなり」など[14]と、繰り返し万物と道とが気を媒介として密接に結びつけられており、『淮南子』にあっては重要な位置を占める天地の化育の徳が軽視されている。そして、「天地の間は空虚にして、和気流行す。故に万物自ずから生ず（天地之間空虚、和気流行、故万物自生）」（第五章「天地之間」注）るのであり、天地は単に道の吐出した気をその空間に受け入れ、万物が自生する場を提供するにすぎないとされている。これは、万物の自生自化をいう点では郭象の『荘子注』と共通するが、道と気すなわち道と万物との生成関係を明示している点では正反対の立場であり、道が気という形で万物に内在するとする道教的気論に近いものであろう。

また、この気は、「元気万物を生ずるも有せず」、「万物中に皆な元気有り。得て以て和柔なり」[15]といわれることからみると元気と同一であり、道が始元的な元気を吐出し、そこに万物が自生自化するというのが『河上公注』の生成論なのであろう。この道―元気―万物という生成論は、すでに後漢までに一応の完成をみた宇宙生成論を援用したものであり、それは同時に道教の生成論でもあった。この点、王弼から張湛の魏晋玄学が道教とほとんど関わらないのとは異なり、『河上公注』は道教の展開とかなり密接な関連を有すると考えられる。

このことを別の面から想像させるのが、「一」の規定である。「徳は一なり。一は気を布きて畜養するを主《つかさど》る」というときの「一」は、第一章での道のはたらきと同様のはたらきをもつとされ、さらに「一は道の始めて生ずる所にして大和の精気なり」とあるのを参照すると、[16]道と一とが重ね合わされ、しかも、一は気であると捉えられていたことが知られる。これは、道教の教理において「道は気なり」「道は元気なり」と定義される一段階前のものといえるのではなかろうか。

こうして自己に内在化された気を、愛しみ涵養することで生命を保持しようとする養生論は『河上公注』にも共通する。このほか、気の稟受に厚薄があることで賢聖や貪淫な人が生じるという多様性の原理としての気や（第一章）、天界と人界とをあい貫くものとしての精気を考え、人君の行為と天の気とが相関するという天人相関の原理としての気（第四十七章）などは、伝統的な気概念を継承するものであろう。

以上、魏晋の道家における気を概観してきたが、王弼、郭象、張湛らにおける気は、その独自の思想体系の中で位置を占められなかったり、付随的なものとして若干の考慮が払われたのみで、重要な概念とはされていなかった。これに反し『河上公注』は気を『老子』解釈の基底に据え、しかもその気論は道教系の気論と連関しており、道家と道教の気論の接点に立つものであるといえよう。これ以後、南北朝においては、管見の及ぶ限り見るべき道家系の気論は無いようである。このことも、この時代の道家にとって、気がいかに副次的な要素でしかなかったかを物語るであろう。

二　神仙術的道教における気

次に、神仙術的道教の系列における気の検討に移ろう。神仙術的道教は、不老長生を達成して神仙へと昇化することを目標とするが、その手段として養生や丹薬の煉成など様々な方術を有する。この養生に理論的根拠を付与したのが嵇康である。ここでは前節との重複を避けるために、養生論と関連する範囲で嵇康の気を見てみよう。

嵇康は万物を生み出す根源として元気を考え、その稟受の仕方の多少によって才性に昏明が生ずるとする（「明胆論」）。しかし、特段に優れた人間――彼の言葉では「至人」であり「神仙」であるが――は、単に気の稟受の仕方が他と較べて多いだけではなく、自然から異《すぐれた》気を受けているのであって、凡人が学んだからといってなれるものではないとされ（「養生論」）、郭象の『荘子注』や「養生論」に対する向秀の「難論」と同じく決定論の立場に立つ。ただし、向秀がこの決定論の立場から一般人の養生の努力をも否定するのに対して、嵇康は神仙と凡人は質的次元を異にするとしながらも、長生の努力によって千年万年の寿命が得られるとする立場に立つ。

ではそれはどのようにして可能となるのか。主として気との関連で考えれば、人間の体内に内在する気を調和のとれた状態にし、竭尽させることのないよう新たな気を導入すればよい。ところが、「凡そ食う所の気、性を蒸し身を染め、相応ぜざるなし（凡所食之気、蒸性染身、莫不相応）」（「養生論」）であって、食物に含まれる気が体内の気に大きな影響をもつ。世人の喜ぶ食物はその味覚をいかに満足させるものであっても、一旦身中の臭処に入れば「精神を竭辱し、六府を染汚し、鬱穢の気蒸して、自ずから災蠹《さいと》を生ず（竭辱精神、染汚六府、鬱穢気蒸、自生災蠹）」（「答難養生論」）ることになる。それゆえ、鬱穢の気を蒸すものを食しないとともに、さらに積極的に清浄な気を含む流泉甘醴、瓊蘂玉英などを飲食することによって体内の和気を充溢させ五臓の汚れを澡《すす》ぎ、「骸を練り気を易え、骨を染め筋を柔かにす(練骸易気、染骨柔筋)」(同上)ることが肝要とされる。この「食する所の気を納れ、質を還《めぐ》らし性を易《か》う(納所食之気、還質易性)」(同上)ること、つまり外在的な気を身中に導入して身体に内在する気を変化させうるという思想こそ、神仙術的道教の根幹となるものであった。

嵆康の「養生論」を承けてこれを発展させ、神仙術的道教の理論を大成したのが葛洪の『抱朴子』である。『抱朴子』は内篇二十巻と外篇五十巻とからなるが、自叙篇において、内篇は神遷方薬、鬼怪変化、養生延年、禳邪却禍の事をいって道家に属し、外篇は世間の得失、世事の臧否をいって儒家に属すと述べているとおり、神仙術を大成したのは内篇である。この内外二篇を較べてみると、内篇にはおびただしく「気」なる語が見えるのに対し、外篇にはごく僅かしか見えない。しかも、内篇に見える気は生成論的気から呪術的気までと幅が広く、神仙術的道教の体系のなかでの気概念の重要性を窺わせる。

『抱朴子』においては、生成論的気は必ずしも明確には言及されない。しかし、「渾茫《こんぼう》剖判して清濁以て陳《つら》なる。或いは昇りて動き、或いは降りて静まる。彼の天地すら猶お然る所以を知らざるなり。万物気に感ずるも、並びに亦た自然にして、彼の天地と各おの一物為り。但だ成るに先後有り、体に巨細有るのみ」(塞難)、「玄なる者は……元一を胞胎し、両儀を範鋳し、大始に吐納し、億類を鼓冶す」(暢玄)などといわれる。[17] 渾茫は道のありさまを示す語であり、玄は道をいいかえたものであるから、道から一(元一)、一から二(陰陽二気)、二から三(天地万物)が生ずるという生成論が考えられていたのであろう。これは『老子』第四十二章の生成論を忠実に敷衍したものに過ぎない。また、上掲の塞難篇の文に続けて「天地は万物を含嚢すと雖も、万物は天地の為す所には非ざるなり(天地雖含嚢万物、而万物非天地之所為也)」と明確に天地の造化作用を否定している点や、『河上公注』に見える道が気を吐出するといった、道と気の直接的な生成関係が説かれない点などから、生成論については魏晋玄学のそれを踏襲するにすぎないといえよう。

『抱朴子』の神仙思想において、気はいかなる役割を果たしているのであろうか。まず、彼は気が万物を構成する根源的要素であり、人にとっては生命源であるという認識から出発する(至理)。そして、人は父母を通じてこの気を稟受するが(塞難)、その際に稟受の仕方に多い少ないの差異が生じ、その多少の差が人の寿夭を決定する(極言)。その差異は、気を受けて生まれる際にどの星に属するかで偶然に決定される(塞難)。この気は生命活動の中で消耗されていき、気を使い果たして死ねば、永遠に再生の機会は無くなるのであり(至理、地真)、そこで不老長生を実現して神仙へ昇化するには、この気の竭尽を防ぐことが第一に要求される。ここにおいて、『抱朴子』は嵇康の「養生論」に提示された理論にのっとり、体内の気を消耗しないための呼吸法(胎息)、外部の新鮮な気を体内に導入してくまなく循環させる法(行気導引)、自然のすぐれた気を含む食物の摂取と体内の気を汚辱する食物を摂取しない法(服食辟穀)、体内の精気を外に泄らさず、しかも陰陽の気の調和を齎す法(還精補脳や房中術)といったおびただしい方術を詳細に述べる。

しかし、嵇康においては、これらはあくまでも延年のための補助的手段にすぎず、神仙と一般の人間とは質的次元を異にするもので、学んで至れるものではないとされた。『抱朴子』においても、この考えは基本的に継承された。それゆえ、『抱朴子』の神仙術の体系のなかでは、凡人から神仙への質的転換を可能ならしめるには、霊薬すなわち金丹の完成が唯一絶対の方法とされたのである。しかし、それは極めて困難な作業であり、先天的に神仙へ昇化する可能性を付与された人間のみが実現できる(対俗、弁問)という立場に後退せざるを得なかったところに『抱朴子』の限界があったといえよう。

この限界をより宗教的な体系のなかで超克したのが、陶弘景によって大成された茅山派道教であった。彼の編纂付注した『真誥』『登真隠訣』によって、その気論を検討してみよう。まず注目されるのは、『真誥』巻五甄命授第一に引く清霊真人裴玄仁の誥授に「道は混然として是れ元炁を生ず。元炁成りて、然る後に太極有り。太極は則ち天地の父母にして、道の奥なり」[18]という、道―元炁(気)―太極―天地という生成論である。道―元気―天地という宇宙生成論が、『真誥』以前においてすでに古典的なものとして存在したことは前述した。しかし、元気と天地との間に太極を配するのは何故だろうか。そこで思い起こされるのが、孝経緯『鉤命決』のいう五運、つまり太易、太初、太始、太素、太極の五気の漸変による生成論である。この孝経緯『鉤命決』の成立年代は判然とはしないが、五運の論は晋の皇甫謐の『帝王世紀』にそのまま見えており、晋代までにこの生成論が完成していたことは確かであろう。『帝王世紀』は、魏晋における生成論としては最も完成されたものであり、その影響力も大であった。[19]『真誥』に見えるものが、古典的な道―元気論と五運との結合のうえに成立したことは容易に想像される。

この五運による生成論が後の道教体系のなかにそのまま取り込まれていったことは、唐代の『道教義枢』混元義に引く『洞神経』などによって知られる。そこでは「未だ気を見ざる」太易がすなわち道であるとされている。『真誥』においても、太易と道が同一視され、質形ともに具わった物質の原初としての太極以前の、無形無象なる四気が元気に重ね合わされたのであろう。それゆえ、『真誥』の生成論は、道教教理体系が魏晋生成論を取り入れていく過渡的形態を示すものであるといえよう。ところで、前の引用文に付せられた陶弘景の注に、「此れは人自然を体し、道炁と合することを説く(此説人体自然、与道炁合)」とあり、「道炁」なる語が見えている。これはこの時代の道経のなかで好んで使われる語であり、おそらく道のあらわれとしての気、道なる気という意味であろう。『老子』の道は道教のなかでは神秘化、擬人化され、やがては元始天尊という至上神へと発展するが、それらは本来無形と考えられたのであり、現実世界には気として顕現するとされたのである。それは、「道は気なり」「道は元気なり」という規定に最も端的に示されているが[20]、これを一語であらわせば道気ということになろう。それゆえ、『登真隠訣』では、太上老君をはじめとする天上の諸神を一括して道炁と呼び、祈請の対象としている。これは、後述の『三天内解経』などの六朝道経に共通するものであり、道教の形成にともなう気概念の宗教的展開の一つといえよう。

このような宗教的展開は神仙思想についても顕著であった。神仙思想は、本来死を超克し、現にある肉体を永遠に保持したまま天界に飛翔することを目指す思想であった。そのためには金丹の煉成が不可欠であるとされたが、そこには複雑な方術と煩瑣な禁忌が大きな障壁としてたちはだかっていた。また、神仙思想はその本質からして生者のためのものであり、死者はその埒外に置かれていた。こうした神仙思想の限界を打破し、死者の救済をも考慮した開かれた救済思想へと発展させたのが五世紀段階の神仙術的道教である。

それでは、死者の救済(昇仙)はどのように考えられたのか。『真誥』の場合は次のようである。生前善行を積んだり仙道修業に志した者が死ぬと、死後その魂魄は死者の世界の官僚である地下主者となる。この地下主者には三等級あって、その最上級のものは天上の仙人の世界に遊ぶことを許され、そこで「学を受け形を化し、景を濯《あら》い気を易《か》え、十二年にして気、神魂を摂《おさ》め、十五年にして神、蔵魄を束ね、三十年にして棺中の骨、還《ま》た神気を附され、四十年にして平復して生人の如く、還た人間に遊び、五十年にして位仙官に補せられ、六十年にして広寒に遊ぶを得、百年にして昆盈の宮に入るを得」[21](巻一三稽神枢第三)とされる。このように、死者の世界における再生昇仙は、新たなすぐれた気の獲得とその涵養による肉体の回復という過程をとるとされるのであり、これは天地万物の生成過程を死者の世界に投影したものであるといえよう。道教における生成論は、神格化された道から始まるのであり、それゆえ、死者の再生も道を至上神とする天界においてその主宰のもとに行われるとされるのである。『真誥』とほぼ同じ頃の道経と思われる『太上洞玄霊宝无量度人上品妙経』巻一は、この天上における新たなる肉体の生成によって神仙となることを説く経典であるが、これに付された南斉の厳東の注には、「大神は……常に飛玄の上に在りて洞玄の経を誦し、自然の炁を以て学道の人を抜度す」、「中に神嬰の童有り。一たび无量の章を歌えば、立ちどころに形を三錬の房に反し、身自然の炁を受け、无極の齢を歓楽《たの》しむを得」[22]などとあって、天神が生成を司ることが明確にいわれている。これは、仏教における救済の形式としての成仏が、六道輪廻の果てしない転生を離脱して、窮極的な悟りの境地に達することであり、しかも転生の構造に関心が払われなかったのとは好対照をなすといえよう。

以上、神仙術的道教における気を概観したが、生成論的気については特に見るべきものはなかった。ただ、『真誥』などにおいて、当時流行の生成論が神秘化されて道教教理体系に取り込まれ、神格化された道を頂点とする天上の諸神と人との関係を整合させようとした迹が見られるところに特色があるといえよう。

三　教団道教における気および仏教との関係

不特定多数の民衆を信者とし、宗教的絶対者のもとにその救済を図ろうとするいわゆる教団道教は、後漢末の張角の太平道とそれにやや遅れる三張の五斗米道とを嚆矢とする。五斗米道は天師道とも称され、魏晋南北朝期を通じて大きな影響力を有した。ここでは、太平道教団および天師道教団の教義を伝えるといわれる『太平経』と『老子想爾注』、および南北朝期の若干の道経に見える気を検討し、最後に仏教との関連に若干言及することとする。

まず『太平経』における生成論的気から見ていこう。『太平経』ではものの生成は元気から始まるとされる。「夫れ物は元気に始まる」(丁部十六)、「元気は廼《すなわ》ち天地八方を包裹し、其の気を受けずして生ずるもの莫し」(丙部六)、「天地人は本と同一の元気なり。分かれて三体と為る」(丁部十五)などと繰り返し述べられている。[23] このほか、「元気、自然・太和の気と相い通じ、……三気凝りて共に天地を生ず」(丙部十四)とある太和の気、自然の気が副次的なものとして生成に参与すると考えられた。[24] ただ、いま少し段階を細かく見ていくと、「気の天下地上に法行するや、陰陽相い得て、交わりて和を為し、中和の気と三合して、共に凡物を養う」(丙部十四)、「天は太陽なり、地は太陰なり。……両気……中央に合し、乃ち共に万物を生ず。万物悉く此の二気を受けて以て形を成し、合して情性を為す」(辛部)などとあって、[25] 混元の一気である元気から陰陽二気が分かれ、陰陽二気が交わるところに中和の気が生じ、この陰陽中和の三気によってものが生成されるとするようである。これは極めて古典的な生成論であるといわなければならない。しかも、元気と道との関係が、「元気は道を行《めぐ》らして以て万物を生ず」(乙部)、「道は化す能わざる所無し。故に元気道を守りて、乃ち其の気を行《めぐ》らし、乃ち天地を生ず」(甲部)などといわれ、(26)道が宇宙構造の窮極の原理、理法として捉えられている点、後漢の張衡や王符らの生成論と共通する。この点は、『河上公注』が道を気を吐出する存在として捉えるのとは大いに異なるところである。

次に、『太平経』では、人間世界と天上の神仙世界とを一貫する、修養の段階に応じた序列が考えられており、しかも、神仙の職掌が前述の生成論と明確に結びつけられている。その序列は、奴婢—善人—賢人—聖人—道人—仙人—無形委気之神人とされる(丙部八)。無形委気之神人は委気神人とか単に委気ともいわれ、形なく気のままなる神人という意味であろう。そして、「其れ無形委気の神人は、職、元気を理《おさ》むるに在り」(丙部八)、「無形委気の神人は、元気と相い似たり。故に元気を理む」(同)、「元気と其の徳を比するを得」(同)、「今、是の委気神人は、廼ち元気と形を合し力を幷せ、四時五行と共に生ず」(丙部九)などとあるように、(27)天界にあって万物生成の始元である元気を治理するとされる。これは明らかに、元気から始まる生成の過程と無形委気之神人を頂点とする世界構造とを対置することによって、それを権威づけようとするものであった。しかし、『太平経』においては、両者の関係はいまだ並列的であり、この両者が完全に一つの生成論に組みあげられるのは、五—六世紀の道教教理におけるそれを待たなければならない。

また、『太平経』では、「天理は乃ち気を以て語言と為す(天理乃以気為語言)」(辛部、頁九六)というように、天の意志は気として表出されるといわれる。それゆえ、地上の人間が天の意に随順していれば、陰陽中和の三気が完全に調和した太和の状態となり、その太和の状態から太平の気が生じて地上に太平が齎される。逆に天の意に逆らえば、天は地上に凶年の気、災気、乱気、刑気、囚気等々を流行させ、それに従って地上には災害兵乱凶年などがおこるとされる。このように、天人の間を気が媒介するとともに、あらゆる自然現象、社会事象は、それぞれそれに対応する気の流行によって惹起されるとするのが『太平経』の気論の特色といえよう。

次に、『老子想爾注』においては、気はそれほど重要なものではなかったようで、気に言及することは必ずしも多くはない(28)。ただ、道の神秘化、擬人化がかなり明確に見られ、それと関連して「道気」なる概念が見られることが注目されるが、宇宙に遍在し清微にして見ることができないものといった説明しか加えられていない。また生成論的気に対しても無関心である。やや注目されるのは、道と並んで一が神格化されており、「一は天地の外に在り、入りては天地の間に在り。但だ人身中に往来するのみ。……一、形を散じて気と為り、形を聚めて太上老君と為り、常に崐崘に治す」(第十章)(29)とあるように、気、太上老君、一が同一のものとされていることである。太上老君は本来老子が神格化されたものであるが、それは道の神秘化、擬人化とも関連するから、前述の『河上公注』の場合と同様、「道は気なり」という思想の萌芽とも見られよう。

さて、南北朝も後半期における道教の気はどうであろうか。この時期の道教は自己形成の最終的段階にさしかかっており、あらゆる面で体系化が進められた。特にその世界観は、伝統的な宇宙生成論と神秘的な生成論との結合と再編成のなかで体系化された。その典型的なものが『三天内解経』である。それは、世界の根源に道とその神格化された道徳丈人以下百千万重の道炁を考え、そののち幽冥のなかから空洞、空洞から太無、太無から玄気・元気・始気の三気が生じ、この三気が混然と雑りあって玄妙玉女を生じ、老子が生まれる。老子は三気を散布し、玄気は上昇して天に、始気は凝結して地に、元気は水となって世界が形成され、さらに沖和の気が人を生じるとする。また、『九天生神章経』では、三洞の神格である天宝君、霊宝君、神宝君は本来同一の神格であり、それが分かれて玄元始の三気となり、さらに一気が三気ずつに分かれて九気となり、そこから天地万物が生ずるとされる。

ここにおいて、伝統的宇宙生成論における元気の始元性が、玄始二気と並ぶものとして相対化された。この三気を万物生成の始元とする思想が何に起源するかは目下のところ判然としないが、おそらく、三洞説および天地水の三官との整合や仏教との交渉の過程で三十六天説などが形成されたことなどと関係があるのではなかろうか。『道教義枢』に引く『太真科』が、三気が三清天となり、そこから九炁が生じて九天となり、九天が各々三天を生じて二十七天となり、それと初めの九天とを加えて三十六天になるといった説明をしていることが参考となろう。このように、南北朝期の道教は、それ以前のあらゆる気論を融合させつつ、至上神を頂点とする神秘的な宇宙生成論へと組みかえ、その世界観を形成しつつあったことが知られる。これは隋唐の道教においてより体系的なものとして完成されるのである。

最後に、南北朝期における道教と仏教との関係を、気に関連して若干言及しておこう。この時期の仏道論争において、仏教側の道教攻撃の的となったのは、「道は気なり」という点であった。それは、『弘明集』に収める僧順の「答道士仮称張融三破論」なる論文に、もし道が気であるとするなら、それは『荘子』にも「聚まれば生じ、散ずれば死ぬ」というように、消滅聚散するものであって、常住不変の存在とはいえないと非難していることに窺える。(30)道教側の論は、おそらく、世界の窮極的な創造者である道は、具体的には気として万物に内在するのであり、それによって道の普遍性、道と万物との一体性が顕現されるとするものであろう。それゆえ、気を保つことが道を得ることであるといった発想が生まれるのであろう。(31)これに対して、仏教側は気が形而下的存在であることをとりあげて道の絶対性を否定しようとしたのである。この論争は隋唐期にも引き継がれ、仏道論争の主要な争点の一つとなった。

いま一つ注目されるのは、道像に関する議論である。老子の神格化はすでに後漢時代に始まっており、桓帝は黄老を仏とともに祠ったといわれる(『後漢書』襄楷伝)。この老子の神格化は、やがて『老子』の道および一の神秘化、擬人化へと進み、南北朝末期から隋唐期にかけて、元始天尊を最高神とする道教の神統譜が完成した。桓帝が黄老の像を祠ったかどうかは確証がないが、南北朝期には道像、元始天尊像が一部の道教信者の間で祠られていた。しかし、本来道は無形無名なものとされていたのであり、『弁正論』によれば、梁陳斉魏以前には天尊の像はなかったのを、陸修静が仏家にまねて天尊の像を造ったと伝えられている[32]。また北周の道安の『二教論』によれば、道士のなかには金剛蔵、観世音二菩薩を侍した老子像を奉祠していたものがあったといわれる[33]。このように、道像の造作は仏像の奉祠に影響されたものであるが、六朝末から唐初頃のものといわれる『三洞奉道科戒営始』造像品には、天尊、道君、老君の像についての詳細な規定が記載されている。また、『隋書』経籍志道経序には、北魏の太武帝が道教に帰依してから、天尊および諸仙人の像を刻して供養するようになったと伝えられており、前の『弁正論』の記述の通り梁陳斉魏の頃から、道教の神像が祠られはじめたのであろう。

こうした道教側での道像の造作奉祠に対して、仏教側はかなり激しい攻撃を加えている。『弁正論』には、梁の陶弘景は仏道二教を兼修し、その山居に仏堂道堂を建てて一日おきに供養していたが、仏堂には仏像を祠ったのに対し、道堂には像がなかった。その理由は、道は本来形無きものであり、元気であるからだし、古来の通儒も気を道とし、別に道なる神があるとはいっていないではないかと非難している[34]。これはおそらく事実であろう。陶弘景の場合は、「道は気なり」という規定はゆるがせにできないものであったろう。それは彼が当時の一級の知識人であったことにもよるが、彼の信奉した神仙術的道教が、基本的には不特定多数の民衆を対象とするものではなかったことも大いに関係しよう。しかし、多くの民衆の教化を意図する教団道教は、「道は気なり」という定義やその神秘的生成論の存在にもかかわらず、神像のもつ神秘的な教化力の魅力に打ち勝てなかったことは、ローマ帝国治下のキリスト教と同様であったろうと思われる[35]。

魏晋南北朝期の道家・道教における気を通観していえることは、まず、魏晋道家の思想の枠組のなかでは、多くの場合、気は重要な概念としては取り上げられず、後漢までに成立定着した気概念がそのまま継承されたということであろう。ただ、『河上公注』は道家と道教の接点として、かなりの関心を気に払っていたことが知られた。これに対して、道教では、その生成論のなかで極めて神秘的な気論が展開されたこと、また道を気と規定することによって、本来宇宙構造の窮極的な原理である道が、気そのものとして万物に内在化されるのだという、気一元論的な世界観に転化しうるような思想の萌芽が見られることなど、いくつかの注目すべき点があった。この時期の道教は、『三天内解経』に見られるように、それまでのあらゆる気論を融合させる坩堝としての役割を果たしたといえよう。それらは、やがて唐代道教のなかで成熟し、宋代における気の思想の展開を準備したのである。

（1）第十章「専気致柔、能嬰児乎」注「任自然之気、致至柔之和」、第四十三章「天下之至柔、馳騁天下之至堅」注「気無所不入」、第五十五章「心使気曰強」注「心宜無有、使気則強」。

（2）「万物負陰而抱陽、沖気以為和」注「万物之生、吾知其主、雖有万形、沖気一焉、百姓有心、異国殊風、而得一者、王侯主焉」。

（3）「夫大塊噫気、其名為風」注「夫噫気者、豈有物哉、気塊然而自噫耳、物之生也、莫不塊然而自生、則塊然之体大矣」。

（4）「性命非汝有、是天地之委順也。孫子非汝有、是天地之委蛻也」注「今気聚而生、汝不能禁也、気散而死、汝不能止也、明其委結而自成耳、非汝有也」。

（5）「四時殊気、天不賜、故歳成」注「殊気自有、故能常有、若本無之而由天賜、則有時而廃」。

（6）至楽篇「万物皆出於機、皆入於機」注「此言一気而万形、有変化而無死生也」、寓言篇「万物皆種也、以不同形相禅」注「雖変化相代、原其気則一」。

（7）逍遥遊篇「不食五穀、吸風飲露」注「倶食五穀而独為神人、明神人者非五穀所為、而特稟自然之妙気」。

（8）徳充符篇「受命於地、唯松柏独也在冬夏青青」注「夫松柏特稟自然之鍾気、故能為衆木之傑耳、非能為而得之也」、同「受命於天、唯舜独也正」注「言特受自然之正気者至希也、下首則唯有松柏、上首則唯有聖人、故凡不正者皆来求正耳、若物皆有青全、則無貴於松柏、人各自正、則無羨於大聖而趣之」。

（9）天瑞篇「渾淪者、言万物相渾淪而未相離也」注「雖渾然一気不相離散、而三才之道実潜兆乎其中」、同「易変而為一」

注「所謂易者、窈冥惚恍、不可変也、一気恃之而化、故寄名変耳」、同「知積気也、知積塊也、奚謂不壊」注「夫混然未判、則天地一気、万物一形、分而為天地、散而為万物、此蓋離合之殊異、形気之虚実」。

(10) 天瑞篇「吾楽甚多、天生万物、唯人為貴、而吾得為人、是一楽也」注「推此而言、明人之神気、与衆生不殊、所適者異、故形貌不一」。

(11)『河上公注』の成立時期に関しては、後漢から六朝末までの諸論あって必ずしも確定はできないが、ここでは楠山春樹『老子伝説の研究』(創文社、一九七九年)の説に従って、後漢末には成立していた原本『河上公注』に六朝末までに道教的要素が付加されていったと考えておく。

(12) 第一章「無名天地之始」注「吐気布化、出於虚无、為天地本始也」、第二十五章「逝曰遠」注「布気天地、無所不通也」。

(13) ちなみに、『太平御覧』に引く『淮南子』は、「気」を「元気」に作る。

(14) 第二十一章「吾何以知衆甫之然哉」注「万物始生、従道受気」、同章「以此」注「今万物皆得道精気而生」、第三十四章「万物帰焉而不為主」注「万物皆帰道受気」、第二十五章「可以為天下母」注「道育養万物精気」、同「天法道」注「道清浄不言、陰行精気、万物自成也」。

(15) 第二章「生而不有」注「元気生万物而不有」、第四十二章「沖気以為和」注「万物中皆有元気、得以和柔」。

(16) 第五十一章「道生之、徳畜之」注「徳一也、一主布気而畜養」、第十章「抱一能無離」注「一者道始所生、大和之精気也」。

(17) 塞難「渾茫剖判、清濁以陳、或昇而動、或降而静、彼天地猶不知所以然也、万物感気、並亦自然、与彼天地、各為一物、但成有先後、体有巨細耳」、暢玄「玄者……胞胎元一、範鋳両儀、吐納大始、鼓冶億類」。

(18)「道者混然是生元炁、元炁成、然後有太極、太極則天地之父母、道之奥也」(葉一表)。

(19) この点に関しては、戸川芳郎「帝紀と生成論」(『中国哲学史の展望と模索』創文社、一九七六年)に詳しい。

(20) この点に関しては、第二部第三章および第三部第一章を参照。

(21)「受学化形、濯景易気、十二年気摂神魂、十五年神束蔵魄、三十年棺中骨還附神気、四十年平復如生人、還遊人間、五十年位補仙官、六十年得遊広寒、百年得入昆盈之宮」(葉二表)。

(22)『元始无量度人上品妙経四注』巻二「監生大神」注「大神者……常在飛玄之上、而誦洞玄之経、以自然之炁抜度学道之人也」(葉二八表)、同「随所応度、厳校諸天」注「中有神嬰之童、一歌无量之章、立得反形於三錬之房、身受自然之炁、歓楽无極之齢」(葉二九表)。

(23)　以下、『太平経』の引用は王明『太平経合校』(中華書局、一九六〇年)による。「夫物始於元気」(『太平経合校』頁二五四)、「元気廼包裹天地八方、莫不受其気而生」(頁七八)、「天地人本同一元気、分為三体」(頁二三六)。

(24)　「元気与自然太和之気相通、……三気凝、共生天地」(頁一四八)。

(25)　「気之法行於天下地上、陰陽相得、交而為和、与中和気三合、共養凡物」(頁一四八)、「天、太陽也、地、太陰也、……両気……合於中央、乃共生万物、万物悉受此二気以成形、合為情性」(頁六九四)。

(26)　「元気行道、以生万物」(頁一六)、「道無所不能化、故元気守道、乃行其気、乃生天地」(頁二一)。

(27)　「其無形委気之神人、職在理元気」(頁八八)、「無形委気之神人与元気相似、故理元気」(同)、「得与元気比其徳」(頁七八)、「今是委気神人、廼与元気合形并力、与四時五行共生」(頁九六)。

(28)　『老子想爾注』は、五斗米道教団での『老子』の誦読にともなって張魯によって作成されたとする説もあるが、その成立の下限は北魏まで下る可能性が強い。ここでは、天師道から新天師道に至る時期の天師道系教団道教の思想を反映するものとして扱うことにしておく。なお、『老子想爾注』の成立時期の詳細については、本書第一部第三章を参照。

(29)　「載営魄抱一、能無離」注「一在天地外、入在天地間、但往来人身中耳、……一、散形為気、聚形為太上老君、常治崐崘」。

(30)　「論云、道者気、釈曰、夫道之名、以理為用、得其理也、則於道為備、……荘周有云、生者気也、聚而為生、散而為死、就如子言道若是気、便当有聚有散、有生有死、則子之道是生滅法、非常住也」(大正蔵五二、頁五三下)。

(31)　『弁正論』巻六(大正蔵五二、頁五三六下)に引く『養生服気経』に「道者気也、保気則得道、得道則長存」とある。

(32)　『弁正論』巻六「王淳三教論云、近世道士取活無方、欲人帰信、乃学仏家制立形像、仮号天尊及左右二真人、置之道堂、以憑衣食、梁陸修静亦為此形也」(大正蔵五二、頁五三五上)。

(33)　「七観音侍道者、有道士造老像、二菩薩侍之、一曰金剛蔵、二曰観世音」(大正蔵五二、頁一四六中)。

(34)　「陶隠居内伝云、在茅山中立仏道二堂、隔日朝礼、仏堂有像、道堂無像、所以然者、道本無形、但是元気、道者気也、保気則謂得道、古来通儒以気為道、無別道神、若言有者、古来書籍曾所不載、今作道形、依何取則、如其有者、昔所未伝」(大正蔵五二、頁五四七下)。

(35)　注(32)の王淳「三教論」の説は、この間の事情を雄弁に物語るものといえよう。

第二章　道教的生成論の形成と展開

はじめに

道教の宗教哲学が、神と宇宙と人間との関係をどのように体系化したのかを解明することは、中国の宗教思想史の展開を迹づける上で極めて重要な意味を有する。この体系化の試みは六朝隋唐期を通じて行われたのであるが、道家系の哲学と道教の神学との整合融和、儒仏二教との思想的対決の過程の中で、甚だ複雑な様相を呈することとなった。なかんずく、神学的世界観の形成過程における、世界の始源、生成をいかに規定するかをめぐっての古典的、道家的宇宙生成論との関係、換言すれば、神と道と気と人との相互関係をどのように捉えるかという点に、体系化を志向する思想的営為の迹が集中的に現れている。そこで、以下にこの問題についての卑見を述べることとする。

道教の宗教哲学が有する生成論は、いうまでもなく道家系の生成論をその基底に据えている。この道家系の生成論は、『老子』第四十二章の道―一―二―三―万物の生成論から展開し、漢代には道―元気―天地―万物の生成論として定着した。この場合、『老子』の「道」と「一」との関係をどう解釈するかの相違によって、「道」を「元気」の上位概念として捉える方向とともに、「道」と「元気」とを同位の概念として捉える方向へ発展する可能性もあった。魏晋以降、前者の方向を承けて「道」を「気(元気)」を吐出する実体と規定したのは『老子河上公注』であり、後者の方向を発展させたのが道教の生成論であった。何故道教の生成論が後者を志向し、それが道教の宗教哲学の中でいかなる意味をもつものであったかは後述することとして、まず、六朝隋唐期の道教文献に見える生成論を検討しておこう。

一　道教的生成論の形成

この時期の道教文献に見られる生成論の顕著な特徴は、五運説を取り入れたことと、玄気、元気、始気の三気説が現れたことである。

五運説を組み入れた生成論の萌芽的なものとしては、梁陶弘景の編纂にかかる『真誥』巻五甄命授第一に見える「道は混然として是れ元炁を生ず。元炁成りて、然る後に太極有り。太極は則ち天地の父母にして、道の奥なり」(1)が挙げられよう。ここでは、質形ともに具わった物質の原初としての太極以前の、無形無象なる四気が元気に重ね合わされ、「道—元気(＝四気)—太極—天地」という生成の過程が想定されたと考えられる。これ以後の具体的な展開の迹は必ずしも明らかではないが、唐代に入ると、種々の道教文献に五運の生成論が述べられるようになる。『道教義枢』巻七混元義に引く『洞神経』の「道—太易(「道体本玄」)—太初(「元気始萌」)—太始(「炁形之端」)—太素(「形変有質」)—太極(「形質已具」)(2)や、無名氏の『元気論』の「太無—混沌—太易(「元気未形」)—太初(「元気始萌」)—太始(「形気始端」)—太素(「形気有質」)—太極(「質変有気」)—太一—天地」がその代表的な例である。(3)しかし、この五運説を組み込んだ生成論は、五運が元気の段階的な漸変を示すものである限りにおいては、道—元気—天地—万物という古典的生成論をより詳細にしたものに過ぎないであろう。

これに対して、六朝後半頃から、神(道)—一気—三気—九気—万物という新しい生成論が現れてきた。この場合の三気とは、五運の中の三気ではなく、一般的には玄気、元気、始気の三気とされる[4]。この奇数系列の道教的名数論に基づく生成論は、六朝期の道経である『洞玄霊宝自然九天生神章経』(『霊宝自然九天生神三宝大有金書』も同じ)や『三天内解経』、更には『太上三天正法経』などで主張され始めた「三気(天)―九気(天)」という神学的生成論の側からの要請によって出現したものであろうことは、玄気、元気、始気の三気が神宝君、霊宝君、天宝君の三元神および大赤天、禹余天、清微天の三天と不可分の関係にあることからも容易に推察できよう。この神学的生成論はその後次第に整えられ、唐代には道教の宗教哲学の中核を占めるようになったことは、『道教義枢』巻七混元義に引く『太真科』、『三洞珠囊』巻七、二十四気品に引く諸経、『道徳真経広聖義』巻二、『雲笈七籤』巻二に引く『太始経』および『霊宝経』、同じく巻三道教三洞宗元などを初めとする多くの文献に見られることによって知られる。この奇数系列の生成論においては、当然のことながら対偶をなす陰陽二気は系列外のものとして無視されたり、あるいは生成の末端に後退させられた。それとともに、混元の一気として生成の始源に存在した元気は、始玄二気の中間に配されて相対化され、かくて古典的な道―元気―天地の生成論は、神学的生成論の中に呑み込まれてしまった[5]。

　このように、六朝隋唐期における道教的生成論の形成過程は、二つの異なった生成論の存在によって複雑な様相を呈する。しかし、この二者は相矛盾するものとして対立したわけではなく、あくまでも並存していたのであって、より哲学的な立場が五運説、より神学的な立場が三気説といってもよかろう。こうした中で、この両者を統一しようとする試みも行われた。前に言及した『道教義枢』巻七混元義に引く『洞神経』は、太初については「其の精(炁の誤りであろう)は青」、太始は「其の炁は黄」、太素は「其の炁は白」と述べている。ここでいう青黄白の三炁は明らかに玄元始の三気に相当すると思われ、そうだとすれば『洞神経』は、五運説を根底としつつも三気説との調和を図ろうとしたものといえよう。

　また、『雲笈七籤』巻一〇に引く『老君太上虚無自然本起経』では、太初＝精＝赤炁＝太陽＝道君―太素＝神＝黄炁

＝沖和＝老君―太始＝気＝白炁＝太陰＝太和君という漸変のパターンが描かれている。(6) これは太初太始太素の三気、精神気の三奇、陰陽中和の三気、玄元始の三気、道老太和の三君、つまり、宇宙、人体、神界の生成を一元的に解釈しようと試みたものといえよう。しかし、この試みは余りにも多くの要素を対応させようとしたためか、決して成功したとはいえないようである。

また、『老子』第四十二章「道生一、一生二、二生三」に付された唐玄宗の疏は、道はまず沖和の精気を出すが応化の理に於いて十分でないので、次に改めて陽気を出し、それでも十分ではないので、また改めて陰気を出すとする特異な解釈をしている。(7) これは順次にしろ道―陰陽中和三気の並列的生成をいうものであり、『老子』の道―一―二―三の単線かつ段階的生成論を道―一―三―九の生成論の系列上で再解釈しようとしたものともいえよう。いずれにせよ、二系列の生成論を整合させようとするこのような試みがなされたということは、体系的な宗教哲学の構築を目指す動きの一環として注目に値しよう。

二　道教的生成論の教理的位置

上述のような道教的生成論は、それではその神学の中ではどのように位置付けられるであろうか。

『老子』の「道」あるいは「老子」そのものが神格化された後漢から魏晋にかけての初期的段階を経て、六朝後半には至上神を中心としたあまたの神々の世界が作り上げられた。それにつれて、神々と「道」との一体性あるいは同根意識が次第に薄れ、神々は一人歩きを始めるようになった。これ以後の道教は、全体的傾向としては元始天尊に代表される至上神を頂点とする神々の系譜の延長上に世界の生成を位置付けようと志向した。その具体的現れの一つが三気の生成論であったが、一方、道教の宗教哲学が基盤とした道家系の道―元気―天地―万物の生成論には、当然これらの神々に対する顧慮は欠けていた。それ故、哲学概念としての世界の根源である「道」と神学概念としてのそれである神々との関係は次第に対立的なものとなり、そこに両者の関係を整合させて統一的な宗教哲学を構築する必要が生じたと考えられる。

この目的に沿って出現してきたのが、五世紀頃から盛んに主張されるようになった「道は気なり」「道は元気なり」というテーゼであり、これを実体化した「道気」の概念であった(8)。つまり、道教的生成論が、道―元気―万物の生成論を臍帯として有する以上、これを全面的に否定することは不可能であるが、かといって至上神を根源に据えざるを得ない道教の神学からは、「道」という抽象的概念がその位置を占めることは甚だ具合が悪かったであろう。そこで、「道は(元)気なり」というテーゼは、道と元気とを同位の概念として道の根源性抽象性を薄弱化し、そのことによって、至上神を根源とする神―元気(道気)―万物という神学的生成論の定着を容易ならしめるという重要な機能を果したと思われる。それと同時に、このテーゼは哲学的には道と気とを一体と見なすことによって、全存在物の中に気を媒介として根源的理法ないしは実在である道が普遍的に包含されているのだという、気一元論的思考を推進したと考えられる。仏教側からのこのテーゼへの執拗な攻撃に晒されながら、道教側が断然これを墨守したことも、道教思想(特に医学思想と関連する部分)のもつ気一元論的思考への執着の強さと同時に、上記の神学的要請が背後にあったことを示すものであろう(9)。

このような経過を辿って形成された神学的生成論はどのようなものであったか。代表的な例について見てみよう。『道徳真経広聖義』巻二釈老君事跡氏族降生年代の記述によれば、「老君は無始に生まれ、無因に起こる。万道の先にして元気の祖為るなり」、「老君は……乃ち太上玉晨大道君に師事す。大道君は即ち元始天尊の弟子なり。道君は道の本を審かにし、道の元に洞し、億劫の前に生まる。道気の祖為るなり。天尊は五億天の主、億万聖の君為りて、亦た億劫の前に生まる。道気の根本為るなり」とあり(10)、まず、「元始天尊(道気之根本)―太上玉晨大道君(道気之祖)―太上老君（元気之祖）」という神統を世界の始元に置き、続いて、「老君は乃ち天地の根本なり。万物之れに由らずして生成するもの莫し。……故に九万九千九百九十九億万気の初に於いて、玄元始三気を運《めぐ》らして天を為る。……即ち始気を玉清境と為し、元気を上清境と為し、玄気を太清境と為す、是れなり。又三清の気、各おの三気を生ずるを以て、三境合して九気を生じ、九天を為す。……此の九天各おの三気を生じ、気ごとに一天を為し、合して二十七天、此の九天を通じて三十六天と為せば、則ち四民三界、上は三清に極まる。是れ其の数なり」[11]と、三気（天）―九気（天）―二十七天という天界の生成を示す。これは極めて完成度の高いものであるが、この他にも、『三天内解経』の、道徳丈人―太上老君等百千万重道気―幽冥―空洞―太無―玄元始三気―玄妙玉女―老子（老君）―玄元始三気―天地水―万物の生成論があり、これは『雲笈七籤』巻二（葉二裏）に引く『太始経』および巻一〇二の、混沌―一気―三気―無上―中三気―玄老―下三気―太上―一気―前三気―老君―一気―後三気―玄妙玉女―老子（老君、元気之祖宗）―天地に見られるような、神―一気―三気の生成のパターンを繰り返しつつ世界が形成されるという形へと発展した。

　これに対し、唐代のオーソドックスな道教理解を記した『隋書』経籍志には、「元始天尊有りて、太元の先に生まれ、自然の気を稟《う》く」とあり、天尊が気に後れるもののごとく取れるが、「自然の気を稟く」というのは、『道教義枢』序の、「元始天尊混沌の間に於いて、気に応じ象を成す」、「是れ知る、元始天尊、妙炁より生じ、忽焉として象有り。応化窮まり無く、迹を顕わし形に託するも、因無く待無し」や、『元始无量度人上品妙経四注』巻一の李少微の注に引く『洞神経』の「（天尊の）妙象は形無く、応感して体有り。真精の炁、化して姿容となる」などに見られるように[12]、これらは気先神後を主張するものではなく、本来無形である天尊が形体を現す場合には自然に気が凝集することをいうもので、天尊の根源性を否定するものではない。ちなみに、唐孫思邈の『存神錬気銘』の、「気は神の母為り、神は気の子為り」、同じく杜光庭『太上老君説常清静経註』[13]の「神は炁の子、炁は神の母」、「元とは元炁なり。元炁は是れ神の母、……神は炁の子」などは、いずれも体内神ないしは人間の精神と気との関係についてのものであり、天尊に代表される至上神は、気から生成されるのではなく、あくまでも「無因無待」の根源的一者とされたのである。

ちなみに、六朝隋唐期の仏道論争の主要なテーマの一つに、因果と自然の問題があったことはよく知られている。この際、仏教側の攻撃は天尊を初めとする天上の諸神の無待性の否定に向けられるとともに、それらが自然の気の凝結によって形成されたもので、何らかの修善持戒の結果でないとすれば、何故人間だけに修善持戒を強いるのかという点にも向けられた[14]。こうした仏教側の攻撃に対しては、道教側は概ね天上世界の諸神を元始天尊を初めとする自然に生成した至上神と、修学の果てに天界に昇ることができた後学の諸神とに分けることによって、地上における宗教的実修の必要性と至上神の無因無待性とを矛盾なからしめようとした[15]。これらの例からも解るように、唐代の道教では因果と自然の論を調和させようとする試みがこうした面からも行われたのである。

三　道教的生成論における人間

神々と宇宙の生成を統一的に説明しようとした道教の宗教哲学は、最後に神々と人間との関係をいかに規定して、その体系化を完成させようとしたのであろうか。以下、その人間生成論、身体論を取り上げてこの問題を考えてみよう。

道教の人間生成論を概観するとき、そこには、やはり道―元気―万物の生成論に依るものと三気の生成論に依るものとの二系統が並存したことが知られる。まず、前者の代表的な例を見ると、『道徳真経広聖義』巻三三第四十二章「万物負陰而抱陽、沖気以為和」の義に、「万物の生ずるや、道気之れを生じ、陰陽の気之れを長養す」と述べた後で、「人の生まるるや、道、元一の気を以て之れに降し、精と為し神と為す。天、太陽の気を以て之れに付し、動と為し息と為す。地、純陰の気を以て之れに稟し、形と為し質と為す」とあり、[16] 同巻三九第五十五章「未知牝牡之合而峻作、精之至」の義および『元気論』に引かれる『上清洞真品』には、「人の生まるるや、天地の気を稟けて、神を為し形を為し、元一の気を稟けて、液を為し精を為す」[17]、同巻四六第七十二章「無猒其所生」の義に、「身の生ずるや、道に因りて神を稟け、而して其の形を生ず。……且つ我が身を生ずる所、大約して三有り。一を精と曰い、二を神と曰い、三を気と曰う。生を受くるの始め、道之れに付するに気を以てし、天之れに付するに神を以てし、地之れに付するに精を以てし、三者相い合して其の形を生ず」[18]、同巻一四第十四章「此三者不可致詰、故混而為一」の義に、「神とは天の陽気の生ずる所にして、人の動静対答、運用計智、是れなり。精とは地の気にして、百穀の実五味の華、結聚して成る、是れなり。気とは中和の気なり。道一妙用して、人の身中に降り、呼吸温暖、以て人を養う、是れなり。三者混合して身を成す。是れ混じて一と為すを謂うなり」[19] などとあり、それぞれの道天地と精神気の対応に若干の齟齬が見られるが、いずれも道と天地の気、換言すれば元気(道気)と陰陽二気とによって精神気の三奇が生成されて人が生まれるとするものである。[20]

この系統では、太上老君等の至上神は、道—元気—天地—万物という伝統的生成のパターンの背後に隠れて顕れず、人間の生成そのものについても、それぞれの気が自動的に三奇を形成して行われるとし、それを主宰し補助するものとしての至上神や天上の諸神は本来想定されていない。また、天によって賦与される「神」も、「人の動静対答、運用計智」と明確に規定されていることからわかるように、人の「精神」活動を支えるものとしての「神」であり、天上の諸神の分身としての体内神とは性格を異にする。

これに対して、三気の生成論に連なる系統のものは、宇宙の生成同様、人間の生成も至上神を頂点とする神々の手に委ねようとした。まず、『洞玄霊宝自然九天生神章経』を見ると、三気(天)—九気(天)の生成と天神の存在を前提とした上で、「人の生を胞胎の中に受くるや、三元育養し、九炁形を結ぶ。故に九月にして神布き炁満ち能く声す。

声尚しく神具わりて、九天慶を称し、太一符を執り、帝君命を品し、主録籍を勒し、司命筭を定め、五帝生を監し、聖母房を衛り、……九天司馬……九天生神宝章を読むこと九過、男なれば則ち万神恭と唱え、女なれば則ち万神奉と唱え、……是こに於いて生まる」[21]とある。ここで「三元育養し」とは、具体的には三天の神(天宝君、霊宝君、神宝君)が胎内に降下して、上中下三丹田の神となって人体の生育を掌どることであり、[22]「九炁形を結ぶ」というのは、九天の炁が一月ごとに順次降下して、胞―胎―魂―魄―臓―腑―明竅―景附というように身体を形成していき、九箇月目には九天の神を初めとする諸天神が降下し、身神と合わせて三万六千の神々が体内に備わり、十月にして生まれるということであろう。[23]このように、身体の形成は天上の諸神が気とともに降下して行われるのであるが、父母はこの神の降下を知らず、[24]単に神々による生成の場を提供するだけであり、真の意味での父母ではないとされる。[25]

このように、人間はその体内に神々の世界のレプリカを有する神の子である。しかし、現実に生み出される人間は、神々の世界の完全なレプリカではない。外界と隔絶した純粋無雑な結界(ミクロコスモス)である胎内においてこそ、人は神々と完全に一体であり、時間を超越した原初の記憶を有するが、一旦胎内から外界へ生み出されるや因縁の世界に捉えられて原初の記憶は失われ、神性は発揮されず、ひたすら崩壊の途を辿るという宿命をもった存在なのである。[26]そして体内神は、「諸天に出入し、変化測られず、往返して停まらず」、「天地と徳を合し、人身を出入し、善を奏し悪を輟《とど》め、日夜停まらず」といわれるように、[27]人のすべてを監視して天神に報告し、賞罰を与える役割を果たすわけである。かくて、人間は天上の神々と、そのレプリカとしての体内神を媒介として密接に結ばれ、その全面的な支配下に置かれることになる。ここにおいて、至上神を頂点とし宇宙と人とを通貫する原理としての道教の神学が完成されたといえるであろう。

以上、六朝隋唐期の道教的生成論の形成展開の諸相を検討してきたが、この時期の道教は、古典的、道家的生成論を継承しつつも、一方で三気説による新たな生成論を生み出した。そして、「道は気なり」というテーゼによって、前者を再解釈し、後者との整合を図るとともに、「気」概念を媒介とした神と宇宙と人とを一元的に解釈しうる神学的生成論の形成を目指し、一応それを完成させたといえよう。

(1)「道者混然是生元炁、元炁成、然後有太極、太極則天地之父母、道之奥也」(葉一表)。

(2)「大道妙有、能有能無、道体本玄、号曰太易、元気始萌、号曰太初、……其精青、其形未有、炁形之端、号曰太始、……其炁黄、其形未有、形変有質、号曰太素、……其炁白、其形亦未有、形質已具、号曰太極、……其形赤黄、質定白素」(葉四表)。

(3)『雲笈七籤』巻五六に引く。文中に唐羅公遠の「三宇歌」を引くので概ね唐代のものと思われる。「混沌之先、太無空焉、混沌之始、太和寄焉、寂兮寥兮、無適無莫、三一合元、六一合気、都無形象、窈窈冥冥、是為太易、元気未形、漸謂太初、元気始萌、次謂太始、形気始端、又謂太素、形気有質、復謂太極、質変有気、気未分形、結胚象卵、気円形備、謂之太一、元気先清、昇上為天、元気後濁、降下為地」(葉一表)。この他に『雲笈七籤』巻二(葉九表)に引く『太上老君開天経』には、「太上老君—洪元—混元—太初—太始—太素—混沌……」、また同じく巻一〇(葉一表)に引く『太上老君虚無自然本起経』には、「太初—太素—太始」という生成論が見える。いずれも五運説形成以前の三気の漸変によるものであるが、年代がはっきりしないため、『洞神経』や『元気論』の先行形態を示すものかどうかは不明である。

(4)『元気論』には、混沌から天地水三元の気が生ずるとする説も見えるが、身体論との関連で言及されており、必ずしも生成論としての三気とは断じ難い。玄元始三気は、色彩として表現される場合には白気黄気青気とされる。唐高宗期のものと思われる『道門経法相承次序』巻上には、「其三気者、玄元始三炁是也、始気青、在清微天、元気白、在禹余天、玄気黄、在大赤天、故云玄元始三気也」(葉二表)とあるが、『雲笈七籤』巻三道教三洞宗元では、始気—青、元気—黄、玄気—白とされている。一方、『元始无量度人上品妙経四注』巻二「上品妙首、十廻度人」(葉三表)の南斉の厳東の注や、唐法琳の『弁正論』巻六気為道本篇(大正蔵五二、頁五三六下)に引く『上清経』にも青白黄の三気が見えるが、その限りにおいては玄元始三気や三天とは関係がない。このことは、青白黄の三気と玄元始の三気は本来別個のものであった可能性を示そう。

(5)ただし、道教全体を見渡せば、必ずしも古典的生成論を完全に超克し得たわけではなく、『道徳真経広聖義』巻三三に引く『霊宝生神章経』では、始気—天、元気—人、玄気—地という三気—三才の生成論が、『道門経法相承次序』巻上では玄元始三気—陰陽和三気—天地人三才の変成が、また、『三天内解経』では三気—天地水の生成が説かれる等、古典的生成論との融和的傾向も根強く存在した。

(6)「道者、謂太初也、太初者、道之初也、初時為精、其炁赤盛、即為光明、名之為太陽、又曰元陽子丹、丹復変化、即為道君、故曰道之初、蔵在太素之中、即為一也、太素者、人之素也、謂赤気初変為黄気、名曰中和、中和変為老君、又為神君、故曰黄神来入骨肉中為人也、故曰人之素、蔵在太始之中、此即為二也、太始者、気之始也、謂黄気復変為白気、白気者、水之精也、名太陰、変為太和君、水出白気、故曰気之始也、此即為三気也、夫三始之相包也、気包神、神包精、故曰、白包黄、黄包赤、赤包三、三包一、三一混合、名曰混沌、故老君曰、一生二、二生三、三生万物」(葉一表)。

(7)『唐玄宗御製道徳真経疏』巻六第四十二章疏「道者、虚極之神宗、一者、沖和之精気、生者、動出也、言道動出和気、以生於物、然応化之理、由自未足、更生陽気、積陽気以就一、故謂之二也、純陽又不能、更生陰気、積陰気就二、故謂之三、生万物者、陰陽交泰、沖気化醇、則徧生庶彙也、此明応道善貸生成之義爾」(葉五表)。

(8)『弘明集』巻八に載せる釈僧順の「答道士仮称張融三破論」には当時の道士の「道は気なり」というテーゼへの反駁があり、また、同じく巻八に載せる劉勰の「滅惑論」に引く「三破論」には、「道は気を以て宗と為す」とある。唐代に入ると、法琳の『弁正論』序、同巻六に引く『養生服気経』、『道徳真経玄徳纂疏』巻三に引く成玄英の疏、降っては『嵩山太无先生気経』巻上等に「道は気なり」とあり、『元気論』、唐道宣『集古今仏道論衡』巻丁等には「道は元気なり」との記述が見える。また、『老君変化無極経』『老子想爾注』『真誥』『登真隠訣』といった六朝道経には「道気」なる語が頻出する。これは「道としての気」「道の現れとしての気」といった意味を表す語のようであるが、後には「道は気なり」というテーゼを実体化した概念として用いられたと考えられる。

(9) 仏教側からの批判は、『弘明集』『弁正論』『集古今仏道論衡』などに頻見される。また、この論争の意味については、小野沢精一他編『気の思想』(東京大学出版会、一九七八年)第二部総論、頁二四〇—二四一を参照。

(10)「老君生於無始、起於無因、為万道之先、元気之祖也」(葉一表)、「老君……乃師事太上玉晨大道君、大道君即元始天尊弟子也、道君審道之本、洞道之元、生於億劫之前、為道気之祖也、天尊為五億天之主、億万聖之君、亦生億劫之前、為道気之根本也」(葉二裏)。

(11)「老君乃天地之根本、万物莫不由之而生成、……故於九万九千九百九十九億万気之初、運玄元始三気而為天、……即始気為玉清境、元気為上清境、玄気為太清境、是也、又以三清之気、各生三気、三境合生九気、為九天、……此之九天各生三気、気為一天、合二十七天、通此九天為三十六天、則四民三界、上極三清、是其数也」(葉四表)。

(12)『隋書』巻三五、経籍志四「有元始天尊、生於太元之先、稟自然之気」、『道教義枢』序「元始天尊於混沌之間、応気成象」(葉一表)、同「是知元始天尊生乎妙炁、忽焉有象、応化無窮、顕迹託形、無因無待」(葉三表)、『元始无量度人上品妙経四注』巻一「元始天尊当説是経、周回十過、以召十方、始当詣坐」李少微注「故洞神経云、妙象无形、応感有体、真精之炁、化成姿容」(葉四表)。

(13)『存神錬気銘』「気為神母、神為気子」(葉一表)、『太上老君説常清静経註』巻一「神者炁之子、炁者神之母」(葉一〇表)、同「元者元炁也、元炁是神之母、……神者炁之子」(葉二五裏)。

(14)『笑道論』「何者、元始天王及太上道君諸天神人、皆結自然清元之気而化為之、本非修戒而成者也、彼本不因持戒而成者、何得令我独行善法而望得之乎」(大正蔵五二、頁一四五中)。

(15)例えば『道教義枢』巻二、十二部義「凡聖神之体、略有二者、一者自然、二者学得也、……亦有自然妙炁、応化所作、亦有修習後成、自然後学、合為一也」(葉二三表)、『洞玄霊宝三洞奉道科戒営始』巻二造象品「科曰、神王者、衆神之主、凡有三種、一者結気、二者報生、三者業因、結気者、不由胎誕、因自然之気、報生者、従諸鬼神、有功於道、生得此神、業報者、承其積劫因縁、主令身執凡人、成真得道」(葉四表)、『一切道経妙門由起』明経法「霊宝真文度人本行経云、元始五老、非以後学而成真者也、……凡後聖四極真人仙公仙王及五岳九宮飛仙神仙地仙無億之数、皆是後学積業所致」(葉二六裏)など。

(16)「万物之生也、道気生之、陰陽気長養之、……人之生也、道以元一之気降之、為精為神、天以太陽之気付之、為動為息、地以純陰之気稟之、為形為質」(葉四表)。

(17)「人之生也、稟天地之気、為神為形、稟元一之気、為液為精」(葉三裏)。

(18)「身之生也、因道稟神、而生其形、……且所生我身、大約有三、一曰精、二曰神、三曰気、受生之始、道付之以気、天付之以神、地付之以精、三者相合而生其形」(葉一〇裏)。

(19)「神者天之陽気所生、人之動静対答、運用計智、是也、精者地之気、百穀之実五味之華、結聚而成、是也、気者中和之気也、道一妙用、降人身中、呼吸温暖、以養於人、是也、三者混合、而成於身、是謂混而為一也」(葉四裏)。

(20)この他にも、精神気の三奇を説くものに、『太平経』癸部に、「三気共一、為神根也、一為精、一為神、一為気、此三者共一位也、本天地人之気、神者受之於天、精者受之於地、気者受之於中和、相与共為一道、故神者乗気而行、精者居其中也、三者相助為治」(王明『太平経合校』中華書局、一九六〇年、頁七二八)という例があり、天—神、地—精、中和(元気、道)―気という対応が一般的であったと思われる。なお、三奇については、注(9)所掲『気の思想』頁三一九―三二四参照。

(21) 「人之受生於胞胎之中、三元育養、九炁結形、故九月神布炁満能声、声尚神具、九天称慶、太一執符、帝君品命、主録勒籍、司命定筭、五帝監生、聖母衛房、……九天司馬……読九天生神宝章九過、男則万神唱恭、女則万神唱奉、……於是而生」(葉二表)。

(22) 杜光庭『太上老君説常清静経註』巻一「神昇上界、朝拝高尊」注「凡学仙之士所説朝元、即有二種、一論天地、二論人身、……上元者、上応玉清、始炁所化、号天宝君、……下於人身中、為上丹田脳宮、亦号泥丸宮帝君、以主於炁、中元者、上応上清、元炁所化、号霊宝君、……下於人身中、為中丹田心府絳宮帝君、主於神、下元者、上応太清、玄炁所化、号神宝君……下於人身中、為下丹田炁海腎宮帝君、主於命、此三元三宮三宝者、天地得之以成、失之以傾、人身得之以生、失之以死」(葉三四裏)。

(23) 『一切道経妙門由起』に引用され、唐代の道経と思われる『太上洞玄霊宝業報因縁経』巻八生神品に、「故始入胎中、三炁潜凝、九天冥運、一月為胞、鬱単無量天炁下浹身中、二月為胎、上上禅善無量寿天炁下浹身中、三月魂具、梵監須延天炁下浹身中、四月魄成、寂然兜術天炁下浹身中、五月生臓、波羅尼密不驕楽天炁下浹身中、六月化腑、洞玄化応声天炁下浹身中、七月明竅、霊化梵輔天炁下浹身中、八月景附、高虚清明天炁下浹身中、九月神降、無想無結無愛天炁下浹身中、天神一万八千、身神一万八千、内外相合三万六千神、一時生神、……分霊布化、帀繞身中、表裏相応、声尚神具、十月而生、人在胞胎之中、三元養育、九炁布化、昼夜不停、転変昔神、受質今神」(葉一裏)とある。また、『無上秘要』巻五人品に引く『洞真九丹上化胎精中記経』には、「一月受炁、二月受霊、三月合変、四月凝精、五月首体具、六月化成形、七月神位布、八月九孔明、九月九天炁普、乃有音声、十月司命勒籍、受命而生」(葉五裏)とあり、結胎の月によって最初に受ける天の炁が異なることなどを述べる。

(24) 『無上秘要』巻五人品に引く『洞真九真経』に「於是乃九神来入、安在其宮、五臓玄生、五神主焉、父母唯知生育之始我也、而不悟帝君五神来適於其間、人体有尊神、其居无常、出入六虚」(葉三表)とある。

(25) 『無上秘要』巻五人品に引く『洞玄諸天内音経』に、「我所以得生者、従虚无自然中来、因縁寄胎、受化而生、我受胎父母、亦非我始生父母也、真父母不在此」(葉四裏)とある。なお、真父母については、本書第二部第三章を参照。

(26) 『無上秘要』巻五人品に引く『胎精中記経』には、「凡人受生結炁、九丹上化於胞胎之中、而法九天之炁、炁満神具於胎嚢之内、而自識其宿命、知有本根、転輪因縁、九天之炁、化成其身、既覩陽道、開曠三光、而自忘其所生所由之因、爾者、

皆由胞根結滞、盤固三関、五府不理、死炁塞門、致霊関不発、而忘其因縁」(葉一裏)と説明されている。

(27)『太上洞玄霊宝業報因縁経』巻八生神品「出入諸天、変化不測、往返靡停」(葉三表)、同「与天地合徳、出入人身、奏善輟悪、日夜不停」(同、葉四表)。

第三章　『老子想爾注』と道気論

はじめに

敦煌文献スタイン六八二五は、「老子道経想爾」の尾題をもつ『老子道徳経』注釈書の残巻である。(1)一九五六年に饒宗頤氏が『老子想爾注校牋』(2)を、ほぼ時を同じくして陳世驤氏が「『想爾』老子道経燉煌残巻論証」(3)を発表して、本残巻を後漢の張陵ないしその孫の張魯の手になる、五斗米道教団の『老子』注釈書であると提唱して以来、賛否両面からの討論が起こったが、未だ定論を得るには至っていない。

饒、陳両氏の所論に対しては、厳霊峯、福井康順、楠山春樹氏らが反論を加え、(4)一方、饒氏は続稿を発表して自説を補強し、陳文華、大淵忍爾氏らは饒説を擁護ないし敷衍した。(5)これらの論争は、概ね『想爾注』と『太平経』『河上公注』『王弼注』『老子節解』等との思想、用語上の表面的類似や、「想爾戒」の性格といった、いわば外面的、付随的な問題を中心に行われてきた。しかし、この問題をめぐる論争の低迷化が端的に示すように、こうしたアプローチでは、もはやこの問題に新たな展望を切り拓くことが極めて困難なことは明らかであろう。一方、『想爾注』の成立時期の確定が魏晋南北朝期の宗教史、思想史の構成上依然として重要な意味を持つことは論を俟たない。そこで、本章では道教教理思想全体の歴史的展開との関連において『想爾注』の思想内容を検討し、その思想史的、教理史的位相を確定することによって、この問題に新たな展望を付与せんことを期した。

一　「道気」論の展開と『想爾注』

道教の教理思想の歴史的展開の位相の中に『想爾注』を位置付けてその成立時期を考えようとするとき、第一に注目されるのは、「道気」という概念の存在である。根源的実在ないし理法としての「道」と、形而下の存在の始源としての「元気(気)」との関係をいかに規定し、宇宙の生成のプロセスをいかに構成するかは、漢代以降の思想界の重要課題の一つであった。(6)『想爾注』に見られる「道気」という概念も、かかる思想的営為の延長上に位置するものであるが、問題は、かかる概念がいつごろ、いかなる必要に応じて出現したのかという点にある。

後漢期に完成された古典的宇宙生成論における道―気関係論(「道気」論)にあっては、「道」と「元気」とは、あくまでも形而上の根源的実在ないし理法と形而下の始源的存在との関係にあって、この両者の間には明確な断絶が存在した。魏晋南北朝期における一般的宇宙生成論も、基本的にはこのような古典的な宇宙生成論の延長上にあった。もちろん、五運説等によって、「元気」がより詳細な論述の対象とされるようにはなるが、道―元気―万物という単線的な生成のプロセス、ないし「道気」論における「道」と「元気」との上下先後の関係が変更されることはなかった。

こうした状況は、比較的初期の道教文献においても同様であった。『想爾注』の「道気」論を検討する前に、まず、饒氏が『想爾注』との類似を指摘した、後漢の『太平清領書』の流れを汲む『太平経』と魏晋期の代表的『老子』解釈書である『河上公注』とにおける、「道」と「元気」との関係を検討して、このことを確認しておこう。

『太平経』が万物生成の始源に「元気」を置いたことは、「夫れ物は元気に始まる」(丁部十六)、「元気は廼ち天地八方を包裹し、其の気を受けずして生ずるもの莫し」(丙部六)、「天地人は本と同一の元気なり。分かれて三体と為る。各おの自らの祖始有り」(丁部十五)等の記述から明らかであるが、(7)「道」と「元気」との関係については、『太平経鈔』乙部に次のような記述があるにすぎない。

> 六極の中、道無ければ変化する能わず。元気は道を行《めぐ》らして、以て万物を生ず。天地大小、道に由らずして生ずる者無し。
>
> 道は化す能わざる所無し。故に元気道を守りて、乃ち其の気を行らし、乃ち天地を生じ、柱無くして立つ。……是れ元気道を守りて生ずること此くの如し(8)。

二例とも『太平経鈔』の記事であるため、『太平経』本来の文章かどうかは断定できないが、この記述による限り、「道」は宇宙万物の生成変化の根底にあってそれを支えている根源的理法であり、「元気」はその「道」の根源性法則性に依拠することによって宇宙万物を生成するもの、逆にいえば、「道」の生成作用はあくまでも「元気」を介することによってはじめて顕在化すると考えられていたといえる。このことは『太平経』全体の思想に照らしても矛盾はない。これは、王符『潜夫論』本訓篇の「道徳の用は、気より大なるは莫し。道なる者は、気の根なり。気なる者は、道の使なり。必ず其の根有りて、其の気乃ち生じ、必ず其の使有りて、変化乃ち成る(9)」という主張と対応するものであり、後漢期の古典的宇宙生成論、「道気」論の範疇を越えるものではない。

万物の生成の始源を「元気」とする点は、『河上公注』においても同様であることは、「元気万物を生ずるも有せず(元気生万物而不有)」(第二章「生而不有」注)ということから明らかであろう。しかし、『河上公注』においてはその関心の対象が「気(元気)」を介しての、「道」と万物との直接的な関係に注がれていて、「道」と「気(元気)」との関係はそれとの関連において言及されるのが『太平経』との最大の相違点である。

> 無名とは、道を謂う。道は無形なり、故に名づく可からざるなり。始とは、道の本なり。(道は)気を吐き化を布

き、虚无より出でて、天地の本始と為るなり。（第一章「無名天地之始」注）
閲とは、稟なり。甫とは、始なり。道稟与するを言う。万物始めて生ずるや、道従り気を受く。（第二十一章「以閲衆甫」注）
我れ何を以てか道従り気を受くるを知るや。（同「吾何以知衆甫之然哉」注）
此れとは今なり。今万物は皆な道の精気を得て生ずるを以て、動作起居、道に非ざれば然らざるなり。（同「以此」注）
（道は）気を天地に布き、通ぜざる所無し。（第二十五章「逝曰遠」注）
万物皆な道に帰して気を受く。道は人主の禁止する所有るが如きには非ざるなり。（第三十四章「万物帰焉而不為主」注）
成とは、就なり。道善く人に精気を稟貸し、且つ之れを成就するを言うなり。(10)（第四十一章「夫唯道善貸且成」注）

このように『河上公注』では、「道」は「気（元気）」を天地の間に吐出し、それを万物に稟与してその生成を全うさせる、より実体的な存在と考えられている。これは『河上公注』が従来の「道」の解釈から一歩を踏み出し、あるいは王弼らの玄学的解釈と一線を劃する点であるが、「道」を「元気」の上位に置く点では、『太平経』等の古典的宇宙生成論ないし「道気」論と同様の立場に立つ。

ところで、このような「道気」論に四世紀以降顕著な変化が見られるようになる。つまり、「道」と「気（元気）」との間に上下先後の絶対的区別を立てず、両者を同一の次元において捉え、その一体性を強調しようとする説の出現である。このような新たな「道気」論を伝える年代の確実な最古の資料は、『弘明集』巻八に載せる釈僧順「答道士仮称張融三破論」（大正蔵五二、頁五三下）および同じく劉勰「滅惑論」（同、頁五一上）に引かれる「三破論」であろう。この両論によれば、「三破論」中には、「道は気なり（道者気）」あるいは「道は気を以て宗と為す（道以気為宗）」といった記述が含まれていたことが知られ、斉梁の頃の道教教理の中で、「道」と「気(元気)」との同一性が主張され、それが仏教側の道教攻撃の対象とされていたことがわかる。「道は気なり」というかかる主張が何に淵源するかは明らかではないが、唐法琳『弁正論』巻六に引く『養生服気経』に、「道は、気なり。気を保てば則ち道を得、道を得れば則ち長存す」[11]とあることから、あるいは服気の道術の理論化と関連するものであるかもしれない。

いずれにせよ、「道」と「元気」との同一性を説くかかるテーゼは、少なくとも『周易参同契』や『黄庭外景経』『霊宝五符序』といった漢魏西晋の古道経と目されるものはいうに及ばず、四世紀初頭段階での道術を集大成した『抱朴子』にも絶えて見られないことは、その出現ないし一般化が「三破論」が書かれた時代を遠く遡るものではないことを示唆するものといえる。それとともに、釈僧順や劉勰、法琳らが繰り返しこの「道は気なり」というテーゼを取り上げて道教批判の対象としていることは、六朝後半期の道教教理の中で、これが「道気」の概念とならんで相当の重要性を有していたことを意味するものであろう。

この、「道」を形而下の存在である「気」と同一視する点を捉えて、「道」の根源性を否定し、ひいては元始天尊の無因無待性をも否定して、道教の「教」としての存在意義を抹殺しようという仏教側の攻撃は、この時代の道教教理の急所を的確に突いたものであった。その結果、隋から初唐にかけての道教教理学の大成期には、この「道は気なり」というテーゼの放棄が余儀なくされ、「道は理なり」という新たな主張が掲げられねばならなかったことは、隋の『玄門大義』を節略した唐孟安排の『道教義枢』道徳義その他の資料に照らしても明らかなところである[12]。従って、「道は気なり」というテーゼが有効に機能していたのは、後述する「道気」なる概念の出現時期をも勘案して、概ね劉宋から陳、すなわち五世紀初から六世紀末にかけてのほぼ二世紀の間であったと考えられる。

この「道は気なり」というテーゼと密接に関連して出現してきたと思われるものが「道気」の概念である。現存の古道経、特に西晋以前の成立と考えられるものの数はごく少ないため、後漢から魏晋にかけての状況は不詳であるが、少なくとも後述の『太平経鈔』辛部に一例見られるほかは、当面問題の『想爾注』を除いて、『周易参同契』『霊宝五符序』『黄庭外景経』『抱朴子』『大洞真経三十九章』といった道経には「道気」なる語は全く見られない。この語が道経中に頻繁に見られるようになるのは、比較的成立年代の明らかなものとしては、劉宋期の成立と目される『老君変化無極経』『三天内解経』(13)、東晋から陳にかけて漸次増修されたとされる『太上洞淵神呪経』(14)、北魏の寇謙之の新天師道のものと考えられる『老君音誦誡経』(15)、『度人経』の南斉厳東注、『真誥』の梁陶弘景注および『登真隠訣』、北周甄鸞の『笑道論』に引く『化胡経』等を初めとして、『西昇経』『太上正一呪鬼経』『洞玄元始五老赤書玉篇経』『洞真太上玉帝大洞雌一玉検五老宝経』『洞真太上素霊洞元大有妙経』『陸先生道門科略』等の早くても東晋期以後に成立したと考えられているものに限られる。このことから、現存の資料に照らす限り、「道気」なる語が道経の中で一般的に用いられるようになるのは、概ね四世紀後半以降という推定が一応可能であろう。

これらの道経の中で、「道気」なる語がいかなる概念を示すものとして用いられているかが次の問題となる。用例を分析してみると、大略四系統に分類できる。第一は、「道」の根源的はたらき、特にその教化力が正しく社会に顕現している状態、換言すれば、社会全体の風気が、道家的道教的真理に一致している状態を示す場合。第二は、「道」が吐出する至精の気を意味し、古典的な生成論にあっては「元気」に該当するものとして「道気」が用いられる場合。第三は、「道」そのものを実体的に捉え、それを「道気」と表現する場合。第四は、道教の八百万の神々を「道気」と表現する場合である。以下、それぞれの場合について、具体的に挙例しながら検討する。

第一の場合。

六朝初期の道経では、『老君変化無極経』に、「胡児弭伏《びふく》して道気隆んに、時に随いて西漢の中に転運す」、「吾が道気をして屈して伸びず、吾が師鬼を怒らせ吾が臣を咎め令む」、「禍害を三考の前に招来し、同に道気に属するも恩を蒙らず」、『三天内解経』に、「光武の後自り、漢の世漸く衰う。太上之れを愍れみ、故に張良の玄孫道陵を取りて、道気を顕明し、以て漢の世を助けしむ」、『太上洞淵神呪経』に、「道炁日に盛んになり、盛んになりて江南漢蜀の中に在り」(巻六)、「道炁日に盛んになり、三洞流演す」(巻七)などとある。[16] これらは、いずれも「道」のはたらき、特にその教化力を「道気」という語に託したもので、道教的真理の隆盛衰退を「道気」の強弱によって説明しようとするものである。ここでの「道気」には生成論的な意味は全く含まれていない。

次に、第二の場合、すなわち「道」の吐出する至精の気を意味する場合を見てみよう。『老君変化無極経』に、「道に微気有りて人を生活せしむ。誠に下愚の陳ぶ可き所に非ず。道気は綿綿として遵う可きこと難く、布散流行すること浮雲の如し」、『三天内解経』に、「人は皆な道気に由りて生き、道気を失えば則ち死す」、『真誥』巻四運象篇第四に載せる太元真人の許玉斧への誥授に、「蕭条たる斧子、心を和して凝静たり。道炁妙なりと雖も、之れに乗ることも亦た整し」、同巻五甄命授第一に、「君曰く、道は混然として是れ元炁を生ず。元炁成りて、然る後に太極有り。太極は則ち天地の父母にして、道の奥なり」の陶弘景注に、「此れは人自然を体し、道炁と合するを説く。所以に天命を性と謂い、性に率《したが》うを道と謂い、道を修むるを教と謂う。今、道の教えを以て性をして真を成さ使むれば、則ち道に同ず」等とあるのがその例に当たる。[17]

これらのうち、『老君変化無極経』と『三天内解経』がともに「元気」に相当するものとして「道気」の語を用いたことは明らかである。『真誥』の場合は、前者は正に「道」から稟受した至精の気、先天的な修道への志向、気質を意味するが、後者は東晋期の道教教理を示す誥授に「元炁(気)」とあるものを陶弘景がことさらに「道炁(気)」といい換えている。これは、陶弘景の時代には「道気」のほうが「元気」よりも道教教理を説く場合にはより適当と考えられたために他ならないであろう。このことは、東晋ではいまだ「道気」より「元気」が一般的であったのが、梁代には「道気」の語が完全に定着していたこと、つまり、「道気」の概念の形成が、東晋以降宋斉の間頃であったことを示唆している。また、ここでは「道気と合する」ことはとりもなおさず「道に同ず」ることでもあると考えられており、「道気」が「元気」の概念を引き継いだだけではなく「道」そのものに近い意味で使用されていたと思われる。

次に、第三の場合、すなわち「道」を実体的に捉えてそれを「道気」と表現するものとしては、『三天内解経』巻下に、「道気は至微にして、見るを得可からず、聞くを得可からず。之れを迎うるも前無く、之れを追うも後無く、六合を包含し、天地を覆載す」とあるのは、『老子』第十四章の叙述を踏まえながら、明らかに「道」を「道気」に置き換えたものであるし、『度人経四注』巻二「上に復た祖无く、唯だ道を身と為す」の厳東注に、「祖とは、宗なり。上に宗とする所无く、唯だ道炁精を結びて、而る後其の身を成すのみなり」とあるのは、「道」がその精気を凝集させて元始(天王)となることをいったものであり、同巻三「八景冥合し、炁玄玄に入る」の厳東注に、「冥合とは、道炁を洞体するなり。玄玄とは、深奥なり。太上道君……元始の玄奥を開き、大法を演じて以て人を度す。至炁玄妙にして、道の自然を体す」というのも[18]、「道の自然を体す」ることと「道炁を洞体す」ることとは同内容であり、これらはともに「道」そのものを「道気」といい換えたものである。

最後に第四の場合、すなわち道教の八百万の神々を「道気」と表現するものは、枚挙に暇がないほどであるが、『太上洞淵神呪経』巻四に、「十方の諸鬼、一切の真偽等の神、一万八千道炁、三千六万赤鬼」とあるのや、『老君音誦誡経』の「乞い願わくは赦格の例に在りて、恩を蒙りて生活し、道気の哀念せらるるを得んことを」、『登真隠訣』巻下の「謹んで太清玄元無上三天无極大道、太上老君、太上丈人、天帝君、天帝丈人、九老仙都君、九炁丈人、百千万重道炁、一千二百官君、太清玉陛下に関啓す」等の用例が代表的なものであろう[19]。

以上が、六朝期の道経に見られる「道気」の代表的な用例であるが、一方、『太平経鈔』には、一例ながら「道気」の語が見られる。もしこれが後漢の『太平清領書』にもあったとすれば、「道気」の概念の成立を東晋以降とする前の推定を修正しなければならないが、詳細に検討してみると、『太平経鈔』の用例は六朝期のそれとはかなり異なったものであることがわかる。

天上の諸神言わく、道を行うを好む者は、天地の道気出でて之れを助け、徳を行うを好む者は、徳気之れを助け、仁を行う者は、天、仁気を与えて之れを助け、義を行う者は、天、義気を与えて之れを助け、礼を行う者は、天、礼気を与えて之れを助け、文を行う者は、天、文気を与えて之れを助け、弁を行う者は、亦た弁気之れを助け、法律を行う者は、亦た法律の気之れを助く。天地は各おの類を以て神霊を行らすなり。[20]

（『太平経鈔』辛部）

この『太平経鈔』の場合は、太平を初めとして、あらゆる社会、自然現象をすべてそれを齎す気を設定して説明しようとする、『太平経』に特徴的な思想に基づく。ここでの「道気」は、それ自体が『太平経』の生成論あるいは神学のなかで独自の概念を構築しているのではなく、他の徳気、仁気、義気、礼気、文気、弁気、法律の気と同様、道徳仁義礼文弁法律それぞれに法った政治を行う個人(帝王)に関していえば、そのような気質ないしそれを実現する力といったものを天(神)が付与することを、また社会についていえば、そのような個人(帝王)の行為が順調に遂行できるような環境ないし社会的風潮といったものを天(神)が整えてくれることを意味している。しかも、『太平経』中の「道気」の用例は、現行本ではこの一例のみであり、仮にこれが『太平清領書』にも含まれていたものだとしても、六朝期の道経に見られる「道気」の概念に直接連なるものとはいえないであろう。

魏晋から六朝中期にかけて、道教の教理が徐々に形成されるなかで、道家の説く「道」の哲学がその核を形成したのは事実であるが、本来哲学的概念である「道」をそのまま神学的概念として利用することは無理であった。そこに「道」の神秘化が進められる契機が潜むことになる。後漢期にはすでに老子その人が神格化され老君として祠られていたが、続いて東晋末期までには、老子の説く「道」そのものが神格化の対象となり、太上道君が加上された。ここに哲学的概念としての「道」と神学的概念としての「道」との混同が生じて、「道」と「道君」とが同一の存在の両面と考えられるようになるとともに、その宗教的宇宙観の基盤をなした古典的生成論の神秘化も同時に進められた。その結果、『九天生神章経』に見られるような玄元始三気説が説かれて、それまで唯一の始源的存在であった「元気」の地位が相対化されたが、それには「元気」に代わってこの三気を統括する窮極の気としての「道気」の概念が前提とされていたと思われる。さらに、「道は気なり」というテーゼの確立に伴って、「道」「道君(神)」「気」の同一性が説かれるようになり、それを実体的に表す概念として、上記のような広範な意味を包含した「道気」の概念が成立したのだと考えられる。(21) いま一応「道気」概念の成立の過程をこのように見るとして、『想爾注』に見られる「道気」が、かかる道教教理の展開と対応するものであるのかどうかがその成立を考える上での重大な手懸りとなろう。

『想爾注』には全部で六例「道気」の語が見られる。まず第五章(以下便宜上『河上公注』の分章に従う)「天地之間、其猶橐籥」の注で、

道気(天地の)間に在るも、清微にして見えず。含血の類、欽仰せざる莫きも、愚者は信ぜず。……(橐籥は)気動けば声有るも、見る可からず。故に以て喩と為し、以て愚心を解くなり。(22)

といい、続いて「虚而不屈、動而愈出」に注しては、「清気は見えず、像虚なるが如きなり(清気不見、像如虚也)」という。ここでは、「道気」は天地の間に充満しており、清澄幽微で視覚では捉えられないが、全ての生物がその「道気」を生命の根源としていることをいう。「清気」というのは、「清微なる道気」の意で「道気」をいい換えたものであろう。次いで、第十四章「視之不見、名曰夷、聴之不聞、名曰希、搏之不得、名曰微」に注しては、

夷とは、平らかにして且つ広きなり。希とは、大いに形を度するなり。微とは、道炁清きなり。此の三事は、道の徳の美なるを歎ぜんと欲するのみ。(23)

といい、「其上不皦、其下不忽」に注しては、

道炁常に上下し、天地の内外を経営す。見えざる所以は、清微なるが故なり。上は則ち皦《あきら》かならず、下は則ち

　忽ならざるも、忽として声有るなり。(24)

という。ここでの「道気」は、第五章とほぼ同様、清微で天地の間に充満流行するものと捉えられているが、次の「蝿蝿不可名、復帰於無物」に対しては、「道は是くの如く見名す可からず、有る所无きが如し（道如是不可見名、如无所有也）」といっており、「道」と「道気」とが同一のものとして意識されていたことが窺える。同様のことは、第三十六章「柔弱勝剛強」の注で、

　道気は、微弱なり。故に久しく在りて、伏せざる所無し。水は道の柔弱に法る、故に能く崖石を消穿す。道人は当に之れに法るべし。(25)

といい、ここでも「道」と「道気」とが同等に扱われている。また、第十五章「肫若濁、濁以静之徐清」の注では、

　天地湛然たれば、則ち雲起こり露吐き、万物滋潤す。迅雷あり風趣《はし》れば、則ち漢燥《かわ》き物疼《いた》み、道気隠蔵して、常に周処せず。(26)

という。(27)これらの諸例では、いずれも「道気」は時間を超越して天地の間に遍在するものと考えられているが、「道」と「道気」の間の区別が那辺にあるのかといえば、「道気」が現象世界における「道」の動的な運動をイメージしてより実体的に捉えられている点に求めることができよう。いずれにせよ、これらの諸例は、従来の「道気」論にあっては「元気」が担わされていた役割を「道気」に肩代わりさせるとともに、万物と「道」との関係を「元気」などという二次的なものを介してではなく、「道」そのものの気である「道気」を介してより直接的な関係に置き、「道」の万物に対する直接的普遍的支配を強調しようと意図したものといえよう。このような変化が要請された背景には、おそらく前述の「道」の神秘化および道教的宇宙観の形成に伴う「元気」の地位の相対化、全てを神格的な「道」に直接根拠付けようとする教理上の要請といったものが複合的に作用していると考えられる。

　次に、第十六章では、「万物並作、吾以観其復、夫物云云、各帰其根」に対して、

万物は道精を含みて並び作こる。初めて生起するの時なり。吾とは、道なり。其の精復するの時を観るに、皆な其の根に帰る。故に人をして其の根を宝慎せ令むるなり。(28)

といい、「道精」なる新たな概念が持ち出されるが、しかし、そのすぐ後の「帰根曰静」では、「道気根に帰せば、愈いよ当に清浄なるべし(道気帰根、愈当清浄矣)」といい、「道精」を「道気」に置き換えていることから、この両者はほぼ同等の概念であったと思われる。このことはまた、第二十一章「其中有信」に付された長い注の中で、「所以に精なる者は、道の別気なり。人の身中に入りて根本と為り、その半ばを持すれば、乃ち先ず之れを言う。……心は規に応じて万事を制す、故に明堂と号す。三道は陽耶陰害を布き、中正を以て道気を度す(29)」ということによっても明らかであろう。ここでの「精」とは、人間の精気を意味するが、それは「道の別気」すなわち「道」から分与された根源的な「気」であることをいう。この「道の別気」とは、とりもなおさず「道気」の意に他ならない。『想爾注』は、しばしば「精を結んで神を成す」ことをいい、それを男女陰陽の道ないし養性説と関連させて説くが、「道精」なる語はそのような道術を「道」の根源性に基づかせようとする意図をも有し、単に「元気」あるいは「道気」という場合よりも、即物的、性的イメージをより強く帯びた語であったと思われる。

ところで、このような『想爾注』の道―気関係論は、その基本的構造においては、『河上公注』のそれと全くといってもよいほど似通っている。特に、「道」の万物の生成、なかんずく人の生成に関する説明に際して、「元気」ではなく「道」の「精気」で説こうとする点に、最もよくそのことが表れていよう。前引の『河上公注』に、

此れとは今なり。今万物は皆な道の精気を得て生ずるを以て、動作起居、道に非ざれば然らざるなり。

(第二十一章「以此」注)

とあり、また、

成とは、就なり。道善く人に精気を稟貸し、且つ之れを成就するを言うなり。(第四十一章「夫唯道善貸且成」注)(30)

道の万物の精気を育養すること、母の子を養うが如し。

（第二十五章「可以為天下母」注）

道は清浄にして言わず、陰かに精気を行らして、万物自成するなり。

（同「天法道」注）

なども同様の趣旨を述べたものであるが、[31]いずれも、万物の生成、人の生死を「元気」「和気」「精気」といった古典的な用語のみを用いて説いている点に注目すべきであろう。このように『河上公注』と『想爾注』との最大の相違は、「道気」ないし「道精」という語が用いられているかいないかにある。「道気」論に関する限り、その他の点については両者のいうところはほとんど区別がないといえよう。特に、「道の精気」と「道精」とは全く同一の概念といってもよいほどであるが、『想爾注』が「道精」という単一の語を用いているのに対して『河上公注』がそれを用いないのは、『河上公注』が、「道は気なり」というテーゼが定着し、「道気」なる語が出現して一般的に用いられるようになる以前の「道気」論に立脚するのに対して、『想爾注』が「元気」あるいは「精気」に「道」をいわば接頭語のように冠するようになった時代の成立であることを示唆するものといってよいであろう。

以上の論述をまとめるならば、後漢時代に成立した古典的生成論、「道気」論は、道教教理の形成にともなって、四世紀東晋の頃より大きく変化し、本来厳密な区別が立てられていた「道」と「元気」とを同一視する「道は気なり」のテーゼを生み出し、それにともなって「元気」の神秘化が進められ、より宗教的価値の高い概念としての「道気」が導入されて、道教経典の中で一般的に用いられるようになった。その結果、『河上公注』では、「道」「元気」「和気」「精気」などで説かれていた「道」の万物生成の理論が、「道」「道気」「道精」によって説かれ、「道」の直接的普遍的な生成化育ないし教化支配のはたらきが強調されるようになり、そこにこれらの新しい概念を用いながら内容的には『河上公注』とほぼ同様の生成論、「道気」論を説く『想爾注』が出現したと考えられる。

二　道体論と『想爾注』

六朝期を通じて徐々に形成されてきた道教教理を、仏教教理学の方法論を借りて集大成したのは、隋の『玄門大義』であった。『玄門大義』はすでに散逸してその全貌を見ることはできないが、唐高宗期の道士孟安排がその内容を忠実に節略した『道教義枢』によって、その大要を知ることができる。その『道教義枢』の冒頭に置かれた道徳義は、「道は理なり」という新たな主張を掲げたあとで、「道」の体用に関する議論を展開している。そこでは、まず「虚寂」を体とする陸先生の説と「智慧」を体とする玄靖法師の説を掲げ、次いでその「体」の有無に関する玄靖法師の説を引用している。ここに引かれた陸先生とは宋の陸修静と考えられ、玄靖法師とは梁の臧玄靖であること、また、『西昇経』に付された北周の韋節(処玄)の注がしばしば「道体」を問題にしていることなどから、道教教理が「道」の体用を問題にし始めたのは、早ければ劉宋、遅くとも梁代であったことがわかる。

この「道」の体用が取り上げられるのと並行して、道教の至上神である「老君」や「道君」「元始天尊」の体、すなわち「法身」をいかに理解するかが問題とされるようになる。『道教義枢』法身義は、法身には本迹それぞれ三身があるが、本の三身は精神気のいわゆる三一に配して仮に三義を立てるだけで、その窮極の体は同一であるという。このような説は、六朝後半期に徐々に形成されてきた三一説に法身説を配当することによって成立したものであるが、その三一説は『老子』第十四章の解釈と密接に結びついて展開されてきた。初唐の道士成玄英の『老子疏』に引く臧玄靖の説には次のようにいう。

夫れ夷希微と言う者は、精神気を謂うなり。精とは、霊智の名なり。神とは、不測の用なり。気とは、形相の目なり。この三法を総べて、一聖人を為す。……所謂る三一なる者なり。(32)

これを承けて成玄英自身『老子開題序訣義疏』の中で、

第三。法体とは、案ずるに九天生神経に云く、聖人は玄元始三気を以て体と為す、と。三天の妙気に同じきを言うなり。臧宗道又た三一を用て聖人の応身と為す。言う所の三一とは、一精二神三気なり。精とは、霊智慧照の心なり。神とは、無方不測の用なり。気とは、色象形相の法なり。経に云う、之れを視れども見えず、名づけて夷と曰う。精なり。之れを聴けども聞えず、名づけて希と曰う。神なり。之れを搏《う》てども得ず、名づけて微と曰う。気なり。此の三法を総べて一聖体を為す。経に云う、此の三者は、致詰す可からず。故に混じて一と為すなり、と。但だ老君は三一を以て身を為すも、身に真応の別有り。[33]

という。さらに、唐、法琳の『弁正論』巻六には、古来の名儒および『河上公注』は、『老子』の夷希微を精神気に当てることを述べたあと、次のようにいう。

案ずるに生神章に云く、老子は[玄]元始三気を以て、合して一と為す、と。是れ至人の法体なり。精は是れ精霊、神は是れ変化、気は是れ気象なり。陸簡寂、臧矜、顧歓、諸揉、孟智周等の老子義の如きに云く、此の三気を合して、以て聖体を成す、と。又た云く、自然を通相の体と為し、三気を別相の体と為す、と。[34]

法琳のいうような精神気を夷希微に当てる解釈は、少なくとも現行の『河上公注』には見いだせないが、このような解釈が『九天生神章経』や陸修静を筆頭とする六朝後半期の経師によって説かれていたこと、「道」の体と関連して、「道」と「自然」と「三気」の関係が教理上の問題となっていたことが知られる。

ところで、『想爾注』は第十章「載営魄抱一能無離」の注において、

一とは、道なり。今人身の何許に在るや。之れを守ること云何。一は人身には在らざるなり。諸もろの身に附する者は、悉く世間常偽伎にして、真道には非ざるなり。一は天地の外に在り、入りては天地の間に在り。但だ人身中に往来するのみ。都《すべ》て皮裏悉く是れなり。独り一処のみには非ず。一、形を散じて気と為り、形を聚めて太

上老君と為り、常に崐崘に治す。或いは虚无と言い、或いは自然と言い、或いは无名と言うも、皆な同一のみ。(35)

と注する。これは、人間の身中には五蔵神を初めとする体内神（「一」）が存在すると考え、それを存思することによって不老長生を実現し昇仙しようという『抱朴子』や『黄庭経』に見える道術、ないしはそれを継承する上清派の教理を否定し、「一」とは太上老君あるいは「(道)気」の別体であり、それは同時に「虚無」「自然」「無名」などとも呼ばれる「道」の一形態に他ならないことを説いたものである。ここでは、主として「一」と太上老君という至上神との同体に焦点を当てているが、第二十二章「是以聖人抱一為天下式」注では、「一は、道なり（一、道也）」といい、第二十三章「希言自然」注では、「自然は、道なり（自然、道也）」という。これらの記述から、『想爾注』が、「道」「道気」「自然」「一」「太上老君」を同一の法体のいわば応身に当たると考えていたことは明確であろう。このような『想爾注』の思想が、後漢末から魏にかけての時代にすでに成立していたと考えることは、上述の道体論の成立の事情に照らしてみれば、極めて困難である。それよりも、『想爾注』は陸修静以降の道体論の展開を踏まえたうえで、あるいはそれに関わりつつこのような注を付したのだと考えるほうがより自然であろう。

この推定を補足し得る記述が『想爾注』にはまだある。第二十五章「人法地、地法天、天法道、道法自然」の注では次のようにいう。

自然は、道と同号異体なり。更《こもご》も相い法《のっと》ら令め、皆な共に道に法るなり。天地は広大なるも、常に道に法りて生ず。況んや人、道を敬せざる可けんや。(36)

この注が論理的矛盾を含むことは一見して明らかであろう。つまり、「自然は、道と同号異体なり」では意味が通じない。「自然」と「道」とは少なくとも「同号」ではなく「異号」でなければなるまい。しかもその後は「皆な共に道に法る」というからには、「道」と「自然」とが「異体」であっては、「道」はさらに別の（上位の）「自然」に法らなければならなくなり、「道」を窮極的に法るべき存在とする主張に反することになろう。「道」と「自然」との同体は上述のように『想爾注』の基本的主張であった。従って、この「自然は、道と同号異体」というのは、「自然は、道と同体異号」の誤写であると考えざるを得ない。

ところで、このような「道」と「自然」との体の異同を問題にする発想は、これまた仏教教理学に刺激されて道教教理学の確立が求められていた、六朝後半期から隋初唐にかけての道教の教理思想史的背景と一致する。道仏論争の中で、『老子』第二十五章の「道は自然に法る(道法自然)」の解釈と関連して、「道」と「自然」との関係如何が最も重要な論点の一つであったことは、『集古今仏道論衡』巻丙(大正蔵五二、頁三八一上)の伝える、唐、武徳八年(六二五)に帝前で行われた三教対論などに典型的に見られる。

この時の論戦では、道教側を代表する李仲卿が、道は至極至大であり、道より根源的な存在はないことを主張したのに対して、仏教側を代表する慧乗が、『老子』第二十五章に「道は自然に法る」とあるのは、道の上位に自然が位置することをいうもので、道教側の主張は成り立たないと論難した。これに対して李仲卿は、『河上公注』の「道の性は自然にして、法る所無し(道性自然、無所法)」という解釈を援用して、「道は自然に法る」というのは、決して道の上位に自然があるのではなく、道の在り方そのものが自然であることをいったものだと反論している。同様の論難は、また法琳の『弁正論』巻二(大正蔵五二、頁四九九中)にも見える。そこでは、儒生が、「道は自然を以て宗と為し、虚無を本と為す(道以自然為宗、虚無為本)」というテーゼに関し、道が自然に基づき、あるいは自然より生ずると説く道経を列挙して質問したのに対して、通人が、もしそうなら道は自ら生ずるのではなく、自然から生ずることになり、自然が道の本ということになる。そうだとすれば、自然が本であり常であり、道は迹であり無常であって、道こそが至上至極の存在であるとする道教教理は成り立たなくなると批判し、さらに巻六(頁五三七上)においては、『王弼注』をひきあいに出して同趣旨の議論を展開している。

一方、この時期の道教側資料では、道と自然との関係はどのように考えられていたのか。『河上公注』のそれが、道の上位に自然を置くものでなかったことは、上に見たとおりであるが、いわゆる道教経典の中には、『昇玄内教経』の「太極真人問く、大道は何を以て身と為し、生じて何許に在れば、之れを名づけて道と為すや。通じて言う、夫れ道は玄妙にして自然より出で、無生より生じ、無先に先だつ」や、『西昇経』第十五章の「虚無は自然を生じ、自然は道を生じ、道は一を生じ、一は万物を生ず」などのように、自然を道の上位に置き、自然が道を生み出す本体であると説くものがあり、この傾向は仏教教理の影響を受けた経典に特に目立つ(37)。そして、三論を筆頭とする仏教教理学の方法論を導入して、道教教理の体系化を進めようとしたこの時期の経師たちのなかには、自然と道とを明確に本迹の関係で捉えようとするものもあった。その典型的な例は、初唐の道士成玄英の『老子疏』に、「次に須く自然の妙理に法るべし。所謂る重玄の域なり。道は是れ迹にして、自然は是れ本なり。本を以て迹を収む。故に義として法ると言うなり(38)」(第二十五章「道法自然」疏)とあるのに見ることができる。そして、このような解釈の存在が一般的であったことが、前の慧乗や法琳の批判を招いたわけである。ちなみに、道教側で道と自然との関係に教理上一応の決着がつけられるのは、唐玄宗の『老子注』および『老子疏』においてであった。そこでは、成玄英らの説は否定されて、道は妙本の功用、自然は妙本の性として本末先後の関係を止揚した解釈が与えられている(39)。

以上が、六朝後半から隋初唐にかけての、道と自然との関係論に関わる道教教理思想の展開の大筋である。こうした流れの中で、「道」と「自然」との同体を説く『想爾注』の地位を考えてみると、「道」の上位に「自然」を置かないという点においては、饒氏が類似を指摘した『河上公注』と確かに立場を同じくはするが、両者の「体」の同異においてそれを説こうとするその問題意識や方法論においては、全く共通性をもたないといってもよく、両者の思想史上の位置の相違は自ずと明らかである。前述の道体論の展開とも考え合わせれば、『想爾注』がよって立つ教理思想的基盤が、四世紀半ば以降のものであることはほぼ確実といってもよいであろう。

ろう。

三　太陰説と『想爾注』

『想爾注』には、死後の再生を説くものが二条見られる。この点も『想爾注』の成立を考えるうえでの手懸りとなろう。

第十六章「没身不殆」の注では次のようにいう。

太陰は、道積み形を練るの宮なり。世に処る可からざる有れば、賢者は避け去りて死に託し、太陰中に過《よぎ》りて、復た一辺に像を生ず。没して殆《あやう》からざるなり。俗人は善行を積む能わず、死すれば便ち真に死し、地官に属し去るなり。[40]

また、第三十三章「死而不亡者寿」の注でも次のようにいう。

道人は行備わり、道神之れに帰す。世を避け死に託して、太陰中に過り、復た生去するを不亡と為す、故に寿なり。俗人は善功无く、死者は地官に属す、便ち亡と為す。[41]

このように『想爾注』は、賢者、道人に関しては、仮に世を避けて死んだようにみせかけ、実は「太陰」で新たな肉体を練成して別の場所に再生するという太陰説を説くが、一方俗人に関しては、その死は地官に隷属する真の死であるとしてその再生を認めない。託死更生ないし尸解の思想は漢代からすでに見られるが、冥府を太陰と地官とに分け、太陰を練形再生の場とするこのような説がいつごろから説き出されるのかが第一の問題となる。

例によって、五斗米道教団に先立つ太平道教団の教理を伝えるといわれる『太平経』との比較から着手しよう。『太平経』では、「太陰」を「太陽」、「中和」と対をなす元気の構成要素として第一義的に規定するが、また、陰陽説の常識に従って、「太陽」を天に「太陰」を地に配当してもいる。そこからさらに、太陰は人の行為の善悪を記録し、それに応じて寿命を削減する権能を有する官府として、『太平経』の重要な主張の一つである承負説の一翼を担わされている。庚部十二において、世人の多くは、人の行為をみそなわす神などはいないのだとたかを括って恣の振る舞いをしているが、そのような行為の承負は全て天上の官府の知るところであることを説いたあとで、「如し過負あれば、輒ち司官に白し、司官は太陰に白す。太陰の吏、家の先に去《し》せる人を取り召して、考掠して之れを治す」といい、また、年末には各地の祀社や家々の守神が人びとの犯した罪を書き上げて報告し、その文書が諸官の間を転送されることを説いたあとで、「太陰の法曹は、承負する所を計り、算を除き年を減ず。算尽くるの後は、地の陰神を召し、幷せて土府を召して、形骸を収取し、その魂神を考す」という(42)。このように『太平経』にあっては、太陰は人の行為の善悪によって承負を計算し、それに基づいてその寿命を減らし、寿尽きたものの魂を拘引して、それを考治する冥府とされている。そこでは、『想爾注』のような賢者、道人を俗人と特に区別して、かれらが練形再生する場とする観念は見られないことに注目しておくべきであろう。一方、『太平経』には神仙説の影響が希薄であるが、託死再生ないし尸解の概念が全く見られないわけではない。戊部四では、

凡そ天下の人、死亡は小事に非ざるなり。壱たび死すれば、終古復た天地日月を見るを得ず、脈骨は塗土と成る。死命は重事なり。人天地の間に居りて、人人に壱の生を得、重ねて生くるを得ざるなり。重ねて生くる者は、独り得道の人のみ。死して復た生くるは、尸解する者のみ。是くのごとき者は、天地の私する所にして、万万に未だ一人有らざるなり。故に凡人壱たび死すれば、復た生くるを得ざるなり(43)。

とある。ただし、『太平経』の中では、尸解ないし死後の再生を説くのはこの一例のみであり、それが『太平経』全体の思想の中で重要な要素を占めているというわけではなく、また、太陰が託死再生の場と考えられているわけでもない。問題はあくまでも、太陰を再生の場とする観念がいつごろ出現するかにある。

『想爾注』と同様、太陰を得道者の練形易貌再生の場所とする説を詳細に展開するのは、『真誥』巻四運象篇第四の

以下の記述である。

其れ人蹔《しば》らく死して太陰に適《い》き、権《かり》に三官を過る者の若きは、肉既に灰爛し、血沈み脈散ずる者も、猶お五蔵自生し、白骨は玉の如し。七魄営侍し、三魂宅を守り、三元権に息い、太神内に閉ざす。或いは三十年二十年、或いは十年三年、意に随いて出づ。生くるの時に当たりては、即ち更めて血を収め肉を育み、津を生じ液を成し、質を復し形を成し、乃ち昔未だ死せざるの容に勝るなり。真人は形を太陰に錬り、貌を三官に易うとは、此れ之れを謂うなり。天帝曰く、太陰身形を錬るは、九転丹を服するに勝り、形容端にして且つ厳、面色霊雲に似て、上太極の闕に登る、と。

夫れ得道の士、暫らく太陰に遊ぶ者は、太乙戸を守り、三魂骨を営み、七魄肉を衛し、胎霊気を掾《たす》く。

保命告げて云く、許子遂に能く形を委てて冥化し、張鎮南の夜解に従わん。所以に魂を太陰に養い、魄を地に蔵し、四霊精を守り、五老蔵を保す。復た十六年にして、殆ど我を東華に覩ん、と。

右英告げて曰く、古自り今に及ぶまで、死生に津有り、顕黙会を異にす。……夫の瓊丹《けいたん》一たび御《な》り、九華三たび飛び、雲液晨《あした》に酣《の》み、流黄徘徊し、仰ぎては金漿を咽《の》み、玉蕤《ぎょくずい》を咀嚼する者の若きは、立どころに便ち景を控えて空に登り、太微に玄升するなり。世事玄に乖《そむ》き、斯業未だ就らざる自り、便ち当に蹔らく太陰を履み、生を冥郷に潜め、外身質を棄て、胎を虚宅に養い、気を絶籥《ぜつやく》に陶し、精を玄漠に受くべし。故に容を三陰の館に改め、顔を九練の戸に童にす。然る後に神仙の奇為る、死して亡びず、去来の事は、理之れ深きを知るなり。(44)

これらの例はいずれも、修道者が諸種の事情から白日昇仙することはできなくても、暫時死に託して太陰に身を潜め、その間に新たな優れた肉体を練成していずれは再生昇仙しうることを説いたものであるが、同様の例は『紫陽真人内伝』や『登真隠訣』『雌一玉検五老宝経』『洞真太極帝君填生五蔵上経』『漢武帝内伝』に引く『九郁龍真経』等の四―五世紀のものと思われる経典に広く見られる。しかも、多くの場合、最初の例のように、太陰での練身が、金丹のなかでも最高のものの一つとされる九転丹を服するに勝ることが繰り返し説かれる。(45) このような主張はいうまでもなく、仏教教理の影響下に死後の世界ないしは死者の済度に対する関心が高まり、高度な知識と複雑なプロセスとを要する煉丹を昇仙のための唯一至上の方法とする神仙説がいきづまって質的転換を余儀なくされ、不特定多数の人々の救済と死後の再生昇仙とが宗教的救済の中心に据えられるようになる、東晋期以降の道教教理の出現を前提とするものでなければならない。(46)『真誥』の中でも、諸真の誥授とされるものは、四世紀半ばの江南茅山における教理を伝えるものと考えられるから、かかる単なる冥府とは異なった得道者の再生昇仙の場としての太陰の観念は、やはりこの頃から盛んに主張され始めたのだということができよう。

しかし、『度人経』に、「道言く、夫れ末学は道浅く、或いは仙品未だ克《な》らず、運応に滅度すべく、身は太陰を経。臨過の時に、同学至人、其の為に香を行《めぐ》らし、経を誦すること十遍、以て尸形を度すること法の如くす」といい、(47) その厳東注が「死者は皆な太陰の官に過るを云う。此くの如きの人は、皆な為に経を転じ道を行ず」というのは、単なる冥府の意であり、『太平経』同様、太陰の古い概念を伝えるもので、『真誥』や『想爾注』に見られる太陰の概念が未だ必ずしも普遍的なものとはなっていなかったことを物語る。それとともに、『真誥』や『度人経』厳東注等に見られる酆都説の成立にともなって、冥府説と死後の段階的な再生昇仙説とが結合され、その中から新たな練形易貌の場としての朱宮（朱火宮、南宮等ともいう）が成立して、太陰の地位を奪うようになる。こうした点を総合的に勘案すれば、『想爾注』の太陰説は、やはり東晋期以降斉梁頃までの道教教理と対応するものであるといえよう。

この他にも、『想爾注』中には、その成立時期を推定する上で注目すべき記述がいくつかある。第一は「世間偽伎」批判である。第九章では、黄帝、玄女、龔子、容成の術、すなわち還精補脳の房中術を説くものを「世間偽伎」として批判し、第十章では、いわゆる「守一」の法に関し、「一」を五蔵神等の体内神とし、それを瞑目存思する内観の術を「世間常偽伎」として批判し、「守一」とは「道誡」を順守することだと主張している。第十一章では、気を専守して培胎練形し、また「道」が人身中にも存するとするものを「世間偽伎」として批判し、第十四章では、「道」は無形無象であることを強調し、それに対して「道」に服色名字、状貌長短有りとするものを「世間偽伎」として批判する。さらに、第十六、十八章では、その批判の対象が必ずしも具体的ではないが、「道」の常意を知らないもの、「真道」に法らない種々の書を挟むものを「世間偽伎」「世間常偽伎」と批判している。これらの例を通じて、『想爾注』が強く批判するものが、還精補脳の房中術や、体内神の存思を説くものであったことが知られる。

房中術も存思の術も漢代からすでに存在しはするが、それが強い批判の対象とされるからには、それらが個々の道術者が口伝によって師資相承しているような段階ではなく、広く世間に行われるようになっていたと考えるのが自然であろう。『想爾注』が五斗米道の教理を広く信者に説くものであったとすれば、なおのことそれらが一般の信者に大きな影響を及ぼす可能性をもつものでなければなるまい。張陵や張魯の時代にそのような状況があったかどうかは甚だ疑問である。それよりも、黄書赤界の術、男女合気の術による不老長生が五斗米道の末流である天師道において極めて盛んであり、それが仏教徒の格好の道教批判の材料にされたことは広く知られている。しかも、この道術が張陵に起源するとされ、他の道教教派の批判にもさらされていたことは、『真誥』や『洞淵神呪経』などによって知られるところである[48]。このような状況の中から、従前の天師道の男女合気の術を初めとする猥雑性を批判し、その清整を標榜する寇謙之の新天師道が出現するわけであるが、その「清整道教」のスローガンを権威づけるために寇謙之の一派が『正一法文天師教戒科経』「大道家令戒」を作成したのではないかという推定は、大いに首肯しうるものである[49]。同時に、これと密接に関係する経典である『想爾注』の房中術批判が、「大道家令戒」等と同様の意図を持つものである可能性は甚だ大きいといわなければならない。

一方、「一」に服色名字を付してその姿を存思する術は、『抱朴子』地真篇に典型的な例が見られ、その起源も漢代にまで遡ることができるが、この体内神の存思の術を『黄庭経』の説をもとに詳細に展開して『大洞真経』を初めとする主要経典の中心に据えたのは、魏華存以降の上清派であった。それ以後の上清経は、例外なく体内神の存思と呪と服気の術をその道術の中核とする。かかる上清派の教理は、江南の地を中心に劉宋以後広く行われ、梁の陶弘景による大成を経て南朝の道教を代表するものに成長するとともに、北方の道教にも多大な影響を与えるようになる。従って、『想爾注』が批判の対象にした「世間偽伎」の一つは、この上清派道教であった可能性が極めて大きいといえよう。[50]

次に、『想爾注』には、「所以者」という語法が都合五条見られる。[51]「所以然者」あるいは「所以爾者」という語法は古典的漢語の表現として古くから用いられているが、「所以者」という三字句で同様の意味を表す例は、管見の及ぶ限り六朝以前の一般文献には見られない。これはおそらく漢訳仏典の「所以者何」という語法を真似たものと思われるが、このような漢訳仏典の語法が生硬なものとは意識されなくなるのは、やはり相当時代が降ってからのことと考えねばならない。ちなみに、比較的古い仏教徒の論文であるかの『牟子』にも「所以然」はあっても、「所以者」「所以者何」は使用されていないし、『弘明集』に収められた多くの論文にも、このような語法は見られない。さらに、六朝期の口語を比較的多く伝える『世説新語』も同様である。一方、六朝隋初唐期の道経を調べてみても、「所以者」という語法が用いられることは極めて稀で、『三洞奉道科戒営始』に二例ほど見られるにすぎない。[52]「所以者何」という語法も六朝末期以降の仏典を模倣した道経以外にはほとんど見られないといえよう。こうしたことから、『想爾注』の「所以者」なる語法は極めて特殊なものといえ、少なくとも、漢訳仏典の「所以者何」という語法が十分に浸透した後にそれがなまったものと考えられる。これも、『想爾注』の成立が漢魏の交とは考えられないことの一つの傍証になろう。

この他にも、『想爾注』の成立の後時性を示すものとして、「道」の人格化、「太上老君」「道君」という称謂の存在などが挙げられるが、いずれもこれまでに指摘されたことなので、ここでは割愛する。

四　「大道家令戒」と『想爾注』

陳世驤氏以来、『想爾注』を張魯ないし彼に近い時期の五斗米道教団の末流の手になるとする推定の根拠の一つとして、『正一法文天師教戒科経』中に載せる「大道家令戒」なるものと『想爾注』との内容語法の類似が挙げられてきたが、この「大道家令戒」の性格もまた必ずしも明らかではない。以下この「大道家令戒」の成立をこれまでと同様の観点から考究し、『想爾注』との関連を検討してみることにする。

「大道家令戒」中には、正元二年(二五五)と太和五年(二三一)という二つの曹魏の年号が見られ、その内容も、曹魏政権に降った後の五斗米道教団内の混乱と動揺を静めようとする意図を持つと思われるものを含むことが、従来「大道家令戒」を張魯ないし彼にごく近い時期の五斗米道教団の教令とする根拠とされてきた[53]。しかし、その内容を詳しく検討してみると、様々な疑問を指摘しうる。その第一は、玄元始三気説の存在である。「家令戒」の冒頭近くに次のようにいう。

> 道授くるに微気を以てす。其の色に三有り。玄元始気是れなり。玄青は天と為り、始黄は地と為り、元白は道と為る。三気の中、上下を制して万物の父母と為る。故に至尊至神と為す。天地自り以下、此の気を受けずして生ずる者無し[54]。

「道」の万物生成をかかる玄元始三気で説くものは、前述のように漢魏の頃には見られないものである。後漢期以降の古典的生成論が、道—元気—万物という生成の過程を考えていたこと、『太平経』においてもかかる生成論が取られていたことなどは、すでに詳述したとおりである。もし、このような説が、張魯ないしそれに近い時期の教令にあったとすれば、それ以後の五斗米道系の経典にも当然広く継承されて重要な地位を教理上に占めていなければなるまいが、現存の資料による限り、そのような事実はない。

この玄元始三気による生成論が広く説かれるようになるのは、劉宋頃の成立とされる『三天内解経』およびそれ以降の『洞玄霊宝自然九天生神章経』『三天正法経』などにおいてである。その『三天内解経』では、「道」は無因無待の根源的存在であり、道徳丈人なる神格が元気に先だって生じ、以後、太清玄元無上三天無極大道、太上老君、天帝君、九老仙都君、九気丈人等の百千万重道気が生じ、その後で空洞、太無が生じ、その太無が変化して玄気元気始気の三気が生ずるという。その玄気は清淳で、上昇して天となり、始気は濃濁で、凝下して地となり、元気は軽微で、通流して水となり、かくて日月星辰が配置されてこの世界が完成する。ここでは玄気―天、始気―地、元気―水というように、五斗米道の天地水三官説にそった対応が考えられており、「家令戒」が玄気―天、始気―地、元気―道という対応を説くのとは異なる。また、『太上三天正法経』は、世界の始源において、九天真王、元始天王が存し、七千余劫の後に九気が現れ、九天が置立されるが、その九天とは、清微天、禹余天、大赤天各三天であるという。そしてその原注において、清微天を始気、禹余天を元気、大赤天を玄気であるとする。さらに、『九天生神章経』では、世界の始源に天宝君、霊宝君、神宝君の三柱の神を置き、それぞれを玄気、元気、始気そのものであるとする。そしてその三気がさらに三分して九気を生じて九天となり、そこにこの世界が形成されると説く。

これらの経典の説くところはそれぞれ少しずつ異なっているが、玄元始三気を宇宙生成の始源に据える点や天神を気そのものであるとする点は共通している。このような思想は、「道は気なり」というテーゼと密接に関連して生じたものと考えられ、劉宋以降の道教教理の展開と同一の路線上に位置する。その後、六朝末から初唐にかけての道教教理の大成期に、これらの説は一つに纏められて、『道門経法相承次序』巻上に見られるような三宝君、三天、三気、三洞、三清等の名数上の対応が説かれるようになる。

次に、「大道家令戒」には、『想爾注』同様「道気」の語が一例ながら見られる。それは、「道」と「老子」とを同一視し、老子が転生して代々の帝王の師となったという伝説を「道」に置き換え、さらに、その「道」が干吉に太平の道を教え、また、五千文を作って尹喜に与えたあと、胡地に入って胡人を教化したという化胡説を説く部分において、「後、道気四海に布くに当たり、西関に転生す(後道気当布四海、転生西関)」(葉一三裏)と見える。この部分の記述は、時代の前後が混乱しているように思われるが、いずれにせよ、「道気」という語が『老子変化無極経』などと同様、道教的真理ないし「道」の教化力が順調に作用していることを示すものとして用いられていることは、「大道家令戒」の成立が四世紀半ば以降であることを示唆する徴証の一つといえる。

また、「大道家令戒」は中段において、この教えを遵守することによって後世の「種民」となることを勧めているが、この種民の概念も、その成立が四世紀以降にあるとされるものである[55]。さらに、化胡説の部分で、胡人に対して漢人のことを秦人というのは、符秦ないし姚秦に近い時期の習慣であり、道安らの訳経が「秦言」と称するのと同じだという指摘もある[56]。これらのことを総合的に勘案すれば、「大道家令戒」の成立が概ね四世紀以降にあること、従って「大道家令戒」がその半ば以上を占める『正一法文天師教戒科経』もそれ以降の成立であることが首肯されよう[57]。

ところで、『正一法文天師教戒科経』および「大道家令戒」が、偽伎、道人、道気、想爾といった語彙上の類似を初めとして、「道」の人格化、道誡教戒の遵守、金帛酒肉を供えての祭禱による求福の否定、体内神存思や房中術といった道術批判、太平の強調等においても『想爾注』と共通の主張を行っていることは、これらの間に共通の思想的時代的基盤が存在したこと、さらにいえば、同一の意図をもってこれらの経典がほぼ同時期に作成されたことを示唆するものであろう。しかし、これらの書が、張魯ないしそれに近い時代のものではないということまでの推定に従えば、一体どのような人物あるいは教団をこれらの経典の作成奉持者に想定すべきであろうか。

これに関しては、『正一法文天師教戒科経』は寇謙之の新天師道教団がその「清整道教」のスローガンを権威づけるために作成したのではないかという楊聯陞氏の推定が有力なヒントとなり得よう[58]。かかる仮定に立つと、『正一法文天師教戒科経』「大道家令戒」が述べる天師道教団の混乱状況は、実は魏晋以降の天師道教団の状況を示すものであり、これらの書が共通して批判の対象とする、祭禱による求福や男女間の風紀の紊乱、房中術等に対する批判および道誡遵守の強調は、仏教側と道教他派に共通する天師道淫穢批判を踏まえた「清整道教」の中心課題を反映したものであり、体内神存思、守一の道術批判は当時隆盛になりつつあった上清派道教教理の影響を排除しようとしたものといえよう。これまで問題にしてきた六朝期の道教教理思想の展開の中で、『想爾注』『正一法文天師教戒科経』「大道家令戒」等を矛盾なく位置付けるには、このように考えるのが最も合理的であると思われる。

本章では、主として「道気」論、道体論、太陰説、玄元始三気説等の、六朝道教教理思想の主要テーマのいくつかを取り上げ、その思想史的な位置付けをできるだけ明確にしたうえで、『想爾注』の思想教理との比較を通してその成立時期を推定してきた。しかし、このような方法が十分な説得力を発揮するには、個々の思想概念がいつどのようにして成立し、その後どのように変化していったかの幅広い思想史的追跡が不可欠であるが、研究の現状は極めて不十分であるといわねばならない。特に、後漢末から西晋にかけての時期は、資料の絶対的な不足が大きな制約となっている。それゆえ、これまでの論述も今後修正すべき点があろうが、少なくとも現存の資料による限り、『想爾注』の最終的な成立時期を二世紀末から三世紀初頭に想定することは困難であるといわなければならない。もちろん、『想爾注』にしろ「大道家令戒」にしろ、その中に新古の層を設定し、漸次増修されてきたと考えることは可能ではあるが、『想爾注』に見える「道気」の概念に関する限り、それは「道精」「道誡」等の概念とともに『想爾注』の基本概念をなすものであって、それが後から付加されたとは考え難い。そして、かかる「道気」概念の成立がほぼ東晋期以降に在ることは上述のとおりであり、従って、『想爾注』の成立もそれ以降と考えざるをえない。それとともに、『想爾注』と『正一法文天師教戒科経』「大道家令戒」とが密接な関連性をもつ経典群であることはほぼ異論のないところであろう。このことは、これらが同一の思想的時代的背景を有することを意味するが、劉宋期以降にそれを求めるならば、寇謙之の新天師道教団がこれらの経典の作成奉持者として最も相応しいといえよう。しかし、この点に関してはさらに詳細な考証が必要である(59)。

(1) 大淵忍爾『敦煌道経 目録編』(福武書店、一九七八年)によれば、本巻子は、全長九〇センチ、横漉目の見える薄葉のやや粗末な黄紙を使用した六世紀の写本という。
(2) 『敦煌六朝写本 張天師道陵著 老子想爾注校牋』一九五六年、饒氏刊。
(3) 『清華学報』新第一巻第二期、一九五七年。
(4) 厳霊峯「読『老子想爾注校牋』書後」(『老子衆説糾謬』無求備斎、一九五六年)、同「老子『想爾注』写本残巻質疑」(『大陸雑誌』第三一巻第六期、一九六五年)、同「『老子相爾注校牋』与『五千文的来源』」(『民主評論』第一五巻第一六期、一九六四年)、福井康順「老子想爾注考――校箋を主題として」(『早稲田大学大学院文学研究科紀要』一三、一九六七年)、楠山春樹「老子想爾注考」(『老子伝説の研究』創文社、一九七九年)等がある。
(5) 饒宗頤「想爾九戒与三合義」(『清華学報』新第四巻第二期、一九六四年)、同「老子想爾注続論」(『福井博士頌寿記念東洋文化論集』早稲田大学出版部、一九六九年)、陳文華「関於五千文的来源」(『民主評論』第一五巻第一五期、一九六四年)、大淵忍爾「五斗米道の教法について(上)(下)」(『東洋学報』第四九巻第三、四号、一九六六、六七年)、同「老子想爾注と河上公注との関係について」(『東洋史学論集 山崎先生退官記念』山崎先生退官記念会、一九六七年)、同「老子想爾注の成立」(『岡山史学』一九、一九六七年)等がある。
(6) この点に関しては、小野沢精一他編『気の思想』(東京大学出版会、一九七八年)第一部第三、四章の諸論考を参照。
(7) 以下、『太平経(鈔)』からの引用は、王明『太平経合校』(中華書局、一九六〇年)による。「夫物始於元気」(丁部十六、頁二五四)、「元気廼包裹天地八方、莫不受其気而生」(丙部六、同頁七八)、「天地人本同一元気、分為三体、各有自祖始」(丁部十五、同頁二三六)。
(8) 「六極之中、無道不能変化、元気行道、以生万物、天地大小、無不由道而生者也」(頁一六)。
「道無所不能化、故元気守道、乃行其気、乃生天地、無柱而立、……是元気守道而生如此矣」(頁二一)。
(9) 「道徳之用、莫大於気、道者、気之根也、気者、道之使也、必有其根、其気乃生、必有其使、変化乃成」(汪継培『潜夫論箋』巻八)。

(10)「無名者、謂道、道無形、故不可名也、始者、道本也、吐気布化、出於虚无、為天地本始也」。
「閲、稟也、甫、始也、言道稟与、万物始生、従道受気」。

「我何以知従道受気」。

「此、今也、以今万物皆得道精気而生、動作起居、非道不然」。

「布気天地、無所不通」。

「万物皆帰道受気、道非如人主有所禁止也」。

「成、就也、言道善稟貸人精気、且成就之也」。

(11)「道者、気也、保気則得道、得道則長存」(大正蔵五二、頁五三七上)。『三洞珠嚢』巻四(葉四表)に引く『道基吐納経』もほぼ同文。

(12)この点に関しては、本書第三部第一章を参照。

(13)『老君変化無極経』の成立については、吉岡義豊「六朝道教の種民思想」(『日本中国学会報』第一六集、一九六四年)参照。『三天内解経』の成立については、楊聯陞「老君音誦誡経校釈」(『中央研究院歴史語言研究所集刊』第二八本、一九五六年)参照。

(14)『太上洞淵神呪経』の成立については、吉岡義豊『道教経典史論』(道教刊行会、一九五五年)第二篇第一章、大淵忍爾『道教史の研究』(岡山大学共済会書籍部、一九六四年)第三篇第四章、宮川尚志「晋代道教の一考察――太上洞淵神呪経をめぐりて」(『中国学誌』第五本、一九六九年)等参照。

(15)『老君音誦誡経』については、注(13)所掲楊聯陞「老君音誦誡経校釈」参照。

(16)『老君変化無極経』「胡児弭伏道気隆、随時転運西漢中」(葉二表)、同「令吾道気屈不伸、怒吾師鬼咎吾臣」(葉五表)、同「招来禍害三考前、同属道気不蒙恩」(葉七表)、『三天内解経』巻上「自光武之後、漢世漸衰、太上愍之、故取張良玄孫道陵、顕明道気、以助漢世」(葉八裏)、『太上洞淵神呪経』巻六「道炁日盛、盛在江南漢蜀之中」(葉一表)、同巻七「道炁日盛、三洞流演」(葉一表)。

(17)『老君変化無極経』「道有微気生活人、誠非下愚所可陳、道気綿綿難可遵、布散流行如浮雲」(葉二裏)、『三天内解経』巻下「人皆由道気生、失道気則死」(葉一表)、『真誥』巻四運象篇第四「蕭条斧子、和心凝静、道炁雖妙、乗之亦整」(葉一三表)、同巻五甄命授第一「君曰、道者混然是生元炁、元炁成、然後有太極、太極則天地之父母、道之奥也」陶弘景注「此説人体自然、与道炁合、所以天命謂性、率性謂道、修道謂教、今以道教使性成真、則同於道矣」(葉一表)。

(18)『三天内解経』巻下「道気至微、不可得見、不可得聞、迎之無前、追之無後、包含六合、覆載天地」(葉一表)、『元始无量度人上品妙経四注』巻二「上无復祖、唯道為身」厳東注「祖、宗也、上无所宗、唯道炁結精、而後成其身也」(葉七裏)、同巻三「八景冥合、炁入玄玄」厳東注「冥合者、洞体道炁也、玄玄者、深奥也、太上道君……開元始之玄奥、演大法以度人、至炁玄妙、体道自然」(葉一二裏)。

(19)『洞淵神呪経』巻四「十方諸鬼、一切真偽等神、一万八千道炁、三千六万赤鬼」(葉七裏)、『老君音誦誡経』「乞願得在赦格之例、蒙恩生活、道気哀念」(葉一七表)、『登真隠訣』巻下「謹関啓太清玄元無上三天无極大道、太上老君、太上丈人、天帝君、天帝丈人、九老仙都君、九炁丈人、百千万重道炁、一千二百官君、太清玉陛下」(葉八裏)。

(20)「天上諸神言、好行道者、天地道気出助之、好行徳者、徳気助之、行仁者、天与仁気助之、行義者、天与義気助之、行礼者、天与礼気助之、行文者、天与文気助之、行弁者、亦弁気助之、行法律者、亦法律気助之、天地各以類行神霊也」(頁六九〇)。

(21)ちなみに、呉、支謙訳の『法律三昧経』(大正蔵一五、頁四六〇中)にも「存神道気」と見えるが、この場合の「道気」は「導気」の意であって、当面の問題とは関係がない。

(22)「道気在間、清微不見、含血之類、莫不欽仰、愚者不信、……気動有声、不可見、故以為喩、以解愚心也」。

(23)「夷者、平且広、希者、大度形、微者、道炁清、此三事、欲歎道之徳美耳」。

(24)「道炁常上下、経営天地内外、所以不見、清微故也、上則不皦、下則不忽、忽有声也」。

(25)「道気微弱、故久在、無所不伏、水法道柔弱、故能消穿崖石、道人当法之」。

(26)「天地湛然、則雲起露吐、万物滋潤、迅雷風趣、則漢燥物疼、道気隠蔵、常不周処」。

(27)かかる「道気」論は、やがて「道」の万物への内在を「道気」の普遍的稟受によって理論付け、山川草木等の無生物にも「道性」の存在を認める独特の道性論へと発展していくが、この間の状況については、第三部第一章に詳述したので参照されたい。

(28)「万物含道精並作、初生起時也、吾、道也、観其精復時、皆帰其根、故令人宝慎其根也」。

(29)「所以精者、道之別気也、入人身中為根本、持其半、乃先言之、……心応規制万事、故号明堂、三道布陽耶陰害、以中正度道気」。

(30)注(10)参照。

（31）「道育養万物精気、如母之養子」。「道清浄不言、陰行精気、万物自成也」。
（32）「夫言夷希微者、謂精神気也、精者、霊智之名、神者、不測之用、気者、形相之目、総此三法、為一聖人、……所謂三一者也」。成玄英の『老子疏』は、『道徳真経玄徳纂疏』等に引かれているが、藤原高男「輯校賛道徳経義疏」（『高松工業高等専門学校研究紀要』第二号、一九六七年）が参照に便利である。以下の引用はこれによる。なお、成玄英については本書第三部第三章を参照。
（33）『老子開題序訣義疏』「第三、法体者、案九天生神経云、聖人以玄元始三気為体、言同三天之妙気也、臧宗道又用三一為聖人応身、所言三一者、一精二神三気、精者、霊智慧照之心、神者、無方不測之用、気者、色象形相之法、経云、視之不見、名曰夷、精也、聴之不聞、名曰希、神也、搏之不得、名曰微、気也、総此三法為一聖体、経云、此三者、不可致詰、故混而為一也、但老君以三一為身、身有真応之別」（ペリオ二三五三、大淵忍爾『敦煌道経 図録編』福武書店、一九七九年、頁四六二）。
（34）「案生神章云、老子以［玄］元始三気、合而為一、是至人法体、精是精霊、神是変化、気是気象、如陸簡寂、臧矜、顧歓、諸揉、孟智周等老子義云、合此三気、以成聖体、又云、自然為通相之体、三気為別相之体」（大正蔵五二、頁五三六下）。原文では「老子以元始三気、合而為一」に作るが、前後の文脈から判断して「玄」字を補った。
（35）「一者、道也、今在人身何許、守之云何、一不在人身也、諸附身者、悉世間常偽伎、非真道也、一在天地外、入在天地間、但往来人身中耳、都皮裏悉是、非独一処、一、散形為気、聚形為太上老君、常治崐崘、或言虚无、或言自然、或言无名、皆同一耳」。
（36）「自然者、与道同号異体、令更相法、皆共法道也、天地広大、常法道以生、況人可不敬道乎」。
（37）『昇玄内教経』（『弁正論』所引、大正蔵五二、頁四九九中）「太極真人問、大道以何為身、生在何許、名之為道、通言、夫道玄妙出於自然、生於無生、先於無先」、『西昇経』巻中「虚無生自然、自然生道、道生一、一生万物」（葉一四裏）。
（38）「次須法自然之妙理、所謂重玄之域也、道是迹、自然是本、以本収迹、故義言法也」。
（39）唐、玄宗『道徳真経疏』の「道法自然」の条は注目すべきものである。詳細は、本書第四部第一章、第二章を参照。
（40）「太陰、道積練形之宮也、世有不可処、賢者避去託死、過太陰中、而復一辺生像、没而不殆也、俗人不能積善行、死便真死、属地官去也」。
（41）「道人行備、道神帰之、避世託死、過太陰中、復生去為不亡、故寿也、俗人无善功、死者属地官、便為亡矣」。

(42)「如過負、輒白司官、司官白於太陰、太陰之吏、取召家先去人、考掠治之」(庚部十二、頁六二四)、「太陰法曹、計所承負、除算減年、算尽之後、召地陰神、并召土府、収取形骸、考其魂神」(庚部十、頁五七九)。

(43)「凡天下人、死亡非小事也、壱死、終古不得復見天地日月也、脈骨成塗土、死命、重事也、人居天地之間、人人得壱生、不得重生也、重生者、独得道人、死而復生、尸解者耳、是者、天地所私、万万未有一人也、故凡人壱死、不復得生也」(頁二九八)。

(44)「若其人蹔死適太陰、権過三官者、肉既灰爛、血沈脈散者、而猶五蔵自生、白骨如玉、七魄営侍、三魂守宅、三元権息、太神内閉、或三十年二十年、或十年三年、随意而出、当生之時、即更収血育肉、生津成液、復質成形、乃勝於昔未死之容也、真人錬形於太陰、易貌於三官者、此之謂也、天帝曰、太陰錬身形、勝服九転丹、形容端且厳、面色似霊雲、上登太極闕」(葉一六表)。
「夫得道之士、暫遊於太陰者、太乙守尸、三魂営骨、七魄衛肉、胎霊掾気」(葉一六裏)。

「保命告云、許子遂能委形冥化、従張鎮南之夜解也、所以養魂太陰、蔵魄于地、四霊守精、五老保蔵、復十六年、殆覩我於東華矣」(葉一四裏)。

「右英告曰、自古及今、死生有津、顕黙異会、……若夫瓊丹一御、九華三飛、雲液晨酣、流黄徘徊、仰咽金漿、咀嚼玉蕤者、立便控景登空、玄升太微也、自世事乖玄、斯業未就、便当蹔履太陰、潜生冥郷、外身棄質、養胎虚宅、陶気絶籥、受精玄漠、故改容於三陰之館、童顔於九練之戸、然後知神仙為奇、死而不亡、去来之事、理之深也」(葉一四裏)。

(45)『紫陽真人内伝』「或白日尸解、過死太陰、然後乃下仙之次也」(葉五裏)、『登真隠訣』(『三洞珠嚢』巻三引)「真人錬身於太陰、易貌於三官」(葉七裏)、『雌一玉検五老宝経』「若有此経、而不長斎存思、而与俗行混雑者、亦不失隠存下仙、白日尸解、及命過太陰、充地下主者、或遺骨胎、受化南宮、是宿有骨録、応得此経者、必為仙公故也」(葉一三裏)、『漢武帝内伝』「按九郁龍真経云、得仙之下者、皆先死過太陰中、錬尸骸、度地戸、然後廼得尸解去耳」(葉三〇表)。なお『洞真太極帝君塡生五蔵上経』(『無上秘要』巻八七、葉一〇裏所引)は『真誥』の最初の例文と同文。このうち『登真隠訣』『雌一玉検五老宝経』『洞真太極帝君塡生五蔵上経』には、前の『真誥』の天帝の語「太陰錬身形、勝服九転丹」が同じく見えている。

(46)この点に関しては本書第二部第二章を参照。

(47)『度人経四注』巻三「道言、夫末学道浅、或仙品未克、運応滅度、身経太陰、臨過之時、同学至人、為其行香、誦経十遍、以度尸形如法」、厳東注「云死者皆過太陰之官、如此之人、皆為転経行道」(葉四七表)。

(48)例えば、『真誥』巻二運象篇第二(葉一表)には、黄赤の道、混気の法を張陵に起源するものとし、それが真の仙道にもとることをいう清虚真人の誥授を載せる。また、『洞淵神呪経』巻一四、三十六天天人頌や同巻二〇などでは、頻繁に黄赤の術を批判している。
(49) この点に関しては、注(13)所掲楊聯陞「老君音誦誡経校釈」、唐長孺「魏晋期間北方天師道的伝播」(『魏晋南北朝史論拾遺』中華書局、一九八三年)参照。
(50) これらの点に関しては、麥谷邦夫「『黄庭内景経』試論」(『東洋文化』第六二号、一九八二年)、注(4)所掲楠山春樹「老子想爾注考」参照。
(51) 第四章「挫其鋭解其忿」注「忿争激、急弦声、所以者過」、第五章「聖人不仁以百姓為蒭苟」注「所以者、譬如盗賊懐悪、不敢見部史也」、第十三章「故貴以身於天下」注「若以貪寵有身、不可託天下之号也、所以者、此人但知貪寵有身、必欲好衣美食……則有為、令百姓労弊、故不可令為天子也」、第十九章「絶仁棄義民復孝慈」注「治国法道、聴任天下仁義之人、勿得強賞也、所以者、尊大其化、広聞道心、人為仁義、自当至誠、天自賞之」、第三十五章「執大象天下往」注「所以者、化逆也」。
(52) 『洞玄霊宝三洞奉道科戒営始』巻五「所以者、真経宝重、霊官自奉、尸杇之穢、寧可近之」(葉三表)、同巻六「所以者、冠帯天尊法服、更不復拝父母国君故也」(葉九裏)などとある。
(53) 注(5)所掲大淵忍爾「老子想爾注の成立」はこの点をもっとも詳細に説く。
(54) 『正一法文天師教戒科経』「道授以微気、其色有三、玄元始気是也、玄青為天、始黄為地、元白為道也、三気之中、制上下為万物父母、故為至尊至神、自天地以下、無不受此気而生者也」(葉一二表)。
(55) 種民については、陳寅恪「崔浩与寇謙之」(『嶺南学報』第一一巻第一期、一九五〇年)、吉岡義豊「道教種民思想の宗教的性格」(『集刊東洋学』第一三号、一九六五年)参照。
(56) 注(49)所掲唐長孺「魏晋期間北方天師道的伝播」参照。
(57) 「大道家令戒」の成立時期については、小林正美「大道家令戒の成立について」(『東洋の思想と宗教』第二号、一九八五年五月)が、劉宋時期と推定している。また、『想爾注』の成立時期に関しても、同じく劉宋の成立という。
(58) 注(13)所掲楊聯陞「老君音誦誡経校釈」参照。
(59) 饒宗頤「四論想爾注」(『老子想爾注校証』上海古籍出版社、一九九一年)は、本論の『想爾注』の成立時期および道気論に対する見解に対して反論を加えている。

第二部　道教教理思想の諸相

第一章　道教教理における天界説

はじめに

道教教理学は、南北朝後半期から隋初唐期にかけて、長期の仏道論争や三論学派を中心とする仏教教理学との交渉を通じて飛躍的な展開を見せ、唐玄宗朝には一応の完成を見るに至る。この過程において、歴史的地域的な背景を異にし、複雑な位相をもつ個々の教理の体系化の試みが精力的に行われ、『玄門大義』を初めとする道教教理書や『無上秘要』などの類書が相次いで編纂されていった。こうした道教教理体系化の試みの中では、中国固有の思想と外来の仏教思想との衝突、融合、変容といった複雑な関係を通して、数多くの興味深い問題が尖鋭な形で現出してくる。根源的実在や神格をどのように規定するのか、宇宙生成と世界構造をどのように構想するのかなどは最も重大な問題であったが、理想境としての天上の世界をどのように構成するのかということも、中国と印度における天観念の相違を反映して、重要な問題の一つとなっている。本章では、南北朝から隋初唐期に至る道教教理に見える天界説の諸相を通して、この問題を考えてみたい。

一　三天、九天系の天界説

道教教理に見られる天界説にはいくつかの系統があるが、最初に、三天、九天を主とする天界説を取り上げる。これに言及する比較的古い道教経典としては、『太上三天正法経』と『洞玄霊宝自然九天生神章経』が代表的なものであろう。

『三天正法経』の説く天界説は概ね以下のようなものである。

世界の始元には、九天真王と元始天王という二柱の神格が存在する。この二神は、宇宙の根源の気と同時に生じたが、世界そのものはこの神によって創造されたわけではない。根源の気から世界が生成してくるのは、あくまでも自然の契機によって自ずからに生成するのであり、そこに何らかの至上の存在の意志が作用しているわけではない。この宇宙の根源の気から始気、元気、玄気の三気が分出し、その清澄な気が上昇して清微天、禹余天、大赤天が形成されて、以後この世界の生成が始まる。(1) 次いで、始気からは赤洞、白章、清浩、元気からは緑昺、黄景、蒼混(一に白遁)、玄気からは紫融、碧炎、黒演の、それぞれ三気が分出し、この九気の清澄な部分が上昇して九天が形成される。(2) 九天真王とは、最初の安定した世界秩序としての九天界に生じた神格を指すと同時に、九気と表裏一体の存在である。かくて三天のそれぞれに八方の方位が定まり、各方位にはその方位を司る帝(玉皇)がおかれる。こうして、最初の天界には元始天王、九天真王、二十四帝が君臨した。この後、三元夫人などの神格が生まれ、続いて地上の世界が生成してくる。

以上が、『三天正法経』の世界生成に関する教理の概要であるが、この九天はどのような名称を持ち、どのように配置されていたかなどについては、『三天正法経』は何も語っていない。しかし、九天の生成が気の遠くなるような時間の流れの中で順次行われたことは、各気の間に九万九千九百九十年の隔たりがあるとされていることから知られる。かかる数字が一体何程の意味を持つのかはさして問題ではない。天界の生成が、『易』の、太極から陰陽二気、四象、八卦という陰数系列の名数によってではなく、一気から三気(天)、三気から九気(天)という陽数系列の名数によってなされたと説かれていることが重要である。そして、『三天正法経』は、この九天を含めた天上の世界を「上三天」として一括し、これに対して、黄帝から始まる地上の人間世界および地下の世界を支配し、地上に災厄を齎す「六天」なるものを対置させている。この「六天」の支配を打ち破って、地上に「三天」の正しい統治を実現せよと説くことこそがこの経典の本旨なのであるが、この点に関する教説は至って曖昧で要領を得ない。(3)「六天」の名称に関しては、『雲笈七籤』巻八釈除六天玉文三天正法に、赤虚天、泰玄都天、清皓天、泰玄天、泰玄蒼天、泰清天とあるが、最初からこのような名称が確立していたかどうかは甚だ疑問である。また、『上清大洞真経』『雌一玉検五老宝経』『青要紫書金根衆経』『紫度炎光経』『七星移度経』『九赤班符経』『大丹隠書』『真誥』など多くの上清経典が「三天」「九天」をその教説の中で強調しているのは、『三天正法経』の教説を承けたものであろう。

劉宋期の天師道系の道経と考えられている『三天内解経』は、「三天」の正法を地上に実現する役割を張陵以下の天師道の指導者に担わせた経典であるが、「三天」の何たるかについては具体的な記述が何も無い。道気から玄元始の三気が生ずるとする点は、上清経の系列に連なると思われる『三天正法経』と同様であるが、玄気は清淳で上昇して天となり、始気は濃濁で下降凝集して大地となり、元気は軽微で通流して水となるとするのは、天師道における三官説に基づくものであろう。また、『太上霊宝五符序』には、自ら「九天真王」「三天真皇」などと名乗る神人が帝嚳のもとに降臨して、『九天真霊経』「三天真宝符」などを授けたとある。『三天正法経』と『三天内解経』のいずれが先行するのかは俄かには断じ難いが、東晋期以降、「三天」あるいは「九天」を基本とする天界説が「六天」との対比のもとで、『霊宝経』『上清経』を問わずかなり広く行われていたと考えてよいであろう。

次に、三天九天系の天界説を説くいま一つの重要な経典は『九天生神章経』である。『九天生神章経』の説く宇宙生成のプロセスは、細かい点では『三天正法経』とは異なるが、その大筋は極めて似ている。しかし、そのような宇宙生成のプロセスをもとに説かれる教理内容は全く別のものである。『九天生神章経』は、混洞太無元、赤混太無元、冥寂玄通元の三元の気から天宝君、霊宝君、神宝君の三柱の神が生まれて、玉清、上清、太清の三天が化成し、それぞれ大洞(洞真)、洞玄、洞神の三洞の教説を開示したことを冒頭で説示する。この三神と三天とは、実は玄元始三気に他ならず、その根源は同一の一気である。ここではこの根源の一気が何であるかは明示されていないが、『三天正法経』と同様、「道気」が想定されていたと考えるのが妥当であろう。次いで、この玄元始三気がそれぞれ三気を生じて九気、九天が形成され、ここにおいて日月星辰が定まり、万物が生み出される。これが『九天生神章経』の説く宇宙生成のプロセスのあらましである。

『九天生神章経』は、この世界生成のプロセスを人間の受胎誕生にそのまま適用して次のように説く。人が受胎すると、一箇月ごとに九天の神々を初めとする八百万の神々の分身が胎内に降臨し、九箇月で全ての体内神が備わって人間世界に誕生してくる。従って、全ての人間は本来天上の神々と一体の存在であり、自らを神そのものに転化しうる可能性を内在している。九天に対する頌呪を誦し神々との交感に努め、この内在する可能性を顕在化することができれば、天上の世界に昇り永遠不滅の生を受けることができる、と。これが『九天生神章経』の教説の本旨である。

ところで、『三天正法経』は九天の名称については何も言及していなかったが、『九天生神章経』になると、鬱単無量天、上上禅善無量天、梵監須延天、寂然兜術天、波羅尼密不驕楽天、洞元化応声天、霊化梵輔天、高虚清明天、無想無結無愛天の名称を付している。このような名称の起源については明確なことはわからないが、仏教教理の影響を相当に蒙っていることは、「鬱単」「兜術」「波羅尼密」「無想無結無愛」などの仏教的用語表現からも容易に想像される。しかし、『九天生神章経』の説く天界説に対する仏教教理の影響は、当面名称のみの表面的な段階に止まると考えるべきであろう。仏教の天界説にはこのような三天九天系のものは見当たらないうえに、この九天の名数観念自体は、中国古来の伝統的な九天分野説に基づく天界説の延長上にあるからである。

『詩』『書』などの古典に見える天は、蒼天、昊天、皇天などと呼ばれ、天空に広がる物理的な天を指すと同時に、帝、天帝、昊天上帝、天皇大帝などと称されるこの世界を主宰する人格神としても観念されていた。天あるいは天帝は唯一至高の存在であり、その祭祀は天帝の命を受けて地上の支配を任された帝王の専権に属していた(4)。しかし、五行説の展開につれて五帝説が主張されるようになると、必然的に東西南北中央の五方や春夏秋冬土用の五節気と結合され、『呂氏春秋』十二紀、『礼記』月令に典型的に見られるような十二紀、五帝、五神、二十八宿の配当が行われるようになる。こうした方位観念と密接に結びついた天界説は、九天分野説としてさらに細分化され、『呂氏春秋』有始覧に見られる八方と中央の九方位に配当された九天説となった(5)。

九天の観念は早く『楚辞』の離騒や天問などに見えている。しかし、『楚辞』自体が九天を方位と結びつけて考えていたのか、あるいは重層的に積み重なったものと考えていたのかは、天問篇に「圜《てん》則は九重」と述べている部分がある一方、後漢の王逸は、「九天」の語については全て中央と八方の九天であると注記していて、必ずしもはっきりとはしていない(6)。また、前漢の揚雄は『太玄経』の中で独自の九天説を説いているが、その詳細は明確ではない(7)。このように、中国の古典的な天界説は、一方で素朴な九重天の観念を有するにせよ、基本的には五方の帝の祭祀や九天分野説と結合した、方位観念と不可分の平面的な配置をとるものが基本であったと考えられる。また、『抱朴子』登渉篇には「九天秘記」、同じく遐覧篇には「九天符」「九天発兵符」などの名称が見えており、東晋以前にすでに道術の中で「九天」の名数が用いられていたことが知られる。『三天正法経』や『九天生神章経』の九天説は、必ずしも方位観念を濃厚に持つものではないが、伝統的な九天説に名数的な根拠を求めながら、道教教理の中での生成論の展開と呼応しつつ、独自の天界説に改変していったものであろう。

二　五天、三十二天系の天界説

『霊宝五符序』は現存する古道経の代表的なものの一つである。そこで述べられている天界説は、前節で述べた伝統的な方位観念と結合した天界説を継承している。『霊宝五符序』そのものは、新旧何層かに分解されるが、序に続いて引かれる『仙人掲服五方諸天気経』は比較的古い層に属すると考えられる。この経は、東方青牙九気天、南方朱丹三気天、中央元洞大帝之山、西方明石七気天、北方玄滋五気之天の四天一山を挙げている。中央に関しては特に「天」とはいっていないが、その説明で「天中を黄庭と号す」と述べていることから、中央の天であることは明らかである。『五符序』は、前述のように「三天」「九天」の観念をも合わせもつが、この両者の関係がどうなっているのかについては明確な説明をしていない。全体の記述を通して推定すると、最上層に三天と九天が位置し、九天の下に四方の天が配置され、中央の一天は九天に連なっていることになるようである。ただし、この両者は全く系統を異にする天界説が併記されているという可能性も皆無というわけではない。

ところで、道教教理の中の天界説に最も大きな影響を与えたのは、おそらく『霊宝経』の代表格である『霊宝无量度人上品妙経』であろう。現行の『度人経』はかなり大部の経典であるが、その大部分は後世の付加であり、本来は冒頭の一巻のみの構成であったことは、南斉の厳東、唐の成玄英、薛幽棲、李少微の四経師の注を宋の陳景元が集成編纂した『太上洞玄霊宝无量度人上品妙経四注』によって知られる。ここでは、とりあえずこの『度人経四注』に基づいて、『度人経』の天界説を簡単に述べておこう。

『度人経』の構成は、元始天尊による十方世界の救済と本経の誦読による功徳を説く前序、三十二天三十二帝の名称を中心に説く経第一章、世界の生成に関する教説と三界魔王歌を主とする経第二章、いかなる場合に本経を誦読すべきかを説く中序、大梵隠語、後序の六部からなる(陳景元の説)。このうち、南斉の厳東の注が付されていない前序は、おそらく厳東以後に付加されたものであろう。

『度人経』自身の天界説に関する記述は極めて簡略である。それは、宇宙の混元の気である大梵気から生じ、世界の最上層にあって全天界を覆っている大羅天(大梵天)と、その下に生成した三十二天を中心としている。この他に、大羅天の下に玉清、上清天が考えられ、また、前序では上下八方の十方天が説かれている。さらに、仏教の三界説が導入されているが、『度人経』自身はこの三十二天がどのように配置されているのか、三界説との関係はどのようになっているのかについては明示的に説いてはいない。しかし、『度人経』の系列に連なる『霊宝諸天内音自然玉字』の「大梵隠語无量洞章」は、三十二天の天文を四方八天ずつに分け、また、『五符序』の系列に連なる六朝期の道経である『太上洞玄霊宝滅度五錬生尸経』は、東方九気青天、南方三気丹天、中央中元皇天、西方七気素天、北方五気玄天の五方天を中心に、東西南北四方の一天ごとにさらに各八天ずつを配して三十二天に拡大した『度人経』とよく似た天界説を説いているから、『度人経』の説く三十二天説も、四方各八天の三十二天説であったと考えられよう。厳東以下の注釈には、当然詳細な天界構造と三界説との関係が説かれているが、この点に関しては道教教理の体系化の問題と関連して後に検討することにしたい。

三　三十六天系の天界説

前節までで、道経の中には三天、五天、九天、十天、三十二天など様々な天界説が存在することが知られたが、南北朝末から隋初唐期にかけて体系化された道教教理の中で最終的に完成されたのは、三十六天説であった。この三十六天説も、その源流は単一ではなく、名数的には同一でも内容的には全く異なるものがいくつか存在する。

『洞真太上太霄琅書』巻一瓊文帝章は『九天生神章経』の教説を承けるものであるが、始気から生じた九天がさらに各三天合わせて二十七天を派生し、最初の九天と派生した二十七天とで合わせて三十六天あることを説いている。もっとも、『太霄琅書』そのものは別のところで後述の三界二十八天に基づく三十六天説も説いており、天界説の持つ複雑な様相を反映している。次に、『上清外国放品青童内文』は、天界を玉清、上清、太清の三天から説き始め、この三天をさらに上中下の三層に分かち、各層に四天ずつを配して、全部で三十六天あると説いている。また、『度人経四注』巻一の李少微の注に、「龍蹻経を按ずるに、四梵以上、次に三清有り。太清十二天は、九仙の居る所なり。次に上清十二天は、九真の居る所なり。玉清十二天は、九聖の居る所なり。今三十六天は、並びに不壊の境なり」(8)とあるのも同様の説である。これらはいずれも三天九天系の天界説から展開した三十六天説である。同じ『度人経四注』巻二「上清之天、天帝玉真、無色之景梵行」(葉四二表)に対する薛幽棲の注は、上清以下の四境に各九天を配当する三十六天説を述べ、本来の三十二天説に基づくものを四梵天と呼んで両者を区別しているが、記述に前後矛盾があってその実際ははっきりしない。この他には、『太上洞淵神呪経』に三天、九天、三十二天などと並んで三十六梵天の語が見えるが、その実態は判然とはしない。このように、三十六天説は比較的新しく導入された天界説らしく、各経典によってその説明がまちまちであり、教理として未熟な段階にあったことが窺われる。しかし、南北朝から初唐にかけての天界説の主流を占めたのは、やはり仏教の三界説を取り入れて形成された三十六天説であった。

初唐の道教類書である王懸河の『三洞珠嚢』巻七、三十二中法門名数品に引く『太真科』は、欲界六天、色界十八天、無色界四天の二十八天とその上に位置する四種民天、さらにその上の三清天に言及している。これらの天数を合計すると三十五天となるが、ここでは言及されていない最上天としての大羅天が考えられていたと推定されるから、全体としては三十六天説に立っていたといえよう。(9)また、さきに挙げた『太上洞真太霄琅書』巻一〇では、太極法師の言として、三界二十八天とその上の四天の三十二天および大羅天に言及している。ここでは三清天には言及していないので、あるいは『度人経』などの四方各八天の三十二天説を三界説で再構成したものかも知れない。また、『洞真太上倉元上録』には、大羅、三清、三界二十八天を組み合わせた天界説が見えており、[10]これらの天界説が整理されて最終的に大羅天、三清天、四種民天、三界二十八天から成る三十六天説が成立していったものと考えられる。

このような三界説を包含した三十六天説成立の過程は、『無上秘要』『三洞珠嚢』『道教義枢』などの類書に断片的に記録されている。ただ、時代的に最も早い『無上秘要』の現存テキストは、残念なことに肝心の天界説を述べた部分が散佚してしまっていて、北周の時代にどのような三十六天説が説かれていたのかの詳細はわからない。いま、敦煌出土の残巻の目録によって、『無上秘要』冒頭の構成を見てみると以下のようになっていたことが知られる。[11]

大道品　一気変化品　大羅天品
三天品　九天品　卅二天品
卅六天品　十天品　九天相去里数品
卅二天相去里数品　八天品　日品
月品　星品　三界品

これらの具体的内容がどうなっていたかは、前述の諸経の教説などから想像に難くはないが、大道から根源の一気が化成して大羅天となり、ここから三天、九天が相次いで生成し、十天八天三十二天などの付随的な天界を一方に残しながら、最終的には大羅天、三清天、四種民天、三界二十八天という三十六天界が成立するという図式が描かれていたであろうことは、ほぼ間違いないであろう。また、『三洞珠嚢』巻七、三十二中法門名数品と『度人経四注』の各注の説などを総合して考えると、三十六天説の天界構造は図1のようになっていたと考えられる。

	大羅天	
三清天	玉清天（清微天） 上清天（禹余天） 太清天（大赤天）	
四種民天	平育賈奕天 龍変梵度天 玉隆騰勝天 无上常融天	北方五気玄天
無色界	秀楽禁上天 翰寵妙成天 淵通元洞天 皓庭霄度天	北方五気玄天
色界	无極曇誓天 上揲阮楽天 无思江由天 太黄翁重天 始皇孝芒天 顕定極風天 太安皇崖天 元載孔昇天	西方七気素天
色界	太煥極瑶天 玄明恭慶天 観明端靖天 虚明堂曜天 竺落皇笳天 耀明宗飄天 玄明恭華天 赤明和陽天	南方三気丹天
色界	太極濛翳天 虚无越衡天	東方九気青天
欲界	上明摩夷天 元明文挙天 玄胎平育天 清明何童天 太明玉完天 太黄皇曾天	東方九気青天

図１

このように、大羅天、三清天、四種民天、三界二十八天を基本にして、これに四方八天の三十二天説を重ね合わせたものが、隋初唐期の典型的な天界説であった。さらに、『度人経四注』の各注によれば、各方位の第一天を四維天として除外した後の二十八天を二十八宿に配当することも行われた。しかし、この三十六天がどのような構造をとるのか、完全に垂直に積み重なっているのか、それとも重層的な配置と平面的な配置が組み合わされているのかなどについては様々な説が存在し、未だ統一的な教理が完成されるには至っていなかった。

四　道教教理の体系化と天界説

道教教理の体系化が精力的に始められるのは、南北朝末期に入ってからである。南朝では、宋文明、臧玄靖、孟法師などといった経師たちが、一方で三論学派を中心とする仏教教理学の方法論を援用しつつ、一方で『老子』の思想を核にして複雑な位相をもつ道教教理の整理と体系化に努力を傾けていた。その成果は、宋文明の『通門論』や『霊宝経義疏』などに集成されているが、残念なことに早くに散佚してその全貌を窺うことはできない。北朝では、北周の通道観や隋の玄都観などで、やはり仏教教理学の影響下に、三教一致的な観点からの道教教理の整理と体系化が進められ、『無上秘要』『玄門宝海』『玄門大義』といった道教教理に関する大部な類書や教理書が編纂された。『玄門宝海』と『玄門大義』は、これまた早くに散佚したが、唐高宗期の道士孟安排が『玄門大義』を忠実に節略して編纂した『道教義枢』が伝わっていて、その概要を知ることができる。[12] この道教教理体系化の過程で、成立の事情を異にする上述の天界説がどのように扱われたのかは、非常に興味深い問題の一つである。

道教の天界説が仏教のそれとは異なって、伝統的な方位観念と密接な関係にあるものであったことは繰り返し述べてきた。一方、仏教の天界説は、基本的には須弥山を中軸として、階層的に三界二十八天が積み重なると考えられていた。もちろん、十方世界といった方位観念と関連するものも存在するが、それは主に下界に関するものであった。道教教理が、仏教教理に対抗して独自の天界説を展開する段階では、まず、天数を仏教のそれよりも増やし、道教独自の天界を仏教の天界の上に加上することが有効と考えられたであろう。そこに、三界二十八天を下層に包含した三十六天説成立の大きな契機が存する。しかし、当初『霊宝経』の中で説かれた三十二天説は、四方に八天ずつを配した平面的なものであり、このような平面的な天界説と仏教系の重層的な天界説をいかに調和させるかが、南北朝末期の道教経師たちの大きな関心の的であった。

『三洞珠嚢』巻七、三十二中法門名数品は、「玄門論第二十に云く、……其(『度人経』)の三十二天は、並びに空无の中に在り、十方に周廻し、起こるに東北扶揺台自《よ》りし、羊角して上る」、「敷斎威儀に太極真人の云く、荘子は是れ南華仙人なれば、故よりそれ拠る可し。羊角は則ち腸道の如く、周廻して上り、上なる者転た高きなり。此れ是れ重累にして、亦た是れ四方に遍きなり」等と『玄門論』や『敷斎威儀』を引用して、[13] 三十二天を螺旋状に四方を周廻しながら上昇積重する構造として捉えようとしている。『霊宝経』の平面的天界説に関するかかる新解釈の出現は、当然のこととして、従来の解釈との間に軋轢を生じた。同じく、三十二中法門名数品に引く宋文明の『霊宝雑問』に、「三界三十二天は、霊宝内音の如きに依れば、分置して四方に在り。定志経図は正に三重に作る。今義疏中に解釈して云く、羊角の如くして上がる、と。二事と並びに違うは、何ぞや。答えて曰く、此れ乃ち二事両通する所以なり。羊角とは、猶お荘子の義のごときなり」[14]というのは、この間の事情をよく物語っていよう。これによれば、『霊宝内音』は『度人経』の厳東注と同じく、八天ずつ四方に平面的に配置していたのに対して、『定志経図』は三重の重層構造を主張していたこと、この二説を会通するために宋文明の『霊宝経義疏』が、『荘子』逍遥遊篇の「鵬は……扶揺を搏ち羊角して上がること九万里(鵬……搏扶揺羊角而上者九万里)」に基づいて螺旋状に上昇する構造を提示したことが知られる。

このように、『度人経』や『霊宝内音』が三十二天説を提唱した当初は、『五符序』『赤書玉篇真文』同様、中国の伝統的な天界観に従って、八天ずつ四方に配置する平面的な構造が考えられていた。しかし、徐々に仏教の重層的天界説への理解が進むにつれて、『定志経』のように三界説に基づく三重の重層的構造とする説が生まれ、梁の宋文明は、両説の矛盾を解消するための便法として螺旋構造を主張したわけである。この説は、いわゆる重玄派系の経師の間で広く行われたようで、『度人経四注』巻三の成玄英の注はより詳細にこの説を展開している[15]。なお、南北朝期の道教教理の中では、上記の諸説以外にも、天界五重説や八十一天、六十六大梵、五億重天などの種々の天界説が説かれ、その構造に関しても平面重層様々であったことは、『笑道論』第三十「偸仏経因果」(大正蔵五二、一五一中)でこれらの天説に触れ、「為《は》た重なれるや為た横ざまなるや、為た虚なるや為た実なるや(為重為横、為虚為実)」と詰問していることからも知られよう。

こうした天界の構造に関する議論とは別に、仏教系の三界説に基づく天界説と『霊宝経』の三十二天説とは、本質的に相違するのだという解釈も一方で存在した。『三洞珠囊』巻七、三十二中法門名数品は、宋文明の『道徳義淵』

を引用しつつ、「四方の分を作すが若きは、方ごとに八天有りて、四八、三十二天を成す。三界の分の若きは、即ち下文に云う所の如し。宋文明の道徳義淵上の説く所は、此の三十二天は則ち専ら人の福果を主として、九天及び三十六天とは異なれり」と述べている(16)。つまり、『霊宝経』の本来説く三十二天は、人間の修行得道の結果としての福果を主としていうものであって、九天説、三十六天説とは系統が異なるというのである。『三洞珠嚢』は、この後に続けて、人の福果は業行によるのであり、その功によって欲界、色界、無色界、四種民天の三十二天への転生が決まるという教説を展開している。このような三十二天説と三十六天説とを区別する教説は、前節で述べたように、『度人経四注』巻二の薛幽棲注にも継承されている。しかし、教理的に最も完成した形でこれらの天界説を体系化したのは『道教義枢』であろう。『道教義枢』は各所で個別に天界説に言及しているが、位業義、三界義、混元義などの記述を総合するとその全貌を明らかにできる(17)。

位業義は修行証果の階位と転生する境土の階差、すなわち道教の宗教的世界像を明かすものであり、それ自身は天界説を専門に説いているわけではないが、天界説とは不可分の関係にある。位業義はまず、諸師の五位説、六位説、三位七名説、界内外二位説などを紹介したうえで、「諸家の解釈既に殊なり、依拠す可きこと難し(諸家解釈既殊、難可依拠)」(葉一四表)として、『玄門論』中の揺亮、玄靖二法師の説に従うことを言明している。このことは、天界説と位業との関係を教理構成上どのように位置付けるかについて、当時はまだ定説が存在していなかったことを示していよう。

位業義の要旨は以下のようなものである。

位業には大別して感生位(稟生位)と証仙位の二系列がある。感生位(稟生位)というのは得道証果によって感生するいわゆる所生土のことであり、人中位、界内有欲観感生位三十二品、界外無欲観感生位二十七品に大別される。界外とは三清天、界内は四種民天、無色界四天、色界十八天、欲界六天を意味する。界内三十二品はさらに、三界中間四民天位と界内二十八天位との二位に細分される。次に証仙位とは、証果の深浅によって得られる仙界における位階を示し、十転位、九宮位、三清位、極果位の四位に分けられ、これと証果の深浅を示す発心に始まり、伏道心、知真心、出離心、無上道心に至る五心とが対応する。発心、伏道心の前二心は十転位に、知真、出離、無上道の三心はそれぞれ九宮、三清、極果の三位に対応し、前三位は因、第四位が果に当たる。

十転位は一転位と九転位に分かれ、一転位は発心に対応して遊散位ともいい、九転位は伏道心に対応して尸解位とも称する。発心とは「生死を破裂して、道場に廻向し、迷従《よ》り悟に返り、俗を転じて道に入る（破裂生死、廻向道場、従迷返悟、転俗入道）」（葉一四裏）の意で、初発自然心とも称される。『太上洞玄霊宝智慧上品大戒』によれば[18]、十転位はまた飛天とも称されるが、「未だ真知の道を得ざる（未得真知之道）」伏位とされる。伏道心に対する九転位は下から順に武解、文解、尸解各三転位に分けられる。武解とはまた鬼師あるいは鬼官とも呼ばれるもので、生前に忠孝などの徳があったものが、死後冥界の役人に任ぜられるもので、二百年ごとに昇進する。文解はまた地下主者ともいい、生前道教を信じ、善行のあったものが、死後洞天中に再生して仙人の給仕などに当たるもので、世の散吏に相当し、百四十年ごとに昇進する。尸解とは一旦死ぬが冥界には赴かずにそのまま再生して仙人と成るものである。次に九宮位とは、上中下各三宮をいい、上宮を飛仙、大乗、中宮を天仙、中乗、下宮を地仙、小乗とする。また、地仙は色界の上六天、天仙は無色界四天、飛仙は四種民天に住し、大劫が運って世界が崩壊する際には、飛仙のみがその災を免れて次の劫初の種民となることができる。次に界外三清位とは、太清仙九品、上清真九品、玉清聖九品の二十七品をいい、これらは等しく一乗道を感ずるものであるが、観に深浅があるので差等を開くのである。

感生位と証仙位の関係は、三清位は観の深浅の区別だけで感生処の区別はなく、九宮位の上三宮は四種民天に、中三宮は無色界四天に、下三宮は色界の上六天に、十転位のうち尸解位は色界の下十二天に、遊散位は欲界六天に対応する。しかし、感生位と証仙位とは本来意味の異なるものであって、完全な対応関係をもつものではない。

以上が位業義の位業に関する部分の大要であるが、『義枢』の教説をまとめて図表化すれば図２のようになろう。このように、『義枢』は、大羅天、三清天、四種民天、三界二十八天、界内外、聖真仙三品、九宮、十転、三乗、三位、五心などの名数項目を巧みに配当したうえで、天界を感生位と証仙位とに区別することによって、それぞれに系統を異にする天界説、位階説、三界説などを、そのいずれかを否定排除するのではなく、すべてを調和的に取り込む形で教理形成を行うことに成功している。

次に、大羅天を初めとする三十六天説や世界の生成、構造に関する教理を説くのが混元義である。混元義はまず、易緯『乾鑿度』や『列子』の天瑞篇の五運説を基に構成された『洞神経』を経証として、太易(道体)↓太初(元気)↓太始↓太素↓太極という五運説を示し、この万物が混然一体となって未だ何物も分化していない状態を混元と呼んでいる。そして、この混元から陰陽、三才、五常、万物が生成されるという伝統的な生成論を示す。次いで釈天地では、『太真科』を引用して、混元の一気が大羅天であり、(19)ここから玄元始三気が生じ、三清天が化成し、さらにこの三気が各三気を生じて九気九天が化成し、この九天が各三天を生じて二十七天となるという天界生成説を別に説く。これによれば、大羅天を含めた天の総数は合計四十天ということになる。しかし、これは明らかに位業義や三界義の記述と矛盾している。

なぜこのようなことになるのかといえば、『義枢』が位業義や三界義では『度人経』などの三界二十八天に四種民天を加えた三十二天説にさらに三清天を加上し、最上に大羅天を据える三十六天説に拠るのに対し、混元義では、大羅天を考えずに九天を基本として構成された『九天生神章経』系の三十六天説に、最初に挙げた混元の一気からの伝統的生成論を結びつけて、一天(気)↓三天(気)↓九天↓二十七天という生成論にしたために四十天になってしまったのである。これは『義枢』の教理構成上のミスといえよう。前述の宋文明の説の如く、『度人経』系の三十二天説と『九天生神章経』系の三十六天説は位階を示すものと生成を示すものという本来系統の異なるものであった。しかし、仏教教理との対抗上、天数は多いほど良いとされたのであろう。そこで位階を示す三十二天説に道教独自の生成論系統の三十六天説における三清天が加えられ、最上に大羅天が置かれて、位階を示す天も生成論系の天と同数の三十六天に増やされたと考えられる。

<table>
<tr><th colspan="2">証仙位</th><th>聖真仙</th><th>三乗</th><th>三位</th><th>五心</th></tr>
<tr><td colspan="2">極果位</td><td></td><td></td><td></td><td>無上道心</td></tr>
<tr><td rowspan="3">三清位
二十七品
（一乗道）</td><td>聖九品</td><td>聖</td><td>大乗</td><td rowspan="6">真成位</td><td rowspan="3">出離心</td></tr>
<tr><td>真九品</td><td>真</td><td>中乗</td></tr>
<tr><td>仙九品</td><td>仙</td><td>小乗</td></tr>
<tr><td rowspan="3">九宮位</td><td>上三宮</td><td>飛仙</td><td>大乗</td><td rowspan="3">知真心</td></tr>
<tr><td>中三宮</td><td>天仙</td><td>中乗</td></tr>
<tr><td>下三宮</td><td>地仙</td><td>小乗</td></tr>
<tr><td rowspan="3">十転位
（九転）</td><td>尸解
三転</td><td rowspan="4">飛天</td><td rowspan="4"></td><td rowspan="3">尸解位
（伏位）</td><td rowspan="3">伏道心</td></tr>
<tr><td>文解
三転</td></tr>
<tr><td>武解
三転</td></tr>
<tr><td>（一転）</td><td></td><td>遊散位</td><td>発心</td></tr>
<tr><td colspan="6"></td></tr>
</table>

（天名は『度人経』による）

三　十　六　天	界　名	界　内　外	感　生　位
36. 大羅天			
35. 清微天 34. 禹余天 33. 大赤天	三清天	界　外 無欲観感生 二十七品	界外三清位 平等無欲善感生
32. 太極平育賈奕天 31. 龍変梵度天 30. 太釈玉隆騰勝天 29. 太虚无上常融天	四種民天		三界中間四民天位 断習気有欲善感生
28. 秀楽禁上天 27. 翰寵妙成天 26. 淵通元洞天 25. 皓庭霄度天	無色界 四　天		（心　業　浄　者）
24. 无極曇誓天 23. 上揲阮楽天 22. 无思江由天 21. 太黄翁重天 20. 始皇孝芒天 19. 顕定極風天 18. 太安皇崖天 17. 元載孔昇天 16. 太煥極瑶天 15. 玄明恭慶天 14. 観明端靖天 13. 虚明堂曜天 12. 竺落皇笳天 11. 耀明宗飄天 10. 玄明恭華天 9. 赤明和陽天 8. 太極濛翳天 7. 虚无越衡天	色　界 十八天	界　内 有欲観感生 三十二品	界内二十八天位 浄三業有欲善感生 （身　業　浄　者）
6. 上明七曜摩夷天 5. 元明文挙天 4. 玄胎平育天 3. 清明何童天 2. 太明玉完天 1. 太黄皇曾天	欲　界 六　天		（口　業　浄　者）
	六　道		人　中　位 五戒有欲善感生 三　悪　道

図 **2**

三元	混洞太无元	赤混太无元	冥寂玄通元
三宝	天宝君	霊宝君	神宝君
三清	玉清	上清	太清
三天	清微天	禹余天	大赤天
三気	始気	元気	玄気
三色	青	白	黄
三洞	洞真部	洞玄部	洞神部
三乗	大乗	中乗	小乗

図 3

以上のような『義枢』の教理構成の試みは、その後も絶えず継承されてより完全な形になっていった。唐の天皇すなわち高宗と上清派の天師潘師正との問答を記録した『道門経法相承次序』はさらに進んで、主要な教理上の名数を図3のように総合的に関連づけた教理を説いており、ここにおいて道教教理の中での天界説はほぼ完成の域に達することとなった。この『相承次序』の教理は、そのまま宋代の『雲笈七籤』巻三道教三洞宗元に継承され、さらに現行の正統道蔵の総序ともいうべき道教宗源にまで引き継がれてきている。従って、道教教理体系化の試みの中での天界説は、ほぼ唐の高宗期には一応の完成を見たということができよう。もちろん、これ以後も新たな天界説が説かれなかったわけではなく、『雲笈七籤』巻二一天地部の記述によって、その後の教理展開の跡を窺うことができる。しかし、もはやそこには南北朝末期から隋初唐期にかけてのようなダイナミックな展開は見られないといってよいであろう。

おわりに

道教教理における天界説は、最初は中国古代の伝統的天界観、すなわち五方の方位観念と密接に結びついた五天説、あるいは九天分野説の系統を引く三天九天説などとして現れてきたし、その天界構造も方位観念に基づく平面的なものであった。しかし、東晋期以降になると、仏教の須弥山を中軸とする重層的な天界説や三界説の持つ証果の境位としての天界という新しい天界観の影響下に、従来の天界説の修正が図られるようになった。特に、南北朝後半期に入ると、仏教教理に対抗しうる道教教理を打ち立てようという道教教理体系化への要求が強まり、かかる状況の下で、天界説についても、思想的歴史的背景の相違を越えて、各経典の所説を矛盾なく総合しようとする努力が精力的に行われるようになった。その結果、『霊宝経』の天界説の解釈の中で、平面的配置と重層的配置を調和的に説明できるような螺旋構造説が主張されるようになり、また、道教教理書の編纂の過程で、あらゆる名数項目を統一的に関連づける試みがなされて、『道教義枢』や『道門経法相承次序』などに説かれる教理が完成した。

この過程における仏教教理学の影響は誠に甚大なものがあったが、こと天界説の中核構造に関しては、あくまでも中国独自の天観念が継承され続けたといえる。つまり、天とはあくまでも混元の一気から化成したものであり、天そのものとそこに措定される神格とはともに混元の一気に連なる「気」に他ならないという揺ぎない主張である。長期にわたって多種多様な天界説が展開されたとはいえ、この一点に関する限り、教派や経典のいかんを問わず終始一貫した主張がなされたといえる。また、『九天生神章経』など多くの道経に見られる天への讃頌あるいは呪詞などは、仏典の中ではほとんど見られない性格のもので、神と天と気とを三位一体の存在と見る道教の根本思想に基づくものである。こうした所に、道教思想のというよりは中国伝統思想そのものの特質の一端を窺うことができるであろう。

（1）『三天正法経』は根源の気を「始気」と呼んでいるが、これは後の三気の一つの「始気」とは異なる総称的なもので、古典的生成論の中では「元気」と呼ばれ、東晋期には「道気」と改称されていたものに相当すると考えられる。道気論の展開については本書第一部第三章に詳論した。

（2）この九気の名称は現存の『三天正法経』には見えない。『元始无量度人上品妙経四注』巻四「眇莽九醜、韶謡縁遭」（葉一二裏）に対する李少微注に引く『三天正法経』の佚文による。

（3）天師道における三天説の成立と六天との関係については、小林正美「劉宋期の天師道の「三天」の思想とその形成」（『東方宗教』第七〇号、一九八七年）に詳しい。

（4）中国古代の天の観念については、郭沫若「天の思想」（『岩波講座東洋思潮 東洋思想の諸問題』岩波書店、一九三五年）に詳しい。

（5）有始覧は九天として、鈞天（中）、蒼天（東）、変天（東北）、玄天（北）、幽天（西北）、顥天（西）、朱天（西南）、炎天（南）、陽天（東南）を挙げている。これらは、『淮南子』や緯書の『尚書考霊曜』（『太平御覧』天部上所引）などに継承され、さらに二十八宿との対応関係も設定されている。なお、『尚書考霊曜』『広雅』釈天などでは、九天の名称のうち、東が昊天、西が成天、南が赤天となっている。また、『史記』封禅書は、漢の高祖が長安に九天巫を置いて九天の祭祀を行わせたことを伝えている。

（6）『楚辞』離騒「指九天以為正兮」、同天問「九天之際安放安属」の王逸注など、いずれも九天分野説に基づいた解釈が行われている。ただ、後漢の張衡の「霊憲」には「天有九位、自地至天一億万六千二百五十里」などとあり、重層的な九天説らしきものも存在していた。

（7）『太玄経』玄数には、中天、羨天、従天、更天、睟天、廓天、減天、沈天、成天という九天が九地と対応して説かれているが、その実態は不詳である。

（8）「功満徳充、飛昇上清」李少微注「按龍蹻経、四梵以上、次有三清、太清十二天、九仙所居、次上清十二天、九真所居、玉清十二天、九聖所居、今三十六天並不壊之境」（葉二九裏）。『龍蹻経』は、『道教義枢』とほぼ同様の教理を経典の形式で説く上清派系の経典であるが、『義枢』にはこのような教説は見えていない。

（9）『度人経四注』巻三「三十五分、総気上元」（葉一表）に対する厳東の注は、三十二天とその上の三天を三十五天としており、成玄英の注では三界二十八天と北斗七星の司る七天とで三十五天とし、三台星の司る上三天と三十二天とで三十五天とする異説をも挙げている。このように、大羅天を別格として三十五天を名数として用いる場合もあった。

（10）大淵忍爾『敦煌道経 目録編』（福武書店、一九七八年）は、本経を六朝期の道経とする。

（11）ペリオ二八六一、大淵忍爾『敦煌道経 図録編』（福武書店、一九七九年）頁七四七。

（12）『道教義枢』の道教教理学については、本書第三部第一章に詳しく述べた。

（13）「玄門論第二十云、……其三十二天並在空无之中、周廻十方、起自東北扶揺台、羊角而上」（葉三一表）、「敷斎威儀太極真人云、荘子是南華仙人、故其可拠、羊角則如腸道周廻而上、上者転高、此是重累、亦是遍四方也」（葉三〇裏）。

（14）「宋文明霊宝雑問云、三界三十二天、依如霊宝内音、分置在四方、定志経図正作三重、今義疏中解釈云、如羊角而上、与二事並違、何邪、答曰、此乃所以二事両通也、羊角者、猶荘子之義也」（葉三〇表）。

(15)「旋斗歴箕」注「此明大梵之炁、流行起自東北角扶揺台、其炁羊角而上、従東左行向南、先歴箕星中過、故云歴箕、従南向西、従西向北、経於貫奕皇曾二天中過、又却東廻、経於斗星中過、入扶揺台中、是梵炁周天一帀、生長万物、成一歳之功、故云旋斗歴箕」(葉九表)。

(16)「若作四方分者、方有八天、四八成三十二天、若三界分者、即如下文所云、宋文明道徳義淵上所説者、此三十二天則専主人福果、異乎九天及三十六天」(葉二八裏)。

(17) この点に関しては、本書第三部第一章をあわせて参照されたい。

(18) ペリオ二四六一、注(11)所掲大淵忍爾『敦煌道経 図録編』頁三二。

(19) 大羅天を混元の気と解釈するものは、この他にも『雲笈七籤』巻二一天地部に引く『元始経』の「大羅之境、无復真宰、惟大梵之気、包羅諸天」(葉二表)などがある。

第二章　初期道教における救済思想

はじめに

後漢末から魏晋南北朝にかけての約四百年間、とりわけ東晋以降は、道教、仏教両宗教思想が中国思想史の中で主流を占めた極めて特異な時代であった。なかんずく道教は、後漢霊帝の中平元年(一八四)に、「蒼天已死、黄天当立、歳在甲子、天下大吉」という口号を掲げ、張角を領袖として起こった黄巾の乱の母胎となった太平道と、これとほぼ前後して、張陵によって創唱され、張衡を経て孫の張魯の時に漢中に一大宗教王国を築きあげ、魏の曹操もその力の懐柔に腐心せざるを得ないほどの大勢力を有した五斗米道として、中国史にはなばなしくその姿を現した。この太平道、五斗米道に始まる道教は、以後魏晋南北朝を通じて、一方では、それまで交互に密接な関連性を有しながらもより個別的にその存在を主張していた漢民族の伝統的宗教観念、例えば、上帝―天に対する信仰、鬼神の信仰、更には天人相関の思想や神仙思想などを基盤としながら、他方では、印度仏教の流入定着にともなって仏教思想を大幅に自らのうちへ取り込みつつ、漢民族の民族性に根ざしその体質にもっとも適合した、一定の教理体系と教団組織を有する最初の民族的宗教として、自らを形成発展させていったのである。

この時期における道教の形成発展の過程を概観してみると、そこには二つの大きな流れが存在することがわかる。

一つは、太平道、五斗米道を初めとして、これらに端を発し東晋の孫恩、盧循の乱の母胎となった天師道、この天師道を革新するという名目のもとに北魏の寇謙之によって創唱された新天師道、南北朝を通じて種々の反乱の母胎となった真君李弘を奉ずる教団など、運動体としての教団組織を有し、主として多数の民衆を信者としてその救済を図ろうとする教団道教の流れであり、いま一つは、遠く神仙思想に淵源し、後漢から六朝期にかけての知識人の間に嗜好された隠逸の思想を背景に据えつつ、現実世界を超脱して神仙的世界への飛翔を個人的な立場から希求する神仙術的道教の流れである。この神仙術的道教は、主として知識階級を基盤として成立し、多くの場合、個人または同志的集団によって維持されていた。この流れの中心的人物は東晋の葛洪であり、梁の陶弘景であった。また、前者は不特定多数の一般民衆の救済を意図するものであったが、後者はごく限られた少数の人々の自己救済希求に基づくものであった。

この二つの流れのうち、後者はそもそも伝統的宗教観念それ自体のうちに萌すものであるが、前者は印度仏教の流入を契機としてより明確化されていったと考えられる。しかし、これらは相対立するものではなく、相互に補完し合いながら、全体としては一つの大きな流れとしてこの時期の道教を形成発展させていったといえよう。従って、この時期の道教思想の展開を解明するに際しては、この二つの流れ相互の関連を総合的な見地から検討していかなければならない。本章は、以上のような見通しの上に立って、後漢末から魏晋南北朝における道教を初期道教として一括し、その流れを思想史的に解明しようとする一つの試みである。

ところで、なべて宗教的観念の根底に共通して存在するものは、我々の存在を覆いつくして余すところなく、世界の根源にあってそれを支えかつ支配している偉大な力ないしはその力の保持者、すなわち神的存在に対する畏怖や、それによって福利や予報を期待しようとする観念であろう。この観念は、容易に転じて、神的存在にすがって人間存在に付随する様々な苦悩から救済されたいという願望、更に一歩進んで自己一身の救済に止まらず、同様な苦悩に沈む他者をも救済しようとする情熱、または、自らそのような神的存在に同化することによって人間存在そのものから超脱しようとする意志などを内包する、一括して救済の思想とでも呼ぶべきものになる。この救済の思想は、あらゆる宗教の中核をなすものであり、従って、その宗教がいかなる救済の思想を有するかということは、もっとも雄弁にその宗教の特徴を物語るといえよう。そこで、本章では、一面一定の体系を有しながらも、他面あまりに複雑多岐な要素の混在する初期道教の成立展開の過程を、それのもつ救済思想の諸相を軸として思想史的に検討していくことにする。

一　道教成立以前における救済思想

初期道教における救済思想の検討に入る前に、われわれは初期道教における救済思想がその基盤として継承したと思われる、中国古代における伝統的宗教観念とそれに付随する救済思想について簡単に検討を加えておこう。

中国古代における宗教観念としては、祖霊崇拝やその他の人鬼崇拝および日月山川風雨などの自然および自然現象に対する崇拝などがまず挙げられる。しかし、これらの原初的な宗教的観念は、殷周時代に高度に展開した上帝―天の思想のもとに、いずれも体系的に包摂されていった(1)。従って、われわれは上帝―天の思想のもつ救済思想としての意味についてまず検討してみよう。

上帝―天の基本的概念は、殷周革命に際してその祖先神的要素がうすめられるという変化があるにせよ、人格的、主宰的至上神ということができよう。四時の推移といった自然現象をはじめとして、人の生死、寿命、吉凶禍福、王朝の交替等々、地上世界の一切はその支配下にあるのであり、さらには天上の世界における諸神も上帝―天を中心とする歴然たる秩序の中に位置づけられるのである(2)。人は上帝―天の意志によって、一定の寿命を与えられ、万物の霊長としてこの地上世界に送り出されるとともに、道徳的性質を付与されて社会的営為をいとなむ能力をもつとされる。(3) 中でも最もすぐれた道徳的性質を有するものが、上帝―天によって地上世界の秩序維持を付託されてその意志の代行者としての帝王となる。(4) 従って、帝王は上帝―天に対してその付託に応えなければならないという重大な責務を負うとともに、地上の民に対しては神性の体現者として臨むのであり、彼は祭祀を通じて上帝―天の意を正しく体して地上の秩序維持に努めているかぎり、地上はいわゆる太平大同の世となって人々には何ら救済を求むべきことがらも生じない。しかし、帝王がこの付託に十分応えられなくなると、上帝―天はその行為を監視していて、帝王個人を初め地上世界に種々の災厄を降して譴告し、これに対して帝王は自らに天命が付与されたそもそもの根源であるその道徳性に遡って反省し、天命の引き続いての付与と種々の降災からの救済を上帝―天に対して祈請する。

ここで注意すべきは、上帝―天の祭祀による救済の祈求は主として帝王に関わる特権的祭祀、つまり帝王を司祭として行われる国家的祭祀であり、政治と極めて密着したものだということである。それゆえ、上帝―天なる至上神は一般民衆にとっては救済を祈求できる直接の対象ではなかった。(5) 儒教的礼教国家の中では、民衆の救済は帝王を頂点とする祭祀集団の独占物であり、これらの祭祀集団は後世貪欲に民間祭祀を国家祀典の枠組に取り込んでいくことによって、常に民衆の救済をその独占下に保持しようとした。(6) 従って、多くの場合民衆は淫祀邪教といわれるものを通しての救済を求めたのであった。以上、『詩』『書』をはじめとして礼文献などを通じてみた中国古代の上帝―天の思想は、救済思想としては政治的国家救済の思想であって、個々の人間の救済は一切顧慮されていないといえよう。

このような国家救済の思想としての上帝―天の思想を、より個人的な場にひきおろしてその救済を考えたのは『墨子』である。墨家は『漢書』芸文志に「墨家者流は蓋し清廟の守より出づ。……厳父を宗祀し、是こを以て鬼を右《たっと》ぶ（墨家者流、蓋出於清廟之守、……宗祀厳父、是以右鬼）」といわれており、古くからその宗教的性格が注目されていた。『墨子』の中でその宗教的思想を最もよく表しているのは「天志」「明鬼」「非命」の三篇であるが、この他の篇にもそれはしばしば見られる。(7)『墨子』の宗教思想の特徴は、上帝―天の思想を継承した上で、更に鬼神をこれに加え、天―鬼―人の三元的世界を構想したことであろう。天志上に、

子墨子言いて曰く、大国に処りて小国を攻めず、大家に処りて小家を簒せず、強き者は弱きを劫《おびやか》さず、貴き者は賤しきに傲らず、詐多き者は愚を欺かず。此れ必ず上は天を利し、中は鬼を利し、下は人を利す。三利して利せざる所無し、故に天下の美名を挙げて之れに加え、之れを聖王と謂う。(8)

とあり、天鬼人のそれぞれにわたって利することができるものこそ聖王であるとされる。また、天鬼人をそれぞれ上中下と配したのは単なるレトリックではなく、『墨子』における世界観に基づくものであった。つまり、世界の最上層にあって鬼、人の二界を主宰するのが天であり、天のもとにあって人界を支配するのが鬼であるということであろう。従って、人間は天および鬼の支配下に在るわけだが、それは更に区分されて、天は人界における帝王およびそれにまつわる祭政を、鬼は一般の人民を専ら掌管するものと考えられていたようである。それは、天および鬼神は人間の行為を監視してそれに対して賞罰を加えるものとされているが、天の賞罰に関しては、

子墨子曰く、吾の天の貴きを知る所以は、且に天子に於いて知る者有り。曰く、天子善を為さば、天能く之れを賞し、天子暴を為さば、天能く之れを罰す。天子に疾病禍祟有らば、必ず斎戒沐浴し、潔して酒醴粢《しゅれいし》盛《せい》を為《つく》り、以て天鬼を祭祀せば、則ち天能く之れを除去す、と。(9)　（天志中）

などとあるのをはじめ、専ら帝王について語られているのに対して、鬼神の賞罰の方は、

是こを以て吏治官府の絜廉ならず、男女の別無きを為す者は、鬼神之れを見る。民の淫暴寇乱盗賊を為し、兵刃毒薬水火を以て、罪無きの人を道路に退《むか》え、人の車馬衣裘を奪いて以て自ら利する者は、有《ま》た鬼神之れを見る。……故に鬼神の明は、幽間広沢、山林深谷を為す可からず、鬼神の明は必ず之れを知る。鬼神の罰は、富貴衆強、勇力強武、堅甲利兵を為す可からず、鬼神の罰は必ず之れに勝つ。……且つ禽艾の之れを道《い》いて曰く、璣

を得るも小とする無く、宗を滅するも大とする無かれ、と。則ち此れ神の賞する所は、小と無く必ず之れを賞し、鬼神の罰する所は、大と無く必ず之れを罰するを言う。[10]　（明鬼下）

などとあって、吏民以下について語られていることなどから推定されよう。[11]

ただし、天と鬼神の支配がこのように判然と分かれているわけではなく、重なり合う場合もある。これは、『墨子』の宗教思想が上帝―天の思想を基本的には継承した上で、殷代からあった民間信仰などをある程度取り入れたことや、『墨子』諸篇成立の時間的差異などに基づくと考えられる。[12]さて、それでは『墨子』のいう鬼神とは何なのか。それについては明鬼下に、

子墨子曰く、古の今の鬼為る、他に非ざるなり。天鬼有り、亦た山水鬼神なる者有り、亦た人死して鬼と為る者有り。[13]

とあり、天鬼とは上帝―天のもとに昇りえたすぐれた霊魂、[14]山水鬼神とは自然の精霊などを意味しようし、これと死者の魂とが加わって複雑な内容を有しているが、中心になるのは死者の魂のことであろう。

さて、それではこのような天や鬼神による禍罰を避けて福賞を得るにはどのようにすべきなのか。それは第一に天や鬼神の意向に沿った行動をすることである。尚同上に、

天下の治まる所以の者を察するに何ぞや。天子唯だ能く天下の義を壱同す。是こを以て天下治まるなり。天下の百姓、皆な上天子に同じくして、上天に同じくせざれば、則ち菑《わざわい》猶お未だ去らざるなり。今天の飄風苦雨、溱溱として至るが若き者は、此れ天の百姓の上天に同じくせざる者を罰する所以なり。[15]

とあり、尚同中にはほぼこれと同文のあとに、

……此れ天の罰を降すや、将に以て下人の天に尚同せざる者を罰せんとするなり。故に古者聖王は天鬼の欲する所を明らかにして、天鬼の憎む所を避け、以て天下の利を興し、天下の害を除かんことを求む。[16]

などとあり、他処においても「天の意に順う」ことが強調されている。ところで、殷人は「天の意」を知るために卜問を用いて、そこには何ら道徳的な意味は含まれてはいなかったが、『墨子』にとっての「天鬼の欲する所」とか「天の意」とかは、「天は義を欲して不義を悪む。然らば則ち天下の百姓を率いて、以て事に義に従わば、則ち我は乃ち天の欲する所を為すなり」[17](天志上)とあるように「義」であった。この「義」とは具体的には兼愛交利であり尚賢であり非攻であるのだが、いずれにせよ「天鬼の欲する所」「天の意」に従うべく主体的な努力を積むことが天や鬼神の禍罰降災を避け、それからの救済を祈求するための前提条件であった。

　上帝―天の思想にあっては、帝王の道徳的実践によって上帝の降禍は解かれ、上帝―天に対する祭祀は主要な要素では本来なかった。しかし、『墨子』にあっては天や鬼神に対する祭祀により重点が置かれていると考えられる。天志中では天子に疾病禍祟のある場合、それは斎戒沐浴して天鬼を祭祀することによって除かれるとされるのであり(前出)、天が百姓を愛するのは、結局のところ「四海の内、粒食の民、牛羊を犓《か》い、犬彘を豢《やしな》い、潔く粢盛酒醴を為り、以て上帝鬼神を祭祀せざる莫し」(天志上)だからなのである。[18] ここでは、上帝鬼神の祭祀は単に帝王によって独占されるものではなく、村落共同体における祭祀などを通じて広く一般の民衆にも開放されたものであった。しかも、この場合の祭祀は帝王にとっても庶民にとっても、上帝よりも鬼神の方により具体性重要性があったのではなかろうか。「又た天下の万民を率いて、以て天を尊び鬼に事え、万民を愛利するを尚ぶ」(尚賢中)、「其の事上は天を尊び、中は鬼神に事え、下は人を愛す」(天志上)などといわれるとき[19]、「尊天」よりも「事鬼」の方により祭祀としての具体性が与えられているように思われる。

　かくて、『墨子』は天―鬼―人の三元的世界観の中で鬼神を天と人との中間におき、上帝―天の思想では専ら帝王のみが参与しえた祭祀を、鬼神への祭祀に置換することによって一般の民衆にも開放した。このことは、これまで上帝―天の思想に基づく国家祭祀から疎外されていた一般民衆に、神格の祭祀による救済祈求の道を開いたものであり、中国における救済思想の展開の中で非常に重要な意味をもつといえよう。[20]

以上述べてきたことをまとめてみると、上帝―天の思想は、帝王中心の政治的国家救済の思想を内包するが、一般の民衆はその埒外にあった。このような伝統的な上帝―天の思想を、中間に鬼神を組み込んだ三元的世界観の中へ取り込んで上帝―天の地位を相対化し、帝王中心の国家救済の思想はそのまま温存しながらも、鬼神への祭祀とすることにより、救済祈求の可能性を民衆にまで拡大したのが『墨子』にみられる救済思想であったといえよう。この二者に共通するのは、一つには、政治の混乱、病苦、夭折、天災など現実的な災厄からの救済を希求するものであり、あくまでも救済の輪は現実世界の中で閉じていること、つまり、現実世界を越えたところに理想郷を設定し、そこへの飛翔を希求するものではないということである。いま一つは、上帝―天なり鬼神なりに救済を祈請するには、それらの意志に従って徳の完成なり義の遂行なりに努力することが前提とされ、単なる祭祀のみでは救済の祈請は受け入れられないということである。それは、天なり鬼神なりの性格が人間の行為の監視者、賞罰の付与者としての側面を強くもち、地上の民の救済を第一義とする存在とは考えられていないことによろう。この二点は中国古代における上帝―天の思想に基づく救済思想の重要な特質であるといえよう。

さて次に、われわれは神仙思想における救済の概念についての検討に移ろう。周知のように、神仙思想は戦国時代末期に斉燕の方士たちの間に生まれ、そののち陰陽五行思想などを取り込みながら発展し、秦漢の際にはほぼ完成されていた。[21] この間の事情を記す資料としては、『史記』の封禅書がもっともまとまった根本的資料であるが、このことは神仙思想の初期の性格を考える上で重要な意味をもつ。そこで、まず『史記』の関係資料によりながら、神仙思想における救済思想について考えてみよう。

そもそも神仙(「仙」は本来は「僊」と書かれた)または仙人とは一体どのようなものであろうか。[22]『史記』始皇本紀二十八年の条に、斉人徐市等上書して言えらく、海中に三神山有り、名づけて蓬萊、方丈、瀛洲と曰い、僊人之れに居る。請うらくは斎戒するを得て、童男女と与に之れを求めん、と。是こに於いて徐市をして童男女数千人を発し、海に入りて僊人を求め遣む(23)。

とあり、また同じく封禅書の始皇の条に、

威宣燕昭自り人をして海に入りて蓬萊、方丈、瀛洲を求め使む。此の三神山は、其れ傳して勃海中に在り、人を去ること遠からず。且に至らんとすれば、則ち船風に引かれて去るを患う。蓋し嘗つて至る者有り、諸僊人及び不死の薬皆な在り。其の物禽獣は尽く白くして、黄金銀を宮闕と為す。未だ至らざれば、之れを望むこと雲の如く、到るに及べば、三神山反りて水下に居り、之れに臨めば、風輒ち引き去りて、終に能く至る莫しと云う(24)。

とある。これらの記述から考えると、勃海中にあるという蓬萊方丈瀛洲の三神山が僊人の居処であり、そこには不死の薬が存する。ということは、僊人自身はその不死の薬によって永遠の生命を享受していると考えられたのであろう。しかも、三神山上の宮殿はすべて金銀で造られた素晴しいものであり、神山上の禽獣は現実世界のそれと異なってすべて白色だという。また、この僊人が住み不死の薬が存する三神山は、現実世界と全く隔絶した存在ではないが、常套的な手段では到達することができない。つまり、この蓬萊方丈瀛洲の三神山は一つのユートピアであり、僊人とはそのユートピアに住む永遠の生命をもった選ばれた存在であるということになろう。これがいわゆる蓬萊神仙説である。

しかし、これだけでは仙人の性質をすべて説明しているとはいえない。同じく封禅書には、公孫卿が伝えた斉人申公の言として、黄帝が華山、首山、太室、泰山、東萊の五山に遊び、明廷(甘泉)で万霊に接したのち、

黄帝首山の銅を采りて、鼎を荊山の下に鋳る。鼎既に成るや、龍有りて胡䫇《こぜん》を垂らして下りて黄帝を迎う。黄帝上騎し、羣臣後宮の従い上る者七十余人、龍乃ち上り去る。……百姓黄帝の既に天に上れるを仰ぎ望みて、乃

ち其の弓と胡顧とを抱いて号す。(25)

とあって、これによれば僊人になるということは昇天して神霊の仲間に入ることであり、同時に群臣後宮をひきつれて、昇天後も地上の帝王であったときと同様の生活を永遠に享受しうるということでもあろう。それゆえ、武帝はこの話を聞いたあとで、「嗟乎、吾誠に黄帝の如きを得ば、吾妻子を去るを視ること躧《くつ》を脱ぐが如きのみ（嗟乎、吾誠得如黄帝、吾視去妻子如脱躧耳）」と歎じたわけである。こうしてみると、神仙思想は、種々の憂苦とりわけ死という人間にとって最大の苦悩から逃れられない現実の世界を超脱し、永遠の生命を受けて人生の快楽を無限に享受しうるユートピアへの飛翔を保証する救済思想であるといえよう。ただここで注意すべきは、基本的には、現実世界そのものは否定さるべき憂苦に満ちた世界ではなく、逆に種々の快楽を享受しうる執着すべき世界だということである。問題はただ一つ、人はいつかその世界から消滅しなければならないということである。それゆえ、神仙思想ではまず第一に不死の探究が問題とされるのであり、それが実現したときには、現実世界さえそのままユートピアに転化しうるのである。

さて、神仙となるにはどのような方法が考えられたのであろうか。この問題は神仙思想を誰が担うかによって微妙に変化する。そもそも斉燕の方士たちの間で神仙思想が生まれたとき、それは正しく方術によって希求されたのであった。方術とは、医方をはじめ呪方や鬼神の祭祀等々、種々雑多な内容をもって構成されるが、本来的には、不死の薬の調合と鬼神への祭祀とが主要な要素であったと考えられる。

しかし、こうした方士たちの神仙術が一度政治的祭祀集団の主宰者たる帝王に対して説かれるとき、その方法論も大きく変化していく。それは『史記』の封禅書が秦皇漢武の封禅について述べるとともに、彼らの神仙術への傾倒ぶりを詳しく伝えることからも知られるように、神仙思想と封禅思想の習合となって現出した。(26)泰漢の方士たちによって盛んに喧伝された蓬萊神仙説は、帝王のためのそれであり、その方法も不死の薬の煉成といった方術的なものよりも、封禅という特段に優れた帝王のみに許される祭祀によって、神仙の降下を招き不死の薬の分与を期待するものであった。『史記』封禅書の武帝の条に李少君の言として、

竈を祠らば則ち物を致し、物を致して丹沙化して黄金と為る可し。黄金成りて以て飲食の器を為らば則ち寿を益す。寿を益して海中蓬莱の僊者乃ち見る可し。之れを見て以て封禅せば則ち死せず、黄帝是れなり。(27)

とあるのは、こうした観念を端的に表したものといえよう。ここでは人間の主体的な努力によって救済が完成されるのではなく、封禅という極めて限定された祭祀により鬼神の超越的な力にすがることで救済が遂げられるという形をとっている。これは秦漢における蓬萊神仙説の極めて重要な性格である。このように帝王にとっての神仙思想は、封禅と結合されることによって必然的に祭祀による救済の祈求という面が強調されるのに対して、このような封禅といった祭祀とは関わりのないものにとっての神仙思想は、ありとあらゆる方術を駆使して不死の薬を煉成するという、己の力による自己の救済という方向が強調されたのは当然であった。淮南王劉安は『中篇』八巻二十余万言を編んでいるが、それは神仙黄白術のことを述べた書であったといわれるし(『漢書』淮南王安伝)、劉向は淮南王の『枕中鴻宝苑秘書』をみて錬金を試みたが成功せず有司の弾劾を受けたこと(同劉向伝)などは、このような事情を物語るものであろう。

以上述べてきたように、神仙思想における救済思想は、ユートピアの設定という点で、上帝—天の思想や『墨子』における救済思想とは根本的に相違する。そして、帝王における神仙思想は、あくまでも祭祀による超越的な力に依拠しての救済であったが、その後主流となったのは、不死の薬の煉成や養生といった方術を駆使する、自己の主体的努力による自己救済を希求する思想であった。この神仙思想は自己一身の救済のみを希求するものであって、自己救済を遂げた上で更に一歩進んで他者をも同様に救済しようとする他者救済の視点は全くもち合わせてはいなかった。

以上、道教成立以前の宗教的救済思想を概観してみたが、その特徴は、未だ明確な他者救済の視点をもつ救済思想

が存在しないのに対して、自己救済の思想は神仙思想として高度に展開していたことであるといえよう。

二　度　世——自己救済の思想

さて、道教成立以前の救済思想の検討を通じて、中国古代における救済思想には、まず上帝—天の祭祀という国家祀典の中で帝王を司祭として行われる政治的側面を強くもつ国家救済の思想と、それを鬼神の祭祀におきかえることによる個人にまで拡大された救済思想とがあったことが知られた。これらは、いずれも超越的神格の祭祀を通じて、その力にたよって現実世界での憂苦災厄から救済されんことを祈求するものであり、その救済は現実世界の中で齎される性質のものであった。一方、このような救済思想に対して、現実世界の外にあって最も理想的な形態を有するユートピアを設定し、現実世界での憂苦、より正確にいうならば、現実世界での生の快楽への訣別という憂苦から超脱してそのユートピアに飛翔することを、あるいは祭祀を通じて、あるいは様々な方術を駆使することによって実現しようとする自己救済の思想が存在していた。この二つの救済思想を基層にすえて道教の救済思想が形成されていくのであるが、まずはじめに、ユートピアへの飛翔を自己の力によって得ようとする自己救済の思想——神仙術的道教——の系譜をたどってみることにしよう。

秦の始皇帝、漢の武帝の時代を頂点とする神仙術の隆盛にともなって雨後の筍の如く輩出した方士たちは、漢武以降、急速にその数を減少させ、民間に潜行して歴史の表舞台には現れなくなる。しかし、彼らの主張した神仙思想とその方術とは、深く人々の思想と生活とに浸透し、思想的な面では黄老思想と、方術的な面では医学などと深く習合しつつ、次の新たなる展開の準備を進めていた。後漢、王充の『論衡』や『後漢書』方術伝、逸民伝などは、こうした民間における神仙思想の様相を窺わせる資料をわれわれに提供してくれる。『論衡』の道虚篇はなかでも豊富な資料を含むが、その中で「度世」という特徴ある語によって神仙思想が表現されている。この「度世」なる語はこれ以前『楚辞』の遠遊に「世を度《わた》りて以て帰るを忘れんと欲す（欲度世以忘帰兮）」と使われているが、遠遊はその思想的内容や用語から司馬相如ないしはさらに後の賦人の作と推定されており、従って「度世」という語は前漢以降に現れたのであろう。遠遊の用法は現実世界を離脱するといった意味で使われているようだが、『論衡』の用例では延年、不死などと結合されており、不老不死となって現実世界の有限性を超脱することに重点を置いた表現のようで、必ずしもユートピアへの飛翔が予想されてはいないようだ。(28)

これに対して「登遐」「昇仙」「昇天」などという語は、仙界天上界への飛翔に重点を置いた語であるが、やがて「度世」なる語もこれらの概念を明確に内包するようになり、現実世界を超脱して神仙世界へ飛翔するという意味をもつようになる。そこで、神仙術的手段によって現実世界を超脱して神仙世界に参入せんとする自力による自己の救済を目指す思想を「度世の思想」という語で表現しておこう。

それでは、この度世の思想は、救済思想としては一体いかなる意味をもつものなのであろうか。以下、東晋葛洪の『抱朴子』と梁陶弘景の『真誥』における度世の思想を検討しながらこの点について考えてみたい。

（一）葛洪──『抱朴子』における救済

東晋の葛洪は、神仙術の大成者としてつとに名高いが、彼のうち立てた神仙理論は、茅山派道教における陶弘景などに継承されて、神仙術的道教の源流をなしている。葛洪の神仙思想は、まず、自己救済の成功者としての神仙の存在の確信から出発する。その根拠は論理的なものとはいいがたいが、いずれの宗教ももつ傾向として、理論的な実在証明よりは、存在の確信に重点を置く以上已むを得ないであろう。彼は神仙の存在に疑問を抱く相手に対して、事象の無限性とそれに対する認識の有限性を楯に、自己の狭隘な見聞のみを根拠として神仙の非存在を主張することの非を糾し、更に往古の記録に神仙の存在に関する記事があることを根拠に一見文献実証的な証明をしてみせるが、結局のところ、「惟だ真を識る者有りて、衆方を校練し、其の徴験を得、其の必有を審かにするのみ。独り之れを知る可きのみ、強う可からざるなり」(29)(論仙)という論理的説得の放棄と確信への全面的依拠とに解消されてしまうものであった。宗教は信ずることから始まるといわれるが、その意味では葛洪の神仙思想は明らかに宗教的色彩を強くもつものである。

このような存在の確信に満ちた神仙とはいかなるものかについては後で述べることとして、次に、神仙に対置されそこからの救済が希求される人間存在そのものを、葛洪はいかに考えていたのであろうか。彼の人間観は、基本的には伝統的なそれを継承しているが、新しい要素も多分に見られる。人間はそもそも「気」の聚散によって生まれ死ぬものである(30)。こうして気が聚まって生成される人間は形体と精神とを有する。形体は精神の存在によってはじめて存立しうるものであるが、形体の存在なくしては精神は人間のそれとしての活動が不可能になる。従って、形体の消滅によって人間はその存在を終えることになるのであって(31)、それゆえ、神仙思想では形体の保持が第一に希求されるのである。さて、こうした人間は生まれた以上死は免れないと一般には考えられるが、しかし、長寿者もあれば短命なものもあり、生から死までの期間については長短様々である。とすると、そこにはこれらを支配する神格が存在するのだろうか。それとも、それは単なる偶然なのだろうか。彼は塞難篇で次の如くいう。

渾茫《こんぼう》剖判して清濁以て陳なる。或いは昇りて動き、或いは降りて静まる。彼の天地すら猶お然る所以を知らざるなり。万物気に感ずるも、並びに亦た自然にして、彼の天地と各おの一物為り。但だ成るに先後有り、体に巨細有るのみ。……天地は万物を含嚢すと雖も、万物は天地の為す所には非ざるなり。……俗人は天地の大なるを見るや、万物の小なるを以て、因りて天地は万物の父母為り、万物は天地の子孫為りと曰う。……茲れに由りて之れを論ずれば、大寿の事は、果たして天地に在らず。仙と不仙とは、決して値う所に非ざるなり(32)。

ここでは、天地そのものも自然に形成されたものであって、このような生成を主宰する神格は考えられていないし、従って人間の生成寿命もそれは単なる偶然を契機とするのであり、主宰者があって裁量しているのではないと考えられていた。彼はまた塞難篇冒頭で明確に天の主宰性を否定している。

命の脩短は、実に値う所に由る。気を受け胎を結ぶに、各おの星宿有り。天道は無為にして、物の自然に任せ、親無く疎無く、彼れ無く此れ無きなり。命、生星に属せば、則ち其の人必ず仙道を好む。仙道を好む者は、之れを求めて亦た必ず得るなり。命、死星に属せば、則ち其の人亦た仙道を信ぜず。仙道を信ぜざれば、則ち亦た自ら其の事を修めざるなり。楽しむ所の善否は、稟くる所に判る。移易予奪は、天の能くする所に非ず。(33)

このような思想は、もちろん道家における自然哲学に淵源することは一見して明らかであるが、彼以前、とりわけ秦皇漢武の時代における神仙説が封禅と結合し、天神地祇への祭祀によって神仙へと救済されると考えていたこととは全く傾向を異にするものであった。こうした展開は、封禅的神仙説が衰退し、漢武以降民間に下った方士たちによって黄老思想が導入されたことや魏晋における玄学の流行などによって形成されたものであろうが、葛洪の神仙思想の根幹を支える世界観として、天の主宰の否定と自然の主張とは極めて重要な意味をもつといえよう。

さて、以上のような根本的な認識の上に立って、実際に神仙へと昇化することはどのように考えられていたのであろうか。ここにおいて、度世の思想の最も重要な性格である、自力による自己の救済が全面的に主張されることになる。葛洪はまず対俗篇の冒頭において、主体的努力によって神仙へ昇化することを否定する人物に答えて、「彭老に至るも、猶お是れ人のみ、異類にして寿独り長き者に非ず。道を得るに由りて、自然には非ざるなり。……人明哲有りて、能く彭老の道を修めば、則ち之れと功を同じくす可し」(34)といい、彭老の長寿は何の作為もなしに自然に得られたものではなく、得道という主体的実践の結果として得られたものだとする。そして種々の例証を挙げてそのことを補強したあとで、況んや神仙の道は、旨意深遠にして、其の根茎を求むること、良《まこと》に未だ易からざるに於いてをや。松喬の徒は、其の効を得と雖も、未だ必ずしも其の然る所以を測らざるなり。況んや凡人をや。其の事学ぶ可し、故に古人記して之れを垂れ、以て識る者に伝うるのみ。若し心に解し意に得ば、則ち信じて之れを修む可し。其れ猜疑胸に在るは、皆な其の命自りす。当に古人何を以て独り此れに暁《あきら》かにして、我何を以て独り之れが意を知らずやと詰すべからず。吾今仙の得可きを知るなり。(35)

と述べて、まさしく神仙のことは学んで得られるという明確な主張を打ち出す。この神仙可学の主張は、彼に先立って嵆康がその「養生論」の中で、「夫れ神仙は目に見えずと雖も、然れども記籍の載する所、前史の伝うる所にして、較べて之れを論ずれば、其の有ること必せり。特り異気を受け、之れを自然に稟け、積学の能く致す所に非ざるに似たり(36)」と述べて、神仙可学を否定した点をのり越えて、自己の主体的な実践によって延命のみならず神仙そのものへ到達しうると宣言したものであった。(37)

しかし、度世の思想の内包するストイックな志向性は、この神仙可学の主張をさらに一歩進めて、誰でもが与りうる神仙思想として無差別に公開しようとはしなかった。彼は一方では「亦た以て校験する有りて、長生の得可く、仙人の種無きを知るのみ」(至理篇)といいながら、他方では神仙のことは「苟くも其の命無くんば、終に肯えて信ぜず、亦た安んぞ強いて信ぜ令む可けんや」(対俗篇)、「仙経を按ずるに以為《おもえ》らく、諸もろの仙を得る者は、皆な其の命を受くるに偶たま神仙の気に値う。自然に稟くる所なり。故に胞胎の中に、已に道を信ずるの性を含み、其の識有るに及んでは、則ち心其の事を好み、必ず明師に遭いて其の法を得。然らずんば則ち信ぜず求めず、求むるも亦た得ざるなり」(弁問篇)と述べて(38)、神仙可学の立場は保持しながらも嵆康の「養生論」の立場を完全には脱却できず、神仙への可能性を命ないし先天的に神仙の気を有する者に限定してしまった。これは葛洪における命定論の信奉とも密接に関係するだろうが、神仙術的道教が窮極のところ中流貴族層をその支持者として成立していたという階級性に基づくのであろう。葛洪にとっては自力による自己の救済が問題であったので、不特定多数の民衆に救済の可能性を拡大するという考えは全く存在しなかったのである。[39]

こうした観点から、誰でもが神仙への可能性を有するとする祭祀祈禱による延年昇仙求福をみるとき、それは全く根拠のない淫祀邪教として彼の目には映る。道意篇で彼は一般の民衆が「既に療病の術を修むること能わず、又た其の大迷を返すこと能わず、薬石の救に務めず、惟だ祝祭の謬を専らにし、祈禱して已まず、問卜して倦まず」、かくして財産を失いやがて悪事に奔るさまをみて、「淫祀妖邪は、礼律の禁ずる所。然り而して凡夫は結して悟る可からず。唯だ宜しく王たるべき者のみ、更めて其の法制を峻にし、犯に軽重無く、之れに大辟を致し、巫祝を購募して肯えて止めざる者は、之れを刑して赦すこと無く、之れを市路に肆《ころ》さば、少時を過ぎずして、必ず当に絶息すべし」と主張するのであった。[40] ここには礼法から外れた「淫祀妖邪」を為政者的立場から禁圧するという発想はあっても、そのようにせざるを得ない庶民にそれに代わる正しい救済を与えてやろうという他者救済の発想は全く無い。

このような神仙術的道教の自力による自己救済の特徴は、その神仙となるための方法論に最も端的に表れている。葛洪が昇仙への唯一の根本的方法として主張するのは金丹金液の煉成である。金丹篇の冒頭で彼は次のように主張する。

> 余養性の書を考覧し、久視の方を鳩集し、曽つて披渉する所の篇巻は、千を以て計うるに、皆な還丹金液を以て大要と為さざる者莫し。然らば則ち此の二事は、蓋し仙道の極なり。此れを服して仙たらずんば、則ち古来仙無し。……
>
> 長生の道は、祭祀して鬼神に事うるに在らざるなり、道引と屈伸とに在らざるなり。昇仙の要は、神丹に在るなり。之れを知るは易からず、之れを為すは実に難し。子能く之れを作さば、長存す可きなり。[41]

このように、昇仙するには煉丹が不可欠であるが、その理由は同篇で「夫れ金丹の物為る、之れを焼くこと愈いよ久しければ、変化愈いよ妙なり。黄金は火に入るも、百錬して消えず、之れを埋むるも、天を畢うるまで朽ちず。此の二物を服さば、人の身体を錬る。故に能く人をして不老不死なら令む(42)」と説明されている。しかし、煉丹には高度な化学的知識と装置、それに莫大な費用と時間とが必要であり、無知文盲で資力の無い庶民の与りうるものではなかった。この点からも神仙術的道教はまさしく一定の経済的文化的基盤を有するごく限られた貴族階級のためのものであり、自己一身の救済のみを目指す度世の思想でしかありえなかったといえよう。

葛洪自身はこのような煉丹の困難さを十分自覚していた。それゆえ、彼は煉丹完成までの延命の手段として宝精愛気や服食による養生などの実践を主張するが（微旨篇）、それはいずれも彼の神仙術の体系の中では二次的なものでしかなかった。しかし、それは同時に煉丹のための前提条件ともなるものであった。このような手段の中に守一というのがある。この守一というのは『荘子』在宥篇で黄帝が広成子に長生の方を問うたのに対して、「我其の一を守りて、以て其の和に処る。故に我身を脩むること千二百歳、吾が形未だ常《か》つて衰えず（我守其一、以処其和、故我脩身千二百歳矣、吾形未常衰）」と答えているのがその思想的淵源であろう。『荘子』のいう守一の「一」は、『老子』第四十二章の「道生一、一生二、二生三、三生万物、万物負陰而抱陽、沖気以為和」や、第十章の「載営魄抱一、能無離乎」などと関連するものであり、道に次ぐ窮極的実在であった。ところが『抱朴子』での守一はこの道家の正統的概念を大幅に改変した独自の概念となっている。地真篇に、

余之れを師に聞くに云く、人能く一を知らば、万事畢わる。一を知る者は、一の知らざる無きなり、一を知らざる者は、一の能く知る無きなり。道は一に起こる。其れ偶無きを貴び、各おの一処に居り、以て天地人に象る。故に三一と曰うなり。天、一を得て以て清く、地、一を得て以て寧《やす》く、人、一を得て以て生き、神、一を得て以て霊、……之れを視れども見えず、之れを聴けども聞こえず。之れを存せば則ち在り、之れを忽《ゆるがせ》にせば則ち亡く、之れに向かわば則ち吉、之れに背かば則ち凶、之れを保たば則ち遐祚極り罔く、之れを失わば則ち命彫《しぼ》み気

窮まる。老君曰く、忽たり恍たり、其の中に象有り。恍たり忽たり、其の中に物有り、と。一の謂なり。[43]

とあるのはそれを最も端的に表す。ここでは『老子』の道に関する説明を踏まえながら、それをすべて「一」によって置き換えてしまっている。しかも、上文に続く部分では「一」には姓名服食性別があり、人の身中の各処に住む体内神ともされている。このような改変が行われた意図は、道家思想の枠組をそのまま神仙思想のそれとして借用しながら、道の抽象性を捨象しさらに具体的神性を付与された「一」を窮極的実在として、神仙思想独自の形而上的体系を築こうとしたものであろう。この「一」はまた「真一」とも呼ばれ、葛洪自身は暢玄篇で展開してみせた「玄」の思想に基づいて「玄一」なるものを提起するのだが、いずれにせよこれを思念することによって強力な加護を期待できるとする。

こうした神格の設定の外にも『抱朴子』には煉丹に際して醮祭しなければならない太乙、玄女、老子などの神格がみえる。これは一方で鬼神への祭祀を否定していることと矛盾するかに見えるが、それは神々との宥和を説くものであって、これらを祭祀して直接救済を求めようとするものではない。『抱朴子』の立場は基本的には「夫れ長生は制すること大薬に在るのみ、祠醮の得る所に非ざるなり」(勤求篇)とか「身を防ぎ害を却くるを要むるには、当に守形の防禁を修め、天文の符剣を佩すべきのみ、祭禱の事は益無きなり。当に我の侵す可からざるを恃むべきなり、鬼神の我を侵さざるを恃むこと無かれ」(道意篇)などというように[44]、あくまでも祭祀による救済祈求には否定的で、自己の主体的努力による自己の救済を目指すものであった。

最後に、現実世界を超脱して飛翔すべきユートピアとしての仙界は、一体どのように考えられていたのであろうか。仙界について葛洪は次のようにいう。

夫れ仙を得し者は、或いは太清に昇り、或いは紫霄に翔り、或いは玄洲に造《いた》り、或いは板桐に棲み、鈞天の楽を聴き、九芝の饌を享け、出でては松美を倒景の表に携え、入りては常陽に瑶房の中に宴す。曷為《なんすれ》ぞ当に狐貉を侶

として猿狖《えんゆう》と偶たるべけんや。所謂る知らずして作るなり。(45)

また、彼の作といわれる『神仙伝』の彭祖伝に、

僊人なる者は、或いは身を竦《そば》だてて雲に入り、翅無くして飛び、或いは龍に駕して雲を飛ばし、上は天階に造り、或いは化して鳥獣と為りて、青雲に遊浮し、或いは江海を潜行し、名山に翺翔《こうしょう》し、或いは元気を食い、或いは芝草を茹《くら》い、或いは人間に出入するも人識らず、或いは其の身を隠して之れを見る莫く、面に異骨を生じ、体に奇毛有り、率《おおむ》ね深僻を好みて、俗流と交わらず。(46)　（明本篇）

などといわれるが、これは『楚辞』遠遊以来多くの人々が次々と空想をふくらませた文学的虚辞にすぎないといえよう。神仙の基本的な性格は不老不死であり、それに付随して飛翔能力等々の異能を有するとされるが、葛洪にあっては昇天ということは必ずしも重視されてはいない。神仙には三種あって、理念としては現身のまま昇天する天仙が最高であり、次が永遠の生命を享けて名山に遊ぶ地仙、最後は一応死という形式をふみながら、それはみかけだけで実は神仙に昇化している尸解仙である。そして一度金丹が成れば、天仙地仙尸解仙いずれも望み次第であるのだが、必ずしも天仙となることが望まれるわけではないことは前述の通りである。というのも対俗篇にいうように、(47)天界も地上同様の官僚組織でがんじがらめであるとすれば、そこは必ずしも度世の希求者にとって理想的なところではなく、現実世界にあって人道人理を失うことなく人間としての快楽を永遠に享受することこそ神仙冥利に尽きるとされるからである。これは神仙思想がそもそもの初めに有していた思想であるが、その後神仙に関する空想は涯なく広がりすぎていびつとなり、その反動として原初的な形態に復帰したということであろう。人生は否定すべきものではなく積極的に肯定さるべきもので、その人生の終焉を永遠の彼方に押しやろうとするのが神仙思想の核心なのである。

以上のように、葛洪――『抱朴子』における救済思想は、自己の主体的努力によって自己を救済しようとするものであり、その救済の内容は生命の有限性を超脱して神仙へ昇化することであった。しかし、その方法論は極めて専門

的な知識と繁瑣な実修を必要とするものであり、しかもそれらは師資相承の形によって得られるとされ、すべての人々に無差別に公開されるものではなかった。葛洪は『抱朴子』内篇序においてその撰述の意図を、本書は仙道を好む者のために標準を示すものであるとし、更に「豈に暗塞の為に必ずしも能く微を窮め遠きを暢べんや(豈為暗塞必能窮微暢遠乎)」、「其の与に言う可からざる者は見令めざるなり(其不可与言者、不令見也)」と述べており、そこには不特定多数の他者を救済するという観点は全く見られない。しかし、彼以降の度世の思想は、教団道教における他者救済の思想や仏教のそれの影響を受けて、その閉鎖性を捨てて次第に開かれたものへと変貌していった。

(二) 陶弘景――『真誥』における救済

陶弘景は、南朝における茅山派の大成者であり、それと同時に『本草集注』の撰者として本草学史上に不朽の名を留める優れた本草学者でもあった。彼は新たな道教体系の構築に意欲を燃やし、南斉の永明十年(四九二)に官途を辞して茅山に隠棲してよりほぼ十年の歳月をかけて、『真誥』『登真隠訣』『本草集注』の三書を並行して編纂し、その道教体系を完成させた。『真誥』七篇は、東晋興寧二年(三六四)、茅山の道士楊羲、許穆らに対して南獄魏夫人以下の神仙が降下して授けた誥および当時流行していた上清諸経の抄録からなる。それらは楊羲、許穆以後一旦散佚したが、陶弘景によってそれらの真本が捜蒐され、四九九年頃に整理編纂付注された。現存の『真誥』二十巻は若干の後世の竄改があるが、大部分は編纂当時のものと考えられ、西暦四―五世紀の道教思想を知る上で有益な資料である。本書は主として神仙の口を借りて神仙世界の構造、神仙となるための方法を述べ、更に神仙同士の夥しい詩の贈答を載せて神仙世界を文学的に描写しており、陶弘景がこれを編纂した意図も彼の道教体系の中枢をなす神仙世界とそれへの昇化の方法を根拠づけるためであったと考えられる。また、『登真隠訣』は各種の経典から昇仙のための方術に関する記事を抜萃編輯したもので、『真誥』と相俟って彼の神仙思想の方法論を構成するものであった(48)。『登真隠訣』にみられる種々の方術は葛洪のそれとほぼ同様であるが、『真誥』にみられる救済思想は葛洪——『抱朴子』のそれとは大きく異なるところがある。ここでは『真誥』の救済思想を、葛洪——『抱朴子』のそれとの相違点を中心に述べることにより、この間における度世の思想の演変の迹をたどってみることにしよう。

『真誥』における度世の思想の変化は、主として次の二点にあるといえよう。第一は、度世のための方法論への新たな要素の導入と大幅な簡略化、第二は、死者の世界の構築と死者の再生および昇仙の可能性の設定とである。

第一の点については種々な展開の迹が見える。まず最も重要と思われるのは、『抱朴子』が「蓋し仙道の極みなり」(金丹篇)といった金丹の煉成による昇仙の放棄である。この金丹の煉成を唯一最上の方法とする『抱朴子』の方法論は、その度世の思想を極く少数の人々にしか開放しえなかった要因となったことは上述のとおりであるが、『真誥』においては金丹はもはや昇仙のための唯一の方法とは考えられなくなり、それに代る新たな方法が設定された。

このことは、昇仙者のパターンの変化によってまず窺われる。『真誥』では、得道昇仙者が若くして仙道を好んで実修を積み、陰徳を施して倦むことがないと、やがて神仙が彼に降って丹方を授けて煉丹が完成し昇仙するという共通したパターンがみられる(49)。こうした昇仙者たちは最後には煉丹の完成によって昇仙するのであるが、「猶お是れ精感じ道応じて、之れをして然ら使むるなり、此の術の妙なるに非ざるなり(猶是精感道応、使之然也、非此術之妙也)」(巻五甄命授第一、葉七表)といわれるように、そのひたすらなる修道が神仙を感応させるのであり、この段階で既に煉丹の完成は予定されているのである。ここには未だ金丹第一主義の残滓はあるが、それはもはや神仙へ昇化するための儀礼的な一段階として踏まれるにすぎず、実質は仙道のひたすらなる実践にある(50)。

また、より簡便な方法として誦経による昇仙が説かれる。「大洞真経を得し者の若きは、後金丹の道を須たざるなり。之れを読むこと万過、畢わらば便ち仙たるなり」(甄命授第一)、「太極真人云く、道徳経五千文を読むこと万遍なれば、則ち雲駕来迎す。万遍畢わるも未だ去らざる者は、一月に二たび之れを読むのみにして、須く雲駕至りて去るべし」(協昌期第二)、「山世遠は孟先生の法を受け、暮に臥して、先ず黄庭内景経を読むこと一過にして乃ち眠り、人の魂魄をして自ら制錬せ使む。恒に此れを行うこと二十一年にして、亦た仙たり」(同)などいうのがそれである。[51] ここで誦されるのは『大洞真経』、『老子』、『黄庭内景経』と一定ではないが、誦経という極めて簡便な実修によって、自らの昇仙だけではなく、祖宗にまでその救済が及ぶとされる。[52]

また、陰功密徳の強調も『真誥』の特徴といえる。これは『抱朴子』においては積善といわれていたものに相当しよう。積善は善行を積み悪行を慎しむことによって、司命による寿命の簒奪を避けようとするもので、昇仙のための前提ではあってもそれが直ちに昇仙と結び付くわけではなかった(対俗篇)。これに対して、『真誥』では、単なる積善ではなく陰功密徳でなければ何らの応報も得られないとされる。[53] しかも、これは単に昇仙の前提として考えられているのではなく、闡幽微第二陶注に、

> 世に在りて陰功密徳を行い、道を好み仙を信ずる者は、既に浅深軽重有り、故に其の報を受くるも亦た皆な同じきを得ず。即身に地仙不死たる者有り、形を尸解に託して去る者有り、既に終《し》して洞宮に入りて学を受くるを得る者有り、先ず朱火宮に詣りて形を煉する者有り、先ず地下主者と為りて乃ち品を進むる者有り、先ず鬼官を経て乃ち遷化する者有り、身は去るを得ざるも、功子孫に及びて、道を学ば令めて乃ち抜度さるる者有り。諸もろの此くの如き例は、高下数十品あり、以て一概に之れを求む可からず。[54]

とあるように、それだけでも地仙以下の仙人または冥界の役人である鬼官となることができるとされている。これらはいずれも度世のための方法論を新たな要素を導入することによって簡便化しようとしたもので、その結果、度世の思想を担いうる層が大幅に増加することになった。

次に、第二点である死者の世界の構築とその再生昇仙の可能性設定とによる神仙概念の変化について見てみよう。

中国の思想史の中で、死後の世界を正面からとりあげて言及したものはほとんど存在しない。しいていえば、『墨

子』が天人の世界とともに鬼の世界を構想してはいるが、それは極めて曖昧で具体性に欠けるうえ、どちらかといえば天界の下にあってそれを輔助するものと考えられていたようだ。その後、後漢の太平道の思想を伝える『太平経』に、地下に死者の生前の行為を審判する場所があるという記事が見えるが(後述)、その具体的な組織については何も述べていない。まして『抱朴子』にあっては、不老不死なる神仙への昇化が第一に希求される以上、死者とは神仙世界へ参入しえなかった落後者であり、そのような落後者の世界に積極的な関心が向けられようはずもなかった(ただし、死者の世界である羅酆の存在自体は対俗篇で言及している)。本来、死者の世界は度世の思想にはなじまないものであろう。

しかし、『真誥』にあっては神仙への昇化を第一に希求しはするが、死者の世界についても大きな関心が払われており、しかもそれが『真誥』の道教思想の中で重要な意味をもたされている。闡幽微第一冒頭の記事によれば、死者はすべて北方癸の地にある羅酆山に送り込まれる。この山の洞内には紂絶陰天宮をはじめとする六宮があり、北太帝を中心に四明公など整然とした官僚組織のもとに運営されている。二宮ごとに一官がおかれ全部で三官あり、死者はすべてここで審判を受ける。(55) 生前善行があったり仙道を実修したことのあるものは清鬼、善爽の鬼とされ、文官は地下主者、武官は鬼帥となり三官の統制下を離れて洞天内に居住し、一定の年数をかけて再生昇遷し、最後には神仙へと昇化することができるとされる。これ以外のものは三官の統制下にあって、永久に死者としての生活を送る。(56)

ここにおいて、神仙思想は一大変化をきたし、必ずしも煉丹によって白日昇天するだけではなく、一般の人間でも生前に善行を積み、仙道の実修を行ってさえいれば、死後地下主者や鬼帥を経て最終的には神仙となりうるとされたのである。天地悠久の時の流れの中では、死者の世界から神仙へ昇化する期間などは大して長いものではなかろう。とすれば、生前に俗世との関係を絶ち、深山幽谷に分け入って禁欲的生活を送り、煉丹の完成に心血を注ぐなどという必要は全く感じられなくなる。換言すれば、『抱朴子』の神仙思想は出家者のそれであり、『真誥』のそれは在家者のためのものであるといえよう。それゆえ、茅山派道教は寒門貴族層を中心に広範な支持層を獲得することが可能であったわけである。(57)

以上、『真誥』における救済思想の特質をみてきたわけであるが、それは昇仙のための方法論に新たな要素を導入することによって、『抱朴子』の金丹中心の方法論に置換し、その救済思想の閉鎖性、排他性を極力排除するとともに、死後の世界やそこからの昇仙の可能性などを設定することで度人の思想や仏教の救済思想に対抗し、度世を担いうる層を拡大しようとしたものであったといえよう。かくて、度世の思想は『抱朴子』から『真誥』への展開の中で、度人の思想や仏教の救済思想を取り入れることによって、少数のエリートのための自己救済の思想からより広範な階層のための自己救済の思想へと変貌を遂げたのであるが、その階級性は結局完全には払拭されることはなかったのである。

三　度人——他者救済の思想

前節までにおいて、中国の伝統的救済思想および度世の思想について考察を進めてきた。その結果、中国の伝統的救済思想では、他者救済は宗教的な形では未だ明確には意図されておらず、逆に自己救済の思想が高度に展開されていたことが知られた。一方、『墨子』の兼愛や『孟子』の兼済などを思想的基盤に据えつつ、他者救済を明確に志向する宗教的救済思想が出現してくるのは紀元二世紀後半まで待たなければならない。ところで、他者救済の思想には、当然救済されるべき対象とそれを救済する主体とが明確な形で構想されていなければならない。この構造を最も的確に示すのは「度人」という語であろう。この語は呉の康僧会訳の『雑譬喩経』に用いられるのが古い例であるが、同様の思想は後漢支婁迦讖訳の『雑譬喩経』に「度世間」「度一切」などと見えている。ただし、道教側では五世紀頃に『度人経』などの経典に用いられたのがせいぜい古い例であろう。このように、語彙の点からみても他者救済の思想が遅れて出現したことがわかる。そこで、自己の主体的努力による自己救済の思想を「度世」という語で表したのに対して、何らかの救済主体による他者救済を構想する救済思想を「度人」という語で対比的に表現しておくことにしよう。

さて、二世紀後半にはじめてこの度人の思想を掲げて興ったのが太平道と五斗米道であるが、多数の民衆を翼下に収めてその救済を標榜する教団道教は、必然的に度人の思想を内包するものであった。以下にその代表的なものをとりあげて度人の思想を考察していこう。

（一）太平道、五斗米道における救済

後漢霊帝の中平元年（一八四）に起こった黄巾の乱の母胎となったのは、張角を領袖とする太平道教団である。[58] この太平道教団の教法を直接的に伝える資料としては、『魏志』張魯伝注に引く『典略』の、

太平道は、師九節の杖を持ちて符祝を為し、病人をして叩頭思過せ教《し》め、因りて符水を以て之れに飲ます。病を得て或いは日浅くして愈ゆる者は、則ち此の人道を信ずと云い、其の或いは愈えざれば、則ち道を信ぜずと為す。[59]

なる記事と、『後漢書』皇甫嵩伝の、

初め鉅鹿の張角自ら大賢良師と称し、黄老道を奉事し、弟子を畜養し、跪拝首過、符水呪説以て病を療す。病者頗る愈え、百姓之れに信向す。[60]

という記事である。この記事によって見る限り、太平道は巫祝的な民間信仰を基礎にして、黄老思想や神仙思想をも取り入れた療病を主とする宗教であったと考えられる。ここで注目されるのは、「叩頭思過」「跪拝首過」という方法

であり、これは病と人間の行為との間に因果関係を認めるとともに、人間の行為を監視して悪行に対して病禍を降し、懺悔に対して救済を与える神格を予定していたことを示すものであり、『墨子』の鬼神による人間の行為の監視と賞罰という考えに連なるものであろう。ただ、この神格が何であるかはこれだけでは判然としない。ともかく、中国においてはじめて「首過」というようなことが称えられたということは、それが仏教に淵源するかどうかは別として、宗教思想史的に極めて重要な意味をもつといえる[61]。

ところで、『後漢書』の襄楷伝によると、張角はその教義を『太平清領書』にとったといわれるが、その『太平清領書』とはどのようなものであったのだろうか。襄楷伝によれば『太平清領書』は瑯邪の干吉によって感得されたもので、その内容は「専ら天地を奉じ五行に順うを以て本と為し、亦た興国広嗣の術有り。其の文は暁《さと》り易く、経典に参同す」(襄楷伝)、「其の言は陰陽五行を以て家を為し、而して巫覡の雑語多し」(同)などといわれるように[62]、当時流行していた陰陽五行説、讖緯説、天人相関説などをもとに、民間信仰的なものも取り入れた雑多な内容をもつものであった。『太平清領書』は亡佚して現存しないが、その流れを引くと考えられる『太平経』五十七巻が現存しており、これによってその内容を概ね知ることができる[63]。しかし、『後漢書』のいう雑多な性格はそのまま『太平経』に継承されていて、その中心思想が那辺に存するのかは非常に把握し難い[64]。ただ、『太平清領書』が本来帝王の政治を天地の意に従わせ、地上に太平至治の世を現出させようという政治的目的を有して上られたことに鑑み、現存の『太平経』においても繰り返し強調されている「天地の意に順う」ということがその中心思想であったと考えられる。このように、本来帝王のための政治の書として上られた『太平清領書』が、「後張角頗る其の書を有す」(襄楷伝)といわれるように、張角によって太平道教団のバイブルとされたについては、その中に宗教団体の指導理念となりうるような思想が内包されていたといわねばならない。こうした観点から現存『太平経』を検討してみると、いくつかの注目すべき思想が見られる。

まず挙げられるのは承負の思想である。丙部五にいう。

> 唯唯。今天師比して暗蒙浅生の為に具さに承負の説を説けり。知らず、承と負と、同じきや異なれるやを。然り。承は前為り、負は後為り。承は、廼ち先人本と天心を承けて行い、小小之れを失いて、自ら知らず、日を用いること積久にして、相い聚まりて多と為る。今後生の人反りて辜無くして其の過謫を蒙り、連伝して其の災を被るを謂う。故に前を承と為し、後を負と為すなり。負は、災を流すも亦た一人の治に由らず、比連して平らかならず、前後更《こも》ごも相い負う。故に之れを名づけて負と為す。負は、廼ち先人の後生に負う者なり。更ごも相い承負するを病むなり。災害未だ当に能く善く絶つべからず、絶たば復た起こるを言う。吾敬んで此の書を天より受く。此の道は能く都《すべ》て之れを絶つなり。故に誠に重貴にして平無しと為すなり。真人之れを知れるや。[65]

このように、承負とは自らの悪行の果が遠く子孫に及ぶとともに、現在自身が被っている凶禍も実は先祖の悪行の果なのだとするものであり、承と負とは同内容のことを立場を変えて述べたにすぎない。それゆえ、現在の凶禍から救済され、後世に対して禍因を残さず、現在から未来に恒って太平の世を実現するためには、この承負の連鎖を断ち切らねばならない。『太平経』はまさしくこのために出世したのである。上引の文の他にも、丙部三や丙部十五に同様の趣旨のことを述べることから、[66]『太平経』は承負累積して災乱極りない世を救済するために、天によって天子に降された救済の書であるといえよう。これは他でもなく『太平清領書』が上られた意図と合致する。

しかし、単に帝王のみを対象としたものでは『太平経』はなかった。同じく丙部三に、

> 師既に皇天の為に承負の仇を解き、后土の為に承負の殃《おう》を解き、帝王の為に承負の戹《し》を解き、百姓の為に承負の過を解き、万二千物の為に承負の責を解く。[67]

といい、辛部に、

> 天吾をして具さに此の文を出し、以て天地陰陽帝王人民万物の病を解除せ教むるなり。[68]

とあるのなどを見れば、『太平経』が地上のあらゆるものの救済を意図して出世したことが知られよう。それゆえ、この経を受けたものは「小人をして君子と別かたざらしめ」(己部十二、頁四二九)、「以て天下の人に教」(丁部十六、頁二四四)えなければならないのである。かくて教化の輪が無限に広がったとき、「人民生を楽しみて善をなさざる莫く、帝王遊びて職無」(同前)き太平至治の世が現出し、地上のすべての人々の救済が完成されることになる。これは正しく、上帝―天の思想の道教版とでもいうべきものである。

このように、『太平経』は地上のすべての人間の救済を意図した経典であり、中国においてかかる明確な他者救済の思想があらわれたのは、『太平経』を嚆矢としよう。本来帝王のために献上されたこの書が、張角によって太平道教団のバイブルとされ、一大宗教運動としての側面を有する黄巾の乱の指導理念に転化しえた要因のひとつがここにあるといえよう(69)。しかし、この他者救済の思想も、その救済の具体的内容については、病苦からの救済と太平至治の世の実現によって何の憂苦もなく天寿を全うするという、現実世界を一歩も踏み出さない範囲での救済であり、伝統的救済思想の枠組に止まるものであった。

次に、救済の方法はいかに考えられていたのであろうか。前述したように、人はまず承負の連鎖を断ち切らねばならない。それには、「能く大功を行いて之れに万万倍せば、先人に余殃有りと雖も、此の人に及ぶこと能わざるなり。因りて過去を復し、其の後世に流し、五祖を成承す(70)」(乙部)のようにすればよいのである。この承負の思想は、家族単位での応報を基本的性格とする点で、『易』坤卦文言伝の「積善の家必ず余慶有り、積不善の家必ず余殃有り」の思想を継承するが、その連鎖からの超脱が予定されているという点で一歩進んだものである。しかし、一方で善行の積み重ねが先人の残した禍因の相殺と後人への禍因の消滅という消極的な意味しかもちえない。それゆえ、自らの行為の善悪が直接自らに結果するというもう一つの応報説が必要とされた。そこでもち込まれたのが、天または司命による行為の監視と賞罰(寿命の増減)の付与という伝統的な思想であった(71)。これに関連して、死後の世界が不明瞭な

がらも構想されている。丙部六に、

地下新たに死するの人を得れば、悉く其の生時の作為する所更る所を問う。是こを以て生時為に名籍を定む可く、其の事に因りて之れを責む。故に事は予め防がざる可からず。安危は皆な其の身之れを得るなり。(72)

とあり、死者の世界は地下に設定されており、そこで生前の行為の審判が行われるとする。(73) ここでは審判の主宰が誰なのか、審判を受けたあとどうなるのかなどが全く不明であるが、審判が行われる以上、生前善行を積んだものが死後においても何らかの特典を与えられ、悪行を行ったものは何らかの罰が加えられると考えられていたのであろう。それゆえ、善行の積み重ねという積極的な方法の他に、悔過というより宗教的な方法が設定された。庚部九には、

天上の諸神聞知して、此の人自ら責め自ら悔いて、昼夜を避けず、積むこと歳数有り、其の人原《ゆる》す可しと言い、之れを天君に白す。天君言く、人能く自ら責め過を悔いる者は、有生録籍の神をして移して寿曹に在ら令む、と。

故に言く、天君命曹に勅して、各各相い移し、更ごも直符を為り、小私を得ず、上従り下占《まで》、何ぞ失有るを得んや。有性の人は、自ら悪意無し。小悪有りと雖も、還た其の事を悔い、過ち則ち除解す。文書常入の籍有り、悪しき者は下曹に付し、善き者は善を白し、悪しき者は悪を白し、吉凶の神、各各自ら入る所に随う。悪能く自ら悔いれば、名は善曹中に在り。善きもの悪を為さば、復た移して悪曹に在り、何ぞ解息すること有らんや、と。

とあり、(74) これが『魏略』や『後漢書』に述べられた思過の思想的淵源なのであろう。従って、「叩頭思過」「跪拝首過」する対象は天君なる神格であり、これは上帝と同様な神格と考えられる。張角が神仙のもつという九節の杖を持ち、蜂起するに当たっては天公将軍と号したというのは(『魏志』張魯伝、『後漢書』皇甫嵩伝)、おそらく自らをこの天君に擬し教徒の救済を行おうとする意図を有していたからであろう。この懺悔にはたぶん宗教的儀礼がともなっていたであろうし、それゆえ、太平道教団での主要な要素となっていたことが推定される。(75)

このように見てくると、太平道――『太平経』の救済思想は、上帝―天の思想の伝統の上に立ち、承負や思過という新たな概念方法を導入し、その救済の対象を地上のすべての人間とする他者救済の思想であるといえよう。

五斗米道は太平道とほぼ相前後して張陵によって創唱され、その子衡を経て孫の魯のときに漢中に一大宗教王国を築くまでの勢力を有した。その教法の大要は『魏志』張魯伝およびその注に引用される『典略』の記事によって知ることができる(76)。

五斗米道の教法は、「大都《おおむね》黄巾と相い似たり」(『魏志』張魯伝)とか、「脩の法は略ぼ角と同じい」(同注所引『典略』)などといわれていることからわかるように、太平道とほぼ同様のものと考えられており、その強い影響を受けている(77)。病人に「其の過を自首」させるというのは、太平道の思想と全く同様の基盤を有するものであり、ただ静室を作ってそこで行わせるとする点が違いといえばいえよう。教義に関する限り五斗米道が太平道と相違するのは、思過の対象が太平道では天またはその神格化された天君と考えられるのに対し、五斗米道では天帝のもとで司命神としての役割を果たす天地水の三官であることである。

さてこの三官であるが、基本的には天地の二官があって、それに水官が加えられたのであろう。『太平経』や『老子想爾注』などは、天地の官に類するものには言及するが、水官については全く触れていない(78)。後の道書、例えば『真誥』などでは水官は考罰を司る官として頻繁に言及されており(79)、おそらくこうした観念は五斗米道の教義を継承したものであろう。従って三官に対する懺悔は、生者と包括的な賞罰とを司る天官と死者を司る地官、そしてより直接的には考罰を司る水官に対して懺悔をし、その宥恕を乞うものであるといえよう(80)。

以上、太平道と五斗米道における救済思想を検討してきたわけであるが、この二者は多くの共通点を有することが知られた。その根本的な性格は、いずれも巫祝的な面を濃厚に有してはいるが、上帝―天の伝統的な思想の枠組を継承した上で、黄老思想や民間信仰を結合させることにより、民衆を直接至上神と結びつけ、懺悔に対して至上神が救済を付与すると説くものであった。しかし、その救済はあくまでも病苦災禍からの救済や天寿を全うするといった現実的な場に終始するものであり、神仙思想にみられた超現実的な世界に対する志向は希薄であった。いずれにせよ、太平道と五斗米道とは中国古代における度人——他者救済の観点から構成された救済思想をもつ最初の宗教というべきものであった。

(二)『神呪経』と『度人経』における救済

太平道、五斗米道の後を承け、六朝において度人の思想を展開したものに、『太上洞淵神呪経』と『元始无量度人上品妙経』とがある。いずれも仏教思想の影響を強く受けて、他者救済の思想をより高度に標榜したものである。まず、『神呪経』における救済思想の特質を検討してみよう。(81)『神呪経』は永嘉の大乱のあと、東晋末から宋初にかけて原初部分が完成したといわれ、当時の社会状況を濃厚に反映した経典である。巻頭に付された唐の道士杜光庭の序は、本経出世の由来を大略次のように述べている。西晋末、永嘉の乱に際して種々の災厄が起こったため、金壇馬跡山の道士王纂が章を飛ばして天に訴えたところ、太上老君が降下して、昔玉皇天尊が災厄に苦しむ下民を救済すべく真人唐平らに授けた『神呪経』を再び王纂に授けたのが本経であると。これはおそらく『神呪経』の出世の目的を正確に反映するものと考えられるから、本経はそもそもの初めから民衆の救済を意図するものであったといえよう。経はまず次のような認識から出発する。

世人悪を積みて、道法を信ぜず。但だ哭尸の音有るを聞くのみにして、仙歌の響き有るを聞かず。人民垢濁し、三洞壅塞《ようそく》し、百六の災、刀兵疫疾、魔王毒を縦《ほしいまま》にし、良善を殺害し、門門凶衰し、哀声相い尋《つ》ぎ、衆生相い残し、自ら苦悩を作し、相い牽きて死す。愚を懐きて苦を受け、了に出づるを知らず。此れ等の人、将に何ぞ之れを度せん。(82)（巻一誓魔品）

永嘉の乱を契機とする社会の大動乱を宗教者の目から見たとき、それはまさしく末世であった。人々は災禍に翻弄されてなすすべもなく横死していく。こうした状況の中から、救済を求める切実な声が湧き上ってきたとき、『神呪経』の作者は次のような救済思想としてそれを体系化した。今の状況はまだ序の口であり、やがて大劫が廻ってくると事態は更に悪化する。しかし、その時こそ真君李弘が現出して地上のすべての悪を除き、天地を更改して理想の世界を現出するのだと。

道言く、壬午の年に至りて、必ず大災有りて、水高きこと千万丈。道士山に入り、山に入る者は此の災を免るるなり。壬午の年三月より九月に至るまで、人民死に尽くし、疫鬼三万七千頭、専ら行《めぐ》りて人を殺す。人之れを信ぜざる者は、必ず当に先ず滅ぶべし。九十種の病を行らして人を殺す。真君垂《まさ》に出でんとするに、悪人は見ず。天は殺鬼を遣して来りて之れを誅せしめ、天地を蕩除し、日月を更め造り、星辰を布置し、弦を改め調を易う。神人は法を治め、仙人は佐と為り、五方万劫死せず、刀兵有ること無し。地は皆な七宝、衣食自然にして、六畜有ること無く、男女悉く聖にして、悪人の類有ること無きなり(83)。（巻九殺鬼品）

このように真君によって救済され理想の世に遭遇するにはどのようにすればよいのか。それは極めて容易であり、ただ『神呪経』を奉持しさえすればよい。

道言く、汝等此の経二十巻を受けて供養し、行住之れを持さば、身中の万病は自ら瘥《い》え、仕宦高遷し、所願心に従い、亦た当来の真君を見る可し。真君は遠からず。甲申に災起こり、天下を大乱し、天下蕩除し、天地を更生して、真君乃ち出づ。真君既に来れば、聖賢仙人、及び経を受くるの者は、一切来りて左右に助け、東西南北、道士佐と為り、愚人有ること無し。汝等世人、但だ此経を受くれば、自然に真君を見ん(84)。（巻一誓魔品）

このように、『神呪経』における救済は極めて簡易な方法が基本となっている。「子等男女の人、国王帝主方伯二千石の若きより下愚人に至るまで、奴婢を問わず」（巻一誓魔品）、「縦使《もし》目字を識らざれば、但だ之れを受け、人を雇いて之れを写し、浄室に供養」(同)しさえすれば、(85)すべての人は真君に見えることができ、真君によってあらゆる災厄から救済されるのである。それは何故なのか。

道言く、劫運垂に至らんとするや、人民悪しきもの多し。其の中に道を信じ経を奉ずる者有らば、悉く是れ天人にして、世間の愚人に非ず。大聖世間の濁乱するを見て、天人を遣して来り下りて中国に生まれ、時の教化を助けしむ。(86)（巻一誓魔品）

このように、濁乱の世にあって『神呪経』を奉持する人々は、単に救済されるべき人ではなく、大聖―真君の命を受けて中国に生まれ、真君の教化を広めるべき使命を荷った天人でもあるとされる。従って、地上における教化を専門に行うべき道士に対しては、とりわけ自己一身の救済に止まることが厳しく戒められ、衆生を積極的に教化する義務が課せられている。(87)このような『神呪経』における救済の構造――真君によって救済されるべき者が実は真君の行う救済の一翼を荷う――は、優れて宗教的なものであり、この点からも『神呪経』の作者が宗教者としての深い洞察と自覚のもとに当時の民衆の救済を考えていたことが窺われるのである。

さて、『神呪経』における真君出世による救済というパターンは、阮籍が「大人先生伝」の中で描いた、天地崩壊し人皆な死した後、一人永遠の生を保ってその世界に遊ぶ真人のモチーフにその思想的淵源が求められよう。(88)『神呪経』は当時の農民階級の熱烈な救済期待をこのパターンを用いて巧みに経典化したものであるから、各処において他の道教経典にはない宗教的パトスが感じられる一方、経典化の過程で神仙思想や仏教の影響を受けてそれらを失ってしまった部分もある。特に後次的な部分にその傾向が強いようである。(89)しかし、それらは決して『神呪経』における救済思想の本質を変えるものではなかったし、人間に多くの病災を齎す鬼の総帥でありながら、真君の教化によって一転して人間の守護神となる魔王の導入などは、『神呪経』の救済思想により高度な宗教性を付与するものであった。

いずれにせよ、天地の崩壊と救世主たる真君の出現による救済とを経の奉持によって得られると説く『神呪経』の

思想は、初期道教における救済思想に一大変化を齎すものであったといえる。(90)

この『神呪経』にやや遅れて、度人――他者救済を経題に掲げて出現したのが『元始无量度人上品妙経』である。この『度人経』は現行道蔵の洞真部の中心経典として重要な地位を与えられている。現行本は六十一巻の大部なものであるが、原型は現行『度人経』巻一の一部分にしかすぎず、それは宋斉の頃に造作されたものと考えられる。(91)

『度人経』出世の意図は、四注本の唐の道士薛幽棲の序に要領よく述べられている。

　元始天尊玄都玉京紫微上宮に坐し、三洞の正経を以て前に居り、三大副経をもて後に居り、道徳二篇を輔弼と為し、玉清隠書を教主と為す。且つ洞玄霊宝は則ち三洞中洞の一部、无量度人は則ち中洞一部の一巻、修習の法は則ち一部多門なるも、諷誦の篇は則ち此の巻を首と為す。上は天災を消して、帝王を保鎮し、下は毒害を禳《はら》いて、以て兆民を度し、中は祖宗を抜《すく》いて、己が身は得道す。斯れ則ち巍巍たる大範にして、三清に独歩する者哉。(92)

このように、唐代においては『度人経』は元始天尊によって開示され、三洞中洞の中心をなす経典で、諷誦することによって天災の消滅、国家の鎮護、害毒の禳却、民衆の救済、更には祖先をも死後の苦界から救済する霊力をもつものとされる。おそらく元始天尊によって開示されたというのは後に付け加えられた説であろうが、この経の基本的な意図は諷誦による民衆の救済にあった。方法論的には、『神呪経』では経を奉持することだけが求められたのに対し、『度人経』では諷誦することが求められている点が注目される。経の諷誦によって音声に何らかの霊力を期待するのは印度仏教的発想であるから、『度人経』は方法論的には仏教の強い影響下にあるといえよう。しかし、その救済の内容は、神仙思想そのものというべきものである。

　道言く、凡そ是の経を誦すること十過なれば、諸天斉しく到り、億曾万祖、幽魂苦爽、皆な即ち度を受けて、朱宮に上昇す。格に皆な九年にして、化を受けて更生し、貴人と為るを得、而して好く至経を学び、功満ち徳就《な》れば、皆な神仙たるを得て、金闕に飛昇し、玉京に游宴するなり。上学の士、是の経を修誦せば、皆な即ち度を受けて、南宮に飛昇す。世人受け誦せば、則ち寿を延ばし年を長くし、後皆な尸解の道を作すを得て、魂神暫く滅するも、地獄を経ず、即ち形を反すを得て、太空に游行す。(93)

これは、誦経という方法と死者の救済をも視点に入れていることを除けば、正しく神仙思想そのものに他ならない。つまり、『真誥』の項で触れたように、簡便な方法論による誰でもが参与しうる神仙思想ということができよう。更に、この経が天界仙界の構造を三十二天説で体系づけようとしていることなどを考え合わせると、『度人経』は神仙思想を仏教の理論で換骨奪胎したものといえよう。その結果、神仙思想が本来もっていた閉鎖性は全く排除され、ここにおいて度世の思想の中核を形成していた神仙思想は、度人の思想の中に完全に取り込まれてしまったのである。これはこの時期の道経における最高神の形成と神仙との結合の過程に対応するのであり、メシアとしての最高神が同時に神仙世界の主宰者とされたことに端を発するのであろう。このような神仙思想の変化は、度世の思想に変更を来さないではおかなかった。度世の思想の上に立つ『真誥』が誦経という方法を取り入れ、死者の世界とその救済をも考慮に入れざるを得なくなったのは、度人の思想の側でのこのような変化に主として対応するものであった。この点で『度人経』が救済思想の展開の中でもつ意味は極めて重大であるといえよう。

㈢　新天師道における救済

五世紀の前半、北魏治下に興った寇謙之の新天師道は、それ以前の道教を大成した最も整備された教団道教であるといわれる。それは北魏の政治権力と結びながら、国家宗教として自己を完成させていった特異な教団でもあった。果たして、初期道教における救済思想もこの教団によって大成されたのであろうか。この点から寇謙之の新天師道における救済を検討していこう。

寇謙之および新天師道の教法を伝えるのは『魏書』釈老志である。(94)それによると、彼の教法は次のようないくつかの段階を経て形成されている。

第一段階　少時より度世を目指して神仙術の修業に励んだが、その師成公興に「先生未だ便ち仙を得ず、正に帝王の師と為る可きのみ（先生未便得仙、正可為帝王師耳）」といわれて一頓挫した。

第二段階　その後も嵩山での修業に励み、その結果、神瑞二年（四一五）に太上老君の降臨を得て天師の位と『雲中音誦新科之誡』二十巻とを授けられ、

吾が此の経誡は、天地開闢自り已来、世に伝えざるも、今運数応に出づべし。汝吾が新科を宣べて、道教を清整し、三張の偽法、租米銭税、及び男女合気の術を除去せよ。大道は清虚にして、豈に斯の事有らん。専ら礼度を以て首と為して、之れに加うるに服食閉練を以てせよ。(95)

との命を受け、老君の手助けによって仙道修業が成就した。

第三段階　更に嵩山で修業を続けたところ、泰常八年（四二三）、牧土宮主の弟子牧土上師李譜文の降下を得て、広漢平土方万里の人鬼の政を委ねられ、九州真師、治鬼師、治民師、継天師の四録および天中三真太文録を授けられ、

汝に付して奉持し、北方泰平真君を輔佐し、天宮静輪の法を出す。能く興造して克く就らば、即ち真仙を起こさん。又た地上の生民は、末劫垂に及ばんとし、其の中に教を行うこと甚だ難し。但だ男女をして壇宇を立てて、朝夕礼拝し、家に厳君有るが若くせ令めば、功上世に及ばん。其の中能く身を修め薬を練り、長生の術を学ばば、即ち真君の種民と為る。(96)

とその教義の大綱を示され、種々の仙薬の方を授けられた。

第四段階　始光初年、前に太上老君より得た書を北魏の世祖に献じ、崔浩の助力によって天師道場を勅建され、国家公認の教団となった。

第五段階　赫連昌討伐に際して世祖の諮問を受け、九州を討伐して世祖自ら泰平真君となることを勧め、太平真君三年(四四二)には符書を受くべきことを奏し、世祖自ら道壇に登って符書を受け、いわば国教となった。

以上のような寇謙之の教義形成の過程を一瞥するとき、次のような特質が看取されよう。まず、寇謙之の道教のそもそもの出発点が自己一身の度世を求めることに在ったということ。従って、彼には元来他者救済の観点は無かったのだといえよう。次に、彼は自身を太上老君の新科の地上における宣教者、教化の代行者に擬し、九州真師、治鬼師、治民師、継天師として宗教面における統轄権を一手に握り、礼教秩序と封建国家体制から逸脱した三張の偽法を除去し、「礼度を以て首と為す」道教を創立することによって、封建国家体制の人民統治に宗教面から呼応せんとする政治的意図を有していたことが挙げられる。その行きつく先は、畢竟泰平真君と魏帝との一体化であり、自らは帝王のための祭祀者、宗教面からの人民統治の輔助者となることであった。この構造は正しく天の思想のもとの封建国家体制のそれであり、天の思想の道教的変態ともいうべきものであった。従って、寇謙之の新天師道は基本的には帝王のための宗教であった(97)。そこでは、民衆の救済よりも、国家体制に呼応する宗教的秩序への組み込みがより強く志向されたであろう。このことは、新天師道が教団道教でありながら、真君の種民となりうべき救済予定者を神仙術的実修に耐えうる極く少数に限定し、大多数の生民をただ道壇において礼拝を行い真君を奉持するのみと規定した救済構造の二重性に明確に示されていよう(98)。

このように、寇謙之における道教は基本的に帝王のための宗教であり、民衆の救済よりそれを宗教的秩序の中に組み込むことによって帝王の統治を側面から輔佐しようとするものであった。真君出世による救済という『神呪経』の優れた救済理念を取り込みながらも、無原則に神仙思想と結合させた上に、天の思想を媒介に帝王権力と結びつけたことによって、その救済思想は全く形骸化されてしまったといえよう。従って、新天師道は救済思想の展開のうえでは積極的な意味は持たないのではないかと考えられる(99)。

おわりに

初期道教における救済思想は、上述のように度世と度人という二つの救済思想の絡み合いとして展開した。太平道、五斗米道の救済の思想は、本来他者救済の観点を明確に持たなかった上帝―天の思想や『墨子』の鬼神論などを継承しながら形成されたものであったが、多数の民衆を信者とし運動体としての教団を有する教団道教であるがゆえに、他者救済の思想をはじめて宗教的な形で明確にうち立てることができた。この度人の思想はその後も順調に発展し、仏教の救済思想の影響をも受けながら、『神呪経』『度人経』に至って一つの頂点に達した。これらはいずれも簡便な方法論に基づき、あらゆる人々の救済を意図する開かれた救済思想であった。それは仏教の救済思想の影響もさることながら、それぞれの時代状況下における民衆の熱烈な救済希求に応えようとする努力の生み出したものであったといえよう。

一方、神仙思想に淵源する度世の思想は、黄老思想や隠逸の思想と絡み合いながら発展し、主として知識階級によって支持され、葛洪の『抱朴子』に至って高度に完成された。しかし、その繁雑な方法論と閉鎖性はいかんともしがたく、『抱朴子』の段階でその純粋性に終止符を打ち、以後は度人の思想のもつ簡便な方法論を導入し、さらに死者の世界やそこからの再生昇仙の可能性を構想することによって次第に開かれたものへと変貌していった。かかる状況を端的に示すのが陶弘景の道教思想であり『真誥』であった。ところで中国人のもつ神仙志向は極めて根強いものであって、本来神仙的要素の希薄であった度人の思想は次第に神仙思想を自らの中へ取り込んでいった。その窮極にあるのが『度人経』である。そこでは神仙思想は度世の思想としての本来的性格を完全に失って、度人の思想の中に組み込まれてしまったのである。このように、初期道教における救済思想は、度世の思想が度人の思想に包摂されていくという大きな潮流の上に展開している。それは、教団道教の成立発展とそれにともなう仏教の救済思想への対抗という要請に基づくものであったろうが、道教が広く中国人一般の宗教として完成されていくうえでの一つの必然的な過程であったといえるのではないだろうか。

（1）　殷代における上帝の概念とそれを中心とする神的体系については、陳夢家『殷虚卜辞綜述』(科学出版社、一九五六年)第十七章に詳しい。また、殷周の際における上帝―天の思想の変遷に関しては、郭沫若「天の思想」(『岩波講座東洋思潮　東洋思想の諸問題』岩波書店、一九三五年)を参照。

（2）　上帝を頂点とする天上の諸神の体系については、『詩』『書』を初めとする先秦の文献に散見されるが、これを最も体系的に記述したのは『史記』天官書である。その後、天上における諸神の体系は緯書的世界において更に複雑化され、道教の神仙体系の中へと包摂されていった。

（3）　人寿が上帝―天によって支配されていることは、『書』高宗肜日に「惟天監下民、典厥義、降年有永有不永、非天夭民、民中絶命」とあるのが古い例であろう。この観念はその後変化して、『楚辞』の九歌では上帝の下に大司命小司命がいて人々の寿命を掌管すると考えられ、漢代には司命神が祭祀の対象となっている。また、『詩』大雅、蕩に「天生烝民、其命匪諶」、同烝民に「天生烝民、有物有則、民之秉彝、好是懿徳」、『書』泰誓に「惟天地万物父母、惟人万物之霊」、同洪範に「惟天陰騭下民、相協厥居、我不知其彝倫攸叙」などとあるのは、天が人を生じ秩序と徳性を賦与するという思想を表すものである。天が人を生ずるという思想はさらに時代が下って、『荘子』達生篇に「天地者万物之父母也」、『春秋繁露』順命篇に「天者万物之祖、万物非天不生」などとあって、中国古代における普遍的な観念であった。

（4）　『書』太甲上に「天監厥徳、用集大命」、同咸有一徳に「天難諶、命靡常、常厥徳、保厥位、厥徳匪常、九有以亡、夏王弗克庸徳、慢神虐民、皇天弗保、監于万方、啓迪有命、眷求一徳、俾作神主」などとある。

（5）　『書』皐陶謨に「天聡明、自我民聡明、天明畏、自我民明畏」、同泰誓上に「天矜于民、民之所欲、天必従之」などとあり、一見人民の救済が天によって行われるようにも考えられるが、これは天命思想に基づく政治論の一つの表現であって、上帝―天は民衆の救済祈求の対象とはなりえないものであった。

（6）　民間祭祀の国家祀典への編入は、『史記』封禅書、『漢書』郊祀志、『続漢書』祭祀志などに見えている。

（7）　この点については、梁啓超『墨子学案』(商務印書館、一九二一年)、任継愈『墨子』(上海人民出版社、一九五六年)などを参照。

(8)「子墨子言曰、処大国不攻小国、処大家不簒小家、強者不刼弱、貴者不傲賤、多詐者不欺愚、此必上利於天、中利於鬼、下利於人、三利無所不利、故挙天下美名加之、謂之聖王」。

(9)「子墨子曰、吾所以知天貴、且知於天子者有矣、曰、天子為善、天能賞之、天子為暴、天能罰之、天子有疾病禍祟、必斎戒沐浴、潔為酒醴粢盛、以祭祀天鬼、則天能除去之」。

(10)「是以吏治官府之不絜廉、男女之為無別者、鬼神見之、民之為淫暴寇乱盗賊、以兵刃毒薬水火、退無罪人乎道路、奪人車馬衣裘以自利者、有鬼神見之、……故鬼神之明、不可為幽間広沢、山林深谷、鬼神之明必知之、鬼神之罰、不可為富貴衆強、勇力強武、堅甲利兵、鬼神之罰必勝之、……且禽艾之道之曰、得璣無小、滅宗無大、則此言神之所賞、無小必賞之、鬼神之所罰、無大必罰之」。

(11)このような鬼神による人間行為の倫理的監視とそれに対する賞罰の降下とは、後世の道教における功過思想の淵源をなすものである。

(12)渡辺卓「墨家の集団とその思想」(『古代中国思想の研究』創文社、一九七三年)頁六一七参照。

(13)「子墨子曰、古之今之為鬼、非他也、有天鬼、亦有山水鬼神者、亦有人死而為鬼者」。

(14)明鬼下に大雅の「文王陟降、在帝左右」の句を解釈して、「若鬼神無有、則文王既死、彼豈能在帝之左右哉」といっており、文王などの優れた人物は死後上帝の主宰する天界に昇ると考えられていた。天鬼とはおそらくこのような霊魂を意味するものであろうが、また天と同義にも用いられている。

(15)「察天下之所以治者何也、天子唯能壱同天下之義、是以天下治也、天下之百姓、皆上同於天子、而不上同於天、則菑猶未去也、今若天飄風苦雨、溱溱而至者、此天之所以罰百姓之不上同於天者也」。

(16)「……此天之降罰也、将以罰下人之不尚同乎天者也。故古者聖王明天鬼之所欲、而避天鬼之所憎、以求興天下之利、除天下之害」。

(17)「天欲義而悪不義、然則率天下之百姓、以従事於義、則我乃為天之所欲也」。

(18)「四海之内、粒食之民、莫不犓牛羊、豢犬彘、潔為粢盛酒醴、以祭祀於上帝鬼神」。注(12)所掲渡辺卓「墨家の集団とその思想」は、墨家における天は倫理的に人の行為を照覧しその善悪に対して賞罰を降すものであり、祭祀は単なる形式にすぎないとする。しかし、『墨子』に祭祀を功利的に利用しようとする意図があったにせよ、上帝鬼神と人の間には越えがたい距離が存在するのであり、それは窮極のところ祭祀によって埋め合わされなければならず、救済は祭祀をまって完成されるということが重要なのである。

(19) 尚賢中「又率天下之万民、以尚尊天事鬼、愛利万民」、天志上「其事上尊天、中事鬼神、下愛人」。

(20) 『墨子』以前にあっても、巫祝的な宗教の存在によって、民衆も何らかの祭祀による救済に与りえたと考えられるが、それはあくまでも呪術の段階に止まるものであった。『墨子』においては、こうした巫祝的なものと上帝―天の思想とが結合され、祭祀による救済に思想的な意味づけが与えられたという点で、救済思想の展開の上に重要な意味をもつのである。なお、墨子の思想を中国における有神論の源流として位置付け、道教との関係を思想史的に解明したものに、福永光司「墨子の思想と道教――中国古代思想における有神論の系譜」(『吉岡博士還暦記念道教研究論集』国書刊行会、一九七七年)がある。

(21) 神仙思想の成立については、津田左右吉「神僊思想に関する二三の考察」(『満鮮地理歴史研究報告』第十、岩波書店、一九二四年)、武内義雄「神僊説」(注(1)所掲『岩波講座東洋思潮　東洋思想の諸問題』)などを参照。

(22) 神僊から神仙への変化および僊の字義については前注所掲津田論文を参照。

(23) 「斉人徐市等上書言海中有三神山、名曰蓬萊、方丈、瀛洲、僊人居之、請得斎戒、与童男女求之、於是遣徐市発童男女数千人、入海求僊人」。

(24) 「自威宣燕昭使人入海求蓬萊、方丈、瀛洲、此三神山者、其傅在勃海中、去人不遠。患且至、則船風引而去、蓋嘗有至者、諸僊人及不死之薬皆在焉、其物禽獣尽白、而黄金銀為宮闕、未至、望之如雲、及到、三神山反居水下、臨之、風輒引去、終莫能至云」。

(25) 「黄帝采首山銅、鋳鼎於荊山下、鼎既成、有龍垂胡䫇下迎黄帝、黄帝上騎、羣臣後宮従上者七十余人、龍乃上去、……百姓仰望黄帝既上天、乃抱其弓与胡䫇号」。

(26) 神仙思想と封禅説の関係については、福永光司「封禅説の形成――封禅説と神僊説」(『東方宗教』第六号、一九五四年)に詳細な論がある。

(27) 「祠竈則致物、致物而丹沙可化為黄金、黄金成以為飲食器則益寿、益寿而海中蓬萊僊者乃可見、見之以封禅則不死、黄帝是也」。

(28) 『論衡』における「度世」の用例としては、いずれも道虚篇に「世或言、東方朔亦道人也、……外有仕宦之名、内乃度世之人」、「世或以老子之道、為可以度世、……老子行之、踰百度世、為真人矣」、「世或……謂王子喬之輩、……踰百度世、遂為仙人」、「道家或以導気養性、度世而不死」などとあり、この他にも「延年度世」という用例が何例かみえる。

(29)「惟有識真者、校練衆方、得其徴験、審其必有、可独知之耳、不可強也」。
(30)「夫人在気中、気在人中、自天地至万物、無不須気以生者也」(至理篇)。
(31)「夫有因無而生焉、形須神而立焉、有者、無之宮也、形者、神之宅也、……身労則神散、気竭則命終」(至理篇)。
(32)「渾茫剖判、清濁以陳、或昇而動、或降而静、彼天地猶不知所以然也、万物感気、並亦自然、与彼天地、各為一物、但成有先後、体有巨細耳、……天地雖含嚢万物、而万物非天地之所為也、……俗人見天地之大也、以万物之小也、因曰天地為万物之父母、万物為天地之子孫、……由茲論之、大寿之事、果不在天地、仙与不仙、決非所値也」。
(33)「命之脩短、実由所値、受気結胎、各有星宿、天道無為、任物自然、無親無疎、無彼無此也、命属生星、則其人必好仙道、好仙道者、求之亦必得也、命属死星、則其人亦不信仙道、不信仙道、則亦不自修其事也、所楽善否、判於所稟、移易予奪、非天所能」。
(34)「至於彭老、猶是人耳、非異類而寿独長者、由於得道、非自然也、……人有明哲、能修彭老之道、則可与之同功矣」。
(35)「況於神仙之道、旨意深遠、求其根茎、良未易也、松喬之徒、雖得其効、未必測其所以然也、況凡人哉、其事可学、故古人記而垂之、以伝識者耳、若心解意得、則可信而修之、其猜疑在胸、皆自其命、不当詰古人何以独暁此、而我何以独不知之意耶、吾今知仙之可得也」。
(36)「夫神仙雖不目見、然記籍所載、前史所伝、較而論之、其有必矣、似特受異気、稟之自然、非積学所能致也」。
(37)葛洪は嵇康の神仙非可学を否定する一方、その神仙術の中に嵇康の養性理論を全面的に導入しているほか、彼の思想の影響を多分に受けている。この点については吉川忠夫「抱朴子の世界」(『史林』四七巻五、六号、一九六四年)を参照。
(38)「亦有以校験、知長生之可得、仙人之無種耳」(至理篇)、「苟無其命、終不肯信、亦安可強令信哉」(対俗篇)、「按仙経以為諸得仙者、皆其受命偶値神仙之気、自然所稟、故胞胎之中、已含信道之性、及其有識、則心好其事、必遭明師而得其法、不然則不信不求、求亦不得也」(弁問篇)。
(39)村上嘉実『中国の仙人』(平楽寺書店、一九五六年)は、釈滞篇などに金丹の分与によって一身のみならず他者をも不死ならしめることができると説く点を捉えて、他者救済の思想が存在するとするが、これは単に剰余の薬の分与を説くにすぎず、煉丹が明確な他者救済の意図のもとに行われることを意味するものではない。
(40)「既不能修療病之術、又不能返其大迷、不務薬石之救、惟専祝祭之謬、祈禱無已、問卜不倦」、「淫祀妖邪、礼律所禁、然而凡夫結不可悟、唯宜王者、更峻其法制、犯無軽重、致之大辟、購募巫祝不肯止者、刑之無赦、肆之市路、不過少時、必当絶息」。

(41)「余考覧養性之書、鳩集久視之方、曾所披渉篇巻、以千計矣、莫不皆以還丹金液為大要者焉、然則此二事、蓋仙道之極也、服此而不仙、則古来無仙矣、……」。「長生之道、不在祭祀事鬼神也、不在道引与屈伸也、昇仙之要、在神丹也、知之不易、為之実難也、子能作之、可長存也」。

(42)「夫金丹之為物、焼之愈久、変化愈妙、黄金入火、百錬不消、埋之、畢天不朽、服此二物、錬人身体、故能令人不老不死」。

(43)「余聞之師云、人能知一、万事畢、知一者、無一之不知也、不知一者、無一之能知也、道起於一、其貴無偶、各居一処、以象天地人、故曰三一也、天得一以清、地得一以寧、人得一以生、神得一以霊、……視之不見、聴之不聞、存之則在、忽之則亡、向之則吉、背之則凶、保之則遐祚罔極、失之則命彫気窮、老君曰、忽兮恍兮、其中有象、恍兮忽兮、其中有物、一之謂也」。

(44)「夫長生制在大薬耳、非祠醮之所得也」(勤求篇)、「要於防身却害、当修守形之防禁、佩天文之符剣耳、祭禱之事無益也、当恃我之不可侵也、無恃鬼神之不侵我也」(道意篇)。

(45)「夫得仙者、或昇太清、或翔紫霄、或造玄洲、或棲板桐、聴鈞天之楽、享九芝之饌、出携松美於倒景之表、入宴常陽於瑤房之中、曷為当侶狐貉而偶猿狖乎、所謂不知而作也」。

(46)「僊人者、或竦身入雲、無翅而飛、或駕龍飛雲、上造天階、或化為鳥獣、遊浮青雲、或潜行江海、翺翔名山、或食元気、或茹芝草、或出入人間而人不識、或隠其身而莫之見、面生異骨、体有奇毛、率好深僻、不交俗流」。

(47)「彭祖言、天上多尊官大神、新仙者位卑、所奉事者非一、但更労苦、故不足役役於登天、而止人間八百余年也、又云、古之得仙者、或身生羽翼、変化飛行、失人之本、更受異形、有似雀之為蛤、雉之為蜃、非人道也、人道当食甘旨、服軽煖、通陰陽、処官秩、耳目聡明、骨節堅強、顔色悦懌、老而不衰、延年久視、出処任意、寒温風湿不能傷、鬼神衆精不能犯、五兵百毒不能中、憂喜毀誉不為累、乃為貴耳、若委棄妻子、独処山沢、邈然断絶人理、塊然与木石為鄰、不足多也」。

(48)陶弘景の事績および彼による『真誥』『登真隠訣』『本草集注』等の編纂の経緯については、麥谷邦夫「陶弘景年譜考略(上)(下)」(『東方宗教』第四七、四八号、一九七六年)を参照。

(49)巻五甄命授第一に挙げられる荘伯微以下の諸人および巻一四稽神枢第四に挙げられる鄧伯元、王玄甫以下の得道者はいずれもこの共通したパターンをもって語られている。

(50)ここでいわれる仙道とは、『抱朴子』における煉丹ではなく、行炁宝精服気といった『抱朴子』では二次的とされた道術の実修である。

(51)「若得大洞真経者、後不須金丹之道也、読之万過、畢便仙也」(巻五甄命授第一、葉一一裏)、「太極真人云、読道徳経五千文万遍、則雲駕来迎、万遍畢未去者、一月二読之耳、須雲駕至而去」(巻九協昌期第一、葉二三表)、「山世遠受孟先生法、暮臥、先読黄庭内景経一過乃眠、使人魂魄自制錬、恒行此二十一年、亦仙矣」(同、葉二三裏)。

(52) 例えば、巻一三稽神枢第三「或諷明洞玄、化流昆祖」陶弘景注「読之万徧、七祖已下、並得錬質南宮、受化胎仙」(葉一表)。なお、昇仙の方法としての誦経と死者の救済とを専ら説くものとしては後述の『度人経』があり、それは更に遡れば仏教の影響を受けたであろうが、『真誥』は仏教そのものの影響はもとより、直接には『度人経』などの度人の思想をもつ道教の影響を強く受けていると考えられる。なお、隋唐以降の道教は死者の救済に重点をおき、祖先への追善供養を盛んに行うようになる。

(53) 例えば、巻一六闡幽微第二において陶弘景は「許肇字子阿、即長史七代祖司徒敬也、雖有賑救之功、而非陰徳、故未蒙受化、既福流後葉、方使上抜、然後為九宮之仙耳」(葉六表)と述べている。陰功の必要については、『想爾注』に既に見えてはいるが、『真誥』におけるほど強調されてはいない。

(54)「在世行陰功密徳、好道信仙者、既有浅深軽重、故其受報亦不得皆同、有即身地仙不死者、有託形尸解去者、有既終得入洞宮受学者、有先詣朱火宮煉形者、有先為地下主者乃進品者、有先経鬼官乃遷化者、有身不得去、功及子孫、令学道乃抜度者、諸如此例、高下数十品、不可以一概求之」(巻一六、葉一裏)。

(55) この部分の陶注に「此即応是北酆鬼王決断罪人住処、其神即応是経呼為閻羅王所住処也、其王即今北大帝也、……凡生生之類、其死莫不隷之、至於地獄、所在尽有、不尽一処、泰山河海亦各有焉、……洞中内宮是住止及考謫之処也、今書家説有人死而復生者、並云初北向行、詣宮府考署、或如城関検課文書、恐此皆是至山上外宮中爾」(巻一五、葉二表)とあり、これによれば酆都の構造は泰山治鬼の伝承と地獄の思想を中核にしていることが知られよう。

(56) 巻一六闡幽微第二に「夫至忠至孝之人、既終皆受書為地下主者、一百四十年、乃得受下仙之教、授以大道、従此漸進、得補仙官、一百四十年、聴一試進也」(葉一〇表)、「夫有蕭邈之才、有絶衆之望、養其浩然、不営栄貴者、既終、受三官書為善爽之鬼、四百年、乃得為地下主者、従此以進、以三百年為一階」(葉一一表)などとあり、また巻一三稽神枢第三に「地下主者、復有三等、鬼帥之号、復有三等、並是世有功徳、積行所鍾、或身求長生、歩道所及、或子弟善行、庸播祖禰、或諷明洞玄、化流昆祖、夫求之者非一、而獲之者多途矣、要由世積陰行、然後皆此広生矣、鬼帥武解、主者文解、倶仙之始也、度名東華、簡刊上帝、不隷酆宮、不受制三官之府也、其一等地下主者、散在外舍、閑停無業、不受九宮教制、不聞練化之業、雖倶在洞天、而是主者之下者、此自按四明法、一百四十年、依格得一進耳、一進始得歩仙階、給仙人之使令也、其二等地下

主者、便径得行仙、階級仙人、百四十年、進補管禁位、……此格即地下主者之中条也、其第三等、地下主者之高者、便得出入仙人之堂寝、遊行神州之郷、出館易遷童初二府、入晏東華上台、受学化形、濯景易気、十二年気摂神魂、十五年神東蔵魄、三十年棺中骨還附神気、四十年平復如生人、還遊人間、五十年位補仙官、六十年得遊広寒、百年得入昆盈之宮、此即主者之上者、仙人之従容矣」(葉一表)とあって、死者は、羅酆山の三官による審判を経て、三官の統制下に永久に闇の世界に沈むものと、三官の統制を脱して洞天内に住し神仙の宮台に出入して学を受け、やがて再生昇仙することを約束されたものとに二分される。ここで、死者の再生昇仙の過程が、新たなるすぐれた「気」の獲得によって説明されていることは、生成論や死生観の展開の上で注目さるべきことがらであろう。

(57) 陶弘景に代表される茅山派道教が、主に寒門層によって支持されたことは、この度世の思想の変化を支持階層の方面から示すものであろう。この点については宮川尚志『六朝史研究――宗教篇』(平楽寺書店、一九六四年)第三章を参照。

(58) 太平道教団およびその教法に関する研究としては、福井康順『道教の基礎的研究』(書籍文物流通会、一九五八年)と大淵忍爾『道教史の研究』(岡山大学共済会書籍部、一九六四年)とがまず挙げられる。以下の論攷はこの両書に負う所が多い。

(59) 「太平道者、師持九節杖為符祝、教病人叩頭思過、因以符水飲之、得病或日浅而愈者、則云此人信道、其或不愈、則為不信道」。

(60) 「初鉅鹿張角自称大賢良師、奉事黄老道、畜養弟子、跪拝首過、符水呪説以療病、病者頗愈、百姓信向之」。

(61) 大淵忍爾「大平道の発生と五斗米道」(『加藤博士還暦記念東洋史集説』冨山房、一九四一年)を参照。

(62) 「専以奉天地順五行為本、亦有興国広嗣之術、其文易暁、参同経典」、「其言以陰陽五行為家、而多巫覡雑語」。

(63) 現行『太平経』の来歴、特にそれが『太平清領書』と関係があるかどうかについて現在のところ二説が存在する。この点について肯定的な見解を表明するのは、小柳司気太「後漢書襄楷伝の太平清領書と太平経との関係」(『東洋思想の研究』森北書店、一九四二年)、湯用彤「読太平経書所見」(『国学季刊』第五巻第一号、一九三五年)、大淵忍爾「太平経の来歴について」(『東洋学報』第二七巻第二号、一九四〇年)などがあり、否定的見解としては、注(58)所掲福井康順『道教の基礎的研究』がある。卑見によれば、現行『太平経』に見える思想は、漢代的特色を極めて濃厚に有し、文体も古拙であることなどからみて、現行『太平経』は『太平清領書』そのものではないにしても、その面影をよく留めたものと思われる。従って、本論では『太平経』を太平道教団の教理の大概を示すものとして用いた。

(64) 『太平経』の思想については、大淵忍爾「太平経の思想について」(『東洋学報』第二八巻第四号、一九四一年)が要領よくまとめている。

(65)「唯唯、今天師比為暗蒙浅生具説承負説、不知承与負、同邪異邪、然、承者為前、負者為後、承者、廼謂先人本承天心而行、小小失之、不自知、用日積久、相聚為多、今後生人反無辜蒙其過謫、連伝被其災、故前為承、後為負也、負者、流災亦不由一人之治、比連不平、前後更相負、故名之為負、負者、廼先人負於後生者也、病更相承負也、言災害未当能善絶也、絶者復起、吾敬受此書於天、此道能都絶之也、故為誠重貴而無平也、真人知之邪」(王明『太平経合校』中華書局、一九六〇年、頁七〇)。

(66)「天地開闢已来、帝王人民承負生、為此事出也、……今先王為治、不得天地心意、非一人共乱天也、天大怒不悦喜、故病災万端、後在位者復承負之、是不究乎哉、故此書直為是出也」(丙部三、頁五四)、「今下古、所以帝王雖有万万人之道徳、仁思称天心、而凶不絶者、乃承負洊災乱以来独積久、雖愁自苦念之、欲楽其一理、変怪盗賊万類、夷狄猾夏、乃先王之失、非一人所独致、当深知其本、是以天使吾出書、為帝王解承負之過」(丙部十五、頁一六五)。

(67)「師既為皇天解承負之仇、為后土解承負之殃、為帝王解承負之戹、為百姓解承負之過、為万二千物解承負之責」(頁五七)。

(68)「天教吾具出此文、以解除天地陰陽帝王人民万物之病也」(頁六九四)。

(69) 黄巾の乱の宗教性については、福井重雅「黄巾の乱と起義の口号」(『大正大学研究紀要(仏教学部・文学部)』五九号、一九七四年)が新たな解釈を試みている。

(70)「能行大功万万倍之、先人雖有余殃、不能及此人也、因復過去、流其後世、成承五祖」(頁二二)。

(71) 例えば、庚部十二「故言、司命近在胸心、不離人遠、司人是非、有過輒退、何有失時、輒減人年命」(頁六〇〇)、庚部八「天見其善、使可安為、更求富有子孫、雖不尽得、尚有所望、何為作悪久滅亡、自以当可竟年、不知天遣神往記之、過無大小、天皆知之、簿疏善悪之籍、歳日月拘校、前後除算減年、其悪不止、便見鬼門」(頁五二六)等。

(72)「地下得新死之人、悉問其生時所作為所更、以是生時可為定名籍、因其事而責之、故事不可不予防、安危皆其身得之也」(頁七二)。

(73) これもおそらく伝統的な泰山治鬼の系譜上にあるものであろう。また、人間の死後の再生に関しては、「凡天下人、死亡非小事也、壱死、終古不得復見天地日月也、脈骨成塗土、死命、重事也、人居天地之間、人人得壱生、不得重生也、重生者、独得道人、死而復生、尸解者耳、是者、天地所私、万万未有一人也、故凡人壱死、不復得生也」(戊部四、頁二九八)とあって、一般の人間の尸解とか死後の再生などについては否定的であった。

(74)「天上諸神聞知言此人自責自悔、不避昼夜、積有歳数、其人可原、白之天君、天君言、人能自責悔過者、令有生録籍之神移在寿曹」(頁五四六)。「故言天君勅命曹、各各相移、更為直符、不得小私、従上占下、何得有失、有性之人、自無悪意、雖有小悪、還悔其事、過則除解、有文書常入之籍、悪者付下曹、善者白善、悪者白悪、吉凶之神、各各自随所入、悪能自悔、名在善曹中、善為悪、復移在悪曹、何有解息」(頁五五二)。

(75)「天公」については、『論衡』順鼓篇に引く『尚書大伝』に地公、人公とともに見え、張角らの称号と何らかの関係があるかも知れない。また宗教儀礼としての思過については、アンリ・マスペロ『道教——不死の探求』(川勝義雄訳、東海大学出版会、一九六六年)頁四四以下を参照。

(76)『魏志』張魯伝「魯遂拠漢中、以鬼道教民、自号師君、其来学道者、初皆名鬼卒、受本道已信、号祭酒、各領部衆、多者為治頭大祭酒、皆教以誠信不欺詐、有病自首其過、大都与黄巾相似、諸祭酒皆作義舎、如今之亭伝、又置義米肉、県於義舎、行路者量腹取足、若過多、鬼道輒病之、犯法者、三原、然後乃行刑、不置長吏、皆以祭酒為治、民夷便楽之」、同注所引『典略』「脩法略与角同、加施静室、使病者処其中思過、又使人為姦令祭酒、祭酒主以老子五千文、使都習、号為姦令、為鬼吏、主為病者請禱、請禱之法、書病人姓名、説服罪之意、作三通、其一上之天、著山上、其一埋之地、其一沈之水、謂之三官手書、使病者家出米五斗以為常、故号曰五斗米師、実無益于治病、但為淫妄、然小人昏愚、競共事之、……又教使自隠、有小過者、当治道百歩、則罪除、又依月令、春夏禁殺、又禁酒」。

(77)注(61)所掲大淵忍爾「太平道の発生と五斗米道」、同「黄巾の乱と五斗米道」(『岩波講座世界歴史』第五巻、岩波書店、一九七〇年)、注(58)所掲福井康順『道教の基礎的研究』等参照。

(78)『想爾注』についてみると、第十九章「絶仁棄義、民復孝慈」の注に「所以者、尊大其化、広開道心、人為仁義、自当至誠、天自賞之、不至誠者、天自罰之」とあって、天は人間の行為に対して賞罰を降すものと考えられている。また地については、第十六章「没身不殆」の注に「俗人不能積善行、死便真死、属地官去也」、第二十章「絶学無憂、唯之与何、相去幾何」の注に「死属地、生属天」、第三十三章「死而不亡者寿」の注に「死者属地官」などとあって、地官は死者を司る官と考えられていた。

(79)例えば、甄命授第三に「華僑漏泄天文、妄説虚無、乃今華家父子、被考於水官」(葉六表)、また稽神枢第二に「俊修之道成、今在洞中、兼北河司命、主水官之考罰」(葉九表)等。

(80)『神仙伝』張道陵伝で水官への手書しか述べないのは、こうした事情を反映したものではなかろうか。

(81)『神呪経』の成立については、吉岡義豊「六朝の図讖道経——太上洞淵神呪経について」(『道教経典史論』第二編第一章、道教刊行会、一九五五年)が現行二十巻本のうち前十巻が東晋初から劉宋末頃までに成立したとする。これに対し大淵忍爾「洞淵神呪経の成立」(注(58)所掲『道教史の研究』第三編第四章)は、十巻本のうち第一巻と第五巻の大部分が東晋末から宋初に、続いて梁末陳初に第二巻と第三巻が、その他の巻は陳末までの成立とする。また、本経の思想については、大淵前掲書、宮川尚志「晋代道教の一考察——太上洞淵神呪経をめぐりて」(『中国学誌』第五本、一九六九年)が詳しい。

(82)「世人積悪、不信道法、但聞有哭尸之音、不聞有仙歌之響、人民垢濁、三洞壅塞、百六之災、刀兵疫疾、魔王縦毒、殺害良善、門門凶哀、哀声相尋、衆生相残、自作苦悩、相牽而死、懐愚受苦、了不知出、此等之人、将何度之」(葉一表)。

(83)「道言、至壬午年、必有大災、水高千万丈、道士入山、入山者免此災也、壬午年三月至九月、人民死尽、疫鬼三万七千頭、専行殺人、人不信之者、必当先滅矣、行九十種病殺人、真君垂出、悪人不見、天遣殺鬼来誅之、蕩除天地、更造日月、布置星辰、改弦易調、神人治法、仙人為佐、五方万劫不死、無有刀兵、地皆七宝、衣食自然、無有六畜、男女悉聖、無有悪人之類也」(葉二裏)。

(84)「道言、汝等受此経二十巻供養、行住持之、身中万病自瘥、仕宦高遷、所願従心、亦可見当来真君、真君不遠、甲申災起、大乱天下、天下蕩除、更生天地、真君乃出、真君既来、聖賢仙人、及受経之者、一切来助左右、東西南北、道士為佐、無有愚人、汝等世人、但受此経、自然見真君矣」(葉一〇裏)。

(85)「子等男女之人、若国王帝主方伯二千石、下至愚人、不問奴婢」(葉三表)、「縦使目不識字、但受之、雇人写之、浄室供養」(葉八裏)。

(86)「道言、劫運垂至、人民多悪、其中有信道奉経者、悉是天人、非世間愚人、大聖見世間濁乱、遣天人来下生乎中国、助時教化矣」(葉五表)。

(87)巻七斬鬼品に「道士既奉三洞者、但急化一切人入道、天人亦喜、若壊一人善心、天人誅汝、汝不得人身、何有仙也」(葉二裏)、巻八召鬼品に「道言、道士欲自度世、当入名山、欲度一切人者、当在人中、愚人令得度脱、道士入山、山途玄隔、世人不見、無処帰依、雖有本心、無処相度、是以智人道士、不必山中矣」(葉四裏)とあり、正しく「度世」ではなく「度人」が問題なのである。

(88)阮籍の「大人先生伝」の思想については、福永光司「中国における天地崩壊の思想」(『吉川博士退休記念中国文学論集』筑摩書房、一九六八年)を参照。また、大淵忍爾「洞淵神呪経の内容に関する研究」(注(58)所掲『道教史の研究』第三篇第五章)によれば、真君出世による救済思想の非仏教性とは別に、神呪経という経典形式そのものは、当時仏教側において多量に出現した神呪経の影響を受けているといわれる。また、他の道教経典に比しての神仙思想との疏遠さも本経の一つの特色であり、現世利益の強調と真君出世による太平の世の想定とが、その救済の主内容をなしている。

(89) 例えば巻三縛鬼品(葉五表)などでは地獄や六道輪廻の思想が、また、巻九殺鬼品(葉六裏)では、応報と転生によって人生の貧富の差別を説明するなどしている点が挙げられよう。

(90) 注(88)所掲大淵論文は、『洞真経』や『霊宝経』が三洞を構成する経典として早く一般に認められたのに対して、本経が遅くまで正規の経典と認められなかった理由を、本経における道、太上、天尊三位一体説のためとするが、その他にも、ここで述べたような救済思想としての異質性が関与していたのではなかろうか。

(91) 『度人経』のテキストは現行道蔵の中には何種かあるが、現在みられる最古のものは敦煌出土本である。この敦煌本と一致するのが『元始无量度人上品妙経四注』なるテキストであり、これには厳東、薛幽棲、李少微、成玄英の注が付されている。厳東を除いてはいずれも唐人である。『仙苑編珠』によれば厳東は南斉高帝の頃の道士といわれるから、『度人経』はおそらく宋斉の間、遅くとも五世紀後半までには成立していたと考えられる。この四注本の末尾には経説なるものが付してあって、それによれば『度人経』は前序、経第一章、経第二章、中序、大梵隠語、後序の五段から成っている。このうち前序のみには厳東の注がなく、しかも元始天尊という他の部分に出現しない称呼が出てくることから、後世の付加であろうと推定される。なお、敦煌本『度人経』については大淵忍爾『敦煌道経　目録編』(福武書店、一九七八年)を参照。

(92) 「元始天尊坐於玄都玉京紫微上宮、以三洞正経居前、三大副経居後、道徳二篇為輔弼、玉清隠書為教主、且洞玄霊宝則三洞中洞之一部、无量度人則中洞一部之一巻、修習之法則一部多門、諷誦之篇則此巻為首、上消天災、保鎮帝王、下禳毒害、以度兆民、中抜祖宗、己身得道、斯則巍巍大範、独歩三清者哉」(葉四表)。

(93) 「道言、凡誦是経十過、諸天斉到、億曾万祖、幽魂苦爽、皆即受度、上昇朱宮、格皆九年、受化更生、得為貴人、而好学至経、功満徳就、皆得神仙、飛昇金闕、游宴玉京也、上学之士、修誦是経、皆即受度、飛昇南宮、世人受誦、則延寿長年、後皆得作尸解之道、魂神蹔滅、不経地獄、即得反形、游行太空」(葉二二裏)。

(94) 『魏書』釈老志については、塚本善隆『魏書釈老志の研究』(仏教文化研究所出版部、一九六一年)を参照。

(95) 「吾此経誡、自天地開闢已来、不伝於世、今運数応出、汝宣吾新科、清整道教、除去三張偽法、租米銭税、及男女合気之術、大道清虚、豈有斯事、専以礼度為首、而加之以服食閉練」。

(96) 「付汝奉持、輔佐北方泰平真君、出天宮静輪之法、能興造克就、即起真仙矣、又地上生民、末劫垂及、其中行教甚難、但令男女立壇宇、朝夕礼拝、若家有厳君、功及上世、其中能修身練薬、学長生之術、即為真君種民」。

(97)　板野長八「道教成立の過程」(『東亜論叢』第五輯、一九四一年)は、寇謙之における神仙道およびその国家宗教と思想としての枠組が天の思想と密接に関係し、一種の天の思想の道教版となっていることを指摘する。

(98)　六朝における種民の思想については、吉岡義豊「六朝道教の種民思想」(『日本中国学会報』第一六集、一九六四年)を参照。

(99)　新天師道教団の教義の一端を伝えるとされるものに『老君音誦誡経』一巻があり、これについては楊聯陞「老君音誦誡経校釈」(『中央研究院歴史語言研究所集刊』第二八本、一九五六年)に詳しい。この経では、真君李弘を奉ずる教団を愚民を詐欺惑乱するものとして厳しく批判している。また、男女合気の術や教徒からの租米銭税の徴収、道官の世襲などを批判しており、釈老志に三張の偽法を斥けたとある記事と対応するが、救済の内容方法については、思過および章奏符籙によるものが中心であり、従来の五斗米道などのそれをほぼ継承していると考えられる。

第三章　道教における真父母の概念と孝

はじめに

人の生命はいかにして結ばれ、いかにして育まれるのか。発生学的知見をもたなかった時代の人々にとって、この問題は神秘以外の何ものでもなかった。しかし、生命の誕生が男女の生殖行為に関係していることは、科学的知識なしにも経験的に自明なことであった。かくて、親から子へ、子から孫へと連続する生命のありかたが、家族や宗族といった社会制度を生み出すとともに、一方で自己の生命の源である祖先を霊的な存在として敬い、祭祀の対象とする祖霊崇拝が行われてきた。こうした制度や宗教的観念のなかから、家族倫理が形成されることになるが、中国においては、子の親に対する孝をその中核とする儒教倫理が人々の生活や思考の隅々にまで浸透することになった。孝の倫理を否定することは、おのれの人間性そのものを放棄することに等しいとされたのである。

このような中国社会の極めて強固な伝統に抗する動きが長い中国の歴史のなかに無かったわけではない。その最初のうねりは仏教の流入によって齎された。魏晋南北朝を通じて、仏教が中国社会に根づく過程で最も激しい摩擦を引き起こしたのは、出家、剃髪の是非の問題であった。しかし、この摩擦も次第に中国社会の伝統の中に呑みこまれて、中国仏教独自の解決法が生み出されていった。いまひとつのうねりは、表立って社会の表面に表れることはなかったが、脈々たる伏流として存在し続けた。それは、儒家の主張する道徳倫理をさかしらな人知の華として否定する道家の思想の中から発し、三世紀以降の道教教理の展開のなかで理論化されていった。本章が取り上げようとするのは、そのような道教教理の一端である。

一　道教の生成論

人が生を受けるそもそもの根本原因は何か。中国古代にあってこの問題に言及したものとしては、『管子』地水篇の「男女の精気合して、水形を流す(男女精気合、而水流形)」や『周易』繫辞下の「天地絪緼として、万物化醇す。男女精を構えて、万物化生す(天地絪縕、万物化醇、男女構精、万物化生)」が代表的なものであろう。これらの記述からは、男女の生殖行為が人を生み出す契機と考えられていたことがわかるが、その男女の生殖行為は、天地陰陽の気の混合によって万物が化生されるメカニズムに従うものであった。この万物生成の根元に何を措定するかは、先秦諸子の中で様々な解釈が存在したが、道家にあっては「道」がそれに当てられた。『老子』第四十二章の「道一を生じ、一二を生じ、二三を生じ、三万物を生ず。万物は陰を負いて陽を抱き、沖気以て和を為す(道生一、一生二、二生三、三生万物、万物負陰而抱陽、沖気以為和)」は、その「一」の解釈に若干の曖昧さを残すにせよ、道から万物が派生する生成の道筋を説いたものである。漢代に入ると、董仲舒らの春秋学の中で重視された「元」あるいは「元気」を「一」に当てる解釈が一般的となる。こうして王符の『潜夫論』本訓篇に見られる道を根元、気を道のはたらきの体現者と見る考えや、張衡の「霊憲」などに語られる道↓元気↓万物の生成論が成立する。

このような生成論は『老子』の注釈書にも反映された。その成立年代に議論は残るが、『河上公注』には、第一章「無名天地之始」の注に「無名とは、道を謂う。道は無形なり、故に名づく可からざるなり。始とは、道の本なり。

気を吐き化を布き、虚无より出でて、天地の本始と為るなり」、第二十一章「以閲衆甫」の注に「道稟与するを言う。万物始めて生ずるや、道従り気を受く」、同「吾何以知衆甫之然哉」の注に「我れ何を以てか道従り気を受くるを知るや」、同「以此」の注に「此れとは今なり。今万物は皆な道の精気を得て生ずるを以て、動作起居、道に非ざれば然らざるなり」というように、(1) 万物の生成の契機は道から気を稟受することにあるとする解釈が見られるようになり、やがて道教教理の体系化の過程でより精緻な教理が構成されていくことになる。

『河上公注』には、いまだ道が元気を生み出す実体であるとの明確な記述は見られないが、『真誥』巻五甄命授第一の清霊真人裴玄仁の誥授「道は混然として是れ元炁を生ず。元炁成りて、然る後に太極有り。太極は則ち天地の父母にして、道の奥なり」(2) は、道が最初に生成するものが元気であり、『周易』のいう太極は元気の後に生ずることを明言している。これは魏晋における五運説流行の影響を受けたものであるが、道教経典の中で五運説流行の影響を受けた代表的なものとしては、『道教義枢』混元義に引く『洞神経』が挙げられる。(3) 五運説は元気の漸変を細かく説くものであるが、これを受け入れた道教教理の中では、道→元気→万物という生成論の元気の部分が細分化されて、混元の一気としての元気が相対化され、新たに道→玄元始三気→九気→万物という生成の過程が説かれるようになる。同時に、それは元始天王から始まる神統譜や大羅天から始まる天界説と結び付けられて、道教の教理体系の根幹を形成することになり、道と神との一体性および神と気との一体性の主張を媒介として、道と神と気との三位一体の関係が構想されていった。(4) その過程で、道と気との一体性を明示する「道気」の概念が生み出されて、これまた道教教理体系の中で重要な役割を果たすようになる。こうした道と神と気の三位一体の教理形成の過程を経て、道から始まる伝統的な生成論と元始天王から始まる道教の宗教的世界の形成と人間を含む万物の生成過程とが、道教教理の中で統一的に説明できるようになったのである。(5)

二　人はどのように生を得るのか

唐末の著名な道士杜光庭は、その著『道徳真経広聖義』において次のように述べている。

万物の生ずるや、道気之れを生じ、陰陽の気之れを長養す。……人の生まるるや、道、元一の気を以て之れに降し、精と為し神と為す。天、太陽の気を以て之れに付し、動と為し息と為す。地、純陰の気を以て之れに稟し、形と為し質と為す。

（第四十二章「万物負陰而抱陽、沖気以為和」義）

身の生ずるや、道に因りて神を稟け、而して其の形を生ず。……且つ我が身を生ずる所、大約して三有り。一を精と曰い、二を神と曰い、三を気と曰う。生を受くるの始め、道之れに付するに気を以てし、天之れに付するに神を以てし、地之れに付するに精を以てし、三者相い合して其の形を生ず。人当に精を受け気を養い神を存すべくんば、則ち能く長生す。若し一者散越すれば、則ち錯乱して疾を成し、耗竭して亡を致す。此の三者を愛《おし》まざるは、是れ散じて之れを棄つるなり。気散じ神往かば、身は其れ死せん。戒めて之れを保たざるを得んかな。此の三者は能く其の身を生ず、故に生ずる所と曰うなり。(6)

（第七十二章「無猒其所生」義）

ここには、上述の六朝期の道教教理を踏まえた典型的な解釈が述べられているといってよいであろう。つまり、生成の根元には「道気」があり、人は「道」から「道気(元一之気)」を受けて精と神を形成し、天地からは陰陽の気を受けて形質と運動能力を獲得するのである。また、人の生は、神々と同じように精神気の三位一体を本質として、その一を欠くことが死に繫がるのだという。「道は之れに付するに気を以てし、天は之れに付するに神を以てし、地は之れに付するに精を以てす」というときの「気」とは「道気」であり、「神」とは天上の神々の分身としての「神気」であり、「精」とはいわゆる「精気」のことであろう。これらは元来「気」ということにおいては同一のものである。ここに説かれる人間の生についての議論はどちらかといえば哲学的な解釈であり、宗教的な修飾はほとんど見られない。それは本書があくまでも『老子』の玄宗注疏の注釈書であるという性格によるものであるが、その背後にはやはり次に述べるような宗教的な生命誕生に関する教説が厳然として控えていると考えるべきである。

『無上秘要』巻五人品は専ら人間の誕生のプロセスにまつわる教説を集めた部分である。また、『雲笈七籤』巻二九から巻三一の稟生受命も同様である。いま、『雲笈七籤』巻二九に引かれる『太上九丹上化胎精中記経』についてその教説を見てみると、概ね以下のようなプロセスが考えられていたことがわかる(7)。

気が凝結して精となり、精が変化して神となり、神が変化して人となる。この人のもととなる気は「自然の気」であり、それは「九天の精」にほかならず、これが変化して人身が形成される。母胎の中で身体が形成される九月の間に、九天の気が胎内に充満し、十月で誕生する。その十月の間の成長の過程は、一月目には気を稟受し、二月目には霊を受け、三月目には変化を準備し、四月目には精を凝結し、五月目には体と首が備わり、六月目には肉体が化成され、七月目には体内神の座位が配置され、八月目には九竅が明瞭となり、九月目には九天の気が全て備わって、十月目には司命が命籍に記載して、人としての生命と運命とを受けて誕生する。

同様のことは、『九天生神章経』にも見られるが、人間の誕生に際して、司命のみならず太一や帝君以下、より多くの神々が関与すること、神々の承認がないかぎり誕生できないことなどが説かれており、より詳細な教説が展開されている(8)。

この二例からも明らかなように、道教教理の中では、人間の生命は九天の気(これは換言すれば九天の神にほかならない)の降下によって育まれ、天地万神の参与によって完成されると考えられていた。ここには父母の生殖行為がどのような役割を果たすかについての記述は全く見られない。人は母親の胎を借りて成長するが、胎内で起こっていることとは父母とは何の関係もなく、ひたすら神々の手によって進行していくのである。

三　真父母

人の生が父母の生殖行為に借りて始まるにせよ、その実質は父母とは関係ないところで進行するのだとすれば、肉体を生み出す父母は神々の手の中でその万物生成に場所を提供しているに過ぎないことになろう。そのような思想をそれとなく表明する教説は、『上清九丹上化胎精中記経』の中に見える「九天元父」「九天玄母」なるものの存在を通して知ることができる。『上清九丹上化胎精中記経』中の「九天元父」と「九天玄母」は、人間が肉体をもって生まれるがゆえに必然的に体内に有する胞胎の滞結、それがやがては死に繋がる原因になるのであるが、その胞胎の滞結を解消する道術において主要な祈請の対象として説かれている(9)。

それでは何故元父玄母が祈請の対象になりうるのか。そのことについては、『無上秘要』巻五人品に引く『洞真太丹隠書』の次の記述が参考になろう。

夫れ兆の欲する所、己れを修めて生を求むるには、当に所生の宗に従うべし。所生の宗とは元父玄母を謂うなり。元父は気を主《つかさど》り、化して帝の先を理《おさ》む。玄母は精を主り、変じて胞胎を結ぶ。精炁相い成りて、陰陽相い生じ、兆己に雲行す。道は无名に合し、数は三五に起こる。兆始めて形を稟くるや、七九既に帀《あまね》くして、兆体乃ち成る。三五を和合し、七九洞冥し、帝の先に象る。当に帝の天皇の功を営み、九変して霊と為り、功人体を成し、体は神と幷するを須《ま》つべし。神去らば則ち死し、神守らば則ち生く(10)。

上述の『広聖義』で単に「此の三者は能く其の身を生ず、故に生ずる所と曰うなり」と説明されていた「所生」、つまり生成の根源が、ここでは「所生の宗」と表現されかつそれが元父玄母なのだとされている。元父玄母は人が生命を受けたそもそもの大本であり、それゆえにその気と精とをつかさどる機能を通じて生命の賦活を図ることができると考えられたのであろう。『洞真太丹隠書』では、「所生の宗」としての元父玄母が明確に意識されているのである。この意識をさらに明瞭に表明したものとして、同じく『無上秘要』巻五人品に引く『洞真九真中経』の記述がある。(11)

ここには『胎精中記経』と同様の記述の後に、「父母は唯だ生育の我を始むるを知るのみなり。而して帝君五神の其の間に来適するを悟らず」と説かれている。父母はその生殖行為が胎内における生育の始まりであることは認知できるが、実は帝君や五(蔵)神が出入して生命を育んでいることは全く知らないというのである。つまり、胎内に宿る生命とその生命を育んでいる神とは直接の関係を有するにもかかわらず、実際の父母は胎内の生命の成長について、最終的には何の関わりをもたないのである。胎内の生命が順調に生育するかどうか、月満ちて無事に胎外に生み出されるかどうかは、全て神々の手に委ねられているということである。このような認識のうえに、さらに一歩進んだ教説を展開したのが『洞玄諸天内音経』である。(12)

ここに見える天尊の教説は、仏教教理の影響を受けた六朝後半期以降のものと考えられる。元来は、心の妄想を契機として、諸種の因縁が絡みあって森羅万象が展開するという仏教の教説を下敷に、道気を根元とする道教の生成論を組み合わせて形成されたものといえ、同種の教説を説くものには『太上洞玄霊宝智慧定志通微経』などが知られる。『洞玄諸天内音経』では、因縁所生の根本原因は気の連続性にあること、そこから生まれる善悪禍福などは心によって生ずること、その心とは実は神にほかならないことが前提として説かれている。その上で、「我の生を得る所以の者は、虚无自然中従り来たり、因縁胎に寄し、化を受けて生ず」という。ここでいう「虚无自然」とは、実は道であり同時にそれは神であることは、第一節で述べた道気神三位一体の教説を思い起こせば、この時期の道教教理の共通理解であったといってよい。人間の生の由って来たる根源はあくまでも道であり神であり気なのである。それゆえ、「我れ胎を父母に受くるも、亦た我が始生の父母には非ざるなり。真父母は此こには在らず」ということにならざるを得ないのである。胎を借りただけの「受胎父母」は、おのれの生命の根源である「始生父母」あるいは「真父母」ではないということの認識は極めて重要である。人間には、肉体形成の場を神々に貸す「受胎父母」とその背後にあって真の生命を授与する「真父母」との二種の父母がいるのだとすれば、この両者の関係はどのように捉えるべきなのか。

『洞玄諸天内音経』の教説は、決して「受胎父母」を価値のないものとして否定するものではない。あくまでも、「今所生の父母は是れ我れ因縁を寄備し、育養の恩を稟受す。故に礼を以て報いて、称して父母と為す」として、「礼を以て報」いるべきものとされている。しかし、それはあくまでも世俗の価値の範疇内でのことであり、道の真理の前にあっては何の価値ももたないと認識されていた。自己の修養を達成し真の悟りを開くには、あくまでも「真父母」の力を借りなければならないのである。具体的には、『老子』第十三章の「吾れの大患有る所以の者は、吾れ身を有するが為なり。吾れ身無きに及んでは、吾れに何の患か有らん(吾所以有大患者、為吾有身、及吾無身、吾有何患)」の思想をもとに、「我れ身无きに及んでは、我れに何の患か有らん。我れに患有る所以の者は、我れに身有るが為なり。身有れば則ち百悪生ず」ることを主張し、「故に道を得る者は、復た形有ること无きなり」と結論されて、得道の方途として肉体への執着を捨てることが求められるのである。おそらく、そのことが引いては自己の肉体を育んだ「受胎父母」への執着を捨てることにも繋がるのであろう。その結果として、「身无ければ則ち自然に入り、行を立てて道に合すれば、則ち身神一たり。身神並びに一なれば、則ち真身と為」って、いわゆる肉体を超越した「真身」を得ることができ、「始生父母に帰して道を成」ずることができるのである。

このような『洞玄諸天内音経』に見える思想は、六朝末から隋初唐にかけての道教経典の中にも散見される。たとえば、『太上洞玄霊宝三元品戒功徳軽重経』には『洞玄諸天内音経』の上引の文章を間に挟んだ一段がある。(13) そこでは、「始生父母に帰して道を成」ずると、「復た患無きなり、終に死せざるなり。縦使《も》し滅度すれば、則ち神往くも形は灰とならざるなり。終身其の本に帰し、相い去らず」、「魂神解脱すれば、則ち爽と混合す、故に魂爽変化し、合して一と成るや、更生するを得て、還た人と為るなり。形神相い随い、終に相い去らざる」のに対して、「身百悪を犯し、罪竟《お》わりて死するを、名づけて死と曰う」こと、その結果は、「死すれば則ち滅壊して、寄胎父母に帰し、罪縁未だ尽きざれば、真父母に帰するを得ざるなり。神は塗役に充てられ、形は灰塵と成り、灰塵は飛化して爽と成るなり」と説かれている。『太上洞玄霊宝三元品戒功徳軽重経』はこの後に続けて、

> 此くの如き善悪、身各おの対有り。豈に先亡及び後の子孫を咎む可けんや。龍漢の前より赤明に逮《およ》至ぶまで、旧文の生死は、各おの一身に由り、亦た上に延《およ》ばず、亦た下に流れず。罪福は止《た》だ一、各おの身を以て当たる。赤明以後上皇に逮《およ》び、人心破壊し、男女純ならず、嫉害争競して、更ごも相い残傷し、心自ら固からず、上は祖父を引き、下は子孫を引きて、以て証誓を為す。神明に質告して、竟に自ら信ぜず。誓言に負違して、三官簿を結び、身は鬼官に没するを致し、上は先亡を誤り、下は子孫に流れ、殃逮ぶこと有るを致す。大小相い牽き、終天解く無く、禍は一宗に及ぶ。此れ罪悪の人自ら大殃を求むるなり。至法明言、永に同じくするを得ず。達士は行を積み、当に諸を身に取りて、人に求むること無かるべし。明真の旧典、豈に虚言ならんや。(14)

と述べている。『三元品戒功徳軽重経』は『太平経』に見られるいわゆる承負の思想を踏まえつつ、罪障の遡及あるいは継承についての新たな解釈を提示している。このことは、後述の祖先済度の問題とも絡んで注目されるところであるが、ここではその指摘だけに止めておく。

さらに「真父母」に言及する経典の例を挙げれば、隋初唐期に大きな影響力を有した『太玄真一本際経』がある。その巻四道性品は、仏教の仏性の論に触発された道教における道性の論を展開した注目すべき巻であるが、その教説の中にも「真父母」という概念が大きな役割を担って出現する。道性品のその教説はまず以下のようにいう。

> 烟とは、因なり、熅とは、煖なり。世間の法は、煖潤の気に由りて、出生するを得。是の初一念、始めて倒想を

生ず。体は最も軽薄にして、猶お微烟の若きも、能く道果を鄣《さまた》ぐ。无量知見は、生死の本と作る。源は測る可からず、故に神本と称す。神は即ち心なるのみ。体に有る所无し。本を去ること近きが故に、性は本に即す。无本に本づく、故に神本と名づく。未だ三界五道の悪に入らざるが故に、悪軽微なるが故に、性即空なるが故に、故に澄清と曰う。但だ是れ軽痴なるのみにして、未だ見著に染まらず、故に无雑と名づく。体は是れ煩悩にして、即ち是れ業を生ずるを、名づけて両半と為す。体に即して是れ報ず、故に成一と名づく。是れ煩悩業、及《およ》び報法なり。体は唯だ是れ一のみなるも、義に随いて三と為す。漸漸増長して、五種を分別す。但だ烟熅の気、虚无より起こり、无有にして有、有にして无所有。是の故に説くらく、真父母従り生まれ、展転生長して、身形有り。胞胎を世間父母に寄附して、生育するを得、諸根を具足す、是れを色聚と名づく。(15)

この世の存在は「煖潤気」から始まるが、その「初一念」から顚倒想が生じ、やがて転々増長して五種の分別を生ずることを前提とし、続けて、「但だ烟熅の気、虚无より起こり云々」と「烟熅の気」から衆生が生ずる過程を説いている。ここでもやはり、「真父母」が生命の根源であり、「世間父母」の胞胎を借りて肉体を形成するとされている。ところが、六根が成就して肉体が完成し感覚や心が働き始めるところから、六種識を生じて悪業の世界に転落していくことになる。ここでは明示的には述べられてはいないが、このような教説の背後には、やはり「真父母」から稟受した本来の生命が、「世間父母」の胞胎を借りることによって顚倒悪業の世間に堕落するのであり、そのような肉体あるいはそれを与えた「世間父母」を悟道の障害として排除しなければならないという思想が基底として存在すると考えるべきであろう。

最後に、『雲笈七籤』巻三、三宝雑経出化序の例を見ておこう。(16)この序は、万物の根源を「本真」と称したうえで、「三元経に之れを衆生の真父母と謂う者なり」と述べている。「三元経」とはいうまでもなく上引の『太上洞玄霊宝三元品戒功徳軽重経』を指すのであるが、ここではさらに「我の生ずる所は、乃ち是れ因縁和会し、胎を父母に寄するのみ。衆生の霊照は、本より真父母に資《よ》りて生ず」として、生命稟受の契機を因縁の和会によって父母に胎を借りることに求めるとともに、衆生の霊照すなわち天賦の性に備わる認識作用の本源を「真父母」に求めている。その後の教理構成の基本はそれと明示してはいないが『本際経』と同一といってよかろう。つまり天賦の性である「本性」は微弱なものであるので、肉体を所有することによる患からあらゆる累障を生じて五道に輪廻することになる。しかし、「霊照」そのものが失われたわけではないので、三洞の諸法に従って「霊照」を回復して解脱を得ることが可能になるとの主張である。ここでは肉体を受けた「寄胎父母」と天賦の本性である「霊照」を受けた「真父母」とが対立的に説かれるが、衆生は全て「真父母」を有するが故に、「霊照」を回復して悟道できるという「道性」の遍在の理論が別のかたちで説かれているのだといえよう。

以上のことをまとめていえば、我々人間の誕生にあたっては、神々の見えざる手がはたらいているのであり、その見えざる存在を「真父母」という。「真父母」は我々に生命を授けると同時に、我々の本性としての「霊照」、換言すれば「道性」を授けてくれる。しかし、この「真父母」は無形無名の存在であって、それ自身では生命体を形成することはできない。それゆえ胎を俗世の父母に借りて我々の肉体を育ませるのである。しかし、肉体をもった存在として誕生することが、「真父母」から与えられた本性である「道性」を覆い隠し、さざまな罪障や業悩を生じさせて、六道の輪廻から逃れられなくする。それが衆生のありのままの姿であり、そのような衆生を哀れみ済度するために説かれたのが道教であるということになろう。従って、宗教教理としての本質から見れば、「真父母」にこそ第一の価値があるのであり、胎を借りた父母はあくまでも仮の父母に過ぎないということになる。しかし、『洞玄諸天内音経』にいうように、「今所生の父母は是れ我れ因縁を寄備し、育養の恩を稟受す。故に礼を以て報いて、称して父母と為す」のであり、世俗の礼をもってその恩に報いるべきものとはされていたのである。

四　孝をめぐる論争と道教教理

このような「真父母」の概念と関連して、「孝」をめぐって三教の間で激しい論争が繰り返された六朝隋唐社会にあって、道教教理は「孝」をどのようにその体系の中に位置づけていったのであろうか。

「孝」をめぐる三教の論争は、まず儒仏の間で始まった。その最も早い記録は『弘明集』巻一に収められた牟子理惑論であろう(17)。そこでは、沙門の出家と剃髪の制の是非が問題とされ、仏教伝来の初めからこの点が中国における「孝」の伝統的倫理に反するものとして非難の対象となっていたことが知られる。同じく『弘明集』巻三に収められる孫綽の喩道論にしても、そこで繰り返される議論のパターンは理惑論のそれと基本的には何らの変わりもない。ただ孫綽は、出家して沙門となることが不孝ではない理由として、釈迦が悟りを開いてその教えを広め、父王を悟らせて解脱させたことは、『孝経』にいう「身を立て道を行い、名を後世に揚げて、以て父母を顕わすは、孝の終りなり」の実践にほかならないという新たな議論を展開すると同時に、「仏に十二部経有り。其の四部は専ら孝を勧むるを以て事と為す。慇懃の旨、至れりと謂う可し」と、仏典の中には元来「孝を勧める」経典すらあるのだということを述べている(18)。いずれにせよ、仏教の教えは決して中国の「孝」の倫理に反することはないというのが、反仏教勢力の不孝批判に対するこの時期の仏教徒の共通の反論であったことが知られる(19)。

こうした仏教が抱えていた中国伝統社会における「孝」の倫理との矛盾は、道教にはさほど関係のないことであった。むしろ道教は儒教と同じ論理で仏教を攻撃する側にあったといえる。仏道の間の「孝」をめぐる代表的な論争は、唐道宣の『広弘明集』巻六に収められた歴代王臣滞惑解や同じく法琳の『弁正論』巻六、十喩篇、同じく内九喩篇などに見られる。法琳はこれらの文章の中で、孝が人倫の基であることを肯定したうえで、最大の孝とは自身が率先して悟りを開き、父母ひいては衆生を解脱に導くことであるとして、その反論を展開している。そのうえで、「仙道を求むる者は、或いは笈を負いて師に従い、簦《かさ》を遠岳に担い、……或いは骸を地肺《ちはい》に捐て、骨を天台に喪い、生きては蒸養の恩を闕き、死しては冥益の利無く、倒心は庶物を危くし、邪網は群生を罥《か》け、九族は毀正の殃を延《まね》き、六親は罔聖の業を招き、危に攀じ朽に拠り、諒に寒心せしむるに足るも、傲然として懼れず、何ぞ愚の甚しきかな」[20]と仙道修行者の独善を批判している。ここにおいて、仏教側は従来からの「不孝」批判への弁明を展開するのみならず、一歩進んで道教側の「不孝」を批判するという反転攻勢に打って出たことになる。

　このように、三教の論争の中で、仏教側はみずからが「孝」を重視していることを強調することによって、伝統社会からの反倫理批判をかわそうとしていたことが知られるが、さらに進んで「孝」を中心に説くいわゆる中国撰述の偽経が出現したことは周知のとおりである。その代表的なものが『父母恩重経』である。この経典の出現によって、仏教はある意味で完全に中国伝統社会の「孝」倫理を肯定することになる。このような仏教内部での動きは、唐代に入って玄宗が道教を核に三教を調和させようと意図し、『孝経』『老子』『金剛般若経』の注釈を作成するにいたって、教義的な面でも「孝」の肯定が進められることになる[21]。

　一方、道教においては、表立って伝統社会の「孝」倫理と対立するような動きは見られない。もちろん隠逸者としての仙道修行者に対して、仏教の出家同様の非難が加えられることはあったが、そのような仙道修行者が仏教の沙門のごとく多数に上ることはなかったから、批判の度合もおのずから比較にはならない程度であった。『抱朴子』対俗篇に載せられる問答は、このような仙道修行者への批判を踏まえたものである[22]。仙道批判者に対する葛洪の反論は、仙を修めて不老不死を追求することは、身体髪膚を傷つけないという孝の教えを全うすることであり、仙人となって天上に遊び鬼神を従えることは、先祖(先鬼)の栄誉となってこれまた孝にほかならないうえに、老子に子孫があるように仙道修行者には子弟がいるのであって、「絶祀」の不孝を犯すものではないというものである。この反論には、上述の仏教の不孝批判への反論と通底する論理が見られよう。

仏教側での『父母恩重経』の出現に対応するかたちで、道教側にも、天尊（すなわち真父母）への報恩を説く『太上真一報父母恩重経』、天尊から海空智蔵への説法の形式をとって、『父母恩重経』を改変したと見られる『太上老君説報父母恩重経』、「下世の明王の天下を孝治せんが為に、諸孝子の父母の恩に報ぜんが為に、家国を軌則し、天下をして太平ならしめ、八表をして一に帰し、咸な至孝に遵《み》わ使める」(23)ことを目的として説かれた『元始洞真慈善孝子報恩成道経』などの経典が出現する。道教教理の中では、世俗的倫理道徳を否定する傾向は決して強くはないのであって、わざわざこのような経典を作成する必要もないと思われるのであるが、やはり『父母恩重経』の影響力がそれだけ強かったことを反映してのものなのであろう。

六朝期の道教教理の中で孝が肯定的に捉えられていたことは、例えば『真誥』巻一六闡幽微第二で、「至忠至孝の人は、既に終《し》せば皆な書を受けて地下主者と為る。一百四十年にして、乃ち下仙の教を受け、授かるに大道を以てするを得。此れ従り漸く進みて、仙官に補せらるるを得。一百四十年にして、一たび試進を聴《ゆる》さるるなり云々」といい、あるいは「夫れ上聖の徳有れば、既に終《し》せば、皆な三官の書を受けて地下主者と為る。一千年にして、乃ち転じて三官の五帝に補せられ、或いは東西南北の明公と為り、以て鬼神を治す。復た一千四百年にして、乃ち太清に遊行し、九宮の中仙と為るを得るなり」とある条の陶弘景の注が「年限を以て之れを言えば、是れ聖徳は更に忠孝に及ばざるなり」と明言するように、冥界における昇進にかかる年数が、聖人の徳を備えるものですら「忠孝」のものに及ばないとされることや、同じく巻一〇協昌期第二の李小君口訣に「道士仙を求むるに、死人の尸を見るを欲せず。神を損い気を壊《こぼ》つの極みなればなり。人君師父親愛は、已むを得ずして之れに臨むのみ。所以に道士は世を去りて、王侯に事えず、是れ君無きなり。塊然として独り存す、是れ友無きなり。唯だ父母師主のみ、喪に臨まざるを得ず。感極まるの哀を致して、性命の傷《そこな》わるるを吝《おし》まざるのみ。苟くも此の故を以てして傷うは、是こを以て之れを傷うこと無きなり。吾其れ之れを秘す、故に口伝す」とあって、父母の喪にあたっては「感極まるの哀を致して、性命の傷わるるを吝まざる」ことが求められていることなどによって知られる[24]。

同時に、六朝期の道教経典の中では、自己の度脱と同時に「七祖」の済度を説くものが大量に存在することも重要である。神仙思想に基づく不老不死の達成は、仙道修行者個人の救済、多くても周辺のごく少数の人間の救済しか果たしえない。このことは、衆生済度を標榜する仏教が社会的基盤を広げるに従って、神仙道教の限界性を示すものとして強く意識されてきたことである[25]。その限界を打破しようとしたのが、茅山を中心に展開した上清派の教理思想であり、仏典の思想を大幅に取り込んだ『霊宝経』の教義であった。そこでは、不老不死の神仙になることのみならず、羅酆山を中心とする冥界の存在と死後における再生昇仙の道および祖先の済度が強調されたのである。かくて、醮斎による祖先の追善供養は、自己のみならず父母七祖の救済を可能にする窮極の「孝」として重視されるようになる。道教の醮斎は、伝統社会における祖先祭祀の形態に応じたものであり、中国仏教が印度仏教には本来なかった祖先祭祀のための様々な儀礼を整えることに大きな影響を与えたと考えられる。

おわりに

道教は、中国古代の多様な思想信仰の形態をその基盤として、中国社会によって生みだされてきた宗教である。そこには天帝信仰や星辰信仰から巫術呪術にいたるまで様々な位相が重層的に包含されている。その中には、皇帝を頂点とする国家祭祀の体系や宗族共同体における祖先祭祀の体系も含まれる。道教がその教理体系を形成していった六朝時代は、とりわけ「孝」が強調された時代であったことは、仏教とは別の意味で道教に大きな影響を及ぼした。上清派の教理を代表する『真誥』が「忠孝」の者の冥界での昇進を優遇し、七祖の済度を強調するのはその典型的な例である。

一方、仏教は中国社会に根をおろす過程で、伝統思想の側からの激しい非難を「孝」の倫理をめぐって浴びせられてきた。その過程で、一見、世俗的倫理に反するようではあるが、仏教の教えに従って出家し解脱を得ることが、無数劫の輪廻の中でいつかはおのれの父母であったかも知れない衆生を救済することに繋がる、これこそ仏教教理の本質に照らして真の孝なのであるという回答を見出した。しかし、それと同時に伝統社会の「孝」の倫理を肯定するような経典を撰述して、伝統社会と鋭く対立することなく妥協を図る道をも模索してきたのである。

道教の教理思想は、六朝後半期には「気」の思想を核にして道気神の三位一体の教理を確立した。そこでは、万物と道、万物と神との一体性が気を媒介にして揺ぎないものと認識され、現実の世界でおのれを生み出してくれた父母とは、実は根源的存在である神に生成の場を貸したに過ぎず、神こそが真実の父母であるという教理が説かれることになった。その結果、「孝」は世俗の父母に対する孝と宗教的次元における「真父母」に対する孝とに二分されることになった。このような教理を説く道教経典は主に『本際経』などの仏教教理の影響を強く受けた経典である。このことは、仏教側における真の孝とは何かに対する回答と、道教教理の本質的部分である道気神三位一体説とが結びついたところに、こうした教理が出現する契機があったことを示唆するものであろう。「真父母」とは、六朝後半期から隋初唐期における「孝」をめぐる仏道二教の交渉の中から生み出されてきた興味深い教理概念なのである。

（1）第一章「無名天地之始」注「無名者謂道、道無形故不可名也、始者道本也、吐気布化、出於虚无、為天地本始也」、第二十一章「以閲衆甫」注「言道稟与、万物始生、従道受気」、同「吾何以知衆甫之然哉」注「我何以知従道受気」、同「以此」注「此今也、以今万物皆得道精気而生、動作起居、非道不然」。

（2）「道者混然是生元炁、元炁成、然後有太極、太極則天地之父母、道之奥也」(葉一表)。

（3）「洞神経云、大道妙有、能有能無、道体本玄、号曰太易、元気始萌、号曰太初、一曰太虚、其精青、其形未有、炁形之端、号曰太始、一曰太無、其炁黄、其形未有、形変有質、号曰太素、一曰太空、其炁白、其形亦未有、形質已具、号曰太極、一曰太有、一曰太神、一曰太炁、又曰太玄、又曰太上、又曰太一、其形赤黄、質定白素、白黄未離、名之為混也」(巻七、葉四表)。

(4) こうした道教教理を端的に示すものが『九天生神章経』や『三天内解経』の教説である。六朝末になると、仏教教理学の影響下に、聖人(元始天王)の法体が何かという議論が展開されて、精神気の三位一体が法体とされる。その際に理論的根拠として用いられたのが『老子』第十四章の記述であることは、臧宗道の『老子』注釈および成玄英の『老子開題序訣義疏』などの議論について見ることができる。

(5) この点については、本書第一部の各章および麥谷邦夫「道と気と神——道教教理における意義をめぐって」(『人文学報』第六五号、一九八九年)を参照。

(6) 第四十二章義「万物之生也、道気生之、陰陽気長養之、……人之生也、道以元一之気降之、為精為神、天以太陽之気付之、為動為息、地以純陰之気稟之、為形為質」(巻三三、葉四表)。
第七十二章義「身之生也、因道稟神、而生其形、……且所生我身、大約有三、一曰精、二曰神、三曰気、受生之始、道付之以気、天付之以神、地付之以精、三者相合、而生其形、人当受精養気存神、則能長生、若一者散越、則錯乱而成疾、耗竭而致亡、不愛此三者、是散而棄之也、気散神往、身其死矣、得不戒而保之哉、此三者能生其身、故曰所生也」(巻四六、葉一〇裏)。

(7) 「夫天地交運、二象含真、陰陽降炁、上応於九天、流丹九転、結気為精、精化成神、神変成人、故人象天地、気法自然、自然之気皆是九天之精、化為人身、含胎養育、九月気盈、九天気普、十月乃生、……一月受気、二月受霊、三月含変、四月凝精、五月体首具、六月化成形、七月神位布、八月九孔明、九月[九]天気普、乃有音声、十月司命勒籍、受命而生、故人稟九天之気、降陰陽之精、名曰九丹、合成人身、既得為人、便応返其本真、通理五蔵、解散胞根、断滅死炁、自然成仙」(葉四裏)。

(8) 「人之受生於胞胎之中、三元育養、九気結形、故九月神布、気満能声、声尚神具、九天称慶、太一執符、帝君品命、主籙勒籍、司命定算、五帝監生、聖母衛房、天神地祇、三界備守、九天司馬在庭東向、読九天生神宝章九過、男則万神唱恭、女則万神唱奉、男則司命敬諾、女則司命敬順、於是而生、九天司馬不下命章、万神不唱恭諾、終不生也、夫人得還生於人道、濯形太陽、驚天駭地、貴亦難勝、天真地神、三界斉臨、亦不軽也、当生之時、亦不為陋也」(『雲笈七籤』巻一六、葉二裏)。

(9)「胞上部有四結、一結在泥丸中、二結在口中、三結在頬中、四結在目中、欲解上部四結、当以本命之日平旦入室焼香、向西北九拝、朝九天元父、叩歯九通、三呼元父諱遵、廻向東南、三拝三呼九天玄母諱沌、還向本命、平坐閉眼、思元父身長九寸九分、……来下入我身中、治泥丸之境、次思玄母身長六寸六分、……来下入甲身中、治面洞房之内……」(葉三裏)。

(10)「夫兆所欲、修己求生、当従所生之宗、所生之宗謂元父玄母也、元父主気、化理帝先、玄母主精、変結胞胎、精炁相成、而陰陽相生、雲行兆已、道合无名、数起三五、兆始稟形、七九既帀、兆体乃成、和合三五、七九洞冥、象帝之先、当須帝営天皇之功、九変為霊、功成人体、体与神幷、神去則死、神守則生」(葉四表)。

(11)「太上曰、夫人受生、結精積炁、受胎歛血、黄白幽凝、丹紫合煙、所以凝骨吐津、散布流液、四度会化、九宮一結、五神命其形体、太一定其符籍、忽爾而立、恍爾而成、罔爾而具、脱爾而生、於是乃九神来入、安在其宮、五蔵玄生、五神主焉、父母唯知生育之始我也、而不悟帝君五神来適於其間、人体有尊神、其居无常、出入六虚、上下三田、廻易陰陽、去故納新、展転栄輪、流注元津、太神虚生、内結以成一身、濯質化錬、変景光明」(葉三表)。

(12)「天尊言曰、炁炁相続、種種生縁、善悪禍福、各有命根、非天非地、亦又非人、正由心也、心則神也、形非我有、我所以得生者、従虚无自然中来、因縁寄胎、受化而生、我受胎父母、亦非我始生父母也、真父母不在此、父母貴重、尊高无上、今所生父母是我寄備因縁、稟受育養之恩、故以礼報、而称為父母焉、故我受形亦非我形也、寄之為屋宅、因之為営室、以舎我也、附之以為形、示之以有无、故得道者、无復有形也、及我无身、我有何患、我所以有患者、為我有身、有身則百悪生、无身則入自然、立行合道、則身神一也、身神並一、則為真身、帰於始生父母而成道也」(『無上秘要』巻五、葉四裏)。

(13)「気気相続、……(『洞玄諸天内音経』と同文)……帰於始生父母而成道也、無復患也、終不死也、縦使滅度、則神往而形不灰也、終身帰其本、不相去也、身犯百悪、罪竟而死、名曰死也、死則滅壊、帰於寄胎父母、罪縁未尽、不得帰於真父母也、神充塗役、形成灰塵、灰塵飛化而成爽也、魂神解脱、則与爽混合、故魂爽変化、合成一也、而得更生、還為人也、形神相随、終不相去也」(葉三三裏)。

(14)「如此善悪、身各有対、豈可咎於先亡及後子孫乎、龍漢之前逮至赤明、旧文生死、各由一身、亦不上延、亦不下流、罪福止一、各以身当、赤明以後、逮及上皇、人心破壊、男女不純、嫉害争競、更相残傷、心不自固、上引祖父、下引子孫、以為証誓、質告神明、竟不自信、負違誓言、致三官結簿、身没鬼官、上誤先亡、下流子孫、致有殃逮、大小相牽、終天無解、禍及一宗、此罪悪之人自求大殃、至法明言、永不得同、達士積行、当取諸身、無求乎人、明真旧典、豈虚言哉」(葉三四裏)。

(15)「烟者、因也、熅者、煖也、世間之法、由煖潤気、而得出生、是初一念、始生倒想、体最軽薄、猶若微烟、能鄣道果、无量知見、作生死本、源不可測、故称神本、神即心耳、体无所有、去本近故、性即於本、本於无本、故名神本、未入三界五道悪故、悪軽微故、性即空故、故曰澄清、但是軽痴、未染見著、故名无雑、体是煩悩、即是生業、名為両半、即体是報、故名成一、是煩悩業、及以報法、体唯是一、随義為三、漸漸増長、分別五種、但烟熅之気、起於虚无、无有而有、有无所有、是故説従真父母生、展転生長、而有身形、寄附胞胎世間父母、而得生育、具足諸根、是名色聚」(ペリオ二八〇六、大淵忍爾『敦煌道経 図録編』福武書店、一九七九年、頁三一五)。

(16)「夫衆先元起、資乎本真、本真清凝、嶷然淵静、湛体常住、無去来相、自古及今、其名不去、無形無名、為万物之宗矣、三元経謂之衆生真父母者也、我之所生、乃是因縁和会、寄胎父母耳、衆生霊照、本資真父母而生、但以本性既微、未能照見、為塵労所惑、遂便有身、有身之患、万累生焉、是以転輪五道、還源靡遂、因以本性相資、霊照本同、皆有智性、卒莫反真、聖人興慈父之悲、愛同赤子、随宜拯済、使之離苦、得無為之楽、是以三洞及諸法門、随其所好而開、令其解脱、解脱所由、蓋縁能悟、悟則受行、能棄俗法、安神無為、得不死術」(葉一二裏)。

(17)「孝」をめぐる三教の論争に関しては、吉川忠夫「孝と仏教」(『中国中世社会と宗教』道気社、二〇〇二年)を参照。

(18)『孝経』開宗明義章「立身行道、揚名於後世、以顕父母、孝之終也」、喩道論「仏有十二部経、其四部専以勧孝為事、慇懃之旨、可謂至矣」(大正蔵五二、頁一七下)。

(19)仏教の「孝」をめぐる様々な問題については、道端良秀『仏教と儒教倫理』(平楽寺書店、一九六八年)、「仏教と実践倫理」(『唐代仏教史の研究』法蔵館、一九五七年)に詳しい。

(20)「求仙道者、或負笈従師、担簦遠岳、……或捐骸地牀、喪骨天台、生闕蒸養之恩、死無冥益之利、倒心危於庶物、邪網罥於群生、九族延毀正之殃、六親招罔聖之業、攀危抛朽、諒足寒心、傲然不懼、何愚之甚」(大正蔵五二、頁一八三下)。

(21)その典型的な例を宗密の『于蘭盆経』の疏の中に見出すことができることは、注(17)所掲吉川忠夫「孝と仏教」を参照。

(22)「或曰、審其神仙可以学致、翻然淩霄、背俗棄世、烝嘗之礼、莫之修奉、先鬼有知、其不餓乎、抱朴子曰、蓋聞身体不傷、謂之終孝、況得仙道、長生久視、天地相畢、過於受全帰完、不亦遠乎、果能登虚躡景、雲轝霓蓋、餐朝霞之沆瀣、吸玄黄之醇精、飲則玉醴金漿、食則翠芝朱英、居則瑶堂瑰室、行則逍遥太清、先鬼有知、将蒙我栄、或可以翼亮五帝、或可以監御百霊、位可以不求而自致、膳可以咀茹華璚、勢可以総摂羅酆、威可以叱咤梁成、誠如其道、罔識其妙、亦無餓之者、得道之高、莫過伯陽、伯陽有子名宗、仕魏為将軍、有功封於段干、然則今之学仙者、自可皆有子弟、以承祭祀、祭祀之事、何縁便絶」。

(23)「為下世明王孝治天下、為諸孝子報父母恩、軌則家国、使天下太平、八表帰一、咸遵至孝」(葉六表)。

(24) 闡幽微第二「夫至忠至孝之人、既終皆受書為地下主者、一百四十年、乃得受下仙之教、授以大道、従此漸進、得補仙官、一百四十年、聴一試進也」(巻一六、葉一〇表)、同「夫有上聖之徳、既終、皆受三官書為地下主者、一千年、乃転補三官之五帝、或為東西南北明公、以治鬼神、復一千四百年、乃得遊行太清、為九宮之中仙也」注「以年限言之、是聖徳更不及忠孝也」(同、葉一〇裏)、協昌期第二「道士求仙、不欲見死人尸、損神壊気之極、人君師父親愛、不得已而臨之耳、所以道士去世、不事王侯、是無君也、塊然独存、是無友也、唯父母師主、不得不臨喪、致感極之哀、不吝性命之傷耳、苟以此故而傷、是以無傷之也、吾其秘之、故口伝焉」(巻一〇、葉二四裏)。

(25) この点については、本書第二部第二章を参照。

第三部　道教教理体系と仏教教理学

第一章　『道教義枢』と南北朝隋初唐期の道教教理学

はじめに

『道教義枢』は、「至道の教方を顕わし、大義の枢要を標《しめ》さん」との意図のもとに、初唐の道士孟安排が先行する大部の道教教理書『玄門大義』に基づいて撰述したものである。『玄門大義』なき今日、本書は初唐における道教教理を伝える代表的な書物の一つである。本書の性格を簡単に特徴づけるならば、仏教教義学の方法論を借りて道教教理を総合的体系的に組織しようとしたものといえよう。

南北朝期には、仏教との交渉の過程を通して、仏教教理の影響を直接あるいは間接に受けた多くの道教経典が撰述された。また、北周の武帝による通道観の設置やそれを承けた隋の玄都観における儒道仏三教教理の総合的研究は、道教教理の体系化の機運を大いに刺戟促進した。かかる時代的背景のもとで、既撰の道教経典のみを経証として体系的な道教教理を構成した最初の教理書が『玄門大義』であったと考えられる。その構成、方法、教理などの全般にわたって仏教教義学の顕著な影響の迹が見られるとはいえ、道教自らの経典に基づく独自の教理を構成し得たことは、道教教理が単なる仏教教理の模倣の段階を脱して、円熟の域へ第一歩を踏み出したものといえよう。『道教義枢』は後述のように、基本的には『玄門大義』を忠実に節略したものであるから、本書の教理に対する分析は、隋から初唐にかけての道教教理の展開およびその体系化の試みを跡づける上で極めて有意義であると思われる。

現在、『道教義枢』は正統道蔵七六二―七六三冊に収められている。本来は全十巻三十七義からなり、その細目は次の通りである。

巻一　道徳義　法身義　三宝義　位業義
巻二　三洞義　七部義　十二部義
巻三　両半義　道意義　十善義　因果義
巻四　五陰義　六情義　三業義　十悪義
巻五　三一義　二観義　三乗義
巻六　六通義　四達義　六度義　四等義
巻七　三界義　五道義　混元義
巻八　理教義　境智義　自然義　道性義
巻九　福田義　浄土義　三世義　五濁義
巻一〇　動寂義　感応義　有無義　仮実義

このうち、巻五、二観義の後半から巻六末までは、現行本には欠落していて見ることができない。また、現行本中にも往々譌誤脱落が見られ、文意の把握が困難な部分も相当にある。

本書に関しては、すでに先人の書誌的あるいは仏教教理との関係を中心にした研究などがあるが、以下道教教理の展開に重点を置いて考究を進め、隋唐道教思想史の一端を明らかにしたい(1)。

一　『道教義枢』と『玄門大義』

『道教義枢』の内容に立ち入る前に、本書撰述の経緯と本書が基づいた『玄門大義』およびその他の先行諸書との関係に言及して、本書の性格を明確にしておく必要があろう。

まず、撰述の経緯については、孟安排自身が序文の中で次のように述べている。

> 其れ文公十番の弁、鍾生四本の談有り。玄虚を事とすと雖も、空しく勝負を論ず。王家の八並、宋氏の四非、緒道正の玄章、劉先生の通論は、咸《み》な主客を存し、従いて往還を競うも、二観三乗、六通四等、衆経の要旨に至りては、秘して未だ申べず。惟だ玄門大義のみ盛んに斯の致《ことわり》を論ぜり。但し、その文浩博なるを以て、学者能く精研する罕《な》し。遂に修証をして位業の階差に迷い、談講をして理教の深浅に味《くら》から使む。今、此の論に依準して、繁冗を芟夷《さんい》し、広く衆経を引きて、事を以て之れを類し、名づけて道教義枢と曰う。至道の教方を顕わし、大義の枢要を標《しめ》すなり。勒して十巻を成し、凡そ三十七条あり。夫の大笑の流をして蕭然として法を悟り、勤行の士をして玄宗を指示せ俾《し》めん。其れ善からずや、其れ善からずや[2]。　（序）

このように、古くは支遁、鍾会等の玄談を単に勝負を争うための空論として斥け、近くは王家の八並、宋氏（文明）の四非といった論弁や緒道正（諸糅）や劉先生（劉進喜）の「玄章」や「通論」を主客を立てて宗論を闘わすもので、教理の闡明という点では見るべきものが無いと考えた孟安排は、二観三乗、六通四等といった法相名目に代表される高度な道教教理を専述するものとして『玄門大義』を評価する。しかし、その内容が浩博に過ぎて、かえって教理の理解を困難にしていると考えた孟安排は、繁冗な部分を削除し、広く経証を引き、事項別に分類して『道教義枢』十巻三十七条を編んだわけである。

ここで問題となるのは、『玄門大義』の「繁冗」をどのように「芟夷」したのかということである。換言すれば、『道教義枢』と『玄門大義』の間にはどの程度の同一性があるのかという問題である。従来の研究に拠れば、『玄門大義』と『道教義枢』との間には約五十年ないし百年の時間的隔たりが想定されている。(3) 従って、両者の関係如何では、『道教義枢』の説く道教教理の成立時期が少なくとも五十年は早まるということになり、道教思想史の展開を考えるうえで、少なからぬ影響が生ずる。そこで、以下に両者の関係および関連諸書との関係を明らかにしておきたい。

『道教義枢』が基にした『玄門大義』は、すでに亡佚してその完本は伝わらない。ただ、道蔵七六〇冊に収められる『洞玄霊宝玄門大義』一巻はその残巻であり、幸いなことに十二部に関する部分を伝えている。従って、『道教義枢』の十二部義と対照比較することによって、『道教義枢』が『玄門大義』をどのように節略したのかを具体的に迹づけることができる。さらに、『玄門大義』の異本と考えられるものに、七世紀後半の蜀の道士王懸河の『三洞珠嚢』に引く『玄門論』があり、また、北宋張君房撰の『雲笈七籤』巻六所引の『道門大論』および同巻四九所引の『玄門大論』は、ともに『玄門論』と同一の書と考えられている。(4) このうち、『道門大論』は『道教義枢』の三洞義、七部義に対応し、『玄門大論』は同じく三一義と対応する。従って、この両者の対照比較を通しても、『道教義枢』と『玄門大義』との関係を間接的にではあるが具体的に知ることができる。

この『玄門大義』あるいはその異本とされる『玄(道)門大論』については、『道蔵闕経目録』に「玄門大論……二十巻」とあり、また、『三洞珠嚢』巻七には「玄門論第十三位業品云」「玄門論第二十云」などと引用がある。『三洞珠嚢』の体例では経名の後の「第□□」という序数は巻数を示すから、『玄門(大)論』は本来二十巻以上の大部の書で、その中は品立てされていたと考えられる。また、その撰述年代については、北周武帝の命で編まれた『無上秘要』百巻の後を承けて、隋の大業年間(六〇五―六一七)に諸葛穎が編纂した道教類書『玄門宝海』百二十巻と関連して、ほぼ同時期に作成されたと推定されている(5)。

このほか、『道教義枢』に先行する教理書で現在見ることができるものとしては、これも『三洞珠囊』に何条か引用される梁の道士宋文明の『通門論』がある。ペリオ二八六一ノ二、二二五六、三〇〇一はともに大淵忍爾氏によって『通門論』に擬定されたものであるが(6)、後述のように『玄門大義』『玄門大論』『道教義枢』と極めて近似した部分を有する教理書の残巻である。そこで、『玄門大義』と『道教義枢』との関係を、上記諸書との関連のもとで具体的に検討してみよう。

まず、道蔵太玄部所収の『洞玄霊宝玄門大義』との関係を見ると、『道教義枢』の十二部義と対応する。両者の間の細かい字句の異同の対照作業はすでに吉岡義豊氏が行っているので(7)、ここではその要点だけを挙げることにする。『玄門大義』の十二部義は、全体を正義第一、釈名第二、出体第三、明同異第四、明次第第五、詳釈第六の六大門に分門したうえで、詳釈の中をさらに釈本文第一から釈表奏第十二までの小門に分けて記述している。これに対して、『道教義枢』はまず「義曰」として一門の要旨を簡単に述べたあと、「釈曰」として科段を立てて詳述する形式をとる。このうち『玄門大義』と字句行文にわたって対応するのは「釈曰」の部分である。『道教義枢』はまず『玄門大義』の釈名第二の約五分の四をそのまま引用するが、そのあと出体第三から明次第第五までは全て省略し、次いで詳釈第六の約半分を処々省略しながら、適宜つなぎの語句を補って綴合している。『道教義枢』独自の部分といえば、わずかに「義曰」の部分数行とつなぎの語句、および「威儀」の部分に経証として引用する『太玄真一本際経』一条のみである。「屍解」の部分に数行『玄門大義』に無い記述が見られるが、これは『玄門大義』が「位業義に明かすが如し」として省略した部分に相当する。おそらく『道教義枢』は『玄門大義』位業義から該当部分を抜き出して補ったものであろう。

このように、十二部義に関していえば、『道教義枢』は『玄門大義』が数門に分かって詳述するのを分門ではなく科段に分けることで簡略化し、『玄門大義』の文章の必要な部分だけをそのまま抜き出して綴合し、その結果行文不良となる部分にはつなぎの語句を補って全体を整えるという方法を用いたことがわかる。従って、『道教義枢』十二部義は基本的に『玄門大義』十二部義の忠実な節略にすぎないといえよう(8)。

ところで、大淵氏が梁の宋文明の『通門論』に擬定されたペリオ二二五六および三〇〇一は、その文中に「宋法師云」として宋文明の説を引用することから、『通門論』そのものではないことは明らかである。その巻末には「開元二年十一月廿五日道士索洞久敬写」という記があり、七一四年の写本であることが知られる。従って、八世紀前半には広く流布していた『通門論』系統の道教教理書の残巻と思われる。ただ、ここでは叙述の便宜上大淵氏に従って『擬通門論』と呼ぶことにする。この『擬通門論』の後半はこれまた十二部の解説であって、『道教義枢』および『玄門大義』の十二部義と比較してみると、大体において『玄門大義』と一致する。両者の関係は大淵氏の指摘するように、『玄門大義』が『擬通門論』に基づいたと思われる(9)。ところで、『道教義枢』『玄門大義』『擬通門論』の三者を相互に比較対照してみると、『道教義枢』と『擬通門論』とが一致し、この両者と『玄門大義』とが対立するという部分が何箇所かみられる(10)。

具体的にいえば、「本文」に関して、『擬通門論』と『道教義枢』とはともに小篆の作者を程邈、隷書の作者を盱陽とするのに対して、『玄門大義』は小篆を李斯、隷書を程邈の作としている。また、「方法」において、『玄門大義』はまず「一は、麤食、……九は、胎食」と九法の項目を列挙したあとで、「麤食は諸もろの耽嗜を止む」以下九法の具体的効用を説くという三段構えの叙述をしている。これに対して、『擬通門論』は「一は、麤食。麻麦の類なり。耽嗜を去る」と一気に項目、内容、効用を説明してしまう。『道教義枢』はこの両者の中間形式を取り、「一は、麤食。麻麦なり」と九法の項目と内容を述べたあとに、あらためて「麤食は諸耽嗜を止む」とその効用に言及する。また、「衆術」では、『擬通門論』と『道教義枢』の記述が概ね同一であるのに対して、『玄門大義』の叙述は極めて簡略で、特に「戸解」の部分では「位業義に明かすが如し」として省略している。

このように、『道教義枢』十二部義は基本的には『玄門大義』に拠りながら、事実関係の一部(小篆、隷書の作者)や行文叙述の簡略化、あるいは『玄門大義』の記述が簡略にすぎる部分の補完などに際しては『擬通門論』に依拠したのではないかと考えられる。現在我々が手にしうるこれら諸書のテキストはいずれも孤本ばかりであるから、断定的な結論を導くことは避けなければならない。しかし、以上の諸例からみる限り、『玄門大義』を節略して『道教義枢』を編む際に、孟安排は『擬通門論』などの他の教理書をも参照したと考えて大過無いであろう。『玄門大義』と『擬通門論』との関係については、このほかにも種々興味深い問題が存するが、本題から外れるのでここでは詳述しない。

次に、『道教義枢』三一義と『雲笈七籤』巻四九所引の『玄門大論』三一訣との関係については、これも語句の異同については吉岡論文に譲り、その要点のみを挙げる。『道教義枢』の「三一修守義」以前の部分は、『玄門大論』をほとんどそのまま節略綴合し、それによって行文不良となる部分にはつなぎの語句を補っていることは十二部義の場合と同じである。ただ、『玄門大論』が科段を立てていない部分について、『道教義枢』が科段を立てて内容の理解を容易にしようとしている点が注目される。また、『道教義枢』が省略した部分は、主として繁雑な四句分別を展開している箇所や、『玄門大論』が批判している先師の説などに集中している。経証については、ここでは補ったものは一条もなく、かえって『玄門大論』の序に引く二条のうち『老子』を削除している。「三一修守義」以下の部分は『玄門大論』には対応する部分がみられない。これは『雲笈七籤』自体が『玄門大論』三一訣の抄録であるためと考えられよう。従って、「三一修守義」以下についても事情は同様で、『道教義枢』はおそらく『玄門大義』を忠実に節略したと考えて差し支えあるまい。

次に、『道教義枢』三洞義、七部義と『雲笈七籤』巻六に引用する『道門大論』との関係であるが、『雲笈七籤』所引の『道門大論』が忠実な引用とは考え難いこともあって、上述の例ほど明確な対応はみられない。しかし、『道教義枢』が大体において『道門大論』を節略したものであることは十分知られる。また、経証については上記の事情から断定的なことはいえないが、両者の比較による限り、三洞義で三条、七部義で一条、『道教義枢』の方が多く引用する。

以上は、十二部義、三一義、三洞義、七部義について、現存する『玄門大義』あるいはその異本とされる『玄門大論』『道門大論』との比較対照を行った結果知られる事柄であるが、これ以外にも、道徳義および十悪義に関して『玄門大義』との関係を間接的に示す資料がある。

唐末の道士杜光庭の編になる『道徳真経広聖義』は、唐代道教教理学の成果を援用して玄宗の注および疏を敷衍するものである。その巻五釈疏題明道徳義は、道徳義を釈名、明体、明用の三段に分かって解説したあと、成玄英疏の五種釈を基にしたと思われる五種釈を展開し、さらに本迹、理教、境智、人法、生成、有無、因果の七義を挙げて「道徳」の意義を明かし、最後に「経」の義を解釈している。このうち、五種釈以前と、五種釈よりあと七義以前のかなりの部分の記述が、語句行文にわたって『道教義枢』道徳義と一致する。また、『広聖義』巻三六の第五十章「人之生動之死地、十有三」の句の義は、その記述の大体が『道教義枢』十悪義と対応し、特に罪の四縁についての記述は全くといってよいほど『道教義枢』と一致する。このことは、『広聖義』が『道教義枢』に拠ったか、あるいは両者が共通の何か――この場合は当然『玄門大義』ということになろう――に拠っていることを示す。しかし、『広聖義』の釈疏題明道徳義の記述が『道教義枢』との共通部分を間に挟みながら、遥かに詳細であるということは、おそらく『広聖義』は『玄門大義』に依拠していることを示すものであろう。しかも、『道教義枢』と『広聖義』との語句が相当の部分で一致を見ることは、この両者がそれぞれ『玄門大義』の文章をそのまま引用したことを示唆する。(11)

以上のことから一応の結論を導くならば、孟安排の『道教義枢』編纂の方法は、原則的には『玄門大義』を語句行文ともに忠実に節略綴合するというものであった。その際、『擬通門論』などの『玄門大義』以外の教理書や『玄門大義』の異本である『玄門論』なども参照して、事実の訂正や叙述の簡略化、補完を行うと同時に、若干の経証をも補っている。[12] ただ、叙述の体例は、『玄門大義』が一義の中を数門に分かち、さらにその中を小門に分かっているのに対し、科段を立てるだけと大幅に簡略化している。『道教義枢』の三十七義の立て方も、『玄門大義』には本来、三洞、七部、十二部、三一、位業義などがあったことから、おそらく『玄門大義』のそれを継承したか、あるいはそのうちの重要なものを三十七取り上げるかしたものであろう。こうしてみると、『道教義枢』という書物、少なくともその「釈」の部分は、対比しうる例から見る限り『玄門大義』とほぼ同内容であり、孟安排が独自に補った部分は皆無であるように思われる。『道教義枢』には各所に「旧云」「今明」「今謂」「今難」「今尋」などの語を冠した部分があり、これらは孟安排が『玄門大義』に付加して旧説を紹介し、また独自の説を述べたもののようにも思われるが、「旧云」や「今謂」を冠した行論は『玄門大義』や『大論』にも同様に見えており、これらもおそらくは『玄門大義』そのものに本来備わっていた記述であろう。

従って、『道教義枢』を通して知られる道教教理は、基本的には隋末に編まれた『玄門大義』の教理であり、孟安排が『道教義枢』を編んだ時期のものではないと考えられよう。[13] ただし、『道教義枢』中には高宗期の道経である『海空智蔵経』の引用があり、善導教学の用語の使用が指摘され、[14] また湛然の思想との関連が考えられている以上、『道教義枢』と『玄門大義』の同一性はあくまでも全体を通じての一般的推定であって、個々の要素の新旧についてはそれぞれ検討を加えなければならないことはいうまでもない。

二　『道教義枢』の道教教理

本節では、まず序文の分析を通じて編者孟安排の基本的な立場を明らかにし、そのあとで『道教義枢』の教理に言及することにする。それは既述の如く、『道教義枢』が『玄門大義』のほぼ忠実な節略であり、そこに展開される教理と孟安排自身のそれとは必ずしも同一ではないと思われるからである。また、『道教義枢』の教理の分析に当たっては、三十七義の全てに順次言及するのではなく、道教思想の展開との関連で重要な記述を含む義を適宜組み合わせていくことにする。

(一) 孟安排の基本的立場

『道教義枢』は、個々の法相名目を解説することによって道教教理を闡明しようという方法をとる。このような方法は、道教教理を構成する個々の要素については十分な理解が得られるが、一方、それら相互の有機的連関や教理の総体についての統一的理解という点では、必ずしも十分に機能しないという憾みがある。孟安排自身このような構成上の問題点には気が付いていたようで、比較的長文の序を冒頭に付して道教教理の総論的記述を行うとともに、彼自身の思想的立場を明らかにしている。前節に述べたように、『道教義枢』は『玄門大義』のほぼ忠実な節略を旨としており、孟安排自身の教理理解の入る余地は皆無とはいわないまでも少なかったと思われる。そこで、まず序の分析を通じて孟安排自身の拠って立つ基本的立場とその思想史的意義とを明らかにしておきたい。

序の冒頭にいう。

夫れ道は、至虚至寂、甚真甚妙にして、虚として通ぜざる無く、寂として応ぜざる無し。是こに於いて元始天尊有り、気に応じて象を成し、寂自りして動き、真従り応を起こし、混沌の際、窈冥の中より出で、元和を含養し、陰陽を化貸するなり。故に老君道経に云く、窈冥の中に精有り、恍惚の中に象有り、と。又た云く、物有りて混成し、天地に先だちて生ず。寂たり寥たり、独立して改めず、周行して殆《つか》れず、以て天下の母と為る可し、と。蓋し、元始天尊、混沌の間に於いて、気に応じて象を成すを明かすなり。故に物有りて混成するなり。霊宝無量度人経に云く、渺渺たる億劫、混沌の中、上に復た色無く、下に復た淵無し。金剛、天を乗せ、形無く影無し。赤明、図を開き、運度自然なり。元始安鎮し、五篇を敷落す、と。故に知る、元始天尊は金剛の妙質を以て、天気を乗運し、化を布きて陶鈞し、分度自然にして、儀象女図敷鎮するを致すを。[15]

ここで孟安排は、道徳義に見える陸先生の言葉を踏まえて根源的理法としての「道」にまずは言及するが、すぐに叙述の中心を「道」の宗教的表象であり、この世界の創造者かつ至上の教えの開示者であり、道教の最高神である元始天尊に移している。このあと、彼は引き続いて『隋書』経籍志道経序、『霊宝経』、『度人本行経』、『太玄真一本際経』を引いて、元始天尊による開劫度人の由縁、伝教の次第、世人の修道供養の方法などを明らかにし、最後に「是れ知る、元始天尊は、妙炁より生じ、忽焉として象有り。応化窮まり無く、迹を顕わし形に託し、因無く待無く、法を演《の》べ教えを開きて、始め有り終わり有るを」と結んでいる。[16]このように、序の前半は元始天尊を中心とする記述に専ら当てられている。これは、『道教義枢』の本文中に元始天尊およびそこに発する教法の流れを系統的に述べる部分がないのを補い、『道教義枢』全体を統べる総論としようとする意図に基づくのであろう。孟安排がこのような意図をもつに至った動機を考えてみるに、そこには初唐における道仏両教間の熾烈な論争が背景としてあったと考えられる。

初唐における道教攻撃の先鋒であった法琳は、『弁正論』巻二において道教の「教」としての適格性を否定しようと試みている。その論理の中核は、「凡そ教えを立つるの法は、先ず須く主有るべし。道家は既に的《あき》らかな主無ければ、云何が道教と称するを得んや(凡立教之法先須有主、道家既無的主、云何得称道教)」(大正蔵五二、頁四九九上―中)というものであった。法琳は続けて「道家に的《あき》らかな主無」き理由を三条挙げる。第一に、中国古来の教えは三皇五帝の教えであって、かの周公、孔子すら自らを伝教者として教主を自称しないこと。第二に、『漢書』芸文志は九流の第二に道流を挙げるが、これはあくまでも「流(学派)」であって「教え」とはされていないこと。それは、老子は帝王ではないから教主たる資格をもたないうえに、三皇五帝以来周公孔子に至るまで、元始天尊などという神がいて道教の教主となったなどとはいっておらず、そのような伝承はすべて三張の偽経に発するから。第三に、道安の『二教論』が儒教と仏教を立てるのみで道教を立てていないように、儒教は三皇五帝を教主とする世教であり、仏教は仏を教主とする出世教であって、教えはこの儒仏二教に尽きており、この他に別に道教などというものを立てる必要が無い。しかも、河上公もいうように、道とは道理であり、淳和の気であって、形相などはもたないから、元始天尊なる神格が天上に存するはずもない。以上が法琳の道教の「教」たるゆえんに対する否定の論理の大要である。

六朝から初唐にかけて、仏教側からは様々な道教攻撃が仕掛けられた。まず、道教は自己一身の度脱のみを追求し、衆生の済度を顧みない小乗声聞の教えにすぎないとの攻撃[17]。続いては、「道は気なり」という道教教義に対しての、道教は「気」という形而下の存在を窮極至上のものとする低次元の教えであるとの非難[18]。そして、前述の法琳による、道教は教主ももたず「教」たる資格に欠ける偽教であるとの、道教存立の本質に関わる攻撃などが行われた。孟安排の序は、この法琳の非難攻撃を意識し、道教が元始天尊を教主とする正真正銘の「教」であることを宣明していると見て間違いあるまい[19]。特に、『老子』第十四章、第二十一章を引いて元始天尊の根源性を示そうとするのは、元始天尊に言及するのは三張の偽経のみとの法琳の非難を踏まえ、仏教側もその価値を認める『老子』を根拠に反論したもののように思える。かかる観点から見るとき、本書を『道教義枢』と題したことにも、道教の「教」たることを強調せんとの意図が秘められていると考えられよう[20]。

さて、孟安排は序の前半において、元始天尊の根源性と実在、天尊による世界の創造と至上の教えたる道教の開示および救済などの道教教理の根幹について諸経を引いて明らかにしてきたが、次に儒仏二教に対する見解を述べる。

元始天尊、玄に昇り妙に入るに洎《およ》び、形像既に著われ、文教大いに行われ、玄言天下に満ち、奥義宝蔵に盈つ。是こに於いて、繫象その深旨を探り、子史其の微詞を窃み、翻訳の流は、実に其の要を宗とす。所以に儒書道教は、事或いは相い通じ、了義玄章は、理其の一に帰す。能く其の本を知れば、則ち彼我俱に忘れ、但だ其の末を識るのみなれば、則ち是非斯こに起こる。而して世人は末を逐う者衆く、本に帰する者稀なり。紛競を胷中に息め令めんと欲するも、固より可ならざるなり[21]。

ここに述べられた三教一致の論は、魏晋以来の殊途同帰論を越えて、元始天尊をこの世界における唯一の教主と位置づけることにより、『易』に代表される儒教の経典も、子史に記されるあらゆる学術も、はたまた外国の教えたる仏教も、全て天尊の教えに発するものとして、道教のもとに一元的に包括しようとする気宇壮大なものである。このように、あくまでも道教の主体性のもとに儒仏二教を包括しようという三教一致論は、立場を異にするとはいえ、緻密な論理構成によって仏教を主体とする三教一致論を提唱した宗密の『原人論』に先立つものとして注目に値しよう。半面、このような三教一致論は、仏教教理を抜きにしては成り立ち得ない状況に立ち至っていた当時の道教教理学の現状を矛盾なく肯定するとともに、仏教教理の導入をより一層容易にするための理論的根拠を提供するものでもあったといえよう。

(二) 道徳義、自然義

道徳義「釈」冒頭の次の記述は極めて注目すべきものである。

道とは、理なり、通なり、導なり。徳とは、得なり、成なり、不喪なり。理と言うは、理は実に虚無なるを謂う。消魔経に云く、夫れ道とは、無なり、と。通と言うは、能く通じて万法を生じ、変通して壅《ふさ》がる無きを謂う。……[導](道)と言うは、執を導きて忘れ令め、凡を引《みちび》きて聖たら令むるを謂う。……徳に得と言うは、道果を得るを謂う。……成と言うは、衆生を成済し、極道を成さ令むるを謂う。此れ果に就きて名を為す。亦た空行を成すに資《よ》る。此れ因に就きて目を為す。……不喪と言うは、上徳は徳を失わざるを謂う。故に不喪と云うなり。……然れども、道徳は玄絶、自ら応に名無かるべし。教えを開き凡を引かんとし、強いて称謂を立つ。故に彼の無名の名に寄せて、正理を表宣し、名の無名なるを識りて、方《はじ》めて玄教を了せ令む[22]。

この中で特に注目されるのは、「道は理なり」という定義である。「道は理なり」という訓詁そのものは古く『荘子』繕性篇に見える[23]。しかし、『荘子』のいう「理」は、『管子』君臣上篇や『韓非子』解老篇などで「道」に関連して用いられている「理」と同じく、筋目あるいは秩序といった意味であり[24]、「理とは実に虚無なるを謂う」という『道教義枢』のような意味はもたない。

ところで、六朝時代を通じて最も一般的な「道」の道教教理上の定義は、「道は気なり」というものであった。この「道」と「(元)気」との一体性の主張は、すでに『老子想爾注』を初めとする六朝期の道教経典に現れる「道気」という語に見ることができる。しかし、「道は気なり」という明確な定義が下されるのは六朝後半期の「三破論」や『養生服気経』などにおいてである。この「道は気なり」という定義をめぐっては、形而下の「気」を窮極のものとする道教は低次元の教えであって、常住不滅の理を体とする仏教には及ばないという攻撃が加えられ、さらには元始天尊の無因無待性への批判や自然と因縁との関係如何などへと論争が拡大していった[25]。こうした論争過程で仏教側への対応に苦しんだ道教側は、「道は気なり」という定義がアキレス腱であることに気付いたのであろう。かくて、「道は理なり」という『荘子』の古典的訓詁に着目するとともに、その「理」に本来無かった常住不滅の体といった仏教的解釈を担わせて、仏教側に対抗する切札としたものと考えられる。また、「理は実に虚無なり」という定義は、経証として引く『消魔経』が「夫れ道とは、無なり」というものであることから、「道は理なり」「道は無なり」という二つの定義を基に二次的に導かれたものと推測される。

さて、「道は理なり」に続く「通なり」「導なり」という定義も、訓詁そのものは別に新しいものではない。ただし、そこに盛られた「通とは、能く通じて万法を生じ、変通して壅がる無し」「導とは、執を導きて忘れ令め、凡を引きて聖たら令む」という解釈は、「理は実に虚なり」と相俟って、常住不変の体、変幻自在の用、衆生済度の能を備えるものが「道」であるという『道教義枢』の教理の根幹を宣明するものである。とりわけ、「道は理なり、通なり」という定義は、『道教義枢』の基づく『玄門大義』の作成に関わったと思われるいわゆる重玄派の重要なテーゼであり、初唐期には広く普及していたことが道仏両教の資料によって確認される。

まず、初唐の重玄派の道士成玄英はその『老子』第六十二章の疏で「道とは、虚通の妙理にして、衆生の正性なり(道者、虚通之妙理、衆生之正性也)」といい(26)、また、同じく重玄派に属する高宗期の道士李栄もその『老子』第一章の注(『道徳真経註』)の中で、「道とは、虚極の理なり(道者、虚極之理也)」、同じく第二十一章では、「道は、理なり(道、理也)」などという。これら重玄派の『老子』解釈はやがて玄宗の注および疏に取り込まれて、唐代の『老子』解釈の主流をなしていくのであるが、『道教義枢』の道徳義がこれらと共通の基盤の上に立つものであることは明らかであろう。また、顔師古の名を記す『老子』解釈書である『玄言新記』明老部には、「道とは、理なり、通なり。……道とは、物を通ずるものなり。……道は是れ真境の理なり。……理境擁《ふさ》(壅)がる無し、故に之れを通と謂う(27)」とあり、これも唐代の道教教理書といわれる『三論元旨』にも同様な解釈が見られる(28)。

一方、仏教側の資料としては、法琳の『弁正論』巻五に、正しく上記の「道」の定義を逆用した道教批判が展開されている。

儒生請うて曰く、霊宝等の経に、太上大道有り、天地に先だちて欝勃たる洞虚の中、煒燁たる玉清の上に生ず。

是れ仏の師にして、能く仏を生ず。周時の老聃を言わざるなり。為《は》た定《かなら》ず是なるや。願わくは其の説を聞かん、と。開士喩して曰く、五帝の前、未だ道有るを聞かず。……今を窮め古を討《はか》るに、道とは為た誰ぞ。……道なる者は、理なり、通なり、和なり、同なり。言うこころは、陰陽運通して、三才位す。上下交泰して、万物生ず。陰陽の道理有りて、能く通じて人物を生ず。天和し地同ぜば、則ち群萌して類動くなり。……故に知る、天地有らざれば、道何くよりか生ぜん。陰陽有らざれば、道何に由りてか霊ならん。豈に造化の前に、道已に先んじて出づるを得んや。……豈に頭に金冠を戴き、身に黄褐を披《き》、鬢に素髪を垂らし、手に玉璋を把り、別に天尊と号して、大羅の上に居り、独り大道と名づけて、玉京の中に治するもの有らんや[29]。

このように、法琳は、「道は気なり」という従来の主張を捨て、「道は理なり、通なり」という新解釈を打ち出した道教側の論理を彼一流のやり方で逆手にとり、どう解釈を変えたところで、「道」あるいは元始天尊などと号する神格などは無いということを主張している。法琳は隋末に一時道士と成って道観に住していたから、その時にこのような道教側の主張を知り得たものか、あるいは傅奕、李仲卿、劉進喜等との論争の中で知ったものか、いずれにせよ、高祖から太宗の初年頃までには、「道は理なり、通なり」という主張が広く行われていたことが知られよう。それにつれてこの定義が次第に仏教側にも承認されるようになったと思わせる形跡がある。それは武后期の僧といわれる玄嶷の『甄正論』の次の記事である。『甄正論』は道教を代表する滞俗公子を仏教側を代表する甄正先生が教え諭すという形式で書かれているが、その甄正先生の言葉にいう。

又た云う、正真大道と。正とは、不偏の義なり。真とは非仮の状なり。大とは、広博の名なり。道とは、虚通の理なり。言うこころは、此れ之れを行うの道は、正にして偏ならず、真にして仮ならず、大にして能く広し、と。推して之れを験するに、並びに是れ仮号なり。道は通理にして、本と識性無し。人に由りて之れを行えば、偏なる可く正なる可し。故に云う、道は左す可く右す可し、と。定正無きを明かすなり。真仮の状は、人の之れを目する所。理中に在りては、何か真何か仮なる。此れ真に非ざるなり。広狭の相は、之れを繋《か》くること心に在り。心外に道無く、又た大ならず。(30)

ここでは少なくとも「道」が「通理」であることが、両者に共通の認識となっており、論争点は正偏、真仮、大広といった別の教義問題に移っている。最も、玄嶷の前身は道士であると伝えられているから、仏教側一般に拡大して考えるには難点がないわけではないが、「道は理なり」という定義が七世紀末には道仏を問わず広く行われ、その土俵の上でさらに別の論争が行われるようになっていたことが知られよう。かくして、「道」の体をめぐる論争はいささか鎮静化し、かの定義の思想史的役割も終わりを告げたと見えて、玄宗の『老子』の注および疏、それを敷衍する唐末の杜光庭の『道徳真経広聖義』では、しばしば「道」と「気」との一体性という、道教教理が本来的に有している基盤的思想への回帰を見せている。(31)これ以後、「道は理なり」という定義は次第に顧みられなくなり、宋代には『雲笈七籤』巻一総叙道徳に典型的に見られるように、「道」の解釈から仏教色が一掃されていく。『玄門大義』が顧みられずに散佚していったのは、かかる道教教理学の仏教教理学からの相対的離脱にともなう必然の結果でもあったように思われる。

さて、『道教義枢』が「道」を「理」「通」「導」の三義を以て説き、それを常住不変の体、変幻自在の用、衆生済度の能に当てることはすでに述べた。次いで『道教義枢』は「徳」を「得」「成」「不喪」の三義で説き、特に前二義について、「(得とは)道果を得るを謂う」「(成とは)衆生を成済し、極道を成さ令むるを謂う。……亦た空行を成すに資る」と述べて、「道」の衆生教化と済度との具体的はたらきを強調している。

このような主張が、道教は自己一身の度脱のみを求め、衆生の済度を顧みない小乗声聞の教えにすぎぬという仏教側の批判を十分に意識したものであることはいうまでもない。そして最後に「道徳は玄絶、自ら応に名無かるべし。教えを開き凡を引《みちび》かんとし、強いて称謂を立つ」「名の無名なるを識りて、方《はじ》めて玄教を了せ令む」と述べて、道教が「理」と「教」とをともに備えた宗教であることを強調する。これは、後の理教義において重ねて「理教とは、教の教為るを明かし、言は則ち言無きを示す(理教者、明教之為教、示言則無言)」(巻八、葉一表)、「理は是れ旨趣を義と為し、教は是れ化導を義と為す(理是旨趣為義、教是化導為義)」(同、葉一裏)と定義していることと相俟って、道教が宗教的真理を闡明し、衆生の済度を担い得る自利利他兼修の宗教であることを、教理構成を通して明らかにしようとしたものといえよう。

道徳義は道の定義に続いて、道の体用に関する論を展開している。ここではまず、「虚寂」を道の体とする陸先生の説と「智慧」を体とする玄靖法師の説を掲げ、次いで体の有無についての玄靖法師の説を挙げたうえで、その体は「空を離れ有を離れ、陰に非ず陽に非ず、視聴も得ず、搏触も弁ずる莫(離空離有、非陰非陽、視聴不得、搏触莫弁)」(巻一、葉二表)く、その用は「能く権能く実、左す可く右す可く、小を以て大を容れ、大にして能く小に居る(能権能実、可左可右、以小容大、大能居小)」(同、葉二裏)という。これは一見して仏教教理における体用の論に触発されたものであることは明らかであるが、陸先生とはおそらく宋の陸修静を指し、玄靖法師とは梁の臧玄靖であるから、道教側における体用論は早ければ宋、遅くとも梁代には行われていた。また、『道教義枢』は各所に三論学派の影響が見られ、道徳義のこの部分もその影響を受けていると考えられるから[32]、このような議論が盛んになったのは六朝末から隋にかけてであったろう。三論学派の影響は初唐の重玄派の著作に共通して見られるもので、例えば、成玄英はその『老子疏』の中で道徳義と同様な論を展開し、さらには本迹にも度々言及している[33]。

隋から初唐にかけて、重玄派の道士たちは一方で『玄門大義』などにおいてその教理学を高度に展開するとともに、一方でその成果を経典作成の中に還元していった。この事は、隋の道士李仲卿、劉進喜の手に成るとされる『太玄真一本際経』の説く教義が多くの点で『道教義枢』すなわち『玄門大義』と同一であることに典型的に窺える[34]。また、道の体用、本迹に関する教理も次第に深められていき、玄宗の『老子』の注や疏に影響を与えるとともに、玄宗朝の道士張果の『道体論』や『三論元旨』道宗章といったそれに関する専論、および『太上九要心印妙経』といった経典を生み出すに至った。[35] この間における道教教理学の進歩はかなりのものであったとみえて、張果の『道体論』や司馬承禎の『坐忘論』などでは、もはや仏教教理の影響をあからさまに看取させる経典を経証とすることなく、『老子』『荘子』『西昇経』といった極く限られた経典に依拠しながら、『道教義枢』よりさらに高度な論を展開しうるまでになっている。こうした基礎の上に立ってこそ、前述の『雲笈七籤』巻一総叙道徳における仏教色を払拭した道教教理の展開が可能になったのだといえよう。

ところで、道の本体論と関連して、初唐の道仏論争では『老子』第二十五章の「道法自然」の解釈をめぐって、道と自然との関係如何が重要な争点として取り上げられた。『集古今仏道論衡』巻丙(大正蔵五二、頁三八一上)の伝える所によれば、武徳八年(六二五)に帝前で行われた三教対論において、慧乗と李仲卿との間でこの問題に関する論争が闘わされた。その要旨は、道教側が、道は至極至大であり、道より根源的な存在は無いことを主張したのに対して、慧乗は『老子』第二十五章に「道は自然に法る」とあるのは、道の上位に自然があることをいうものであり、道教側の主張は成り立たないと論難した。これに対して李仲卿は、『河上公注』の「道の性は自然にして、法る所無し」という解釈によって、「道は自然に法る」とは、道の上位に自然があるのでなく、道の在り方をいったものであると反論している。慧乗と同様の論難はまた法琳の『弁正論』巻二(大正蔵五二、頁四九九中)に見える。そこでは儒生が「道は自然を以て宗と為し、虚無を本と為す」ということにつき、道が自然に基づき、あるいは自然より生ずると説く道経を挙げて問うたのに対し、通人の口を借りて、もしそうであるなら、道は自ら生ずるのではなく、自然から生ずることになり、自然が道の本ということになる。とすれば、自然が本であり常であり、道は迹であり無常であって、道こそが至上至極、常住不変の存在であるとする道教教理は成り立たないと批判している。また、同じく巻六においては、縦使《たと》い道有るも、自ら生ずる能わず、自然従り生じ、自然従り出づるなり。道、自然に本づけば、則ち道に待つ所有り。既に他に因りて有れば、即ち是れ無常なり。故に老子云く、……道は自然に法る、と。王弼云く、天地の道は、並びに相い違わざるを言うなり。故に法ると称するなり、と。自然は無称窮極の辞、道は是れ智慧霊知の号なり。用智は無智に及ばず、有形は無形に及ばず、道は是れ有義にして、自然の無義に及ばざるなり。(36)

と述べて、努めて道の常本であることを否定しようとしている。このうち、後半の部分は例によって王弼注の相当強引な解釈に基づくこじつけの趣が強いが(37)、『老子』とその代表的な注釈者の説に借りての論難には、仏教教理からするものとはいささか異なる説得力があったと思われる。

こうした仏教側の論難に対する道教側の反論は前述の李仲卿の論に見られたが、玄宗の『道徳真経疏』の次の説は、道教側の最終的な解答とでもいうべきものである。

言うこころは、道の法為る自然にして、復た自然に倣うには非ざるなり。若し惑者の難の如く、道を以て自然に法効《のっと》るとせば、是れ則ち域中に五大有りて、四大には非ざるなり。又た西昇経を引きて、虚無、自然を生じ、自然、道を生ずと云わば、則ち道を以て虚無の孫、自然の子と為し、妄りに先後の義を生じ、以て尊卑の目を定む。源を塞ぎ本を抜き、倒置すること何ぞ深きや。且《しば》らく常試《こころ》みに論じて曰く、虚無とは、妙本の体なり。体は有物に非ず、故に虚無と曰う。自然とは、妙本の性なり。性は造作に非ず、故に自然と曰う。道は、妙本の功用にして、所謂る強名なり。通じて生ずるに非ざる無し、故に之れを道と謂う。幻体名を用うれば、即ち之れを虚無、自然、道と謂うのみ。その所以を尋ぬれば、即ち一の妙本にして、復た何の相い倣法する所ならんや。則ち惑者の難は夫の玄鍵に詣らざるを知る。(38)

このように玄宗疏は道および自然を虚無を体とする妙本の強名および性を表すものであって、その体をつきつめればともに同一の妙本に帰着するのだとして、道と自然とにそれぞれ体を認めて先後尊卑を論ずるものを惑者として斥けている。この惑者というのは、第一に前述の仏教側の論者を指すことは明らかであろう。しかし、仏教側のこのような論難を招く要素は、玄宗疏自体が引用する『西昇経』を初めとして、前述の『弁正論』巻二で儒生が引く『昇玄内教経』の「夫れ道は玄妙にして、自然より出で、無生より生じ、無先に先んず（夫道玄妙、出於自然、生於無生、先於無先）」（大正蔵五二、頁四九九中）といった教説そのものに内蔵されていた。

さらには、仏教教理を借りて教理構成を行った隋から初唐にかけての重玄派の中には、仏教教理に引きずられて道と自然との間に先後尊卑を立てたものがあり、玄宗疏はこれら道教側の異説をも批判の対象とするものと思われる。「道は自然に法る」に対する初唐の重玄派道士成玄英の疏には、「次に須く自然の妙理に法るべし。所謂る重玄の域なり。道は是れ迹にして、自然は是れ本なり。本を以て迹を収む。故に義として法ると言うなり[39]」とあって、自然と道とを本迹の関係において捉えていたことが知られる。また、『度人経四注』巻五「上无復祖、唯道為身」（葉七裏）に対する成玄英注にも同様の主張が見られる。このように、重玄派の系譜に連なる玄宗疏が同じ重玄派の先師の説を超克し批判していることは、成疏から玄宗疏に至る約一世紀の間における道教教理学の展開、特に仏教教理学の直接的導入から、それを十分に消化したうえでの独自の教理の形成へという変遷の迹を示すものといえよう。

道と自然をめぐる問題を見てきたついでに『道教義枢』の自然義とそれに関連する問題を次に見ていこう。『道教義枢』自然義は「義曰」の部分でまず次のようにいう。

> 自然とは、本と自性無し。既に自性無ければ、何の作者か有らん。作者既に無ければ、復た何の法か有らん。此れ即ち自無く他無く、物無く我無し。豈に定執を得て、以て常計と為さんや。絶待自然もて、宜しく此れを治すべし[40]。

このように、自然義の要旨は、自然とはそれ自体に固有な不変の性質をもたず、物我自他の対待を絶したものであると規定し、この絶対の自然の在り方を悟りそれに則ることで、我執を除き窮極の道に至ることを主張するものであろう。自然義は続いて釈の部分で「因縁を示すには、強いて自然と名づけ、仮設して教と為す」と述べたうえで、自然を自と然に開いて、自他不自不他を絶し、然不然自然他然を超えたものが真の自然であることを『中論』観因縁品、観作作者品、観有無品などに見える論理を踏まえて述べ(41)、『太玄真一本際経』巻二付嘱品の「是の世間法、及び出世法は、皆な仮の施設にして、悉く是れ因縁なり。方便道を開き、衆生を化せんが為に、強いて名字を立つるのみ(42)」を引いてその記述を結んでいる。このうち、釈の部分の論理展開は空虚で意味が無いように思われる。ただ、自然とは因縁を明かすための方便道、仮の教えに過ぎないという主張は極めて重要な意味をもつ。

従来、仏教教理と道教教理の最大の相違点は、その宗旨を因縁説におくか自然説におくかにあったことは、甄鸞『笑道論』序の、「仏は因縁を以て宗と為し、道は自然を以て義と為す（仏者以因縁為宗、道以自然為義）」（大正蔵五二、頁一四三下）という記述によって知られる(43)。そして、六朝後半期の道仏論争において、因縁と自然との関係はやはり最大の争点の一つであった。仏教側の道教攻撃は、天尊を初めとする天上の諸神の無因無待性と地上の人間の修行得果（因縁説の肯定）との教理上の矛盾点に集中的に加えられた(44)。これに対して、その成立の歴史的経緯から、生成論や天神論などの中核的部分では道家の自然説に依拠し、救済論や修養論などでは古来の素朴な因果説や仏教の因縁論などを包摂して教理形成を行ってきた道教側は、体系的な教理形成を行うに当たって、このような矛盾点を何とかして克服する必要に迫られていた。『道教義枢』自然義の説や、十二部義の凡聖神の体を自然と学得の二つに分けたうえで、窮極においては両者は同一であるとする説は、こうした要請に対する一つの典型的な解答であった。

『道教義枢』自然義は因縁を主とし自然を従とする両者の調和論であるが、唐代道教教理学の主流はやがて因縁と自然とを対等に調和する方向へ向かう。例えば、『太上妙法本相経』には、

夫れ物は、要ず其の朴を散じ、其の古を謝するを須ちて、乃ち之れを彰わす可きのみ。……故に朴を立てて因縁の果を成ず。因縁有りと雖も、其の自然の感に非ざれば、因縁何に従りてか成ぜん。故に自然は一にして執する

に非ず。若し其の一に執すれば、万物則ち功従いて興る莫し。是こを以て真人は、因縁を知り、因縁を脩む。之れを因縁に行ず、故に自然にして運起こるなり。将に因縁中に自然有るを知らんとす[45]。

と述べて、因縁と自然とを不可分の関係において捉えようとしている。こうした傾向は玄宗朝頃には完全に定着していたとみえて、『一切道経音義妙門由起』の序文では次のようにいう。

蓋し方円動静、黒白燥湿は、自然の理性にして、易う可からざるなり。管を吹き絃を操り、文を修め武を学ぶは、因縁習用にして、廃す可からざるなり。夫れ自然は、性の質なり。因縁は、性の用なり。因縁以て之れを修め、自然以て之れを成す[46]。

ここでは自然と因縁とを性の質と用の両面として捉え、両者を矛盾の無い不可分の関係に位置づけようと試みている。また、同じく玄宗朝の道士張果の『道体論』では、

問うて曰く、道、物の体を化す。自然因縁と、為《は》た一なるや為た二なるや、と。答えて曰く、造化とは、即ち是れ自然にして因縁なり。自然にして因縁とは、即ち是れ住《と》どまらざるを本と為す。其の物を生ずるの功に取りて、之れを造化と謂う。化は外に造《な》らず。日日自然にして、自ら化して迹変ずるを、称して因縁と曰う。之れを差《わ》くれば則ち異なり、之れを混ずれば則ち同じ。何を以てか之れを言う。理は頓に階せず、事は仮待に因る。仮待の主は、因縁を以て宗と為す。縁行既に備わりて、之れを自然に帰すれば、則ち心、外に取らず、豈に自ら取らんや。外自ら取らんや。外自兼ねて忘るれば、内融けて一と為る[47]。

といって、造化の契機を自然とし、変転の諸相を因縁として捉え、どちらかといえば自然を核に両者の関係を規定しようとしている。また、『三論元旨』真源章では、

夫れ自然とは、无為の性にして、他因に仮りず。故に自然と曰う。修行の人は、有為に因りて无為に達し、有生に因りて无生に達す。自縁を了し、自然に契すれば、則ち无生の性達す[48]。

といい、また、天神と体内神の一体性を説く中で、

故に自然の中に因縁有り、因縁の中に自然有り。自然は因縁を離れず、因縁は自然を離れず。而して能く之れを異にして同じくする者なり。然らば、夫の一切の因縁は、悉く是れ自然の因縁なり。(49)

と述べて、自然と因縁の相即不離の関係を主張している。

このように、六朝後半期の仏教側の批判に端を発した自然因縁の論は、教理体系上の整合性を求める道教側の試みの中で、(50)仏教教理に依拠して因縁の優位を説く『太玄真一本際経』や『玄門大義』『道教義枢』の段階から、徐々に因縁と自然の対等な関係における相即不離を説く方向へと転換し、玄宗期には道教側の共通の認識を形成していたことが知られよう。

(三)　法身義、三一義

『道教義枢』は道徳義に続いて法身義を配する。法身義の宗旨は、「義」の部分に、

法身とは、至道の淳精、至真の妙体にして、その四徳を表し、彼の十方に応じ、機に動寂の間に赴き、物を分化の際に度す。此れ其の致なり。(51)

というように、法身を初めとする二身、三身、四身といった仏教の身相を借りて道(天尊)の法体を明らかにするとともに、その応化と衆生済度の諸相を説くものである。「義」を開く「釈」は続いて、

法は是れ軌儀、身は気象為り。至人の気象は軌《のっと》る可し。故に法身と曰う。其の応化の身相を原《たず》ぬるに、称号甚だ多し。本跡を総括するに、具さに六種と為す。本に三称有り、跡に三名有るなり。(52)

と規定して、道身、真身、法身の本の三称と応身、分身、化身の跡の三名とを挙げ、それぞれ経証を引いて個々の義を明らかにしている。このような六身説は仏教側には見られないから、道教側が独自に構成したものと思われる。そ

して、個々の身相の経証として引く諸経のうち、『本際経』のみが全ての項で引用されており、しかも『本際経』には本身、迹身も見えているから、『道教義枢』(=『玄門大義』)は『本際経』と共通の教理を説いたものと考えられる。[53]

この身相説に関しては、初唐の教理書では共通の理解は形成されていなかったようで、『道教義枢』とは異なるものが各所に見られる。例えば、唐の天皇すなわち高宗と茅山派の天師潘師正との問答を伝える『道門経法相承次序』巻中には、法身、本身、道身、真身、迹身、応身、分身、化身の天尊八身説を『太玄真一本際経』の異本である『太上決疑経』などを引いて詳細に説いている。[54] しかし、『道門経法相承次序』には『道教義枢』法身義の最大の特徴ともいえる、法身を本迹に分けたうえでそれぞれ三身を配するという発想は見られない。また、玄宗期の『一切道経音義妙門由起』の序では、真身、応身、法身、化身、報身の五身説を説いている。[55]

法身義の後半は、各身の体の色心の有無や法具足の常楽我浄の四徳、法身の本有今有の論などを展開しているが、特に四徳や法身の本有今有の論は『涅槃経』の仏性に関する説を承けて展開されたもので、法身と仏性とがオーバー・ラップして理解されていたことを示す。これは道身と道性とをともに真道の異名とする『太玄真一本際経』の説とも共通する視点であり、[56] 後の道性義とともに道教側の仏性論に対する理解の程度を知るうえで興味深い。

法身義において道教教理としての独自性が看取されるのは、本跡体義の次の部分であろう。

道教の経に拠りて、法身の正理を究むるに、本跡を通じて異ならず同じからず。跡の三身には、其の別体有るも、本の三称は、体一にして義殊なるなり。其の精智淳常なるを以て真身と曰い、[神]浄にして虚通するを道[身]と曰い、気象徳に酬する、是れを報身と曰う。気精神に就けば、乃ち三義を成して、窮詰す可からざるも、惟だ是れ一源なるのみ。[57]

ここでは、跡の三身にはそれぞれの別体があるが、本の三身は精神気のいわゆる三奇に配して三義を立てるだけで、その窮極の体は同一であることをいっている。このような説は、六朝後半期に徐々に形成されてきた三一説に法身説を配当することによって成立したもので、ここにもそれ以前の道教教理と新しい要素とを矛盾無く総合し体系化しようとする『玄門大義』、『道教義枢』の立場が遺憾なく発揮されている。

この三一に関する専論が三一義である。その「釈」の冒頭にいう。

> 精神炁の三、混じて一と為る。精は、虚妙智照を功と為す。神は、无方絶累を用と為す。炁は、方所形相の法なり。亦た夷希微と曰う。夷は平、希は遠、微は細なり。夷は即ち是れ精なり。精智円照し、平等无偏なるを以てなり。希は即ち是れ神なり。神用窮まらず、遠通无極なるを以てなり。微は即ち是れ炁なり。炁の妙本に於けるや、義に麤に非ざるもの有るを以てなり。(58)

ここに見られるような、精神気の三一を『老子』第十四章の夷希微に結びつける解釈は、早く梁の臧(宗道)の『老子』解釈の中に見出すことができる。(59) しかも、そこではこの三一が混じて一聖人となること、換言すれば天尊の法体を成すことを述べており、法身義の説の基をもなしていることが知られる。この臧宗道の説は成玄英の『老子開題序訣義疏』に引き継がれ、そこでは『九天生神章経』の玄元始三気が聖人の体を成すとの説と併記されて、精神気の三一と玄元始の三気と『老子』の夷希微が関係付けられているように思われる。(60) この点に関しては、法琳の『弁正論』巻六に、古来の名儒および『河上公注』は『老子』の夷希微を精神気に当てることを述べた後、

> 案ずるに生神章に云く、老子は[玄]元始三気を以て、合して一と為す、と。是れ至人の法体なり。精は是れ精霊、神は是れ変化、気は是れ気象なり。陸簡寂、臧矜、顧歓、諸揉、孟智周等の老子義の如きは云う、此の三気を合して、以て聖体を成す、と。又た云く、自然を通相の体と為し、三気を別相の体と為す、と。(61)

といっている。法琳のいうような精神気を夷希微に当てる解釈は少なくとも現行の『河上公注』には見出せないが、このような解釈がかなり早くから一般に行われ、また、玄元始の三気で聖人(天尊)の法体を考える解釈が陸修静を筆頭とする六朝中後半期の道士の間に行われていたことがこの記述から知られよう。ただ、重玄派の手になると思われ

る『玄門大義』の三一義が玄元始三気と三一との対応を説かないのは疑問である。

ところで、『抱朴子』地真篇や『太上霊宝五符序』に説く三一や『黄庭内景経』系の三元など東晋期の道経に見える三一は、いずれも存思服気の術に関連した身体神を意味する方術的なものであり、精神気の三一や『老子』の夷希微とは無関係であった[62]。しかし、前の『弁正論』の伝えるところが事実とすれば、宋の陸修静の頃から『老子』の解釈と関連して精神気と夷希微の対応が考えられるようになり[63]、『老子』本文の「此の三者は致詰すべからず、故に混じて一と為す」に基づいて、精神気が三一と呼ばれるようになり、道(天尊)の法体を追求する中から臧宗道の『老子』注のような三義一体の解釈が生じたものと思われる。『道教義枢』が三一体義の段で、「三一は是れ妙極の理にして、大智の源なり。円神不測にして、気を布きて成長し、貸成して棄つる靡《な》し。三を兼ねて義と為し、一に即して体と為す[64]」という徐法師の説を引いて、精の絶累を神、精の妙体を気、神の智照を精、神の妙体を気、気の智照を精、気の絶累を神と規定し、智照、妙体、絶累を媒介項とする精神気の三位一体の関係を構想するのは、それがどこまで実質的意義をもちうるかは問題であるにしても、上述の『老子』解釈の基礎の上に仏教教理学の方法論を援用して、三義一体説をより精緻に展開しようとするものといえよう。かかる点では、道教教理学の展開と『老子』解釈とは相互に不可分の関係にあったのである。

ところで、三一の意義が上述のように、東晋期の呪術的、身体神的なものから、宋以後の『老子』解釈と結んだ思弁的なものへと変遷していったのだとすれば、その延長上で道教教理を構成しようとする『玄門大義』『道教義枢』は、三一に含まれる新旧二つの層をどのように処理しようとしたのであろうか。三一義の構成を通観すると、前半の最も中心的な部分においては『老子』解釈から展開した新しい層を前面に立て、その古い層は後半の修養法の中に位置づける方法を採っている。その修養法を説く三一修守義の段は、三一の実践教理上の宗旨は精神の静定を得ることにあるとし、その方法として方便、正観、転縁の三を挙げる。そして、方便には鳴鼓、咽液、拘魂制魄といったもっとも古い呪術的な層を、正観には存三守一の法即ち『抱朴子』段階の体内三一神の存思という三一の古い層を、転縁には気観から神観へ進むという仏教の観法を取り入れた最新の層を配する。

このような教理構成の方法は、呪術から哲学的解釈、さらには仏教教理の導入へと進んだ歴史的な発展の諸段階を教理構成の時点において全て包括し、共時的な相において体系化しようとするものといえよう。この道教教理の中の古い層を歴史的な遺物として捨て去ることなく、全て取り込んで体系化しようというのが、『道教義枢』ひいては『玄門大義』の最大の特色であり、このことは後の記述の中にも繰り返し見出すことになろう。

（四）位業義、三界義、五道義、混元義、浄土義

位業義は修行証果の階位と転生する境土の階差、すなわち道教の宗教的世界像を明かすものである。位業義はまず諸師の五位説、六位説、三位七名説、界内外二位説などを紹介したうえで、「諸家の解釈既に殊なり、依拠すべきこと難し（諸家解釈既殊、難可依拠）」（巻一、葉一四表）として、『玄門論』中の揺亮、玄靖二法師の説に従うことを言明している。(65)まず、位業義の要旨を示そう。

位業には大別して感生位（稟生位）と証仙位の二系列がある。感生位（稟生位）というのは得道証果によって感生するいわゆる所生土のことであり、人中位、界内有欲観感生位三十二品、界外無欲観感生位二十七品に大別される。界外とは三清天、界内は四種民天、無色界四天、色界十八天、欲界六天を意味する。界外三清位は平等無欲善を修することで感生する。界内三十二品はさらに二位に細分される。断習気有欲善によって感生する三界中間四民天位、浄三業有欲善によって感生する界内二十八天位である。(66)人中位は五戒有欲善によって感生する。人中の下にはさらに三悪道が存するが、位業は善行を修めて得られるのであるから、位業義では説かない。次に証仙位とは、証果の深浅によって得られる仙界における位階を示し、十転位、九宮位、三清位、極果位の四位に分けられる。これと証果の深浅を示

す発心に始まり、伏道心、知真心、出離心、無上道心に至る五心とが対応する。発心、伏道心の前二心は十転位に、知真、出離、無上道の三心はそれぞれ九宮、三清、極果の三位に対応し、前三位は因、第四位が果に当たる。

十転位は一転位と九転位に分かれ、一転位は発心に対応して遊散位ともいい、九転位は伏道心に対応して尸解位とも称する。発心とは「生死を破裂して、道場に廻向し、迷より悟に返り、俗を転じて道に入る（破裂生死、廻向道場、従迷返悟、転俗入道）」（巻一、葉一四裏）の意で、初発自然心とも称される。『太上洞玄霊宝智慧上品大戒』（大淵忍爾『敦煌道経 図録編』、頁三二）によれば、十転位はまた飛天とも称されるが、「未だ真知の道を得ざる」伏位とされる。伏道心に対する九転位は下から順に武解、文解、尸解各三転位に分けられる。武解とはまた鬼師あるいは鬼官とも呼ばれるもので、生前に忠孝などの徳があったものが、死後冥界の役人に任ぜられるもので、二百年ごとに昇進する。文解はまた地下主者ともいい、生前道教を信じ、善行のあったものが、死後洞天中に再生して仙人の給仕などに当たるもので、世の散吏に相当し、百四十年ごとに昇進する。尸解とは一旦死ぬが冥界には赴かずにそのまま再生して仙人と成るものである。この十転位は「伏結の招く所にして、位存するも空なるに似、未だ真解に登らず、始めて初門に在りて、並びに乗位に非ざる（伏結所招、位存似空、未登真解、始在初門、並非乗位）」（巻一、葉一六表）ものであるが、根の利鈍、悟りの深浅によって順次昇進し、九宮位に登り得るものである。

九宮位とは、上中下各三宮をいい、上宮を飛仙、大乗、中宮を天仙、中乗、下宮を地仙、小乗とする。(67) また、地仙は色界の上六天、天仙は無色界四天、飛仙は四種民天に住し、大劫が運って世界が崩壊する際には、飛仙のみがその災を免れて、次の劫時の種民となることができる。

界外三清位とは、太清仙九品、上清真九品、玉清聖九品の二十七品をいい、これらは等しく一乗道を感ずるものであるが、観に深浅があるので差等を開くのである。(68)

感生位と証仙位の関係は、三清位は観の深浅の区別だけで感生処の区別はなく、九宮位の上三宮は四種民天に、中三宮は無色界四天に、下三宮は色界の上六天に、十転位のうち尸解位は色界の下十二天に、遊散位は欲界六天に対応する。しかし、感生位と証仙位とは本来意味の異なるものであって、完全な対応関係をもつものではない。以上が位業義の位業に関する部分の大要であるが、これを図表化すれば頁八八図2のようになろう。

次に、位業義は修道の具体的方法として、願と行とを挙げる。そして、願を自己の悟りと衆生の済度の双方を願う大乗願と、自己の悟りのみを求める小乗願とに分け、行としては術、戒、定、慧の四種を挙げて説明している。

位業義のかかる教理の中で特に注目されるのは、第一に感生位を界外無欲観感生位と界内有欲観感生位とに二分する点であろう。この界内界外という語が智顗の天台教学に由来するであろうことはすでに指摘があるが[69]、無欲観感生とか有欲観感生とかが何を意味するのかは『道教義枢』の記述だけでは明らかではない。この点で参考となるのは、『老子』第一章「此両者、同出而異名」に対する成玄英の次の説である。

両とは無欲有欲二観を謂うなり。同出とは同じく一道に出づるを謂うなり。異名とは徼妙の別なり。夫の所観の境を原ぬるに唯一なるも、能観の智に殊有り。二観既に其れ同じからず、徼妙の名異なる所以なり[70]。

これによって明らかなように、無欲観、有欲観とは『老子』第一章の解釈に基づく観法であり、それが能観の智の深浅を示すものとされたがゆえに、所生土の違いを示す界外無欲観感生、界内有欲観感生として位業義に導入されたものであろう[71]。また、証果の深浅を示す五心も『老子』第二十七章「善結、無縄約不可解」の成玄英の疏に、

上士達人は、物を先にして己れを後にし、大弘願を発して、衆生を化度す。誓心堅固にして、結契爽《たが》う無し。既に世の縄索の約束に非ず、故に解く可からざるなり。然らば誓心は多端なるも、要は五に過ぎず[72]。

として、以下に五心とそれによって得られる階位を『道教義枢』と対応する形で述べている[73]。このことは、成玄英はおそらく『玄門大義』などに拠ったと思われるにしろ、その『玄門大義』などの五心が『老子』解釈との関連で生み出されたものであることを強く示唆する。ここでも、三一義と同様、当時の道教教理学が『老子』解釈を一つの軸と

して展開していたことが知られるのである。

証仙位を仙真聖の三位に分け、聖を最上位に置くのは、道教本来の教説ではなく、六朝中期の道教が、元来真仙聖の順位で真を最高位に置いていたものを、仏教との論争の過程で聖人を最高位に置くようになったものであることは、すでに指摘がある。(74)文献に徴し得るその最も古い例は宋の袁粲の顧歓『夷夏論』批判に対する顧歓の駁論といわれるが、『三洞珠嚢』巻七に引く宋文明の『通門論』はそれを承け、また、聖真仙の三清位の感生処には差等が無いとする位業義と同類の記述が『擬通門論』に見えることなどからして、(75)聖真仙と三清境を結びつけるこのような教理は梁代には存在していたと考えられる。

十転位中に見える文解、武解の概念は、神仙思想に古くから見られる尸解仙の一変形と考えられる。神仙思想は本来永遠不滅の肉体の実現を目指すものであったから、死後の世界には無関心であり、まして死後に再生するなどという考えはもたなかった。しかし、現実との妥協を図る中で、刀杖を屍に化して一旦死んだかに見せて実は仙人となるという尸解仙の存在が主張され、東晋から宋にかけての時期には、仏教の死者の世界や死者への追善供養の思想に触発されて、道教側でも酆都を中心とする死者の世界と凡人の死後における再生昇仙とが説かれるようになった。それが死後冥界の役人(鬼帥)となる武解と、同じく冥界の支配を脱して仙人の住む洞天の中でその給仕(地下主者)となる文解とを生み出し、それらから順次昇進して九宮にも登り得るという神仙思想が構想されるようになった。かかる神仙思想が道教教理の中で定着するのはやはり斉梁の頃である。(76)

さて次に道教の天界説であるが、これはすでに第二部第一章でも述べたように、仏教の三界二十八天説に触発されたものであることは明らかである。当初、四方に八天ずつを配する三十二天説とその上に在って三十二天全体を包羅する大羅天が『元始无量度人上品妙経』や『洞玄霊宝諸天内音自然玉字』などによって主張された。その後、北魏における種民思想の展開と仏教の重層的な天界説への順応とが、螺旋状の天界構造説と北方の四天を種民天に当てる説を生んだ。一方、『三天正法経』『三天内解経』『九天生神章経』などの三天九天説の中で説かれた三清境（天）が三十二天の上に加上され、大羅天を最上天とする重層的な構造をもつ三十六天説が形成された。『道教義枢』の天界説は大羅天の存在を強調しない点を除いては、ほぼ完成された三十六天説に近いと見て良かろう。以上が『道教義枢』以前の天界説の展開に関する大まかな見通しであるが、次に今少し詳しくその迹を辿ってみたい。

　中国の古典的な天界説は、一方で素朴な九重天の観念を有するにせよ、基本的には五方の帝の祭祀や九天分野説と結合した、方位観念と不可分の平面的なものであった。このことは、『礼記』月令や『淮南子』天文訓などから知られる。六朝初期の古道経と思われる『太上霊宝五符序』や『元始五老赤書玉篇真文経』などは、仏教の十方世界の概念を加味したとはいえ、五方天説を基盤とした平面的な十方天説を説いて、古典的観念を保持している。一方、『九天生神章経』は生成論と関連して時系列的な天説を展開しているが、天界の構造そのものをどのように考えていたかは明確ではない[77]。ただ、北周の甄鸞の『笑道論』第三十二「五徳重天」では、『三天正法経』の九天説を重層構造と理解しているから、南北朝後期には、『九天生神章経』系の九天説を重層的に考える説が存在していたのであろう。さらに、仏教の三界二十八天説を基に構成された『度人経』の三十二天説は、南斉の厳東の注に依れば、四方に八天ずつ平面的に配当されていたことが知られる。しかし、『三洞珠嚢』巻七に引く『玄門論』は「其（『度人経』）の三十二天は、並びに空无の中に在り、十方に周廻し、起こるに東北扶揺台自《よ》りし、羊角して上る（其三十二天並在空无之中、周廻十方、起自東北扶揺台、羊角而上）」（葉三一表）といい、三十二天を螺旋状に上昇する構造として捉えている。かかる解釈の相違に関して、同じく『三洞珠嚢』巻七に引く宋文明の『霊宝雑問』は、

> 三界三十二天は、霊宝内音の如きに依れば、分置して四方に在り。定志経図は正に三重に作る。今義疏中に解釈して云く、羊角の如くして上る、と。二事と並びに違うは、何ぞや。答えて曰く、此れ乃ち二事両通する所以なり。羊角とは、猶お荘子の義のごときなり[78]。

という。これに依れば、『霊宝内音』は八天ずつ四方に平面的に配置していたのに対して、『定志経図』は三重の重層構造を主張していたこと、この二説を会通するために宋文明の『霊宝経義疏』[79]が、『荘子』逍遥遊篇の「鵬は……扶揺を搏ち羊角して上がること九万里」に基づいて螺旋状に上昇する構造を提示したことが知られよう。かく、『度人経』や『霊宝内音』が三十二天説を提唱した当初は、『太上霊宝五符序』『元始五老赤書玉篇真文経』同様、中国の伝統的な天の概念に従って、八天ずつ四方に配置する平面的な構造が考えられていた。しかし、徐々に仏教の重層的天界説への理解が進むにつれて、『定志経』のように三重の重層的構造(おそらく三界説を意味するのであろう)とする説が生まれ、梁の宋文明に至って、両説の矛盾を解消するために螺旋構造が主張された。この間、道教側において、天界五重説や八十一天、六十六大梵、五億重天などの種々の天界説が説かれ、その構造に関しても平面重層様々であったことは、『笑道論』第三十「偸仏経因果」でこれらの天説と関連する事柄に触れて、「請う、此の天は為《は》た重なれるや為た横ざまなるや、為た虚なるや為た実なるや、何の丹草を服して、此の天を獲たるかを説け(請説此天為重為横、為虚為実、服何丹草、而獲此天)」(大正蔵五二、頁一五一中)と詰問していることからも想像に難くない。しかし、『道教義枢』は位業義においても三界義においても、螺旋構造説には全く触れない。ただ、『道教義枢』の位業義を見る限りは、天界は重層的に捉えられていたと考えられ、その天界説は『度人経』の成玄英注や、『道門経法相承次序』などに見られる初唐の重層的天界構造説と同一であったと思われる。このように、道教の天界説は、仏教の三界二十八天説に八天を加上し、平面構造説から螺旋構造説を経て重層構造説へという展開過程を辿った。『道教義枢』の天界説はおそらくその最終段階に相当するものであろう[80]。

位業義に関連して、三界義および五道義に目を転じてみよう。三界義は欲界、色界、無色界を合して二十八天とする仏教の三界説を承け、これに四種民天を加えた三十二天説にまでは言及するが、三清天および大羅天には全く触れない。三界義の最大の特色は、三界を応化、輪廻、流来、返出の四種に分かつ点にある。このうち、応化の三界とは、三十二天が住境に応じて化現するもので、一天あるいは一塵の中にも見られるという。仏教で、菩薩が神通力によって十方世界を一房のうちに現出させるようなものであるらしい。流来、返出の三界は、衆生が三界に輪廻しあるいは三界から解脱する契機を指していうもので、両半義に詳述される『定志経』の説に基づくものである。三界義は専ら輪廻の三界について述べるが、一部訛誤があるらしく記述に矛盾が存する。輪廻の三界とは報得についていうもので、純悪業は三徒の報、善悪雑業は人中の報、純善業は十八天の報、不動業は十九天以上三十二天の報を得るとする。とくに若有若無観を修めたものは無色界四天に生じ、さらに気観を修め、四等を修めて余習を除けば、四民天に生ずるという。ただ、三界義は専ら報得をいうのみで、輪廻という重要な概念については見るべき記述が無い。

さて、三界も含んださらに広い世界での輪廻を説くのが仏教の五道説であるが、『道教義枢』の五道義は地獄に道教教理の一端を覗かせるほかは、全くといってもよいほど仏教のそれを祖述している。(81) また、その記述も三界義同様極めて簡略で、あるいは誤脱があるのかも知れない。五道義は、地獄に二種有りとして、北酆地獄と五岳地獄を挙げる。北酆地獄は『抱朴子』対俗篇に「(仙道を得れば)勢以て羅酆を総摂すべし」と初見する「羅酆」と同じで、北方癸地にある死者の寄り集う山であり、羅酆都、酆都、北酆とも呼ばれる。『真誥』巻一三稽神枢第三や同巻一五闡幽微第一にはこの羅酆山に関する詳しい記述が見られる。それに拠れば、この山には紂絶陰天宮を初めとする六宮があり、鬼官の大帝である北帝君(北大帝)を中心に四明公などの整然たる官僚組織のもとに運営されている。二宮ごとに一官が置かれ、全部で三官有り、死者は全てここで生前の行為の善悪について審判を受ける。生前善行があったり仙道を修めたことのあるものは、清鬼、善爽の鬼とされ、文官は地下主者、武官は鬼帥となり、三官の統制を離れて洞天内に住し、一定の年数をかけて再生昇仙し、最後には神仙へと昇化することができる。しかし、これ以外のものは、三官の統制下にあって永久に死者としての生活を送る。

このように羅酆都は死者を裁く閻魔の庁に相当するが、未だ仏教の地獄のような悲惨なものとは考えられてはいなかったようであり、東晋期には泰山治鬼説とは別に羅酆山治鬼説が説かれ始めたことがわかる。その後、羅酆が仏教の地獄説と習合して道教の地獄として考えられるようになったことは、梁の陶弘景の『真誥』注に北帝君と閻羅王が同一視されていることや、『太真科』に羅酆山の山上山中山下に各八地獄があり、「獄に十二掾吏有り、金頭鉄面。巨天力士各二千四百人、金槌鉄杖を把りて、死魂を玄科し、以て罪罰を治す」などということから知られよう(82)。また、五岳地獄は『三洞珠嚢』巻七、三十二牢獄品の中に見えるものがそれに当たるであろう。この他にも、当時の地獄説には『太上洞玄霊宝業報因縁経』などに見える九幽十八地獄があり、決して『道教義枢』のいうように二種には止まらない。『道教義枢』はあるいは『大乗義章』巻八、六道義が、地獄を正地獄と辺地獄の二種とするのを承けて二種に分けたものであろうか。

次に、大羅天を初めとする三十六天や世界の生成、構造に関する教理を説くのが混元義である。混元義はまず、易緯『乾鑿度』や『列子』天瑞篇の五運説を基に構成された『洞神経』を経証として、太易(道体)→太初(元気)→太始→太素→太極という五運説を示し、この万物が混然一体となって未だ何物も分化していない状態を混元と呼んでいる。そして、この混元から陰陽、三才、五常、万物が生成されるという伝統的生成論を示す。次いで釈天地では、混元の一気が大羅天であり、ここから玄元始三気が生じ、三清天が化成し、さらにこの三気が各三気を生じて九気となり九天が化成し、この九天が各三天を生じて二十七天ができ、最初の九天と合わせて三十六天となるという天界生成説を別に説く(83)。これに依れば、大羅天は三十六天の内に含まれないから、『道教義枢』は三十七天説に立つことになろう。

しかし、これは明らかに位業義や三界義の記述と矛盾している。なぜこのようなことになるのかといえば、『道教義枢』位業義や三界義では、『度人経』などの三界二十八天＋四種民天の三十二天説に三清天を加え、最上に大羅天を据える三十六天説に拠るのに対し、混元義では、大羅天を考えずにいきなり三天から始まる『九天生神章経』系の三十六天説に、最初に挙げた混元の一気からの伝統的生成論を結びつけて、一天(気)↓三天(気)↓九天↓二十七天という生成論にしたために四十天になってしまったのである。当時の道教教理の中には四十天説は見られないから、これは『道教義枢』の教理構成上のミスであろう。宋文明『道徳義淵』の説の如く、『度人経』系の三十二天説と『九天生神章経』系の三十六天説は位階を示すものと生成を示すものという本来系統の異なるものであった(84)。しかし、仏教教理との対抗上、天の数は多いほど良いと考えられたのであろう。そこで位階を示す三十二天説に生成論の三十六天説の三清天が加えられ、最上に大羅天が置かれて、位階を示す天も生成論系の天と同数の三十六天に増やされたと考えられる。『道教義枢』の混元義はこのような歴史的経緯を無視して位階を示す大羅天を生成論に持ち込んでしまったのである。それまで成立事情の異なるものを巧みに体系化してきた『道教義枢』も思わぬところで破綻を見せたといえよう。

最後に浄土義に言及しておこう。浄土義は浄土には仙人土、真人土、聖人土、天尊土、衆生土の五があるとする。このうち、仙人、真人、聖人土は太清、上清、玉清の三清天と同様なものと考えられており、天尊土は天尊が化主となる浄土、衆生土は衆生が業縁によって感生する浄土である。この解説を見るかぎり、浄土義のいう五浄土は、要するに三清天、大羅天、四種民天以下の三十二天をそれぞれ言い換えたものにすぎない。しかも、浄土義全体の記述も三界義、五道義同様極めて簡略で、十分な教理展開がなされていないようである。これに対して、『道教義枢』と同系統の教義を説く『太玄真一本際経』は各処で浄土に言及し、巻六では「浄土の体に凡そ五種有り」として究竟平等浄土、畢竟真性浄土、化物方便浄土、業報差別浄土、世間厳飾浄土を挙げて詳しい解説を行うとともに、无上自然道意↓二観↓三捨↓四等……という浄土の正因を挙げるなど、教義全体の中でも重要なものとして扱っている。

『道教義枢』は十二部義の解釈に見られるように必ずしも『太玄真一本際経』と同一の立場には立たないが、経証として最も多く『太玄真一本際経』を引いているのも事実であり、浄土に関するこの両者の落差は不可解である。

『玄門大義』からしてそうであったのか、『道教義枢』が意図的に過度に節略したのか、それとも脱落があるのか、今俄かには決め難い。しかし、『道教義枢』を通観すると、先行道教教理に対応するものが無く、しかも三論学派の主要なテーマではない法相名目については、極めて簡略な記述しか行っていないような印象を受ける。なお、浄土義の構成に関しては、浄土を五種に分け、その中に衆生土を入れる点、次いで浄土の体を問題にする点など、『大乗玄論』巻五教迹義の浄土の項に類似することを指摘しておく。

（五）三洞義、七部義、十二部義

この三義は、教主、経典、教理の系統的位置づけ、分類に関するものであり、いわば道教の教相判釈とでもいうべきものである。この三義がほぼ全面的に『玄門大義』に依拠し、あるいは『玄門大論』『道門大論』に近似することはすでに見てきたとおりである。三洞、四輔、十二部といった分類の成立についてはそれぞれ専論があるので、ここでは省略に従い、体系的教理構成の中でこれらがどのように位置づけられたのかに焦点を絞って論ずることとする。

まず、『道教義枢』三洞義、七部義の大要を掲げておこう。洞真、洞玄、洞神の三洞の教法は、いずれも凡人を聖人たらしめるもので、結局は一大乗の教えである。その教法にはそれぞれ本迹があり、洞真の本は混沌太无元高上玉皇之気、迹は教主たる天宝君、洞玄の本は赤混太无元无上玉虚之気、迹は教主霊宝君、洞神の本は冥寂玄通元无上玉虚之気、迹は教主神宝君である。この三宝君はそれぞれ玉清、上清、太清の三清境に住する。この三洞、三宝、三清境は元来同一の気が感に応じ縁によって化生したものである。その法体は大洞の智用であり、精神気の三一である。今その関係を図示すれば次のようになる。

一気
- 混沌太无元高上玉皇之気 → 天宝君―洞真部―玉清境（天）
- 赤混太无元无上玉虚之気 → 霊宝君―洞玄部―上清境（天）
- 冥寂玄通元无上玉虚之気 → 神宝君―洞神部―太清境（天）

次に、三洞の経法を補佐するのが太玄、太平、太清、正一の四輔であり、三洞と合わせて七部という。その関係は、太玄部は洞真部を、太平部は洞玄部を、太清部は洞神部を補佐し、正一部のみは三洞を通貫して補佐する。七部のそれぞれを構成する主要な経典は、洞真部は上清経、洞玄部は霊宝経、洞神部は三皇文、太玄部は老君所説の太玄経、太平部は太上所説の太平経、太清部は老君所説の太清経、正一部は太上所説の正一経である。かく述べた後、七部義は三洞四輔の対応関係を次のように説いている。

太清の洞神を輔する所以の者は、洞神の鬼神を召制するは、必ず太清の、太一を存守し、金丹を服御し、此の道を助け成すを須《ま》ちて、神用乃ち申ぶればなり。洞玄は、天を和し地を安んじ、国を保ち民を寧んず。太平の宗教も、亦た復た斯くの如ければなり。洞真は、変化无方、神力自在なり。故に太玄の空を明かし、道の此の行を成ずるを須つ。重玄の心既に朗らかなれば、万変の道斯《すなわ》ち成る。故に三十九章は、无生の説を号《と》き、西昇の妙典は、善く无為の宗、无為の果に入るを示す。既に[重]玄を体すれば、斯ち无生の道を致し、即ち洞遺方《はじ》めて成る。正一の徧《あまね》く三乗を陳ぶるは、具経通じて三乗の致を明かすを以てなり。……言うこころは、末俗は根鈍にして、三乗に迷えば、正一徧く申明するなり。又た三洞は総じて一乗の教と為す。故に正一に云う、三洞は三なりと雖も、兼ねて之れを該《つつ》めば、一乗道なり、と。太玄を大乗と為し、太平を中乗と為し、太清を小乗と為し、正一は三乗を通ずるなり、と。(85)

『道教義枢』は以上のように、三宝、三清、三洞、四輔、三乗等の関係を総括するが、ここに取り上げられる個々の名数は、六朝期の長い期間を通じ、しかも様々な立場の人々によって作り上げられたものであり、本来的にこのような体系を有するものではない。

三洞の概念は、未だ葛洪の『抱朴子』段階では見えておらず、宋の陸修静の撰進した『三洞経書目録』に初見される。しかも、『九天生神章経』では、三洞の名称が大洞、洞玄、洞神となっており、洞真の名は見えていない。大洞というのは、陸修静もその祖師の一人に挙げられる上清派が所依の経典とする『大洞真経三十九章』の大洞であり、後に洞玄、洞神との統一をとるため洞真と改称されたものである。(86) 従って、『大洞真経三十九章』を主要経典とする洞真部を筆頭とする三洞の分類は、上清派による教判を示すものであったと考えられる。この三洞と三宝君、三清天、三元三気等を結びつけて、世界および人間の生成、道教教理の淵源等を説くのが『九天生神章経』である。(87) そこでは、

大洞(洞真)─天宝君─混洞太无元高上玉皇之気─玉清─玄気
洞玄　　　─霊宝君─赤混太无元上玉虚之気　─上清─元気
洞神　　　─神宝君─冥寂玄通元上玉虚之気　─太清─始気

の対応が説かれ、三気(天)から九気(天)へという三の倍数による世界の生成説と、それと時を同じくして開示された三洞の教法という構想が示されている。しかし、ここでは四輔には全く言及していない。次いで、『道教義枢』に先立って三洞を三乗に配したのは、『道教義枢』や『玄門大論』が経証として引く『洞真太上倉元上録』であり、正統道蔵一〇三一冊に収めるのがそれに相当しよう。この『倉元上録』は三洞、三清、三乗を対応させ十二部にも言及するが、やはり四輔には全く言及していない。

一方、三洞に四輔を配する七部の概念は、三洞説にかなり後れて出現した。『道教義枢』の言及する孟法師の『玉緯七部経目録』は、七部分類による書目の最初のものと思われる。この孟法師は梁の大孟法師孟安排あるいは小孟法

師孟智周のことと推定されるから、七部の構想は梁代には存在していたといえよう。また、『道教義枢』は七部義においては専ら正一経を重要な部分の経証として用いており、特に正一部が三乗を遍く申明する一乗道に立つものであるという主張は、全く正一経によっている。従って、正一部を統一の核とする七部の構想は、おそらく正一経を所依とする天師道系の一派によって主張されたものであろう。

それではこのように成立の背景を異にする三洞、七部を『道教義枢』はどのように体系化しているのであろうか。『道教義枢』は、三洞義では三洞を直接三乗と対比することはせず、専ら一乗道であることを強調する。これに対して七部義では、太玄、太平、太清をそれぞれ聖業、真業、仙業としたうえで、さらに大中小乗に配比している。四輔は三洞を補佐するものであるから、太玄、太平、太清が三乗に配される以上、間接的には三洞と三乗の対比が考えられていたと思われるが、それは表面に出されず一乗道であることがことさらに強調されている。このように、根本経典である三洞ではなく、四輔において聖真仙業、大中小乗の別を主張する『道教義枢』の説はいささか不可解といわねばならない。前に挙げた『洞真太上倉元上録』や『道門経法相承次序』巻上、『太上洞玄霊宝業報因縁経』巻一〇叙教品等では、三宝君、三元気、三清境、三洞、三気、三乗の対応が説かれ、三洞を三乗に配するのは初唐の教理学では定説であったと考えられるからである。

前述のように、洞真部は『大洞真経』を初めとする上清経が主内容をなす。従って、この洞真部を上位におく三洞説は、上清派の教判を示すものと考えられる。そして、この三洞説は早く宋代には出現し、梁代には定着していた。一方、四輔は正一部だけが特殊な位置に置かれて三洞を通貫するものとされることから、正一経に依拠する一派の教判を示すものと考えられ、これまた梁代には定着していたと推定される。これに対して、『道教義枢』およびそれが基としたであろう『玄門大義』は重玄派の手になるもののようであり、上清派あるいは正一派とは異なった立場にある。しかし、重玄派の出現に先立って、三洞四輔の説が定着していたため、重玄派は三洞四輔説を一応そのまま継承する形で『玄門大義』の教理構成を行わざるを得なかった。ところが、『道教義枢』が太玄部の項で「太玄とは、重玄を宗とす。老君の所説なり(太玄者、重玄為宗、老君所説)」(巻二、葉一〇裏)というように、重玄派が最も重視したのは『老子』『妙真経』『西昇経』等を主内容とする太玄部であった。そして、『玄門大義』が従来の太玄の解釈を捨てて新しい重玄の概念で太玄を解釈したことは、七部義の次の記述に窺える。

　太玄とは、旧に云く(『雲笈七籤』所引の『道門大論』は孟法師の所説とする)、老君既に太玄の郷に隠る、亦た未だ此れ是れ何所なるやを詳らかにせず。必ずや跡を摂《おさ》めて本に還り、玄の又た玄を遣りて、名を太玄に寄するに非ずや、と。今明かすらく、此の経太玄と名づくるは、当に是れ重玄の致を崇ぶなり。玄義遠大なるが故に太玄と曰うなり[88]。

ここに挙げる旧説と似たものは、『三洞珠囊』巻八に引く太玄部巻八の『老子伝授経戒儀注訣』に、「太玄とは、太宗極主の都する所なり。老子此こに都し、化して十方に応ず(太玄者、太宗極主之所都也、老子都此、化応十方)」(葉六表)とあって、太玄は太玄都の意に解されている。『玄門大義』はこのような説を斥けて、重玄の致を明かすが故に太玄と名づけるのだというより哲学的な解釈を提示し、太玄部の価値の高いことを主張しようとしたのであろう[89]。上清経、正一経が上位を占める形で定着した三洞四輔の教判に対し、本来三洞と三乗の対応を説くべきであるのに、専ら四輔の三太と三乗の対応を説き、太玄に大乗を配するのも、太玄部の地位を高めようとする試みの一つと見られる。また前に引いた七部義の文章の中で、『大洞真経』と『西昇経』の教説を補完の関係ではなく、ほとんど同価値に近いものと主張しているのも、同様の意図を示すものといえよう。

このように、『玄門大義』はまず太玄の解釈に重玄という新しい概念を導入し、それを大乗に配することで太玄部の価値を高めようとした。それと同時に、

　一往は二乗を以て方便と為し、大乗を究竟と為す。次に三乗を以て方便と為し、一乗を究竟と為す。窮論すれ

ば、一と三とは、並びに方便と為し、非一非三、是れを究竟と為す。(90)と述べて、本来正一派の立場から主張された一乗道の主張をさらに推し進めて、窮極においては三洞四輔の区別や価値の差を超えた所に道教の真理が存することを主張する。このように、『道教義枢』は七部義において『法華経』の一乗道の教説を援用して、従来の三洞四輔の教判、価値体系を打破し、間接的に太玄部の地位を高めようとする意図に基づく教理構成を行ったといえよう。

次に十二部義について見てみよう。十二部義とは三洞それぞれをさらに、本文、神符、玉訣、霊図、譜録、戒律、威儀、方法、衆術、記伝、讃頌、章表の十二に細分するものである。(91)十二部の成立は、『擬通門論』に陸先生の説として十二部を挙げていることなどから見て、三洞分類同様、陸修静の『三洞経書目録』に始まると思われる。また、『道教義枢』の十二部義は、既述のように全く『玄門大義』の抄文である。以下、十二部義で注目される点を二、三挙げてみよう。

十二部義は、威儀の項で斎に言及し、斎には極道と済度の二義があるとしている。極道とは経証に引く『洞神経』と『本際経』によれば、「心斎坐忘」の謂である。また、済度とは、金籙斎、玉籙斎、黄籙斎の三籙斎と、三皇、自然、上清、指教、塗炭、明真、三元各斎の七品である。このうち三籙斎は、金籙斎が「上は天災を消し、帝王を保鎮す」、玉籙斎が「人民を救度し、福を請い過を謝す」、黄籙斎が「下は地獄九玄の苦を抜く」ものとされ、鎮護国家、衆生済度、死者追善を担う最も重要な斎として位置付けられて、七品はそれを補助するさらに目的の細分化された斎とされている。道教の斎をこのようにはっきり鎮護国家、衆生済度、死者追善の三要素で規定するのは、『玄門大義』(=『道教義枢』)を以て嚆矢とするようである。これが道教の斎に関する代表的な論と考えられていたことは、『弁正論』巻二(大正蔵五二、頁四九七上)に、この威儀の項の斎に関する部分がそのまま引用されて、道教攻撃の枕に使われていることによっても十分に知られよう。

ところで、道教の斎を極道と済度の二種に分かつことは、『太上洞玄霊宝業報因縁経』巻四持斎品にも見えており、極道をさらに忘心と滅心の二門に分かって次のようにいう。

忘心とは、始終意を運らし、行坐に形を忘れ、寂として死灰の若く、槁木に同じくす。想を滅し念を滅し、惟だ一なるのみ。滅心とは、随い念じ随い忘れ、神行《めぐ》りて系せず、心を寂に帰し、直ちに道場に至る[92]。

このような心斎坐忘あるいは忘心滅心という心の静定による悟脱の主張は、やがて仏教の坐禅、観法と結びついて、玄宗期の司馬承禎の『坐忘論』に理論化されるが、『玄門大義』(=『道教義枢』)の段階では、仏教側の塗炭斎攻撃に対抗するために、『荘子』の説を借りて、仏教の坐禅、観法に相当するものが道教にも存することを主張するだけのように思われる。済度の三籙七品には詳しい説明が付せられているのに、極道にはそれが無いことは、そうした状況を反映するものであろう。

一方、斎の種類、名称については、当時は様々な説が行われており、統一的な見解は無かったようである。陸修静撰と題する『洞玄霊宝五感文』は、上清斎二法、霊宝斎九法、塗炭斎に大別し、霊宝斎九法として金籙、黄籙、明真、三元、八節、自然、洞神(三皇)、太一、指教の九斎を挙げている。これに対して、『雲笈七籤』巻三七斎戒の六種斎の条に引く『道門大論』は、上清斎二法、霊宝斎六法、洞神(三皇)斎、太一斎、指教斎、塗炭斎の六斎に大別し、霊宝斎六法として金籙、黄籙、明真、三元、八節、自然の六斎を別に挙げる。この霊宝六斎は『擬通門論』の挙げるものと一致する。一方、『無上秘要』は霊宝、三皇(洞神)、塗炭、盟真(明真)、三元、金籙、黄籙、太真の各斎品を立てているが、霊宝斎宿啓儀品では、『金籙経』『玉籙経』『明真経』などを引き、霊宝斎と他の斎との関係が明確ではない。また、『太上洞玄霊宝業報因縁経』は太真、金籙、黄籙、明真、自然、三元、塗炭、洞神(三皇)、神呪の九斎を挙げる。さらに、前引『雲笈七籤』の十二斎の項では『玄門大論』を引いて、『玄門大義』の三籙七品の十斎に八節斎、靖斎の二斎を加えている。

このように、斎に関する各書の説がまちまちなのは、重玄派、上清派、霊宝派といった道教各派の立場が反映されているからにほかなるまい。例えば、『雲笈七籤』巻三七に引く『道門大論』は上清派のものといわれるが(93)、「上清の、群を絶して独り宴《やすら》い、気を静め形を遺《わす》るるの心斎を除くの外、自余は皆な是れ国王民人、学真の道士の為に、先祖を抜度し、己躬《みずか》ら過を謝し、災を禳《はら》い福を致すの斎なり(94)」といって、上清斎のみを極道の心斎として高く評価し、他は全て済度の斎とするのは、上清派の教説を反映するものであろう。一方、『玄門大義』が上清斎を済度の斎に配するのは霊宝経に親近な重玄派の、また『業報因縁経』が上清斎に言及しないのは霊宝派の立場をそれぞれ示すのではなかろうか。いずれにせよ、『玄門大義』(=『道教義枢』)が鎮護国家を斎の第一の目的とするのは、北朝における国家道教、国家仏教の伝統を引くものであると同時に、心斎が強調されることは、後に上清派の天師司馬承禎が『坐忘論』として心斎論を大成していることから見ても、個人的内面的宗教の性格が強い上清派を初めとする南方道教の教理が反映されていると考えてよいのではないかと思われる。

次に、記伝の項において、「凡そ聖神の体に、略して二事有り。一は自然、二は学得なり」と述べ、『大洞経』の「洞経を得し者は、死従り生を得、……真従り上清黄老君、三十九真、二十四帝、百八十道君、天尊上聖と為るを得るも、亦た自然の妙炁、応化の作す所有り、亦た修習後成有り。自然と後学は、合《まさ》に一為るべし(95)」を引いて、聖人、神人の自然、学得の別を論じている。この事については、自然義の所で簡単に触れたが、今少し補っておこう。

既述のごとく、このような記述が『笑道論』などの天尊神人の無因無待性の批判を踏まえるものであることは明らかである。しかし、道教思想自体の展開に即していうならば、嵇康の「養生論」における神仙不可学の主張と、葛洪『抱朴子』における先天的要素を前提としたうえでの神仙可学の主張がこのような説の思想的源流をなしているといわなければならない。この両者の主張を承けたうえで、より『道教義枢』の説に近い論を展開するのが、『真誥』巻五甄命授第一に掲げる清霊真人裴玄仁の次の誥授である。

君曰く、人生まれながらにして骨録有れば、必ず篤志有り。道之れをして然ら使む。青光先生、谷希子、南岳松子、長里先生、墨羽の徒の若如《ごと》きは、皆な太極真人の友とする所為り。或いは太上天帝の念ずる所の者為り。雲を興し龍に駕して以て之れを迎う。故に道を学ばずして、仙自ら来たるなり。此れを過ぎてより以下は、皆篤志を須《ま》つなり(96)。

ここでは、神仙に一応先天的要素を必要としながら、『抱朴子』の太一元君であれ老君であれ習学を必須とするという金丹篇の主張を一歩進めて、習学を必要とせぬ青光先生等とそれ以外の篤志を抱いて習学を必要とする者との二種類の存在を述べている。陶弘景の注はこの説に対して疑問を呈しているが、六朝中期において神仙を自然と学得に分けるかかる説が存在したことは注目に値する。この系統の議論は神仙可学不可学論として継続し、唐の呉筠の「神仙可学論」に至って一応の決着を見る。

こうした道教内部での論を一方に踏まえつつ、六朝後半期における仏教側の批判に対する解答が次第に用意されていった。『太玄真一本際経』巻九の次の議論は、全面的に仏教教理に依拠した典型的な例であろう。

太微帝君……又た曰く、敢えて問う、道身は為《は》た因有りや、為た因无きや。若し因有れば、世間法に同じ。因縁生なるが故に。故に是れ无常なり。若し无因生なれば、復た[邪](耶)見に堕す。異道の謂なり。若し是れ道身因従り生ぜずして、自然に有らば、一切衆生、道を脩めざる者も、応に皆な道を成ずべし。是くの如き二義は、云何が了す可き。……道君答えて曰く、……天尊大聖は、此の実性は畢竟无性なるを了し、道源に洞会し、体を混じ一に冥す。故に得道と名づく。身は道と一たり。故に道身と名づく。此の正観を習う、之れを名づけて因と曰う。亦た習う所无し、故に非因と名づく。故に正道は因従り生ずるに非ず、亦た因无きに非ず。体は是れ果に非ず、亦た非果に非ず。常に非ず非常に非ず、滅に非ず非滅に非ず。……是くの如き身は、住するに住する所无く、住せざる所无し。是れを正道真実の身と名づく(97)。

ここでは、道身の因縁生なるか自然生なるか、自然生ならば衆生は道を修めずに道身を獲得できるかという、『笑道論』と全く同一の問題が提起され、それに対して、三論学派の中道観に相当する正観を修する点では有因、その修習にとらわれない点では無因、従って、道身は非因非非因、非果非非果であり、常滅を超えたものであるとの答が示されている。これは、三論学派の論法によって、因縁、自然の立場を止揚しようとするものである。『太玄真一本際経』はこの他にも巻七譬喩品で、煩悩に沈む凡夫は正観を修することが得道の必須の条件であるが、自然の正理を懸悟するものは正観等の方便を必要とせぬことを説いている。このように、『太玄真一本際経』は隋における北方の道教教理学が仏教、特に三論学派の教義によって、自然、因縁(後学)の問題に教理上の解決を与えようと努力した迹を示している。『玄門大義』(=『道教義枢』)はもとよりこのような『太玄真一本際経』の教理を踏まえたと思われるが、『玄門大義』の引く『大洞経』には仏教教理の影響は見えない。また、『一切道経音義妙門由起』明経法に引く『霊宝真文度人本行経』が元始五老等の後学にあらざる神と後聖君等の後学の神とを分け、『洞玄霊宝三洞奉道科戒営始』巻二造像品が神々を自然の気が凝結した結気、鬼神から昇進した報生、後学による業因に分けていること等は、道仏論争を踏まえたうえで、神仙可学不可学論を理論的核として主張されたものといえよう。

(六)　両半義、道意義、道性義、二観義

この四義は、人間の識業の由来と解脱、修道の契機、悟道の本来的可能性の有無、悟道のための観法等を説く一連のものである。

両半義は人間の識業の発生と三界六道への沈淪のメカニズム、およびそこからの離脱の方法とを説き、内容的には『定志経』の教義の解釈に終始する。その『定志経』とは、正統道蔵一六七冊に収める『太上洞玄霊宝智慧定志通微経』に相当する。『定志経』は『三洞珠嚢』巻七に引く梁の宋文明の『霊宝雑問』中に『定志経図』が挙げられていることから、早く梁代には存在した経典であることが知られる。『道教義枢』に引く『定志経』の文と現行の『太上霊宝智慧定志通微経』の文は全く同一であるから、現行本の中核部分は『道教義枢』編纂当時のものと考えてよかろう。その説く所によると、造化の初めにおいて、氤氳の気が凝結して人間の神本が形成される。この神本は本来清澄であるが、形体が備わると六情に染まり、一旦六情に染まると所見に惑わされ所着に晦まされ、因縁の連関にとらわれて罪垢を積み、かくて三界六道に輪廻して、本来の清虚な状態に復帰できなくなる。現世の衆生はかくして全て迷妄の世界に沈淪するが、自らがそのような世界に在ることにすら気付かない。この衆生の苦悩を救うべく、霊宝天尊が開示したのが『定志経』なのだという。

この『定志経』の本旨は、「思微定志」ということにある。玄宗朝の道士張万福の『伝授三洞経戒法籙略説』巻下の解釈によれば、「思微とは、昔生を受くるの初、神本清浄なりしを念ずるなり。定志とは、諸もろの妄想を除き、思惟を絶するなり(思微者、念昔受生之初、神本清浄也、定志者、除諸妄想、絶思惟也)」(葉五表)ということである。そして、これに関する天尊の口訣が「両半成一、其義有五」であり、それを敷衍した「亦た彼の清虚の炁に於いて、氤氳の交わりて、分半下降し、此の四半に就くに因りて、合して一と為るにあらずや」、「亦た此の仮一に或《まど》いて悪を為す者は、自然の炁を招きて、三塗に淪《しず》むを致すにあらずや」、「亦た善を為して此の四半を離れ、太虚に還り登りて、我が清虚の気を復し、我が両半を反して、自然に処るにあらずや」という左玄真人、右玄真人の「三不亦」の句である。[98] 両半義はこれらの語句をめぐる解釈を中心に展開していく。

まず、両半義の要略を示すと以下のようになろう。世界の原初には「清虚の炁」のみがあって、それが人間の「神本」を形成する。従って、「神本」は本来清虚である。しかし、やがてこの「清虚の炁」から「氤氳の炁」が妄起する。これを界外の一半という。これに対して、「无色界染」「色界染」「欲界染」「三悪道染」の四染を界内の四半(四染)といい、界外の一半と界内の四半とが合して「流来の通欲」を形成する。これを「両半合一」という。第一不亦はこのことを明かすものである。この通欲から初起の別欲が生じ、習因相連なって三界六道への沈淪が起こる。これが第二不亦の意味である。そこで現世の衆生たるものは、五戒などの善を修めて悪道の半を離れ、続いて口業を浄めて欲界の半を、身業を浄めて色界の半を、心業を浄めて无色界の半を離れる。かく界内の四半を離れたならば、今度は无欲観を修めて界外の一半を離れ、自然正真道果を得て本来の清虚の炁に復帰する。これを反出といい、第三不亦はそれを示すものである。

以上が両半義の大要であるが、両半義は『定志経』の極めて簡単な口訣を主として『太玄真一本際経』巻四道性品の教説に基づいて敷衍解釈している。この『太玄真一本際経』道性品は(99)、仙人豆子明等が本来道性を備えた衆生が烟熅の初めよりいかにして三界に沈淪し、またいかにして道意を発し、観行を修めて道果に登りうるのかと問うたのに対して、道君が天尊の所説として教示するものである。それに拠れば烟熅の気から人が生まれるが、その初一念においてすでに顚倒想を生じ、諸根を具えるにつれて色聚、識聚、想聚、行聚を次々に生じて三途に沈淪して逃れられなくなる。三界のいずこに転生するかは善業悩業の両半によって決まる。衆生は観行を修習して染滞をのぞき、実相の境にまず悟入すべきで、これを初発道意の想という。この後は続いて廻向正道心、観、伏行を修めることで三界種民位を越えて三清境に登ることができる。さらに非有非無の中道正観を修めて明浄観に至ると法身を見て真一に復することができるのだという。この『太玄真一本際経』の説は、明らかに『定志経』の三不亦を踏まえて、それを仏教教理を援用して解説敷衍するものである。しかし、肝心の両半の意義については、『道教義枢』が界外の一半と界内の四半をもって解釈するのに対して、『太玄真一本際経』(100)は善業悩業の二業を両半に当てている。しかも、巻九においては、三論の半字教満字教の半字教を両半に当てるなど、『太玄真一本際経』と『道教義枢』の間には両半の解釈をめぐってかなりの相違も見られる。しかし、顚倒想から識業を生じて三界に沈淪するが、それらの業縁を浄化し観行を修することで清虚に復帰するという全体構造に関しては両者の間に齟齬は無い。

また、両半義は冒頭で、陰陽二気を両半とし、太陰、少陰、太陽、少陽と沖和の気を五義とする旧説を否定し、界外無染と界内四染を五義とする説を示す。この点も『太玄真一本際経』と共通であるが、『定志経』の両半、五義といった概念の解釈については定説が存在しなかったことが知られる(101)。こうした状況下で、『太玄真一本際経』の骨格によりながら、界内、界外や流来の通欲、初起の別欲といった仏教用語を用いて両半に新義を導入したのが『道教義枢』の両半義であった。

ところで、この両半なる語の起源については、三論と関係した『太玄真一本際経』の用例等から、三論に求めようとする説もあるが(102)、両半なる語は純粋に道教教理に由来するものである。その初見と思われるのは、『抱朴子』微旨篇の次の文章である。

> 或るひと曰く、願わくは真人の守身錬形の術を聞かんと。抱朴子曰く、深きかな問いや。夫れ始青の下月と日と、両半同に昇りて合して一と成る。彼の玉池を出でて金室に入り、大きさは弾丸の如く黄なること橘の如し。中に嘉味有りて甘きこと蜜の如し。子能く之れを得て謹みて失う勿れ。……之れを命門に立つれば形卒せず。淵乎として妙、致詰し難し、と。此れ先師の口訣なり。之れを知る者は、万鬼五兵を畏れざるなり(103)。

これは服気存思の術に関する口訣であるが(104)、『定志経』の「両半成一」が『抱朴子』の「両半同昇合成一」を踏まえることは明らかである。また、この口訣が房中術の中でも用いられていたことは、初唐の孫思邈の『千金要方』巻二七房中補益第八の次の記事によっても知られる。

> 仙経に曰く、人をして長生不老なら令めんには、先ず女と戯れて玉漿を飲め。……使《も》し男女感動せば、左手を以て握り持ち、丹田中に赤気有り、内は黄にして外は白、変じて日月と為り、丹田中に俳個し、倶に泥垣に入り、両半合して一を成すを思い存し、因りて気を閉じて深く内れ、出入する勿れ。……日月の想を思い作すに、合《まさ》に径は三寸許りなるべし。両半形放ちて一なるを、日月相い揜《おお》う者と謂う(105)。

このように、日月すなわち陰陽の二気が合して一体となる様を存思することで長生を得ようとする道術の口訣が「両半成一」であった。従って、両半の原義は本来陰陽あるいは日月と同じであったと思われ、『太玄真一本際経』や『道教義枢』のごとき仏教的な意義を有するものとは何の関係も無かった。『定志経』はこの道術の口訣を借りて、識業の由来と三界輪廻およびそこからの解脱という仏教的教理を象徴させようとしたものであろう。ただ、その教義内容は未だ必ずしも明確ではなかったので、まず『道教義枢』が否定した前述の旧説のような、道教教理のより古い層に立ち、両半および五義を陰陽中和の気で一貫させようとする解釈が行われたのであろう。

これに対して、『太玄真一本際経』と『道教義枢』とは仏教教理を全面的に導入することで、『定志経』を全く新たに解釈し直したものである。ただ、この両者の間にも、『太玄真一本際経』が仏教教理に『定志経』の両半、五義などを当てはめるという傾向が強いのに対して、『道教義枢』は仏教教理を借りて『定志経』に新たな解釈を付与しようとしたことは、前述の界内外や通別欲の概念を導入した両半の新解釈等に窺うことができよう。それと同時に、『道教義枢』は三界義、六情義、十悪義等において、しばしば『定志経』の教説を借りて教理構成を行っており、識業や三界への沈淪に関する教理には、『定志経』の教義が大きく寄与したといえよう。また、『盟威経』『昇玄経』『洞淵神呪経』『智慧消魔経』『業報因縁経』『三論元旨』といった、『道教義枢』に前後する経論にも広く両半成一の教理が見られ、この時期の道教教理の中で相当に重視されていた概念であることが知られる。(106)

両半義に続く道意義は、「義曰」の部分でまず、「道意とは、入道の初心、帰真の妙趣なり。生死の累を断ち、慧鑒の明を成じ、有欲の津を絶し、无為の果を証す（道意者、入道初心、帰真妙趣、断生死之累、成慧鑒之明、絶有欲之津、証无為之果）」（巻三、葉五表）という。このように、両半義で示された三界の輪廻からの解脱と自然清虚への復帰のための第一の契機たる発心と、それに続く各段階に応じた悟りの心について説くのが道意義である。道意義はまず、自然道意、研習道意、知真道意、出離道意、无上道意の五種道意を挙げる。自然道意とは「初めて自然の心を発するなり。上は道果を求め、下は衆生を化せんとの大願なり(初発自然之心、上求道果、下化衆生之大願也)」(同)と規定されるように、自己の解脱と衆生の済度とを兼ねんとするいわゆる大乗心を発することである。次に研習道意とは、「研習して以て諸もろの煩惑を解伏せん(研習以解伏諸煩惑)」(同)とする心、知心道意は「真知を習行し、能く真理を鑒《み》ん(習行真知、能鑒真理)」(葉五裏)とする心、出離道意とは「三界を出離して、道場に到らん(出離三界、到於道場)」(同)とする心、无上道意とは「諸智過つ莫く、更に勝る无き(諸智莫過、更无勝)」(同)心である。これらはすべて、「大慈を本と為し、群品を普済して、咸く真に帰せしめん(大慈為本、普済群品、咸使帰真)」(同)とする「无上道心」に帰着する。

このように、『道教義枢』の道意義が衆生の済度を強調するのは、仏教の大乗思想の影響であることは論を俟たないが、同時に、道教は小乗声聞の教えという仏教側の道教批判を踏まえたものであることも忘れてはなるまい。ひとり『道教義枢』のみならず、『太玄真一本際経』『昇玄経』『海空智蔵経』『業報因縁経』等の六朝末から初唐にかけての道経に、自然道意、无上正真道意、无上正真道果といった語が頻用され、特に自然道意を発することが強調されるのも、当時の道教教理学の目標が那辺に存したかを物語るものである。

さて、両半義、道意義において、識業の由因と解脱の契機を明らかにした『道教義枢』は、道性義で万物には悟道の本来的契機——道性——が賦与されていることを説く。この道性論が仏教の仏性論に触発されたものであることは明らかであるが、道性義には仏性論との関係で極めて注目すべき観点が示されている。それは草木果石有道性説である。「義」はまず、

道性とは、理は真極に存し、義は実に円通す。復た一源に冥寂すと雖も、而れども亦た万物に備周す。煩惑の覆う所にして、暫く凡因に滞するも、障累若し消えなば、聖果に還り登る。此れ其の致なり。(107)

といい、道性が万物に周く備わることをいう。道性の語義は仏教の法性から仏性までに相当する幅広いものではあるが、ここでいう道性は明らかに仏性に相当するものである。続いて道性体義の部分では次のようにいう。

道性体義とは、顕時には説きて道果と為し、隠時には名づけて道性と為す。道性は清虚自然を以て体と為さば、一切含識、乃至畜生果木石は、皆な道性を有するなり。諸法の正性を究竟するに、不有不無、不因不果、不色不心、無得無失なり。能く此の性を了せば、即ち正道を成ず。自然真空は、即ち是れ道性なり。(108)

ここで道性の体を清虚自然とするのは、両半義で問題とされた界内外の両半を離れた清虚自然の気を体とするということであろう。一切万物の生成はこの清虚自然の気から始まるからには、一切万物には清虚自然の気が潜在し、それゆえに、有識のものはもちろん、木石等の無識のものにも当然道性が存在するというのがこの部分での『道教義枢』の論理であるように思われる。それは、ここに続く部分で、衆生の本は本来清浄であるが、顚倒が妄起して滞染が生ずること、しかし、道を修めることで至道を成就できるという両半義の論理を再説することからも明らかであろう。

『道教義枢』の道性義が『涅槃経』の仏性論を基盤とし、道性の有無、因果の論は吉蔵の『大乗玄論』巻三仏性義を、また、五種道性の論は同じく吉蔵の『中観論疏』などを踏まえて展開されている以上、(109)『道教義枢』の無識有道性説が吉蔵の『大乗玄論』仏性義中の草木有仏性説を視野に収めていることは否定できまい。ただ、吉蔵のそれはあくまでも三論教理の敷衍展開の中で、理論上の可能性として言及されるものであり、『道教義枢』の無識有道性説との間には行論上の共通点は見られない。(110)仏教側において、草木瓦石にも仏性の存在を認める明確で積極的な主張が行われるのは、天台の九祖荊渓湛然(七一一―七八二)の『止観輔行伝口訣』や『金剛錍(金剛論)』以降のこととされる。(111)そこで、『道教義枢』の無識有道性説を湛然の思想の影響とする見方が生ずることになった。(112)しかし、このような観点に立つと、前述の『道教義枢』と『玄門大義』の一体性、『玄門大義』『道教義枢』と三論、天台教理との親近性、『道教義枢』における華厳教理の無視といった問題相互を整合的に解決することが困難になる。そこで以下に、道教教理の展開そのものの中に無識有道性説を形成し得る独自の要素が無かったかどうかをまず検討してみたい。

道が万物に遍在するというのは、道家の哲学およびそれを継承した道教の教理に元来固有の思想であった。『荘子』知北遊篇における荘周と東郭子との次の問答はその代表的なものである。

東郭子、荘子に問いて曰く、所謂る道は悪《いず》くにか在る、と。荘子曰く、在らざる所无し、と。東郭子曰く、期して而る後に可なり、と。荘子曰く、螻蟻に在り、と。曰く、何ぞ其れ下れるや、と。曰く、稊稗に在り、と。曰く、何ぞ其れ愈いよ下れるや、と。曰く、瓦甓に在り、と。曰く、何ぞ其れ愈いよ甚だしきや、と。曰く屎溺に在り、と。東郭子応えず(113)。

ここに明確に主張されるように、道は螻蟻の如き下等な動物から、稊稗のような無識のもの、はたまた屎溺の如き汚穢なものにまで遍く内在するものとされた。この道の普遍的内在の思想は、漢代を通じて元気の哲学、生成論と結合し、道の吐出した元気によって生成される万物には、本来的に道が含まれるという『老子河上公注』や、道と気と太上老君との一体性およびその人身中への遍在を説く『老子想爾注』の教義を生み出した(114)。この道が気を介して万物に遍在するという思想が、「道は気なり」という思想やその実体概念としての「道気」を生み、六朝から隋初唐の道教教理の中で重要な役割を演じてきたことは道徳義の項ですでに述べたとおりである。『道教義枢』が経証として引く六朝期の古道経である『西昇経』第三十四章には、「道は独り我に在るのみに非ず、万物皆な之れを有す(道非独在我，万物皆有之)」といい、同じく六朝期の道経である『太上消魔宝真安志智慧本願大戒上品』には、「それ道は无なり。……子之れを尋ねんと欲すれば、近くは我が身に在り(夫道无也、……子欲尋之、近在我身)」(大淵『図録』、頁七八)などといっている。かく、道教側においては、道の万物への普遍的内在を説く教理が六朝中期にはすでに確立していた。そして、『涅槃経』の「一切衆生、悉有仏性」という仏性論がかかる思想的土壌に移植された時、『道教義枢』の「一切含識、乃至畜生果木石は、皆な道性を有す」という道性論に、仏教教理を離れて独自に転化する可能性が与えられたのだといえよう。

『涅槃経』の仏性論を全面的に導入したのは、これまた『太玄真一本際経』である。『太玄真一本際経』は巻四に道性品を立てて道性について説くが、(115) その内容は『涅槃経』の域を未だ超えていない。これに続いて『弁正論』にも引かれる『太上妙法本相経』は広説普衆捨品第二十一において、「夫れ一切万物、有生の性は、皆な之れを道炁より受く。何故独り水石にのみ入らざるや」との問いを立て、これに対して、「水の性は百入し、万物を利潤す。石の［性］（姓）は質堅く、人心を政《ただ》すを主る。……是こを以て、水石は尚ぶ可く、道と性を合す。豈に道に受けざること有らんや」と答えて、(116) 衆生の性同様、水石の性も道炁から受けたもので、道の性と同じであることを説いている。ここでいう万物の性あるいは水石の性は法性の意味であるが、それが道炁あるいは道の性と同じとされることは、『太玄真一本際経』における道性と衆生性との同一性の主張を一歩進めて、無識有道性説により近付いたものといえよう。

かかる道性論の展開を承けて、『道門経法相承次序』巻上に載せる唐の天皇すなわち高宗と上清派の天師潘師正との問答が交わされる。

唐の天皇問いて曰く、道家の階梯証果は、竟に何処に在るや、と。

天師答えて曰く、窃かに以《おも》えらく、法性は常に湛として、真理は唯だ寂たり。混成して物有りと雖も、而れども虚廓にして眹無し。機感の及ぶ所、冥然として已に周し。教に因りて名を立つるも、厥の義は量无し。夫れ道とは、円通の妙称なり。聖とは、玄覚の至名なり。一切有形は、皆な道性を含む。然れども、得道に多少有り、通覚に深浅有り。俗に通ずるも真に通ぜざれば、未だ得道と為さず。近きを覚るも遠きを覚らざれば、聖人と名づくるに非ず。(117)

潘師正はこれに続けて、未通未覚の物を通覚させ大覚を成じさせるので、道を号して円通というのだといっている。これからすれば、「一切有形は、皆な道性を含む」というのは、一切万物には悟道のための本来的契機としての道性が含まれるという主張であることは明らかである。このように、遅くとも七世紀後半の高宗朝には、無識有道性説が相当の重みをもって道教教理中で説かれていたのである。かかる説が主張される直接の契機が仮に吉蔵の草木成仏説にあったとしても、道教側でそれを受容し肉付けする論理的思想的基盤となったのは、六朝以来の道の万物への遍在を説く道気論であったことは間違いあるまい。このように、道教側における無識有道性説の明確な主張は、仏教側における無識有仏性説の確立に約半世紀先行するものであった。従って、『道教義枢』の道性説の中核部分がどの程度『玄門大義』を承けるものかは不明であるが、仮に無識有道性説が孟安排による加筆であるとしても、『道教義枢』の撰述を七世紀後半とする後述の結論と抵触することはない。

ところで、『道教義枢』は前引の道性体義の後半で、『西昇経』第三十四章の「道は独り我に在るのみに非ず、万物皆な之れを有す」を引いて、「是れ有知に拠りて、異(無)識を論ぜざるなり。今未だ此の釈に安んぜず(是拠有知、不論異識也、今未安此釈)」(葉七表)といい、改めて仏教教理学の方法論を援用して無識有道性説の証明を試みている。しかし、『西昇経』の「万物」を有識に限定すべき根拠は、『西昇経集註』に引く北周の韋節(処玄)を初めとする南北朝末から唐代の諸家の説には見出せない。道教教理の展開に即する限り、『荘子』の万物における道の普遍的内在説から南北朝の道気論までを僅か二句十字に凝縮させた『西昇経』は、文字通り有識無識を包括した一切万物における道の内在を説くものと解せざるを得ない。それにもかかわらず、『道教義枢』が敢えて有識のみに限定するのは何故であろうか。これはあくまでも推測に過ぎないが、『道教義枢』は仏教教理学の方法論を援用して無識有道性説を展開したかったのではなかろうか。それには、一般に一切万物を意味すると了解される『西昇経』の説を有識のみに限定することで、以下の論証を際立たせようとしたのではないか。これはおそらく、理教、境智、有無、仮実といった諸義における仏教教理学の方法論の誇示と性格を同じくするものであろう。その意味については後述(頁二三三以下)のとおりである。

七世紀後半における道教側のかかる無識有道性説が仏教側にいかなる影響を与えたのかあるいは与えなかったの

か。筆者には明確な結論を下すだけの準備は無い。しかし、八世紀初頭の撰とされる『宝蔵論』が明らかに『荘子』知北遊篇の思想を挺子に草木成仏説を主張していることを見ると、[118]道教側の無識有道性説が何らかの形で影響力を有したことは首肯されても良かろう。道家道教の思想教理にも造詣の深かった湛然も、一方に道教の無識有道性説を視野に収めつつ、智顗の「色香中道」説を理論的根拠として独自に仏性論を深化させた可能性が大であるといえよう。[119]

さて最後に、二観義について見ておきたい。二観義は三一義、位業義、両半義、三界義、道意義などとそれぞれ関連する重要な部分であるが、残念なことに現行本ではその半ば以上が欠落している。残った前半部はまず二観を次のように規定する。

二観とは、定慧の深境にして、空有の妙門なり。用いて以て心を調え、直ちに重玄の致に趣き、之れに因りて慮を蕩して、終に双遣の津に帰す。既に此れに従りて以て真を得、固より斯れに由りて法を解す。此れ其の致なり。[120]

ここの二観とは、気観、神観の二種の観法をいい、気観は定、神観は慧に相当する。この二種の観法によって空有の二滞を離れた非有非空の境地に至り、さらに非有非空にすらとらわれない重玄双遣の境地に到達するのだという。二観義のこのような教理が『太玄真一本際経』に依拠するものであることは、次の例から見ても明らかである。『太玄真一本際経』巻四道性品(大淵『図録』、頁三一五以下)は、両半を出離して清虚自然に復帰し、無常道果を得るための方便として観行の二種を挙げ、特に三論の中道観に相当する正観を修めることを強調している。また、巻六(同、頁三二五、三二七)では、浄土の因に関して、初発自然道意を正因とするとともに、次いで気観、神観の二観を挙げて定慧とし、以下三捨、四等、五念から十戒、十四持身の法に至る行を挙げ、「二観を修習すれば、乃ち大乗无上の道を悟る(修習二観、乃悟大乗无上之道)」とする。さらに巻二付嘱品(同、頁三〇二)では、初学必修の十事を挙げ、それらを修し了わってはじめて正観に入り、兼忘重玄の道を悟るという。巻八最勝品ではそれについての太極真人の次の説を示す。

一切凡夫は、烟熅の際従りして、愚痴を起こし、諸有に染着す。功勤を積むと雖も、滞无きこと能わず。故に空を脩めて、その有滞を除か使む。有滞浄なりと雖も、猶お空に滞す。……故に正観を示して、此の空を空ず。空有双浄なるが故に兼忘と曰う。是れを初入正観の相と名づく。[121]

これに続けて、重玄については次のように説いている。

正観の人は、前に諸有を空じ、有に於いて着无し。次に空を遣り、空心も亦た浄なり。乃ち兼忘と曰う。……心未だ純浄ならず。対治有るが故に。……是くの如く行ずる者は、空に於いて有に於いて、滞着する所无し。之れを名づけて玄と為す。又た此の玄を遣りて、都て得る所无し、故に重玄衆妙の門と名づく。[122]

かく、『太玄真一本際経』は、三論学派の有無中道三観を取り入れて、有に滞せず空に滞せざる非有非空の境地を正観とし、さらに進んで空有に滞着しないとする意識すら捨て去った真の無滞の境地を重玄とし、それに至る観法として気観神観の二観を考えていたといえよう。ただ、『太玄真一本際経』にあっては、気観神観と正観との関係が必ずしも明確には述べられてはいない。

『道教義枢』は『太玄真一本際経』のかかる説を承けて二観義を展開し、より具体的な記述をしている。気観体義の部分では、「有を観ずるを気観と為し、无を観ずるを神観と為す(観有為気観、観无為神観)」(葉四表)、「神観は是れ界外の修むる所、気観は是れ界内の習う所(神観是界外所修、気観是界内所習)」(同)という二説を挙げる。前説によれば、気観神観は三論でいう有観無観と同義になる。これに対して『道教義枢』は、「今明かすらく」として自説を展開している。それは、気観は定に当たり、空有を通ずるもので、妙有を本旨とする。神観は慧に当たり、有無を通ずるもので、真空を主旨とするというものである。このように、『道教義枢』の考える気神二観は単なる有無二観の言い換えではなく、空有を超えた非空非有の妙有、有無を超えた非有非無の真空を観ずるもので、ともに『太玄真一本際経』のいう正観に相当するのではないかと思われる。

ただ、気観が界内の所習、神観が界外の所修という説が引かれ、一方、位業義において界内有欲観感生、界外無欲観感生が説かれる点からすれば、気観は有欲観、神観は無欲観と同一と考えられる。また三界義においては、若有若無観を修めれば無色界四天に生ずることができ、そこで気観を修めることに益々努めれば、余習を除いて四種民天に生ずることができると説いている。さらに、『度人経四注』の成玄英注には、「学者、修めて此の天(色界の最上である无極曇誓天)に至らば、唯だ心識存するのみにして、以て炁観に入る(学者修至此天、唯存心識、以入炁観)」(巻二、葉五一表)とある。これらを彼此参照すれば、気観とは四種民天以下の界内有識の人天が修めるべき妙有有欲の観法であり、神観は界外三清天の天人が修めて無上道果を証するための真空無欲の観法をいうことになろう。と同時に、気神二観は界内外における正観の別称であるともいえよう。

二観義は二観の解説に続けて五種三観に言及する。しかし、その後半部分は欠落しているため、仮法、実法、偏空の三観と有、無、中道の三観の二種のみしか知られない。また、気神二観と五種三観との教理上の関連も不明である(123)。ただ、唐末杜光庭の『道徳真経広聖義』巻六には、「道は三乗の法を以て、階級ごとに人を化す。初発心従り、極道に至り、凡を捨てて聖を証す。故に一十四等観行の門有り」として、小乗、中乗、大乗、聖何の四門を立てて各種の観を挙げている(124)。そのうち、小乗門の仮法、実法、偏空三観のみは『道教義枢』と一致する。しかし、中乗門以下は四観三観様々で、有無中道の三観も挙げられてはいないから、『道教義枢』とは構想を異にするものであったと考えられる。『広聖義』は既述の如くある部分では『玄門大義』をそのまま襲ったと推定される書であるが、観法に関してはそのような形跡は見られない。して見ると、隋から初唐にかけての重玄派系の道教教理の中では、未だ観法に関する定説は形成されていなかったと考えられる(125)。

（七）その他の諸義

ここでは、これまでに言及しなかった諸義のうち、いくつかの主要な義門について、その特徴を挙げることにする。

まず三宝義であるが、『道教義枢』の三宝義は仏教の仏法僧の三宝を道経師に言い換えたものにすぎない。ただ、『無上秘要』の三宝品は、『九天生神章経』の三宝君、『太極左仙公請問経』の道経師、『老子』の慈、倹、不敢為天下先の三種を併記しており、北周段階では必ずしも道経師の仏教的三宝説のみが強調されたわけではないことが知られる。『道教義枢』段階では三宝君は完全に脱落し、『老子』の三宝は背景に退き、専ら仏教的な三宝が取り上げられる。それとともに、師宝が特に強調される点が注目される。この点は、福田義においても、福田の意義が最も明らかになるのは師宝によってだと説くのと一致する。

この師宝の師について、『道教義枢』三宝義は孟法師の「師とは和なり、衆なり」という解釈と『明威経』の師を事和と理和に分かつ解釈を引いている。これは仏教が僧をサンガとし、その性格によって事和僧と理和僧に分かつのを真似たものである[126]。しかし、『道教義枢』はかかる説を挙げるにもかかわらず、基本的には師を文字通り師資相承の師、つまり口訣を伝授する明師の意に解しており、サンガに相当する修道者の集団とは考えていない。これは明らかに『抱朴子』以来の、道あるいは経典、口訣は必ず明師から盟誓して受けなければならぬという伝統的立場に立つものである。『道教義枢』はこのような伝統的土着的観念に強固に囚われながら、一方で仏教教理をそのまま導入しているわけで、そこにこのような教理上の不整合が往々生ずる由因がある。

理教義、境智義。この二義はその名からして直ちに仏教教理そのものに由来することが知られよう。その内容に即して見ても、特に境智義はほぼ全面的に三論学派、特に吉蔵の『三論玄義』『大乗玄論』に依拠して教理構成を行っている[127]。この二義は当時の道教経典の中では余り問題とされておらず、従って、経証は理教義が『道徳経』『昇玄経』

を各一条引くだけである。しかも、その内容は理境とは直接関係が無い。また、境智義では全く経証を挙げず、三智に関する宋法師の説を一条引くのみである。ただ、初唐以降の重玄派においては、『老子』あるいは『荘子』の成玄英疏に見られるように、理教、境智の論が実際に援用されてはいる。(128) しかし、それも極く限られた範囲において見られるに過ぎない。

五濁義は、煩悩、見、命、生死(衆生)、時運(劫)濁の次序を説き、煩悩、見二濁は心を体とし、命、生死二濁は色心を体とし、時運濁は仮実法の総体を体本とするという。(129) 仏教の五濁は一貫して、劫、煩悩、衆生、見、命濁の次序をとり、劫濁を通とし、煩悩、見濁を五濁の自体とし、衆生、命の二濁は煩悩、見の二濁から生ずるとするのが普通である。従って、『道教義枢』の五濁の解釈はかなり仏教の五濁とは相違するといえよう。ただ、例えば劫濁を仮実法の総体として独自の体を立てない点や、命濁に関して色心連持をいう点などは智顗の『妙法蓮華経文句』巻四下(大正蔵三四、頁五二下以下)の説に近く、仏教教理をも十分踏まえてはいる。また、五濁義の特徴は、専ら劫運交会する際における陽九百六の災に力点がおかれ、他の四濁に関しては何ら具体的記述をしていないことである。これは、五濁義が道教の劫運の思想を明かし、同時に仏教教理に対抗する目的で仏教の法相名目を借りて立てられたためであろう。経証に関しても、劫運に関するものしか挙げておらず、この点からも五濁の道教教理に占める地位が極めて不安定なものであったことが知られる。なお、『道門経法相承次序』の挙げる五濁は『道教義枢』のそれと名称次序ともに一致せず、当時の道教教理では五濁が未だ定着していなかったことを示している。(130)

動寂義、感応義。この二義はともに道の本迹体用に関するものである。動寂義は三論的論理を駆使して論を展開するが、これも道教的基盤をもたないものであるために、単なる模倣に止まっていて、見るべき程の内容をもたない。感応義では、感応をそれぞれ正感、附感、普感、偏感、顕感、隠感の六感と炁応、形応、文応、聖応、賢応、襲応の六応とに開いて論を進める。その特徴は、修道者の具体的な得道の態様と道の具体的顕現の仕方とをそれぞれ六種のパターンに分類して感応を論ずる点にあり、修道者と道との間の交互の感応を問題にするものではない。これは吉蔵の『大乗玄論』や智顗の『妙法蓮華経文句』などの感応に関する論が、仏菩薩と衆生との間の感応の機縁や時間的系列あるいは機応の冥顕などの精緻な論理をもって展開されるのに比して、甚だしく具体的かつ没論理的であるといわなければならない。吉蔵や智顗の教理学を踏まえる『道教義枢』がそれを無視する形で感応義を構成するのは、『易』を初めとする古典的な感応論が確乎として存在する中で、中国独自の伝統が存するものについてはできる限りそれに依拠しようとする姿勢を有したためであろう(131)。

有無義、仮実義。この二義はこれまた三論学派が好んで取り上げるものであり、『義枢』も全面的にそれに依拠する。ただ、仮実義に引く臧玄靖の説が、五塵を五気に置き換え、単気、共気、亦単亦共の三種に分かつことなどに独自性を見出すことができる。いずれにせよ、理教、境智、有無、仮実といった諸義は、梁代以降、地論や三論の盛行に刺戟されて道教側でも同様な論を展開したものである。しかし、これらの諸義は、道徳義、両半義などのように基盤的道教教理の上に仏教教理を導入したものではなく、それゆえ、多くは単なる仏教教理の模倣に終始し、あるいは十分な展開を果たせずに各所に破綻の迹を覗かせるという結果に終わっており、このあたりに『玄門大義』『道教義枢』段階の道教教理の限界が見られよう。

三　『道教義枢』の撰者と撰述年代

『道教義枢』の撰者青渓道士孟安排その人と彼による『道教義枢』撰述時期については、従来、種々の観点からする議論が行われてきた。それは、一に孟安排に関する依拠するに足る伝記資料の不足に起因するが、同時に梁の大孟法師孟安排の存在と『道教義枢』の教理内容そのものとが諸説紛乱の一因をなしている。こうした中で、孟安排その人については、大淵忍爾氏が陳国符氏が否定的に言及した聖暦二年(六九九)陳子昂撰の「荊州大崇福観記」中に見える則天武后朝の道士孟安排に比定し、荊州近辺の遠安(臨沮)県の青渓が古来道士の修行の場として著名なことを指摘され、『道教義枢』の撰述を大約七〇〇年頃とされた。一方、鎌田茂雄氏は、『道教義枢』の教理の思想史的検討を通して八世紀の荊渓湛然の影響を認め、また、天台山近辺にも青渓と称される場所が存在することを指摘し、八世紀の前半に天台山と関係の深い道士によって『道教義枢』が撰述され、梁の孟安排に仮託されたと考えられた。また、大淵、鎌田両氏に先立って、吉岡義豊氏は『道教義枢』撰述の目的を顕慶年間に度々行われた道仏論争に触発されたもので、その撰述時期は顕慶年間を遠く去るものではないとされ、七世紀中頃、高宗朝初年の撰述とされた[132]。

このように、論者によって論証の過程も結論も様々である。筆者は大淵説が結論的にはほぼ妥当であると考えるが、「荊州大崇福観記」は偶々孟安排の名を伝えるに過ぎず、『道教義枢』の撰者孟安排と連なる線は荊州の近くに青渓が存在するという点だけであって、これだけから直ちに結論を導くことには躊躇を感じざるを得ない。そこで、既述の『道教義枢』教理の検討の結果などを踏まえて孟安排と『道教義枢』撰述の時期を考えてみたい。

まず、青渓道士の青渓であるが、吉岡氏は初唐の道仏論争の仏教側の論客法琳が、隋の開皇末年に隠棲した青渓山鬼谷洞との関係を指摘され、大淵氏は『水経注』沮水注や『太平寰宇記』巻一四七山南東道峡州遠安県の条などを引いて荊州の青渓山を青渓に比定された。法琳が隠棲したのはこの荊州の青渓であったことは、晋の郭璞の遊仙詩や宋の『太平寰宇記』に青渓山と鬼谷子との関係が言及されていることから間違いはない[133]。一方、鎌田氏は『道教義枢』の教理中に見える天台教学の影響からして、『道教義枢』の撰者を天台山と関係の深い道士と考え、『天台方外志』や杜光庭『道教霊験記』巻一三所収青田県青渓観鍾験などに見える天台山系あるいは隣接する括蒼山系の清(青)渓を青渓道士の青渓と推定された。

しかし、青渓という語は普通名詞としても広く用いられており、青渓を称する土地も一には止まらないから、孟安排の青渓を特定することはなかなか困難である。[134] ただ、『道教義枢』中に見られる天台教学の影響から、青渓を天台山近辺に求めなければならない必然性は無い。『道教義枢』は基本的に『玄門大義』の忠実な節略であって、その天台思想の影響も『玄門大義』が受けた可能性が強いのがその第一の理由である。また、荊州の青渓山のある遠安県から沮水を約三十公里下った当陽県の南西には玉泉山がある。この玉泉山は、隋の開皇十二年(五九二)に智顗が来山して修禅し、翌年には『法華玄義』を講じ、十四年には『摩訶止観』を講じて著名になったところである。[135] 智顗は後に弟子の法粲、道慧らに玉泉山を委ねたが、以後玉泉山は荊州における天台宗の中心地であった。『道教義枢』の天台教学の影響がよしんば孟安排に関わるものであったにしても、このような地理的条件を考えれば、孟安排が荊州青渓山の道士であってもなんら支障はないといえよう。これが第二の理由である。以上のことからして、ひとまず孟安排を荊州青渓山の道士で高宗朝から武后朝に活躍したと考えておこう。

さて次に、孟安排をこのように考えた場合に、『道教義枢』の教理内容と齟齬を生じないかどうかが問題となる。その最大の問題点は、鎌田氏によって指摘された荊渓湛然の影響であるが、なかんずく、草木果石有道性説がこの問題を解決する鍵であろう。[136] しかし、この点に関しては、道性義の項で詳述したように、道教側においては高宗期にはかかる道性論が説かれていたのであり、湛然を初めとする八世紀の仏性論の影響と考える必要はない。それとともに、八世紀初頭に最盛期を迎えた華厳思想の影響が見られないのも、それが衰退した時期に『道教義枢』が書かれたからではなく、それは、『道教義枢』が元来七世紀前半の『玄門大義』に基づき、華厳隆盛以前に撰述されたからにほかなるまい。

それでは、『道教義枢』の撰述時期をどこに措定すべきであろうか。序中に引く『隋書』経籍志道経総序が撰進されたのは高宗の顕慶元年(六五六)であり、また、本文中に経証として高宗朝の道士黎元興、方恵長の作とされる『海空経』を引くから、少なくとも顕慶元年以前に遡ることはない。問題は下限であるが、「孟安排の基本的立場」の項で述べたように、『道教義枢』序は法琳の『弁正論』における道教が聖人の教であることの否定、教主の不在批判などを強く意識して、元始天尊の根源性と実在、天尊による世界創造と至上の教えたる道教の開示および救済などの道教教理の根幹を明らかにし、仏教側の道教批判に理論的に対抗しようとする意図に基づいて書かれている。してみると、吉岡氏の指摘のように、初唐における道仏論争が最も激しかった時を遠く去るものではないと考えられる。少なくとも武后朝では道仏の次序問題が争われ、玄嶷の『甄正論』が書かれるなど、未だ道仏二教の間に鋭い抗争があった。(137) しかし、八世紀の玄宗朝においては、道仏二教融和の傾向が強まり、以後道仏論争は下火になっていく。かかる点からみても、『道教義枢』の撰述は高宗朝から武后朝にかけての七世紀後半と考えるのが妥当であろう。(138) 偶々この時期に青渓山に近い荊州の大崇福観の創建に関与した孟安排なる道士の存在が知られることは、彼と『道教義枢』とを結びつけることに相当の合理性を賦与するものである。従って、現在の段階では、『道教義枢』は武后朝に活躍した荊州の青渓山の道士孟安排によって、七世紀の後半に撰述されたと考えるのが最も妥当な結論であるといえよう。

おわりに

『道教義枢』は、いわゆる重玄派の手で隋末に編まれた大部の道教教理書『玄門大義』をほぼ忠実に節略して作られたものである。その撰述の意図は、道教教理の枢要をわかりやすく解説し、道教批判者に道教教理の体系を誇示しようというものであった。『道教義枢』の教理を分析していくと、六朝中期以降隋初唐に至る時期の道教教理展開の諸相と、仏教教理学を軸とした道教教理の体系化の試みの迹を見出すことができる。その意味で、『道教義枢』は隋初唐期の道教教理書を代表するものであり、道教教理の大きな転換期に貴重な証言を提供するものといえる。本章では、主として道教教理学の展開の面に重点を置いて『道教義枢』の教理の検討をかなり広範に行ってきた。未だ不十分な部分も多いが最後にその全体的特徴を纏めて結びに代えたい。

『道教義枢』の教理に関して、まず第一に挙げるべきことは、それが六朝末から初唐にかけて『老子』解釈に新境地を開いたいわゆる重玄派の教理学を基盤として展開されていることである。重玄派の学統については、杜光庭の『道徳真経広聖義』などによって知られる。そこでは、梁の臧玄靖、孟智周、宋文明、陳の諸糅、隋の劉進喜、唐の成玄英、蔡子晃、黄玄賾、李栄、車玄弼、張恵超、黎元興らの多数の道士の名が挙げられている。ただ、『道教義枢』は『玄門大義』のほぼ忠実な節略本と考えられるから、そこでは臧法師(玄靖)、宋法師(文明)、孟法師(智周?)といった梁の諸師の説が多く引かれている。この重玄派は『老子』解釈に地論、三論、天台の教理学を援用して新風を立てたのであるが、『玄門大義』(=『道教義枢』)はこの重玄派の方法論を道教教理全体に拡大適用して、体系的道教教理を構築した。従って、『玄門大義』(=『道教義枢』)の道教教理学は六朝末から隋にかけての重玄派教理を基盤として成立したものであった。

これ以後の重玄派教理には当然時代的進展が見られる。そこで、成玄英や李栄といった唐の太宗から高宗朝に活躍した重玄派道士の『老子』解釈を通して知られる教理と『道教義枢』のそれとの間には、当然のことながら多くの共通点と同時にかなりの相違点が見られる。それとともに、『道教義枢』に見られる教理のかかる特質が、高宗から玄宗期に編まれた『道門経法相承次序』や『一切道経音義妙門由起』といった他の道教教理書との間に大幅な教理上の相違を生む要因ともなっている。

第二の点は、上述のことと関連して、仏教教理学の方法論を全面的に導入して教理構成を行っていることである。隋の吉蔵によって大成された三論学派が、六朝末の仏教教理学に精緻な方法論を提供したことは周知の事実である。この時期の道教教理学が仏教のそれに対抗していくには、その方法論を導入するのが最も有効であったであろうことは想像に難くない。梁の重玄派の先師たちが、道や三一、三宝といった概念の解釈にまず導入し、それを承けて『玄門大義』や『道教義枢』はほぼ全面的に仏教教理学を援用して教理構成を図った。そのことは、『道教義枢』三十七義の名目中で、道教固有のものが道徳、三洞、七部、十二部、混元、自然の六義しかないことによっても明らかであるが、その内容に至っては、大部分が仏教教理以外の何物でもないといっても過言ではない。ただ、『道教義枢』に関して見逃してはならないのは、そのような教理構成に際して、経証として用いられる道教経典が非常に豊富なことである。このことは、仏教教理の一時的な摂取とその道教経典化が既に概ね完了していたことを示している。かかる状況下で、有無、仮実、理教、境智などの一部の義門を除けば、『道教義枢』は道教経典と諸師の説だけに基づいて教理構成を行っており、仏教教理の一時的摂取の段階を超えて、間接的受容から道教的展開の段階に到達しているといえよう。つまり、『道教義枢』の教理構成の大枠は客観的には仏教教理の体系を援用してはいても、その内容は主観的にはほぼ完全に道教教理そのものであった。

当時の宗教、哲学界においては、仏教教理学で用いられる概念、用語があたかも現代の哲学界における西洋哲学のそれに相当したのであり、仏教教理学の援用は普遍的な道教教理の構成にとって不可欠な状況にあった。従って、『道教義枢』の教理を仏教教理の単なる模倣として一概に片付け去ることは不適当である。ここまで詳細に見てきたように、そこには道教独自の教理が新しい衣を纏いつつも儼然として存在しており、道性義における草木果石有道性説のように、道教教理の側から仏教教理の展開を促すような要素も存在したことは、十分に留意しておく必要がある。

第三の点は、時代的地域的宗派的差異などに起因する呪術から宗教哲学にわたる広範な道教教理の諸相を一元的に体系化しようという明確な意図のもとに教理構成を行っていることである。その典型的な例を三一義における三一の解釈、位業義や三洞義、七部義の構成などに見てきた。そこでは『道教義枢』は従来から存在する道教教理の歴史的発展段階に対応する諸相をほとんど否定することなく全て包括し、仏教教理学の方法論を軸に敷衍するとともに、共時的な層において総合し体系化しようとしている。

このような体系化の試みは一朝一夕には成就し難い。天界構造論をめぐる道家本来の平面的構造論と仏教の重層的構造論を調和しようとする梁の宋文明の試みや、北周の通道観や隋の玄都観などにおける三教一致の観点からする教理研究の成果、隋の統一以後の南北両地の学術の交流といった前提のもとに、はじめてこのような体系化の試みが可能となったと考えるべきであろう。それを最初に実現したのが『玄門大義』であり、それがそのまま『道教義枢』に受け継がれたのである。北周の『無上秘要』や初唐の王懸河の『三洞珠嚢』といった類書は、教理上の分類項を立てながらも単に当時存在した道経を羅列するのみで、それらの間に存在する教理上の矛盾を解決し体系化しようとするものではない。『玄門大義』と同時期に同系の人々の手で編纂されたと考えられる『玄門宝海』もそのような類書であったと思われる。『玄門大義』はおそらくこの『玄門宝海』に集成された道経や諸師の説を利用しつつ、それらを貫く大綱を提供する目的をもって撰述されたのであろう。

『道教義枢』はおそらく煩瑣な教理を展開していた『玄門大義』の浩翰を嫌って、これを節略して十巻三十七義に纏めたのである。ところで、『上清太上開天龍蹻経』は、まさに『道教義枢』の主要な教理をほとんど網羅して構成された道経である。この経は、黄帝が昇仙した後、雲台山に寗君を尋ねて、三洞、十二部、法身、三清、三界、感生、地獄、三一、気観などの教理を諮授される形式をとる。その教理は『道教義枢』と共通するものが多く、気観の部分などは三界義と全く同文の部分もあり、また、『太玄真一本際経』と同文の部分もある。この経は「上清」と標題するところからして、おそらく唐代の上清派が、『太玄真一本際経』に別称を付して摂取したのと同様、『玄門大義』あるいは『道教義枢』の教理を摂取して、孟安排同様の意識の下でさらに簡略な経典形式に纏めたものと思われる。『道教義枢』の教理はこのような形で重玄派以外の人々にも影響を及ぼしたわけである。

一方、成玄英の『老子』の疏、玄宗の『老子』注、疏や杜光庭の『道徳真経広聖義』などには『玄門大義』の影響が見られ、ひいては張果の『道体論』や『三論元旨』といった道教教理書の先駆的使命をも果たしたといえよう。その意味で、『玄門大義』(=『道教義枢』)の教理研究は、唐代道教教理思想研究の重要な礎となる。しかし、『太玄真一本際経』『昇玄経』『本相経』などの隋から初唐にかけて作成された道経やこの時期の道教教理学一般の研究が不十分な現況下にあっては、多くの未解決の問題を残さざるを得なかった。また、天台思想などに及ぼした道家道教思想に関する研究も、逆の面から『道教義枢』を初めとするこの時期の道教教理学の解明に資するところ大であろう。ともに将来の課題である。

(1)　『道教義枢』に関する専論としては、吉岡義豊「初唐における道仏論争の一資料『道教義枢』の研究」(『道教と仏教　第一』日本学術振興会、一九五九年)、鎌田茂雄「道教教理の形成におよぼした仏教思想の影響――道教義枢を中心として」(『東京大学東洋文化研究所紀要』第三一冊、一九六三年)があり、関連論文としては、福井康順『道教の基礎的研究』(書籍文物流通会、一九五八年)第二篇第一章、大淵忍爾「道蔵の成立」(『東方学』第三八輯、一九六九年)、鎌田茂雄『中国仏教思想史研究』(春秋社、一九六八年)第一章などがある。また、本書の主要語彙索引に中嶋隆蔵編『道教義枢索引稿』(自家版、一九八〇年)がある。

(2)　「其有支公十番之弁、鍾生四本之談、雖事玄虚、空論勝負、王家八並、宋氏四非、赭道正之玄章、劉先生之通論、咸存主客、従競往還、至於二観三乗、六通四等、衆経要旨、秘而未申、惟玄門大義盛論斯致、但以其文浩博、学者罕能精研、遂使修証迷位業之階差、談講昧理教之深浅、今依准此論、芟夷繁冗、広引衆経、以事類之、名曰道教義枢、顕至道之教方、標大義之枢要、勒成十巻、凡三十七条、俾夫大笑之流、蕭然悟法、勤行之士、指示玄宗、不其善乎、不其善乎」(葉四裏)。

(3)　『玄門大義』の撰述年代は、概ね隋の大業年間頃とされる(注(1)所掲吉岡義豊『道教と仏教　第一』頁三一五)。一方、『道教義枢』の撰述年代については、吉岡義豊氏は七世紀中ごろ、高宗朝の初年とし(前掲書)、福永光司「鬼道と神道と真道と聖道」(『思想』一九八〇年九月号)も高宗朝とする。また、鎌田茂雄氏は八世紀前半、玄宗朝の頃とし(注(1)所掲論文)、大淵忍爾氏は大約七〇〇年頃、武后朝とされる(注(1)所掲論文)。

(4)　砂山稔「道教重玄派表微」(『集刊東洋学』第四三号、一九八〇年)に拠れば、『玄門大義』は当初道教重玄派の手になったが、これが茅山派に摂取された際に『玄門論』あるいは『玄門大論』の異称を生じ、それが宋代の避諱によって『道門大論』と改称されたと推定する。ただし、この点に関してはなお疑いを存する余地があろう。

（５）注（１）所掲吉岡論文を参照。

（６）大淵忍爾『敦煌道経 目録編』（福武書店、一九七八年）頁三三二。

（７）注（１）所掲吉岡論文を参照。

（８）『雲笈七籤』巻三七斎戒には、『道門大論』『玄門大論』を引用する。このうち、『道門大論』の十二斎は十二部義の威儀に、『玄門大論』の斎九食法は十二部義の方法と対応する。

（９）大淵忍爾「敦煌残巻三則」（『福井博士頌寿記念東洋思想論集』福井博士頌寿記念論文集刊行会、一九六〇年）を参照。

（10）そのような顕著な例を比較しておく。

擬通門論

本文一条有二義、……変文有六、……四者、周時史？（籀）変古文為大篆、五者、秦時程邈変大篆為小篆、六者、秦後[盰]（肝）陽変小篆為隷書、此為六也、……

第八部方法、……二者変易、大略有九、一者、䨻食、麻麦之類也、去耽嗜、二者、蔬食、菜茹之類、省肥腴也、三者、節食、中[食]之類、除煩濁也、四者、服精、符水及丹英、具身神、軀成英華也、五者、服牙、五方雲牙変為牙也、六者、[服]光、日月七元三光化為光也、七者、服六炁、六覚之炁、即

道教義枢「十二部義」

今汎論古今変文、凡有六種、……四者、周時史籀変古文為大篆、五者、秦時程邈変大篆為小篆、六者、秦後盰陽変小篆為隷書、又云、漢謂隷書曰佐書、或言程邈獄中所造、出於徒隷、故以隷為名、是為六文也、……

方法者、大略有九、一者、䨻食、麻麦也、二者、蔬食、菜茹也、三者、節食、中食也、四者、服餌、符水及丹英也、五者、服芽、五方雲芽也、六者、服光、日月七元三光也、七者、服炁、六覚之炁、天地四方之妙炁也、八者、服元炁、一切所稟、三元之炁、太和之精、在乎太虚也、九者、胎

洞玄霊宝玄門大義

今汎論古今変文、凡有六種、……四者、周時史籀変古文為大篆、五者、秦時李斯変大篆為小篆、六者、秦後程邈変小篆為隷書、有云、漢謂隷書曰佐書、此乃程邈獄中所造、出捉徒隷、故以隷為名、此即為六也、……

釈方法第八、

旧云、大略有九、一者、䨻食、二者、蔬食、三者、節食、四者、服精、五者、服芽、六者、服光、七者、服気、八者、元気、九者、胎食、䨻食者、麻麦也、蔬食者、菜茹也、節食者、中食也、服精者、符水及丹英也、服芽者、五方雲芽也、服光者、日月七元三光

天地四方之妙炁化為六炁、遊乎六方、八者、服元炁、一切所稟、三光之炁、太和之精、在乎太虛、化為元炁、与天合為體者也、九者、胎食、我自所得元精之和、為胞胎之元、即清虛四體之炁、不復関外、変為[嬰](盟)童、与道混合為一也、此之変化、念念改易、不復待捨身而受、往来生死也、……

第九部衆術、有二義、……二者、変化有三事、一者、白日昇天、功成道備、三万六千神及三一帝一、混合為體、體成妙一、故能与身俱逝、即身飛天也、又大洞諸経及人鳥山、不須御而得雲轝迎者、其身亦已化、又上詣朱陵受鍊也、二者、尸解、有上下、上品者、以刀剣代為死尸、俄爾升化、

食、我自所得元精之和、為胞胎之元、即清虛降四体之炁、不復関外也、麤食止諸耽嗜、蔬食省諸肥腴、節食除煩悩濁、保精、所以具身神、体成英華、服芽、所以変為芽、服光、所以変為光、服六炁、所以化為六炁、遊乎十方、服元炁、[所以]化為元炁、与天地合体、食胎炁、所以反為嬰童、与道混合為一也、此之変化、迭運改易、不復捨身而更受身、往来生死也、……

衆術者、……論其変化、凡有三種、一者、白日昇天、謂功成道備、三万六千神及三一帝一、混合為体、成乎妙一、故能与神俱遊、即身而昇天也、二者、屍解、或以刀剣竹木代尸、俄爾昇挙、欻失所在、或遺皮殼、或受殯埋、後開棺中、但有杖舄、或遊五岳、或可昇天、南宮有流火之庭、金門有冶鍊

也、服気者、六覚之気、天地四方之妙気也、服元気者、一切稟三元之気、太和之精、在于太虛也、胎食者、我自所得元精之和、為胞胎之元、即清虛降四体之気、不復関外也、麤食、止諸耽嗜、蔬食、節諸肥腴、節食、除煩濁、服精、其身神体成英華、服芽、変為芽、服光、化為光、服六気、化為六気、遊乎十方、服元炁、化為元気、与天地合体、服胎気、反為嬰童、与道混合為一也、此之変化、運数改易、不復待捨身而更受身、往来生死也、……

釈衆術第九、

……論其変化、凡有三種、一者、白日昇天、二者、尸解、三者、滅度、形不灰也、白日昇天者、功成道備、三万六千神及三一帝一、混合為体、体成妙一、故能与神俱遊、即身而昇天也、又誦大洞経及人鳥山、不須服御而得雲輿迎者、其身亦已化、又上詣朱陵受

欻失所在、乃在虚空也、下者、以竹木代尸、隠形而去、或遺皮殻、或受殯葬、死而不亡、後開棺中、値有杖履者也、此或可遊五岳、或可升天、南宮有流火之庭、金門有治練之池也、凡而内飛登天者、亦先詣火庭練池、練其形神也、死而升天者、亦先詣池庭、練其鬼骸、練魂骸者、升仙則更生福堂、升仙降隋其功業也、三者、滅度、形不灰也、死則暫遊太陰、亦謂尸外、死則太一守尸、三魂営骨、七魄衛肉、胎霊結炁、不久而受化更生也、此滅度尸外中、復有文外武外、皆死補天地水三官之任、文外則百四十年一進、武外則二百八十年一進也。	之水也、凡生而内飛登天者、亦先詣火庭、錬其形神、死而昇天者、亦先詣庭池、錬其魂骸、皆隋其功業也、三者、滅度、尸形不灰、如太一守尸、或経年歳、尸還成人也。	錬也、二尸解者、如位業義明、三滅度者、如太一守尸、或経年歳、尸還成人也。

(11)　三宝義における「経」の訓詁「経即訓法訓常、言由言径」とその説明は、成玄英の『老子開題序訣義疏』に詳しく述べられ、『広聖義』巻五はそれを承けている。また、『老子』第一章の玄宗疏などにも見える。このことは、これら「経」の意義に関する論が『玄門大義』中にあって、重玄派系統の人々の共通の認識を形成していたことを意味しよう。同様の事例は三一義における三一の解釈や位業義における五心の概念などにも見ることができる。

(12)　『道教義枢』は三洞義中に一箇所『玄門大義』の名を挙げ、位業義および七部義で各一条『玄門論』を引用している。このことは、『玄門論』には『玄門大義』に無い記述が含まれていたことを意味しよう。

(13)　鎌田氏は注(1)所掲論文で、『道教義枢』の教理に荊渓湛然の天台思想の影響が見られるとし、『道教義枢』の成立を八世紀前半と推定されたが、一方で、当時最も盛んであった華厳思想の影響が全く見られないことを疑っておられる。しかし、『道教義枢』の伝える教理が隋末の『玄門大義』の教理であるとすれば、華厳思想の影響が見られないのは当然であり、逆に湛然の影響を指摘された点の再検討が必要となろう。この点については後に言及する。

(14)　注(3)所掲福永論文は、十二部義に見える「散善」なる語を善導の浄土教学からの借用と見ている。

(15)　「大道者至虚至寂、甚真甚妙、而虚無不通、寂無不応、於是有元始天尊、応気成象、自寂而動、従真起応、出乎混沌之際、窈冥之中、含養元和、化貸陰陽也、故老君道経云、窈冥中有精、恍惚中有象、又云、有物混成、先天地生、寂兮寥兮、独立不改、周行不殆、可以為天下母、蓋明元始天尊於混沌之間、応気成象、故有物混成也、霊宝無量度人経云、渺渺億劫、混沌之中、上無復色、下無復淵、金剛乗天、無形無影、赤明開図、運度自然、元始安鎮、敷落五篇、故知元始天尊以金剛妙質、乗運天気、布化陶鈞、致分度自然、儀象女図敷鎮也」(葉一表)。

(16)　「是知元始天尊生乎妙炁、忽焉有象、応化無窮、顕迹託形、無因無待、演法開教、有始有終」(葉三表)。

(17)　この点に関しては、注(3)所掲福永論文を参照。

(18)　『弘明集』巻八、釈僧順「答道士仮称張融三破論」や同じく劉勰の「滅惑論」などはその典型的なものである。なお、この点に関しては、本書第一部第一章、第二章を参照。

(19)　このような初唐における道教の「教」をめぐる論争を踏まえて書かれたと思われるものに、周固樸の「大道論」がある。周固樸の年代は不明であるが、「大道論」の内容から見る限り、重玄派に連なる人物と思われ、おそらく唐中期以降の人であろう。その垂教章は、「上古には教無し。教は三皇五帝より有り」としたうえで、「自然」「神明」「正真」「返俗」「訓世」の五教を立て、「自然」「神明」二教には師資は無く、「正真」の教に至って、はじめて无上虚皇が師となり元始天尊が伝授して、三皇五帝に伝えられたとする。これがこの世界における最初の教えということになるが、三皇五帝より地上の教えが始まるというのは、前の法琳の難論を想起させる。そして「返俗」「訓世」の二教をそれぞれ老子、孔子の教えに当てて、一種の判釈を示しているところに垂教章の特色が見られる。ちなみに、『雲笈七籤』巻六道教本始部の「道教序」は、出処を示さないが垂教章と同文である。張君房は垂教章を道教の「教」に関する代表的解説と考えてそのまま引用したものと思われる。

(20)　注(1)所掲吉岡論文が推測するように、『道教義枢』が三十七義を立てるのは、『笑道論』三十六条に対抗するものであり、序にいう「夫の大笑の流をして、蕭然として法を悟らしむ」という記述が初唐の道仏論争における仏教側を意識するものであるとすれば、このような推定はより確実性をもったものになろう。ちなみに、『雲笈七籤』巻三道教所起は、『道門経法相承次序』の引用であるが、一部に注目すべき書き換えが見られる。それは、三宝君以下の道経出世の由来を述べた後に、「其老君道徳経乃是大乗部摂、正当三輔之経、未入三洞之教、今人学多浮浅、唯誦道徳、不識真経、即謂道教起自荘周、始乎柱下、眷言弱喪、深所哀哉、蠢酌管闚、一至於此」(葉三表)という。この『道徳経』の地位に関する記述は、『道門経法相承次序』の「其老子道徳経乃是大乗部摂、正当三輔之経、未入三洞之教、今人学多浮浅、唯誦道徳、不識真経、即謂道教起自荘周、殊不知始乎柱下也、眷言弱喪、深可哀哉、蠢酌管闚、一至於此」(葉四裏)をもとに意図的に改変したものと考えられる。『相承次序』の記述では、一般が道教は荘周に始まると考えていて、それが実は老聃に始まることを知らないのは、大きな誤りであるといっていることになるが、『雲笈七籤』の記述では、一般が道教の起源を荘周および老聃に求めるのは誤りで、それは三宝君以下元始天尊に至る神々なのだと主張していることになろう。このような相違が生じたのは、単なるテキストの引き違えではなく、元始天尊を教主とする道教の体系を主張する必要性に迫られた必然的意図的な書き換えであったと考えるべきであろう。

(21)「洎乎元始天尊昇玄入妙、形像既著、文教大行、玄言満於天下、奥義盈乎宝蔵、於是繋象探其深旨、子史窃其微詞、翻訳之流、実宗其要、所以儒書道教、事或相通、了義玄章、理帰其一、能知其本、則彼我倶忘、但識其末、則是非斯起、而世人逐末者衆、帰本者稀、欲令息紛競於胷中、固不可也」(葉四表)。

(22)「道者、理也、通[也](者)、導也、徳者、得也、成也、不喪也、言理者、謂理実虚無、消魔経云、夫道者無也、言通者、謂能通生万法、変通無壅、……言[導](道)者、謂導執令忘、引凡令聖、……徳言得者、謂得於道果、……言成者、謂成済衆生、令成極道、此就果為名、亦資成空行、此就因為目、……言不喪者、謂上徳不失徳、故云不喪也、……然道徳玄絶、自応無名、開教引凡、強立称謂、故寄彼無名之名、表宣正理、令識名之無名、方了玄教」(巻一、葉一表)。

(23)「夫徳、和也、道、理也、徳無不容、仁也、道無不理、義也、義明而物親、忠也、中純実而反乎情、楽也、信行容体而順乎文、礼也」。

(24)『管子』君臣上篇「是故別交正分之謂理、順理而不失之謂道、道徳定而民有軌矣」、『韓非子』解老篇「道者、万物之所然也、万理之所稽也、理者、成物之文也、道者、万物之所以成也」。

(25) この点については、本書第一部を参照。

(26) 成玄英の『老子疏』は、『道徳真経玄徳纂疏』などに引かれているが、藤原高男「輯校賛道徳経義疏」(『高松工業高等専門学校研究紀要』第二号、一九六七年)が参照には便利である。以下の引用はこれによる。

(27)『玄言新記』明老部「道者、理也、通也、……道者、通物者也、……道是真境之理、……理境無擁、故謂之通」(ペリオ

二四六三、大淵忍爾『敦煌道経 図録編』福武書店、一九七九年、頁五〇四）。

(28)『三論元旨』道宗章「夫道之宗也、幽微奥妙、理之極也、霊運潜通、体而一焉、応乎万矣、……通行之要、寄在虚妄、虚而通之、真宗道也、神、心也、性、理也、即道理也」（葉一表）。なお、『三論元旨』については注（1）所掲鎌田茂雄『中国仏教思想史研究』頁二一八以下を参照。

(29)「儒生請曰、霊宝等経、有太上大道、先天地生鬱勃洞虚之中、煒燁玉清之上、是仏之師、能生於仏、不言周時之老聃也、為定是耶、願聞其説、開士喩曰、五帝之前、未聞有道、……窮今討古、道者為誰、……道也者、理也、通也、和也、同也、言陰陽運通、三才位矣、上下交泰、万物生焉、有陰陽之道理、能通生於人物、天和地同、則群萌而類動也、……故知不有天地、道何従生、不有陰陽、道何由霊、豈得造化之前、道已先出、……豈有頭戴金冠、身披黄褐、鬢垂素髪、手把玉璋、別号天尊、居大羅之上、独名大道、治玉京之中」（大正蔵五二、頁五二三中）。

(30)「又云、正真大道、正者、不偏之義、真者、非仮之状、大者、広博之名、道者、虚通之理、言此行之道、正而不偏、真而不仮、大而能広、推而験之、並是仮号、道者通理、本無識性、由人行之、可偏可正、故云、道可左可右、明無定正也、真仮之状、人所目之、在於理中、何真何仮、此非真也、広狭之相、繋之在心、心外無道、又不大矣」（大正蔵五二、頁五六六中）。

(31)『広聖義』巻三七第五十二章の注疏義などでは、精神の清静、塵欲の除去などの理論的前提としてしばしば「道気」なる語が用いられているのは、そのような情況を反映するものであろう。

(32)『道教義枢』と三論学派との関係については、注（1）所掲鎌田論文および本書第三部第二章を参照。

(33)『老子』第二十一章「道之為物、惟恍惟惚」成玄英疏「言至道之為物也、不有而有、雖有不有、不無而無、雖無不無、有物不定、故言恍惚、所以言物者、欲明道不離物、物不離道、道外無物、物外無道、用即道物、体即物道、亦明悟即物道、迷即道物、道物不一不異、而異而一、不一而一、而物而道、一而不一、非道非物、非物故一、不一而物、故不一一也」。また、同第五十二章「天下有始、以為天下物」の成疏では、道の本迹、本末に関する議論を展開している。

(34)杜光庭『道徳真経広聖義』巻五釈疏題明道徳義の「宗趣指帰」の部分は、梁から唐にかけての重玄派の道士を挙げる。それは、梁の孟智周、臧玄靖、陳の諸糅、隋の劉進喜、唐の成玄英、蔡子晃、黄玄賾、李栄、車玄弼、張恵超、黎元興の十一名であるが、これらは『老子』解釈に関わったものだけであり、重玄派の道士がこれのみに止まることを意味するものではない。このうち、劉進喜は『太玄真一本際経』、李栄は『洗浴経』、黎元興は『海空智蔵経』の撰述に関与したと伝えられ（『甄正論』巻下）、重玄派の道士が教理学の確立と経典作成によるその一般への普及との両面で活躍していたことが知られる。なお、『太玄真一本際経』および『太玄真一本際経』と『道教義枢』との関係については、砂山稔「『太玄真一本際経』について」(金谷治編『中国における人間性の探究』創文社、一九八三年)、同「本際経箚記」(『東方宗教』第六一号、一九八三年)に論述がある。

(35)『太上九要心印妙経』は、玄宗朝の道士張果の序を付す。おそらく張果の手になるものであろう。

(36)「縦使有道不能自生、従自然生、従自然出、道本自然、則道有所待、既因他有、即是無常、故老子云、……道法自然、王弼云、言天地之道並不相違、故称法也、自然無称窮極之辞、道是智慧霊知之号、用智不及無智、有形不及無形、道是有義、不及自然之無義也」(大正蔵五二、頁五三七上)。

(37)『老子』第二十五章「道法自然」の王弼注には、元来「道不違自然、乃得其性、法自然者、在方而法方、在円而法円、於自然無所違也、自然者、無称之言、窮極之辞也、用智不及無知、而形魄不及精象、精象不及無物、有儀不及無儀、故転相法也、道順自然、天故資焉、地法於道、地故則焉、地法於天、人故象焉、所以為主、其一之者、主也」とあって、方に在っては方、円に在っては円と自ら与えられた性に従うことが自然に法るということの意味であることをいい、道の上位概念としての自然を主張するものではない。

(38)「言道之為法自然、非復倣自然也、若如惑者之難、以道法効於自然、是則域中有五大、非四大也、又引西昇経云、虚無生自然、自然生道、則以道為虚無之孫、自然之子、妄生先後之義、以定尊卑之目、塞源抜本、倒置何深、且常試論曰、虚無者、妙本之体、体非有物、故曰虚無、自然者、妙本之性、性非造作、故曰自然、道者、妙本之功用、所謂強名、無非通生、故謂之道、幻体用名、即謂之虚無自然道爾、尋其所以、即一妙本、復何所相倣法乎、則知惑者之難、不詣夫玄鍵矣」(巻三、葉一八裏)。

(39)「次須法自然之妙理、所謂重玄之域也、道是迹、自然是本、以本収迹、故義言法也」。

(40)「自然者、本無自性、既無自性、有何作者、作者既無、復有何法、此即無自無他、無物無我、豈得定執、以為常計、絶待自然、宜治此也」(巻八、葉四表)。

(41)　自然義の無自性説が『中論』の影響であろうことは、注(1)所掲鎌田論文に簡単な指摘が見える。自然義が自然を自と然に開き、自を自他の自として論を展開するのは、『中論』が自性、他性の関係を説くのに触発されたものと思われるが、論理のこじつけの感を免れないであろう。

(42)「示因縁者、強名自然、仮設為教、……故本際経云、是世間法及出世法、皆仮施設、悉是因縁、開方便道、為化衆生、強立名字耳」(葉四表)。

(43) 中嶋隆蔵「六朝後半より隋唐初期に至る道家の自然説」(『東洋文化』第六二号、一九八二年)は、道仏二教を自然と因縁の立場に振分けようとする試みの萌芽を『弘明集』巻七所収の釈僧敏「戎華論」に求めようとする。

(44)『笑道論』の「何者、元始天王及太上道君諸天神人、皆結自然清元之気而化為之、本非修戒而成者也、彼本不因持戒而成者、何得令我独行善法而望得之乎」(大正蔵五二、頁一四五中)といった批判はその一例である。これを踏まえた論と思われるものには、『道教義枢』のほかに『洞玄霊宝三洞奉道科戒営始』巻二造像品や『一切道経音義妙門由起』明経法などがある。

(45)「夫物要須散其朴、謝其古、乃可彰之耳、……故立朴成因縁之果、雖有因縁、非其自然之感、因縁何従而成也、故自然非一而執、若執其一、万物則功莫従而興也、是以真人知因縁、脩因縁、行之於因縁、故自然而運起也、将知因縁中者有自然」(ペリオ二三八八、注(27)所掲大淵忍爾『敦煌道経 図録編』頁五九八)。

(46)「蓋方円動静、黒白燥湿、自然理性、不可易也、吹管操絃、修文学武、因縁習用、不可廃也、夫自然者、性之質也、因縁者、性之用也、因縁以修之、自然以成之」(序、葉二表)。

(47)「問曰、道化物之体、与自然因縁為一為二、答曰、造化者、即是自然因縁、自然因縁、即是不住為本、取其生物之功、謂之造化、化不外造、日日自然、自化迹変、称曰因縁、差之則異、混之則同、何以言之、理不頓階、事因仮待、仮待之主、以因縁為宗、縁行既備、帰之自然、則心不取外、豈自取哉、外自取哉、外自兼忘、内融為一」(葉二七表)。

(48)「夫自然者、无為之性、不仮他因、故曰自然、修行之人、因有為而達无為、因有生而達无生、了乎自縁、契於自然、則无生之性達矣」(葉九裏)。

(49)「故自然中有因縁、因縁中有自然、自然不離於因縁、因縁不離於自然、而能異之而同者矣、然夫一切因縁者、悉是自然之因縁也」(葉一四裏)。

(50) ちなみに、北周武帝時の撰とされる『無上秘要』巻一〇〇は特に入自然品を立てて自然に関する記述をもつ経典を集めてはいるが、そこでは未だ自然と因縁の調和を図ろうとする意図に基づく記述は見られない。このような試みは、やはり隋から初唐にかけての仏教教理学の援用を軸とする体系的道教教理構成の試みの産物であるように思われる。

(51)「法身者、至道淳精、至真妙体、表其四徳、応彼十方、赴機於動寂之間、度物於分化之際、此其致也」(巻一、葉三表)。

(52)「法是軌儀、身為気象、至人気象可軌、故曰法身、原其応化身相、称号甚多、総括本跡、具為六種、本有三称、跡有三名也」(巻一、葉三裏)。

(53) ペリオ三二八〇『太玄真一本際経』巻九に、「帝君又問、如是本身、為悉共有、但是一身、為各各有、……太上曰、

……如是本身、亦復如是、体非一多、性无鄣㝵、……帝君又問、生身迹身、是応作耶、太上答曰、如是如是、生之与迹、並称機縁、利益不差、即名為応、体則无別、隋義異名」(大淵忍爾『敦煌道経 図録編』頁三四三)とあり、またこれに続く偈では、道身、本身、生身(迹身)、現身の関係が述べられている。なお、『太玄真一本際経』の身相説が『道教義枢』同様本迹両系に分けられることについては、注(34)所掲砂山稔「『太玄真一本際経』について」を参照。

(54)『相承次序』が経証として引く『太上決疑経』『太上洞極勝無等道集経』『太上開演秘密蔵経』がそれぞれ『太玄真一本際経』巻二、八、九の異本であることは、Wu Chiyu (呉其昱) *"Pen-tsi King* 太玄真一本際経 *Livre du terme originel. Ouvrage taoiste inédit du VII*e *siècle"*, Paris, Centre National de la Recherche Scientifique, 1960 の解説および注(34)所掲砂山稔「本際経箚記」を参照。

(55)『一切道経音義妙門由起』序「(元始天尊)……然五身既分、三代斯別、……所謂真身者、至道之体也、応身者、元始天尊太上道君也、法身者、真精布気、化生万物也、化身者、堀然独化、天宝君等也、報身者、由積勤累徳、広建福田、楽静信等也、然元始天尊太上道君高上老子、応号雖異、本源不殊」(序、葉一裏)。

(56)『太玄真一本際経』巻二付嘱品「青童君曰、云何名為念道之相、天尊曰、……念有二種、一念生身、……二念法身、猶如虚空、円満清浄、即是真道、亦名道身、亦名道性、常以正念、不聞余心、是名念道」(大淵忍爾『敦煌道経 図録編』頁三〇三―三)。

(57)「抛道教経、究法身正理、通本跡不異不同、跡之三身、有其別体、本之三称、体一義殊、以其精智淳常曰真身、[神]浄虚通曰道[身]、気象酬徳、是曰報身、就気精神、乃成三義、不可窮詰、惟是一源」(巻一、葉五表)。

(58)「精神炁三、混而為一、精者、虚妙智照為功、神者、无方絶累為用、炁者、方所形相之法也、亦曰夷希微、夷平、希遠、微細也、夷即是精、以精智円照、平等无偏、希即是神、以神用不窮、遠通无極、微即是炁、以炁於妙本、義有非麤」(巻五、葉一表)。

(59)『老子』第十四章「搏之不得、名曰微」成玄英疏「臧曰、夫言希夷微者、謂精神気也、精者、霊智之名、神者、不測之用、気者、形相之目、総此三法、為一聖人、……所謂三一者也」。

(60)成玄英『老子開題序訣義疏』「第三、法体者、案九天生神経云、聖人以玄元始三気為体、言同三天之妙気也、臧宗道又用三一為聖人応身、所言三一者、一精二神三気也、精者、霊智慧照之心、神者、無方不測之用、気者、色象形相之法、経云、視之不見、名曰夷、精也、聴之不聞、名曰希、神也、搏之不得、名曰微、気也、総此三法為一聖体、経云、此三者、不可致詰、故混而為一也、但老君以三一為身、身有真応之別」(ペリオ二三五三、大淵忍爾『敦煌道経 図録編』頁四六二)。

(61)「案生神章云、老子以[玄]元始三気、合而為一、是至人法体、精是精霊、神是変化、気是気象、如陸簡寂、臧矜、顧歓、諸揉、孟智周等老子義云、合此三気、以成聖体、又云、自然為通相之体、三気為別相之体」(大正蔵五二、頁五三六下)。

(62)『抱朴子』地真篇「余聞之師云、人能知一、万事畢、……道起於一、其貴無偶、各居一処、以象天地人、故曰三一也、……老君曰、忽兮怳兮、其中有象、怳兮忽兮、其中有物、一之謂也、故仙経曰、子欲長生、守一当明、思一至飢、一与之糧、思一至渇、一与之漿、一有姓字服色、男長九分、女長六分、或在臍下二寸四分下丹田中、或在心下絳宮金闕中丹田也、或在人両眉間、却行一寸為明堂、二寸為洞房、三寸為上丹田也」、『太上霊宝五符序』巻上「中黄老君曰、子既知身蔵之神名、又当知天地父母赤子之家、……有欲知天地父母赤子三一也、天一在華蓋下、人一在斗戸、地一在日月所遊、三一煌煌如明珠、子不守之、生復何求、……第三守地一、名曰丹田、皓白如雪、五色玄黄、道母所居、溺水胞中、第四守人一、名曰絳宮、南極太一、赤子小童、右月左日、魂魄合并、第五守天一、名曰紫宮、大如混雞子、九色玄黄、交結星暦、身上紀綱」(葉二二裏)。『黄庭内景経』については麥谷邦夫「『黄庭内景経』試論」(『東洋文化』第六二号、一九八二年)を参照。

(63) 精神気の三奇に関しては、福井文雅「儒道仏三教における気」(小野沢精一他編『気の思想』東京大学出版会、一九七八年)および本書第一部第一章、第二章を参照。

(64)「三一是妙極之理、大智之源、円神不測、布気成長、貸成靡棄、兼[三](二)為義、即一為体」(巻五、葉一裏)。

(65)『道教義枢』位業義がここで『玄門論』に載せる二法師の説を依拠とするのは、『玄門大義』にはこの説を載せていないことを意味する。位業義はこのほかにも注(3)所掲福永論文が指摘するように、高宗期の善導の浄土教学で用いる散定二心や散善などの語を用いており、また十転位について高宗期の道経である『海空智蔵経』の十転義に言及し、これは悟道の段階を示すもので仙界の位階を示すものではないことを態々断るなど、『道教義枢』撰述段階の付加と思われる部分が多いことが注目される。

(66) 浄三業有欲善とは、後に引く宋法師の説に具体的な解説がある。今その典拠と思われる『三洞珠嚢』巻七に引く宋文明の『道徳義淵』を挙げておく。「持十戒、口業浄者、登欲界、身業浄[者]、登色界、心業浄者、登無色界、入九品行者、登種民天也」(葉二六裏)。

(67)『真誥』巻五甄命授第一に見える清霊真人裴玄仁の誥授に、「崑崙上有九府、是為九宮、太極為太宮也、諸仙人倶是九宮之官僚耳、至於真人、乃九宮之公卿大夫、仙官有上下、各有次秩、仙有左右府、而有左右公、左右卿、左右大夫、左右御史也、明大洞為仙卿、服金丹為大夫、服衆芝為御史、若得太極隠芝服之、便為左右仙公及真人矣」(葉一五表)、「有尸解乃過

者、乃有数種、並是仙之数也、尸解之仙、不得御華蓋、乗飛龍、登太極、遊九宮也」（葉一五裏）、「仙道之妙、皆有方也、能尽此道、便為九宮真人、不但登仙而已」（葉四裏）などとあり、九宮を官僚組織をもつ仙府とするとともに、昇仙の方法の差によって仙位が異なることをいい、位業義の説の原初的な形を示している。また、九宮位の発想には『大洞真経』などの泥丸九宮説も広い意味で関与していよう。いずれにせよ、これらの神仙説の影の濃い教説を基にその内容の高度化を図ったものが位業義の九宮位であろう。

(68)　この仙真聖二十七品説が顧歓の袁粲に対する駁論に見え、宋末には成立していたことは、注(3)所掲福永論文に指摘がある。

(69)　注(1)所掲鎌田論文。

(70)　「両謂無欲有欲二観也、同出謂同出一道也、異名者徼妙別也、原夫所観之境唯一、能観之智有殊、二観既其不同、徼妙所以名異」。

(71)　有欲観、無欲観そのものの形成には、三論学派の有無中道三観の教説が大きく関与していたであろうことは、位業義末に引く玄靖法師の説から明らかである。

(72)　「上士達人、先物後己、発大弘願、化度衆生、誓心堅固、結契無爽、既非世之縄索約束、故不可解也、然誓心多端、要不過五」。

(73)　「一者、発心、二者、伏心、三者、知真心、四者、出離心、五者、无上心、第一発心者、謂発自然道意、入於法門也、第二伏心者、謂伏諸障惑也、就伏心有文[武]尸三解、解有三品、総成九品、通前発心為十転行也、第三知真心者、有九品、即生彼九宮也、第四出離心者、有三品、即生彼三清、所謂仙真聖也、第五无上心者、謂直登道果、乃至大羅也、善結者、結此五種心、終始無替也、此明結願堅固也」。成疏は无上心について「大羅に至る」というが、『道教義枢』位業義は全く大羅天に言及しないのは不可解である。ただ、混元義において一例だけ大羅天に言及するが、それも『太真科』の引用であって、『道教義枢』が大羅天に積極的に言及したものではない。

(74)　注(3)所掲福永論文を参照。

(75)　「聖人位亦在上清、亦在世間、仙人亦在玉清、亦在上清、亦在世間、……此境界、更相通、更相交耳」（大淵忍爾『敦煌道経　図録編』頁七三二）。

(76)　東晋期のものと思われる『度人経』は死者の済度を説く最も古い道経の一つであり、『真誥』巻一三稽神枢第三、同巻一六闡幽微第二には地下主者、鬼帥をそれぞれ三等に分け、その間で転々昇進すること、また、北酆（羅酆都）を中心とする冥界が詳しく述べられている。詳しくは、本書第二部第二章を参照。

(77)　『三洞珠囊』巻七に引く宋文明『道徳義淵』には「此三十二天、則専主人福果、異乎九天及三十六天」とあり、『度人経』や『太真科』などの三十二天説と『九天生神章経』の九天に発する三十六天説とが本来系統を異にすることを述べている。そのことは、『度人経』系の三十二天の名称と『九天生神章経』系の三十六天を説く『無上秘要』巻一六衆聖本迹品下の三十六天王の名称が全く異なることなどによっても知られる。また、玄嶷『甄正論』巻上には「謹案道家三十二天、略無大羅之号、即明元无大羅之天、此亦妄造」(大正蔵五二、頁五六二上)とあり、大羅天が三十二天説に本来備わっていたものではないことを主張している。しかし、『度人経』や『霊宝諸天内音自然玉字』には既に「大羅」の号が用いられており、しかも、『度人経四注』巻二「上極无上、大羅玉清」の南斉の厳東の注には「大羅之天、在衆天之上、……明道既彰、大羅之天、則鬱然澄清、七宝之樹、各生一方、弥覆一天、八樹弥覆八天、包羅衆天、故曰大羅」(葉一〇裏)とある。ここでいう八天とは四方に配当された八天の意であろうから、厳東段階では大羅天は四方に各八天ずつ平面的に展開する三十二天を包羅する最上最大の天と考えられていたことが知られる。その後、三清境の導入と重層構造論への移行とともに、大羅天は三十六天の最上天に位置づけられるようになったと思われる。『弁正論』巻二(大正蔵五二、頁四九八中)はかかる大羅天に明確に言及しているから、その時期は隋末から唐極初が一応の下限と考えられよう。

(78)　「三界三十二天、依如霊宝内音、分置在四方、定志経図正作三重、今義疏中解釈云、如羊角而上、与二事並違、何邪、答曰、此乃所以二事両通也、羊角者、猶荘子之義也」(葉三〇表)。

(79)　『霊宝雑問』にいう『義疏』とは、『太平御覧』巻六六六に引く『道学伝』(『御覧』は『老子聖紀』として標出するが、『道学伝』の誤りである)宋文明伝に見える『霊宝経義疏』であろう。

(80)　『雲笈七籤』巻二一天地部に引く『玄門論』が明らかに重層的な三十六天説をとっていることは、この推定を補完するものである。ちなみに、『雲笈七籤』は螺旋あるいは平面構造の天界説にも言及しており、それらが根強く存在し続けたことを示している。なお、道教の天界説の詳細については、本書第二部第一章を参照。

(81)　道教の冥界あるいは地獄については、沢田瑞穂『地獄変』(法蔵館、一九六八年)に詳しい。

(82)　『真誥』巻一五闡幽微第一「凡六天宮是為鬼神六天之治也、洞中六天宮亦同名、相像如一也」陶注「此即応是北酆鬼王決断罪人住処、其神即応是経呼為閻羅王所住処也、其王即今北大帝也」(葉二表)、『太真科』「獄有十二掾吏、金頭鉄面、巨天力士各二千四百人、把金槌鉄杖、玄科死魂、以治罪罰也」(『三洞珠囊』巻七、二十四獄品所引、葉一七表)。

(83)　道教の生成論の系統については、本書第一部第一章、第二章を参照。

(84)『三洞珠嚢』巻七、二十四気品に引く宋文明『通門論』には「少陰太陰少陽太陽、亦与中和之気、合以成五気、五気就前玄元始三気、成数為八、即大洞経云、三元各八、合為二十四気、衆生品族、於是而生也、此気散之為雲霧、合之為形影、出之為分化、入之為真一、又此気之本、謂元始大梵之気、分而為三、即成上三天也」(葉一五裏)とあるが、元始大梵之気が大羅天とされた形跡は見られない。宋文明は、注(77)で述べたように三十二天説と九天系の三十六天説をはっきり区別しているから、ここでは、あくまでも一気から三気(天)が生み出されるのであって、三天に先立つ一天は考えられていなかったと見るべきであろう。

(85)「所以太清輔洞神者、洞神召制鬼神、必須太清、存守太一、服御金丹、助成此道、神用乃申、洞玄和天安地、保国寧民、太平宗教亦復如斯、洞真変化无方、神力自在、故須太玄明空、道成此行、重玄之心既朗、万変之道斯成、故三十九章号无生之説、西昇妙典示善入无為之宗、无為之果、既体[重]玄、斯致无生之道、即洞遣方成、正一偏陳三乗者、以具経通明三乗之致也、……言末俗根鈍、迷於三乗、正一偏申明也、又三洞総為一乗之教、故正一云、三洞雖三、兼而該之、一乗道也、太玄為大乗、太平為中乗、太清為小乗、正一通於三乗也」(巻二、葉一二表)。

(86)注(1)所掲福井康順『道教の基礎的研究』頁一四五以下を参照。

(87)『九天生神章経』には、『霊宝自然九天生神三宝大有金書』、『洞玄霊宝自然九天生神章経』および『雲笈七籤』巻一六に引く『霊宝洞玄自然九天生神章経』の三本があり、それぞれ字句の異同が見られる。ここでは洞真部所収のテキストに拠った。

(88)「太玄者、旧云、老君既隠太玄之郷、亦未詳此是何所、必非摂跡還本、遣玄之又玄、寄名太玄耶、今明此経名太玄者、当是崇於重玄之致、玄義遠大、故曰太玄」(巻二、葉八表)。

(89)重玄なる語の哲学的宗教的な意義については、砂山稔「成玄英の思想について」(『日本中国学会報』第三二集、一九八〇年)を参照。

(90)「一往以二乗為方便、大乗為究竟、次以三乗為方便、一乗為究竟、窮論一之与三、並為方便、非一非三、是為究竟」(巻二、葉一三裏)。

(91)十二部が『洞真太上倉元上録』に十二事として見えることはすでに述べた。また、『太玄真一本際経』巻三聖行品にも十二事として見える。ただし、『太玄真一本際経』は玉訣を宝訣、衆術を術数に作り、『擬通門論』やそこに挙げられた陸先生の十二部説、『道門経法相承次序』などとは異なる。『玄門大義』(=『道教義枢』)はここでも『太玄真一本際経』には拠らず、『擬通門論』と同じ立場に立つことが注目される。

(92)「忘心者、始終運意、行坐忘形、寂若死灰、同於槁木、滅想滅念、惟一而已、滅心者、随念随忘、神行不系、帰心於寂、直至道場」(葉七裏)。

(93) 注(4)所掲砂山論文を参照。

(94)「除上清絶群独宴、静気遺形心斎之外、自余皆是為国王民人、学真道士、抜度先祖、己躬謝過、禳災致福之斎」(葉四表)。

(95)「凡聖神之体、略有二事、一者自然、二者学得也、大洞経云、得洞経者、従死得生、……従真得為上清黄老君三十九真二十四帝百八十道君天尊上聖、亦有自然妙炁、応化所作、亦有修習後成、自然後学、合為一也」(葉二三表)。

(96)「君曰、人生有骨録、必有篤志、道使之然、若如青光先生、谷希子、南岳松子、長里先生、墨羽之徒、皆為太極真人所友、或為太上天帝所念者、興雲駕龍以迎之、故不学道、而仙自来也、過此以下、皆須篤志也」(葉一二表)。

(97)「太微帝君……又曰、敢問、道身為有因耶、為无因耶、若有因者、同世間法、因縁生故、故是无常、若无因生、復堕[邪](耶)見、異道之謂、若是道身不従因生、自然有者、一切衆生、不脩道者、応皆成道、如是二義、云何可了、……道君答曰、……天尊大聖、了此実性、畢竟无性、洞会道源、混体冥一、故名得道、身与道一、故名道身、習此正観、名之曰因、亦无所習、故名非因、故正道非従因生、亦非无因、体非是果、亦非非果、非常非非常、非滅非非滅、……如是身者、住无所住、无所不住、是名正道真実之身」(大淵忍爾『敦煌道経 図録編』頁三四四)。

(98)「不亦於彼清虚之炁、因氤氳之交、分半下降、就此四半、合為一耶、不亦或此仮一而為悪者、致招自然之炁、淪於三塗乎、不亦為善、離此四半、還登太虚、復我清虚之気、反我両半、処於自然乎」(『太上洞玄智慧定志通微経』葉五表)。

(99) ペリオ二八〇六、大淵忍爾『敦煌道経 図録編』頁三一四—三一六。

(100)「若諸神尊所説諸法、同表一道、无浅深者、云何而得有円満教及未具了差別趣耶、道君告曰、若於大聖諸有所言、皆是正観、一切智心、无非畢竟、悉是了義、随衆生故、半満不同、為鈍根者、或時説有、或時説空、或時説常、或説无常、是名両半、前後異説、不得一時、随病発故、偏示一義、是名為半、前病除已、復顕一薬、用具足故、名之為満、了両半已、入一中道、乃名具足円満之相」(ペリオ三二八〇、同前、頁三四五ノ一)。

(101)『上清道宝経』は時代不詳ではあるが、その巻一経品は『定志経』の「両半成一」を「有无為両半、不有不无為一正道」と完全に三論の有無中道で解している。

(102) 注(1)所掲鎌田論文の説。

(103)「或曰、願聞真人守身錬形之術、抱朴子曰、深哉問也、夫始青之下月与日、両半同昇合成一、出彼玉池入金室、大如弾丸黄如橘、中有嘉味甘如蜜、子能得之謹勿失、……立之命門形不卒、淵乎妙矣難致詰、此先師之口訣、知之者、不畏万鬼五兵也」。

(104)　唐末閭丘方遠編『太平経鈔』壬部には、「夫大神不過天与地、大明不過日与月、尚皆両半共成一、……天地之道、乃一陰一陽、各出半力、合為一、乃後共成一」(王明『太平経合校』頁七一五)とあり、陰陽に統括される天地、日月などの二元的要素の合一を「両半共成一」と表現している。もし、この記述が後漢期の『太平経』壬部に含まれていたものなら、『抱朴子』に先立つ最古の用例といえよう。また、唐代のものと思われる『元気論』(『雲笈七籤』巻五六所引)は、この『抱朴子』の口訣を『九皇上経』として引用し、その注に云くとして、「交梨火棗、生在人体中、其大如弾丸、其黄如橘、其味甚甜、其甜如蜜、不遠不近、在於心室、心室者、神之舎、気之宅、精之生、魂之魄、玉池者、口中舌上所出之液、液与神気一合、謂両半合一也」(葉一五裏)なる文を引く。『抱朴子』段階では口訣であったものが、道経としてまとめられ、服気存思あるいは房中術と広い範囲に用いられていったものと思われる。

(105)　「仙経曰、令人長生不老、先与女戯飲玉漿。……使男女感動、以左手握持、思存丹田中有赤気、内黄外白、変為日月、俳佪丹田中、倶入泥垣、両半合成一、因閉気深内、勿出入。……思作日月想、合径三寸許。両半形放而一、謂日月相擒者」。

(106)　『盟威経』「衆生根罏、去道[賒](奢)邈、大道慈愍、立法訓治、趣令心開、両半成一、一成无敗、与常道合真」(『道教義枢』巻二、葉八裏)、『太上洞玄霊宝昇玄内教経』巻六開縁品「夫真道者、无不无、有不有、生不生、滅不滅、……一不一、異不異、能覚両半者、豈不体之乎、子当秘之、勿授不真也」(ペリオ二五六〇、大淵忍爾『敦煌道経 図録編』二五五頁)、『太上洞淵神呪経』巻一二衆聖護身消災品「汝等真仙、……使有心者、脱諸障悩、現世安楽、……不染三縛、守其真一、返我両半、冥合自然」(葉二裏)、『洞真太上説智慧消魔真経』巻三守一品「源一自然、玄二成象、両炁流潤、和合三三、三一周布、聖普同年、盛徳充盈、両半生生、両半成一、一一无窮、棄徳好色、不顧種人、恣欲逞情、非智慧也」(葉一二表)。『太上業報因縁経』巻八生神品「吾今為汝、剖析因縁、欲使当来、悟其元炁、人始受身、皆従虚无自然中来、廻黄転白、構気凝精、而元父生神、玄母成形、承天順地、合化陰陽、両半因縁、稟其骨肉、莫不資其昔業、会遇今縁、取象乾坤、含懐日月、陰陽変化、神識往来、万化之中、人最為貴」(京博蔵本二五二、大淵忍爾『敦煌道経 図録編』頁一六六)、『三論元旨』虚妄章「衆生沈淪苦海、莫不因心而然、滅妄帰真、自然之源妙矣、一者生氤氳、氤氳生於両半」(葉五裏)。このほかにも、『周易』繋辞上第十二章の正義に「故自形外已上者、謂之道也、自形内而下者、謂之器也、形雖諸道器両畔之際、形在器、不在道、既有形質、可為器用」と「両畔」なる語が用いられている。これは道教教理とは直接関係しないが、唐代の義疏の中で

も対立する二要素を表す概念として「両畔(半)」なる語が用いられていることは、一般的状況として注目しておくべきである。

(107)「道性者、理存真極、義実円通、雖復冥寂一源、而亦備周万物、煩惑所覆、暫滞凡因、障累若消、還登聖果、此其致也」(巻八、葉五表)。

(108)「道性体義者、顕時説為道果、隠時名為道性、道性以清虚自然為体、一切含識乃至畜生果木石者、皆有道性也、究竟諸法正性、不有不無、不因不果、不色不心、無得無失、能了此性、即成正道、自然真空、即是道性」(同、葉六表)。

(109)この点に関しては、注(1)所掲鎌田論文および同氏『宗密教学の思想史的研究』(東京大学東洋文化研究所、一九七五年)頁一二〇を参照。また、道性思想の形成と仏性論との関係については、注(1)所掲鎌田『中国仏教思想史研究』に論がある。

(110)『大乗玄論』巻三仏性義において、吉蔵は通別二門を立て、通門においては草木成仏を認めるが、別門においては認めていない。この吉蔵の草木成仏説の意味については、中嶋隆蔵「吉蔵の草木成仏思想」(注(34)所掲『中国における人間性の探究』)を参照。

(111)注(1)所掲鎌田論文および福永光司「一切衆生と草木土石」(『仏教史学研究』第二三巻第二号、一九八一年)を参照。

(112)注(1)所掲鎌田論文の説。

(113)「東郭子問於荘子曰、所謂道悪乎在、荘子曰、无所不在、東郭子曰、期而後可、荘子曰、在螻蟻、曰、何其下邪、曰、在稊稗、曰、何其愈下邪、曰、在瓦甓、曰、何其愈甚邪、曰、在屎溺、東郭子不応」。

(114)この点に関しては、本書第一部の各章を参照。

(115)道性なる語が初見されるのは、『老子』第二十五章「道法自然」の河上公注「道性自然、无所法也」、あるいは『老子』第三十七章「道常无為而无不為」の想爾注「道性不為悪事、故能神」、同じく「无名之樸亦将不欲」の「道性於俗間都无所欲、王者亦当法之」であろう。この『河上公注』や『想爾注』の道性は仏性や法性とは何の関係も無いが、仏性論を導入する際に典拠となったと思われる。注(1)所掲鎌田論文は、『弁正論』巻三、十喩九箴篇の三に、沙門の制に関して「清虚恬漠、順道性也」とあるのを、仏性の意味で用いられた古い例とされるが、これは『河上公注』等と同様、仏性とは無関係の道の本来の在り方という意味の道性である。

(116)「夫一切万物、有生之性、皆受之於道炁、何故独不入水石、答曰、水性百入、利潤万物、石[性](姓)質堅、主政人心、……是以水石可尚、与道合性、豈有不受道乎」(スタイン二一二二、大淵忍爾『敦煌道経 図録編』頁五九一)。

(117)「唐天皇問曰、道家階梯証果、竟在何処、天師答曰、窃以法性常湛、真理唯寂、雖混成而有物、而虚廓無眹、機感所及、冥然已周、因教立名、厥義无量、夫道者、円通之妙称、聖者、玄覚之至名、一切有形、皆含道性、然得道有多少、通覚有浅深、通俗而不通真、未為得道、覚近而不覚遠、非名聖人」(葉一〇裏)。

(118)『宝蔵論』の成立年代については、鎌田茂雄「宝蔵論の思想史的意義」(『宗教研究』第三五巻第四号、一九六二年)を参照。

(119)注(111)所掲福永論文は、湛然の仏性論形成における『荘子』を初めとする道家思想の影響を指摘している。

(120)「二観者、定慧之深境、空有之妙門、用以調心、直趣重玄之致、因之蕩慮、終帰双遣之津、既従此以得真、固由斯而解法、此其致也」(巻五、葉三裏)。

(121)「一切凡夫、従烟熅際、而起愚痴、染着諸有、雖積功勤、不能无滞、故使脩空、除其有滞、有滞雖浄、猶滞於空、……故示正観、空於此空、空有双浄、故曰兼忘、是名初入正観之相」(ペリオ三六七四、大淵忍爾『敦煌道経 図録編』頁三三九)。

(122)「正観之人、前空諸有、於有无着、次遣於空、空心亦浄、乃曰兼忘、……心未純浄、有対治故、……如是行者、於空於有、无所滞着、名之為玄、又遣此玄、都无所得、故名重玄衆妙之門」(同前)。

(123)『道教義枢』の五種三観と仏教教理との関係については、注(1)所掲鎌田論文に指摘がある。

(124)「道以三乗之法、階級化人、従初発心、至于極道、捨凡証聖、故有一十四等観行之門、小乗初門有三観法、一曰仮法観、謂対持也、二曰実法観、謂心照也、三曰遍空観、入無為也、中乗法門観行有四、一曰無常観、二曰入常観、三曰入非無常観、四曰入非常観、大乗門中観行亦四、一曰妙有観、二曰妙無観、三曰重玄観、四曰非重玄観、聖何門中復有三観、一曰真空観、二曰真洞観、三曰真無観、以此観行、修錬其心、従有入無、階<ruby>麤</ruby>極妙、得妙而忘其妙、乃契於無為之門爾」(葉一〇表)。

(125)ちなみに、『三論元旨』には神炁二観のほかに、「神を会し性を通ぜんと欲する者」のまず修むべき摂心観、次いで修むべき忘心観の二観が挙げられている。

(126)これのもとになる教説は『涅槃経』巻二六師子吼菩薩品(大正蔵一二、頁七七八中)に見える。『道教義枢』の説が慧遠『大乗義章』巻一〇や宝蔵『華厳経明法品内立三宝章』と類似するとの指摘は注(1)所掲鎌田論文に見られる。また、『道教義枢』は経宝の経を「経即訓法訓常、言由言経」と解するが、このような訓詁は智顗の『観無量寿経疏』(大正蔵三七、頁一八六下)に「経者訓法訓常、由聖人金口、故言経也」とあり、この点にも『義枢』と天台との同時代性が見て取れる。なお、この訓詁は成玄英の『老子開題序訣義疏』に、「但経之義訓……略為四釈、所言四者、一由、二径、三法、四常、第一訓由者、言三世天尊十方太上莫不因由此経而得成道、第二訓径者、言能開通万物、導達四生、作学者之津梁、寔脩真之要径、第三訓法者、旨趣玄妙、能所清微、可以軌則蒼生、楷模衆聖也、第四訓常者、言非但理致深遠、湛寂凝然、抑亦万代百王不刊之術、具斯四義、故称為経也」(ペリオ二三五三、大淵忍爾『敦煌道経 図録編』頁四六五)と詳細に述べられており、『玄門大義』には同様の記述があったのではないかと思われる。また、『道徳真経広聖義』巻五釈疏題明道徳義にほぼ同文が引かれていることも、道徳義同様これが『玄門大義』の文であることを思わせる。さらに、『老子』第一章の玄宗疏もこの訓詁を挙げており、重玄派系統の共通した解であったことが知られる。

(127)『三論玄義』(大正蔵四五、頁一四上)あるいは『大乗玄論』巻四、二智義論境智門(大正蔵四五、頁五五中以下)などに見られる境智の説を踏まえていよう。

(128)『老子』第三十三章、第六十三章などの成玄英疏には境智の論が、また、同じく第十一章の李栄注、第二十三章の玄宗疏や杜光庭の義などには理教の論が見られる。ここでも『老子』解釈と重玄派の教理との密接な対応関係が看取される。

(129)『道教義枢』は最初に五濁の名称として、煩悩、見、命、生死、時運を挙げるが、以下の記述の中ではしばしば生死濁の代りに衆生濁、時運濁の代りに劫濁という仏教本来の名称を用いており、五濁義の道教教理としての底の浅さを露呈している。

(130)『道門経法相承次序』巻下「五濁、一見濁、邪見、二劫濁、日月短促、三衆生濁、精神不明、四煩悩濁、嗔恚闘争、五命濁、短寿」(葉七表)。このほかに、『義枢』と似たものには、『道典論』の命、見、悩、生、時濁がある。

(131)『老子』第四十九章「信者、吾信之、不信者、吾亦信之」の成玄英疏は、道と修道者との関係を扱い、応を通、別の二種に分けて説いている。この点から見れば、重玄派内では仏教の感応義に対応する論もあったはずであるが、『道教義枢』はそれには全く触れていない。

(132)注(1)所掲大淵、鎌田、吉岡各論文を参照。

(133)郭璞「遊仙詩」二(『文選』巻二一)「青谿千余仭、中有一道士、雲生梁棟間、風出窓戸裏、借問此何誰、云是鬼谷子、翹迹企潁陽、臨河思洗耳、閶闔西南来、潜波渙鱗起、霊妃顧我笑、粲然啓玉歯、蹇脩時不存、要之将誰始」、李善注「庾仲雍荊州記曰、臨沮県有青溪山、山東有泉、泉側有道士精舎、郭景純嘗作臨沮県、故遊仙詩嗟青渓之美」。ちなみに、『同治遠安県志』には、青渓山寺の側に法琳洞が存するとあるが、法琳を宋の人としている。

(134) 普通名詞の例は、唐睿宗「賜岱岳観勅」(『全唐文』巻一九)に「翠嶺万尋、青渓千仭」、李栄「道徳真経注序」に「臣栄……滝留丹桂、夙徹耳於薫風、舞詠青渓、空曝背於唐日」などとある。また、建康郊外には有名な青渓がある。

(135) このことに関しては、『摩訶止観』一上や灌頂の『隋天台智者大師別伝』などに記事が見える。

(136) 鎌田論文は、感応義において観と応を開いて説いている点、境智義において「内外不二」の語が見えることも湛然の影響と推定される。しかし、感応義の六観六応は、「旧義有六観六応」として引かれるもので、少なくとも孟安排以前の説である。また、感応を感と応に開くのも、自然義で自然を自と然に開くのと同様、必ずしも湛然の影響と考える必要はあるまい。また、「内外不二」の語はたしかに湛然が十不二門で用いたものであるが、境を外、智を内として境智の不殊冥一を説くのは、『老子』第六十三章「事無事」の成玄英の疏などにも見えており、思想的には重玄派教理にその淵源を求めることも可能である。

(137) この点に関しては、小林太市郎「唐廷における密教と道教との角逐」(『小林太市郎著作集』第七巻、淡交社、一九七四年)を参照。

(138) 注(3)所掲福永論文は、『道教義枢』位業義中に善導(六一三—六八一)の浄土教学で用いられる散善の語の存在を指摘し、『道教義枢』の撰述を高宗朝と推定する。

第二章　道教教理学と三論学派の論法

はじめに

『道教義枢』の編者孟安排は、その序文の中で先行する教義についての論議の歴史を簡潔にまとめて次のように述べている。

> 其れ支公十番の弁、鍾生四本の談有り。玄虚を事とすと雖も、空しく勝負を論ず。王家の八並、宋氏の四非、緒道正の玄章、劉先生の通論は、咸《み》な主客を存し、従いて往還を競うも、二観三乗、六通四等、衆経の要旨に至りては、秘して未だ申べず。惟だ玄門大義のみ盛んに斯の致を論ぜり[1]。

孟安排は、支遁や鍾会の議論は玄虚を専らにして、空しく勝負を論ずるのみであり、王家の八並、宋氏の四非、緒道正の玄章、劉先生の通論は、いずれも主客を立てて問答し、そのやりとりを競うものであって、最も大切な「衆経の要旨」については明らかにしていないと批判している。ところで、ここに挙げられた四人の法師のうち、宋氏は梁の宋文明、緒道正は陳の緒(諸)糅、劉先生は隋の劉進喜のこととされており、これらの人物と併記されていることから最初の「王家」も梁から隋あたりの人と推定されるが、従来誰のことを指すのかは明らかにされていなかった。最近、王卡氏は、この「王家」について、唐の至真観の道士で『玄珠録』を講じた王玄覧であるという説を提示した[2]。

以下、氏の論考を手懸りにこの問題を考えてみる。

一　「王家」について

孟安排のいう「王家八並」の「王家」とは何を指すのであろうか。「王家」が「宋氏」と対にされていることから、「王家」の「王」が何らかの人物を指すことは明らかである。王卡氏は、中国国家図書館所蔵の敦煌文献ＢＤ〇四六八七号の中に記された問答の間に「並」という特徴的な論難が挟まれていることから、これが「王家八並」の「並」に相当すると考え、同時に王玄覧の『玄珠録』との間に内容の類似が見られることから、王玄覧をＢＤ〇四六八七号の著者に比定するとともに、「王家」の「王」は王玄覧のことだと推定している。しかし、この推定は明確な証拠に基づくものではなく、これをそのまま受け入れることは躊躇せざるを得ない。

いま、『大正蔵』巻五一に『釈門自鏡録』なる書が収められている。この書は、現行本では唐僧懐信の著とされているが、実はそうではなく、懐信と同じ藍谷悟真寺(あるいは津梁寺)の僧侶慧祥(六三九／六四五―?)のものであること、その成書年代は中宗の聖暦二年(六九九)以前であることは、伊吹敦氏によってつとに論証されている。(3) この『釈門自鏡録』巻上「梁偽沙門智稜罷道毀法失音舌巻事」の中には、陳の馬枢の『道学伝』が「付道学伝王斌」として引用されている。これによるとこの王斌とはおよそ次のような人物であったことが知られる。(4)

王斌は若くして沙門となったが、弁論がさわやかで、また文章を好んだ。しかし、性格に落ち着きがなく大法螺吹きで、しばしば戒律に反する行いがあり、人と違ったことを行った。いつも草を編んだ靴を履いてやって来ては上座に坐り、あるいは下駄を履いて街路をぶらついた。何度も僧たちと悶着を起こし、遂に仏門に反いて道教に帰依した。作文の才能が清新なので、道士のリーダーに担がれた。邵陵王は平素から王斌の才を認めて招聘し、三教学士と呼んだ。その著には霊宝大旨など数百巻あり、多く仏経を引いたので、因縁法輪五道三界天堂地獄餓鬼宿世十号十戒十方三十三天等の語がある。また、鬱単国を棄賢世界というように、六通を改めて六洞としたり(5)、大梵観音三宝六情四等六度三業三災九十六種三会六斎等の語があった。さらに「五格八並」を撰述して、論難の法とした。

『釈門自鏡録』の引くこの『道学伝』は、陳国符氏が輯佚して『道蔵源流考』に付載した「道学伝輯佚」には収録されていないが、これが確かに『道学伝』の佚文であるとすれば、王斌は馬枢(五二〇—五八一)が『道学伝』を編輯する以前の人物であったことになる。『陳書』巻一九の馬枢の伝によれば、馬枢は数歳にして父母をともに失い、姑《おば》に養われた。六歳で『孝経』『論語』『老子』を諷誦し、長ずるに及んでは経史の書を極め、仏経および『周易』『老子』の解釈に長じたという。その後、梁の邵陵王綸に引かれてその学士となった。ある時綸が自ら『大品経』を講じ、馬枢には『維摩経』『老子』『周易』を講じさせ、道俗二千人が聴聞した。邵陵王は優劣を見極めたいと思い、会衆に向かって「馬学士と義を論ずる者は、必ず屈伏せ使めよ、空しく主客を立つるを得ず(与馬学士論義、必使屈伏、不得空立主客)」と命じ、そこで数人の学者がそれぞれ質問を始めると、馬枢は順序立てて解釈し、まずは宗旨を述べてから、次々と細かく議論を展開して窮まることがなかったので、対論者は黙って聴受するだけであったという。

このように、馬枢自身も仏典や三玄の書に精通し、議論に長けた学者であった。『道学伝』王斌伝にいう邵陵王とはおそらく馬枢が仕えた梁の邵陵王綸のことであろう。そうであれば、馬枢と王斌とは時を同じくして綸の周辺で顔を合わせていた可能性も考えられる。これと関係する資料として、『南史』巻四八陸慧暁伝付陸厥伝に次のような記事がある。

時に王斌なる者有り、何許の人なるやを知らず。四声論を著わして時に行わる。斌は初め道人と為り、博く経籍を渉し、雅に才弁有り、善く文を属《つづ》り、能く唱導するも容儀を修めず。嘗つて弊衣して瓦官寺に於いて雲法師の成実論を講ずるを聴くに、復た坐処無く、唯だ僧正慧超のみ尚お席を空しうせば、斌直ちに其の側に坐す。……

而して機を撫して問難するに、辞理清挙して、四座皆な属目す。後に還俗し、詩楽を以て自ら楽しみ、人能く之れに名づくる莫し[6]。

陸厥は南斉の人、沈約らと時を同じくし、永元元年(四九九)に二十八歳で死んでいる。僧正慧超は、梁の大僧正南澗寺慧超(?―五二六)[7]、瓦官寺で『成実論』を講じた雲法師とは、梁の光宅寺法雲(四六七―五二九)[8]のことであろう。『続高僧伝』巻五法雲伝によれば、「天監二年、……時に諸名徳各おの成実義疏を撰す。雲乃ち経論合撰し、四十科有りて、四十二巻を為す。俄かに尋究し了んぬ。又た勅して寺に於いて三遍講を敷かしめ、広く義学を請いて、諸堂宇に充たす[9]」とあり、これに拠れば、王斌が法雲の『成実論』の講筵に列したのは、天監二年(五〇三)前後のことであったと推定される[10]。してみると、『南史』に見える王斌も南斉末から梁初の人物であり、梁の邵陵王のもとで三教学士と称された『道学伝』の伝える王斌と同一人物と考えて間違いはなかろう。また、当初道人(沙門)であったが、後に還俗したということ、講義の場で機会を捉えては問難をしかけ、理路整然として衆人の注目を集めたことなど、沙門から道家に転じ、大量の著作をものし、「五格八並」を撰述したという『道学伝』の王斌と共通する点が多いこともこのような推測を確かなものとする。

王斌に関しては、いまひとつ関連資料が存在する。唐の法琳の『弁正論』巻五釈李師資篇第四の「所以に仏は法王と号し、世の調御たり。下凡上聖帰依せざる靡《な》し。豈に五老の神と称し、三皇の籙を佩して、能く釈氏の師と為るもの有らんや」に付された注の末尾に、「顔光禄王斌等云く、道は形を練り、法は仙化に在り。仏は心を持し、教は済物に在り。道の宗とする所を論ずれば、三皇及与《および》五龍なり」と顔光禄とともに王斌の名が挙げられている[11]。ここにいう顔光禄とは、顔延之(三八四―四五六)のことと考えられる。彼の作である「庭誥」第二章は「道を為《おさ》むる者は、蓋し流は仙法より出づ、故に練形を以て上と為す。仏を崇ぶ者は、本は神教に在り、故に治心を以て先と為す[12]」で始まっており、上引の注の文章と大意が一致する。おそらく王斌の文章にも同様の主張があり、「庭誥」には見られない

「道の宗とする所を論ずれば、三皇及与五龍なり」というあたりが王斌の文章からの引用なのであろう。

以上のことから、ひとまず王斌なる人物についてまとめてみると次のようにいえよう。南斉末から梁初にかけて建康で活躍した人物であり、若いときには沙門として仏教を修め、瓦官寺などの講筵に連なって名を上げたが、後に還俗して道教に傾き、仏教の教理概念を改変して道教の教理に導入し、多くの道教関係の著作や『五格四声論』といった音韻に関係すると思われる著作をものした。とりわけ「五格八並」は論議の形式を述べた書として著名であった(13)。孟安排の『道教義枢』序が取り上げた「王家八並」の「王家」とは、王卞論文が推定した唐の王玄覧のことではなく、南朝梁の王斌のことであることはもはや明らかであろう。

二　三論学派における論議の形式としての「並」

次に、「王家八並」の「八並」について考えてみる。『道学伝』王斌伝の末尾には、「又た五格八並を撰し、論難の法と為す」と述べられていた。上述のように「五格」が『五格四声論』のことだと推定されること、また、『道教義枢』が「五格」ではなく「八並」のみに言及していることは、この二者が別個のものであったことを強く示唆しよう。いずれにしても、「八並」とは「論難の法」つまり論議の場における議論の方法あるいは形式についての書であり、同時にそこで述べられた方法ないし形式そのものをも指すと考えられる。

ところで、唐の道宣の『続高僧伝』巻一五末の「論賛」には、「夫の論義の設を原《たず》ぬるに、其の本は四たり。或いは撃揚して以て其の道を明らかにし、幽旨斯れに由りて開くを得。或いは影響して以て其の風を扇《あお》り、慧業斯れに由りて弘く樹つ。或いは疑いを抱いて以て明決を諮り、斯要正に是れ機に当たる。或いは矜伐して以て時賢を冒し、安詞以て愚箭を抜く」とまず論議の四つの態様について述べた後に、議論の場では往々にして、最初は寛容であるが次第に攻撃的になり、あるいは非凡な境界がやがては憶測へと堕することになりやすいことを指摘し、それに続けて議論が陥る弊害の典型的な例として、「王斌論並」を「明琛蛇勢」とともに挙げている。(14)「明琛蛇勢」は、『続高僧伝』巻二五（大正蔵五〇、頁六五六上）に見える釈明琛が撰したという『蛇勢論』のこと。釈明琛が『蛇勢論』を撰した報いで両足がからみついて蛇の尾のようになったという故事を踏まえる。一方、「王斌論並」が孟安排が「咸な主客を存し、従いて往還を競う」ものと槍玉に上げた「王家八並」と関係するであろうことは容易に想像されよう。道宣は、「其の道を論ずるを聴かば、惟だ殺死の言を聞くのみ、其の容色を観れば、但だ紛披の相を見るのみ」と彼らの議論を形容するが、「後業の作《おこ》るに及ぶや、或いは生きながら蛇報に充てられ、或いは舌喉中に爛る」という。「生充蛇報」は釈明琛のことを指すから、「舌爛喉中」は王斌についていうのであろう。ただし、そのような報応譚が王斌について存在したかどうかは定かではない。「舌爛口（喉）中」というのは、一般に仏法を誹った者に対する報いを意味する場合も多いから、仏法を捨てて道教に傾いた王斌を貶めるための言辞に過ぎぬのかも知れぬ。

道宣のいう「王斌論並」とは、具体的にどういうことか。一般的にこの時期（六朝末から隋唐初にかけて）の道教教理学は、仏教の三論学派の強い影響を受けていたと考えられている。(15)孟安排が「王家八並」とともに挙げた「宋氏四非」は、四句分別による中道の論理を道教教理に援用したものであり、その実例は『道教義枢』などに引用される宋法師（文明）の説などにしばしば見ることができる。しかし、一方の「王家八並」については、従来ほとんどその実例とおぼしきものを道蔵をはじめとする道教資料の中に見出すことはできなかった。王卡氏が敦煌文献ＢＤ〇四六八七号の中に若干の手懸りを見出したのは、この方面における最初の発見といえるものであるが、しかし、その実態については必ずしも十分に解明されたとはいえない。(16)現状では、道教文献の中にこの問題を解決する手懸りを捜すことには限界があると思われるので、ここではしばらく王斌もその影響を受けたと考えられる三論学派における問答の方法に目を転じて、「王家八並」の手懸りを探っていくことにする。(17)

三論学派の大成者である吉蔵(五四九—六二三)には、『三論』それぞれに対する疏がある。いま、『十二門論疏』巻上末、観有果無果門の疏の中に、「又夫論議之方有難有並有嘖」(大正蔵四二、頁一八九中)という記述を見出すことができる。以下、吉蔵がいう「難」「並」「嘖」の三種の論議の方法(形式)を『十二門論疏』の記述をもとに考えてみる。

まず、『十二門論』観有果無果門冒頭部分に対して、吉蔵は以下のように科段を立てている。

門全体は「長行発起」、「偈本破」、「長行釈」の三段に分ける。その上で、偈を第一から第三句までの「総非」と第四句の「呵嘖」に分け、長行を偈の第一句から第三句を解釈する部分と第四句を解釈する部分に二分する。さらに、第一句から第三句を解釈する部分を三句全体を総唱する部分と三句を個別に解釈する別釈に二分する。このような大枠を設定したうえで、あらためて『十二門論』の「因中前有果不生」について、破救(論難と反論)について論ずれば、その問答には八番あるとし、第一牒有、第二破有、第三救、第四重破、第五重救、第六重破、第七重救、第八重破の四立四破があるという。また、これとは別に、能破門については、初章就生不生門(有七破)、第二捔変不変門(有四破)、第三就果麤細門(有四破)、第四就嘖果不成門(有五破)、第五嘖異果門(有四破)の全部で二十四の能破門があるとし、さらに、初章就生不生門の七破について、一倶生破、二倶不生破、三以同嘖異破、四将異並同破、五無異破、六無用破、七嘖用破の七破の名称を挙げて以下のように解説している。

倶生破とは、未生は是れ有なれば、既に其れ生ずるを得ば、生じ已《お》われるも亦た有にして、亦た応に更に生ずべし。已未をして倶に生ぜ令む。倶に生ずるの破と名づく。

倶不生破とは、若し已生是れ有なれば、既に其れ生ぜざれば、未生は是れ有にして、亦た応に生ぜざるべし。倶に生ぜざるの破と名づく。

以同徴異破とは、既に同じく是れ有なれば、云何ぞ一は生じ一は生ぜざるの異有らん。故に同を以て異を徴するの破と名づく。

将異並同破とは、未生既に有なれば、生じ已われるは応に無なるべし。已未の異を将て有なること同じきの義に並す。異を将て同を並するの破と名づく。

無異破とは、有の義既に同じければ、則ち已未既に異無し。

無用破とは、縦し果已に有なれば、何の用ありてか更に生ぜん。

嘖用破とは、[果](異)既に已に有なれば、応に見る可きの用有るべし。

此の七門は因循次第して来たる。(18)

上述の「又夫論議之方有難有並有嘖」という文章は、この七破の六番目である無用破の冒頭『復次』より下は第六無用破。上自り已来、難並縦横たり。今並びに之れを停め、直ちに迴《はる》かに其の有の義を嘖す。汝既に『已有何用更生』(といえば)、直ちに斯の嘖を作せり。辞理則ち窮まり、言の対す可き無し(19)」とあるのに続くものであり、この第六破より前は「難並」に当たり、以下は「嘖」に相当することが知られる。さらに以下に述べるように、第四破の中では、「又此亦得是並」といい、第五破では「又此亦得並」といっているから、第四破、第五破が「並」に相当することと、これ以前の第一破から第三破が「難」に相当することが知られる。なお、第三破に「以同嘖異破」と題しているから、実際は難、難、嘖、並、並、嘖、嘖となっていると考えられたのであろう。この七破に関する吉蔵の疏のうち「並」に関わる第四破、第五破について詳細に検討してみよう。(20)

吉蔵は、「第四将異並同破」では『十二門論』の該当文を細分せず一文として扱い、以下のように解釈している。「『復次』より下は第四捉異並同破なり。外人の「生未生異」を提して、以て果体は応に始終有なること同じからざるべきを徴す。汝は「已未相い違う」となせば、亦た応に有無相い違うべし。未生既に有なれば、生じ已われるは則ち無なり。又た汝は世情に反して、「未生は是れ有」と言えば、亦た世情に反して、「已生は便ち応に是れ無なるべし」。又た此れ亦た是れ並たるを得。若し必ず生と未生と異なると言わば、亦た応に有無異なるべきなり。已未相い違うが故に、是の二の作相も亦た亦た応に相い違うべきは、正に有無相い違うの難を作すなり。二の所作の果体の相も亦た応に相い違うべくんば、則ち未生の果は既に其れ是れ有にして、已生の果は即ち応に是れ無なるべし。(21)

吉蔵の解釈によれば、『十二門論』の文章は、「未生」「已生」の区別を立てる以上、果体の有無についても区別がなければならない。論理的には「未生」を「有」だとすれば「已生」は「無」でなければならない。また、もし世情に反して「未生」を「有」だというなら、同じく世情に反して「已生」を「無」ということができるということを指摘したものである。ここで吉蔵は、「又此亦得是並」――これもまた「並」であるとすることができる――という。これは、相手が「世情に反して未生は有」と主張するなら、それと相応する論理を援用して「世情に反して已生は無」という反対の結論を導出することができることを主張する論法――すなわち「並」を立て得ることを意味する。

次に「第五無異破」については、『十二門論』の該当文を「正難」「釈難」に二分して扱い以下のようにいう。

「復次」より下は第五無異破なり。前に正難し、次いで釈難す。正難中に前に世間の「未生は是れ無、生じ已われるは是れ有」を牒《ちょう》す。故に「有は無と相い違い、無は有と相い違う」と言うなり。「若生已亦有」より下は外を正難するなり。汝若し前の第四生已無難を避けんとならば、便ち当に果体は始終都て有なるべし。是の故に今明かすらく、若し生と未生と二倶に有にして生ぜば、生じ已われると未だ生ぜざると何の異か有らんや、と。又た此れ亦た並するを得。若し生と未生と同に是れ有なれば、亦た応に生と未生と同に皆な是れ已なるべし。生と未生と倶に[未](已)なるべし。若し未生を以て未と為し、生じ已われるを已と為さば、亦た応に已生を未と為し、未生を已と為すべし。又た若し有は未にして有は已ならば、則ち有は有にして有は無なり。四難を具せり。(22)

吉蔵は、『十二門論』のこの部分は「未生は無であり、生じ已わったものは有である」という世情の常識に基づき、「有」と「無」は相違するという命題を提示したうえで、第四破での「生じ已わったものは無である」という論難を避けようと思えば、果体が終始有であるとしなければならない。それゆえ、「未生」と「生」とがともに「有」であれば、「生じ已わったもの」と「未生」には何の区別も無くなることを明らかにして相手を論難したのだという。ここで吉蔵は「又此亦得並」——これもまた「並」することができる——と述べている。これは、已生と未生がともに有であるという相手の論理を前提にすれば、已生と未生はともに已であるはずである。或《ある》いは、已生と未生はともに未であるはずである。もし未生が未、已生が已だとすれば、同様に已生は未、未生は已となるはずである。また、もし有が未でありまた已でもあるなら、有は有でもあり無でもあることになると相手の矛盾を指摘する——つまり「並」することができる——という意味であろう。(23)

このように、吉蔵は第四破と第五破に関しては、『十二門論』の論議の方法は、いずれも「並」の範疇に収めることができるといっている。

吉蔵は『十二門論疏』以外でも同様の説明を行っている。例えば、『中観論疏』巻六末では、「老死せずして生有るとは、法として応に先に老死して而る後に生ずべし。今老死せざれば、云何が生有らんや。生ぜずして老死有りとは、若し老死の生に因らずして有らば、亦た此の生の後応に老死無かるべし。又た是れ並たるを得。若し老死せずして生有らば、亦た応に生ぜずして老死有るべきなり(24)」といい、同じく『百論疏』巻下之上では、「三接より上は老少生を破す。老時失わざるは此れ是れ有法失わざるなり。老無きの中に失う所無きこと無し。破意は前に同じ。注に泥団は応に変じて瓶と為すべからずと云うは、此れ亦た是れ並たるを得。失わざれば則ち変ぜず。若し変ずれば則ち失う(25)」という。

また、『法華玄論』巻六に見える以下の例も「並」の意味を理解するには有用であろう。

問う。経文に三車の名を題す。文に就きて之れを索《もと》む、故に「羊車鹿車牛車、願くは時に賜与せよ」と云う。云何が文に背きて、但だ二乗の人は索め、菩薩は索めずと言うのみなるや。又た並して曰く、若し二乗の人三を索むれば、応に二乗の人三車に乗るべし。二乗の人は実に三に乗らず。二乗の人も亦た三を索めず。

又た並して曰く、若し二乗の人菩薩の車を索むれば、菩薩の人応に二乗の車を索むべきなり。文義往推すれば、進退窮撿す。幸いに宜しく旧に依らば、斯の通を俟つ無かるべし。

答う。若し前通を領解せば、後問を俟つ無し。蓋し是れ昔の三を騰《あ》げて以て今の一を徴するのみ。昔は本より三を道《い》い、今は遂に唯だ此の一事実のみを云う、余の二は則ち真に非ず。若し爾《しか》らば、昔日羊鹿牛車有るを明かせるは、何くの所にか在ると為すや。三を騰げて一を徴せば、文義煥然たり。下の諸難並は通ぜずして自ら去る。宜しく旧迷を改めて、以て新悟に従うべきなり(26)。


この例では、実際に「並」として主張された内容が「並曰」として引用されている。問題になっているのは、『法華経』譬喩品で火宅から子供たちを誘い出すために父親が用意した玩具の羊車鹿車牛車に関する意味である。吉蔵は、菩薩はすでに悟りを得て車を必要としないが、二乗の人はまだ車を必要とするということを主張する。これに対して質問者は、この三車について、何故二乗の人のみがこれを求めて、菩薩はこれを求めないのかと問い、それに続けて最初の「並」として、二乗の人が三車を求めるなら、二乗の人が三種の車に乗るはずであるが、二乗の人は実際には三種の車には乗らないし、二乗の人はまた三種の車を求めもしない、という別の反論を提示する。さらに、第二の「並」として、もし二乗の人が菩薩の車を求めるなら、菩薩の人は二乗の車を求めるはずだ(がそのようなことはない)、というさらなる反論を提示する。質問者が「並」として提示したものは、いずれも吉蔵の「二乗の人は三車を求めるが菩薩は求めない」という前提を認めると、「二乗の人は三車を求めない」「菩薩も車を求める」という吉蔵の主張と相反する結論が導出されて吉蔵の主張は成立しなくなるという論難である。これに対する吉蔵の回答は、以前の議論をきちんと理解していれば、このような疑問は生じないという素気ないものである。

もう一例挙げておこう。吉蔵『中観論疏』巻三末に以下のような記述が見られる。

三は、若し縁の果より生じ、果の縁を生ぜざれば、則ち果に由らずして縁有り、亦た非縁と名づく。此の偈は具に数論大乗等の前因後果の義を破するを得たり。如《たと》えば毘曇云く、報無記果未だ起こらざるの時、云何が善悪を名づけて因と為さん。大乗仏果未だ起こらざるの時、云何が金剛心万行を名づけて因と為さんや、と。又た之れを並すらく、未生果已に縁と名づくれば、生果は竟に応に非縁と名づくべし。又た並すらく、汝若し未生果已に縁と名づけ、縁は果に由らずとならば、亦た未だ縁有らざるの時已に果有りて、果は応に縁に由らざるべきなり(27)。

ここでの議論は、前因後果説を論破することを目的とする。毘曇師の果が生じていないときには、因と名づけられるものは無いという説を引き合いにして、「未生の果を縁と名づければ、生じた果は非縁と名づけなければならない(のでこのような説は成立しない)」、あるいは「未生の果を縁と名づけ、縁は果によらないとすれば、これまた未だ縁が生じていないときにすでに果があり、果は縁によらないことになる(のでこのような説は成立しない)」を「並」として提示している。

これらの例から見る限り、相手の命題が成立すると仮定したうえで、その仮定に従うかぎり相手の命題が否定されるような別の結論が同時に導出されるような論理を展開する論難法を「並」と称することがわかる。つまり、「並」とはいわゆる帰謬論法に相当するものを意味するといえよう(28)。これに対して、「難」「嘖」はどう違うのか。簡単にいえば、「難」は相手の命題が成立しないことを直接論難する方法、「嘖」は相手の命題をより深く追究し、それによってその矛盾や誤謬を導出する論難法ということになろう。このように、吉蔵は『三論』の論法を分析して、それを「難」と「並」と「嘖」に細分したのである。こうした論法に関する形式の分類は、『三論』そのものの中には直接見られないようで、六朝から隋へかけての三論学派の『三論』研究の中で次第に確立されてきたものであると考えるべきであろう。「並」を論証方法のひとつとして適用する例が吉蔵の著作中に最も頻繁に見られることは、吉蔵以前の三論学派にあって「並」が議論の形式のひとつとして重視されていたことを反映していると考えて大過ないであろう。このような「並」による論議の展開の仕方は、吉蔵以外には、三論学派と関係が深かった天台智顗およびその後学とりわけ湛然の著作にその応用例がしばしば見られるが、それ以外では、澄観の著作などに若干見られるに過ぎないようである。このことは、「並」という論議の形式の応用が三論学派以外には広がりを欠いていたことを意味するものであり、同時に唐代以降における三論学派の衰退と表裏をなすものといえよう。

三　「八並」について

吉蔵を大成者とする三論学派が論議の方法として「難」「並」「嘖」という形式を立てていたことは、上述のとおりである。吉蔵の著作の中には、「並」に関連する多くの術語が用いられている。例えば、「反並」(『中観論疏』巻三本、大正蔵四二、頁四二下)、「正並」(『中観論疏』巻四本、大正蔵四二、頁五六中)、「例並」(『百論疏』巻下之上、大正蔵四二、頁二八九上)、「横並」「竪並」(いずれも『二諦章』、大正蔵四五、頁一一〇中)などを挙げることができる。

智顗および湛然は吉蔵に次いで「並」の論法に言及することが多い。吉蔵も用いていた「例並」については、湛然は『大般涅槃経疏』巻二九の中で次のように解説している。「例並と言うは、乳は酪の因為り、酪は乳の果為り。乳は酪の因為りて、因中に果有らば、酪は乳の果為りて、果応に因を有すべし」(29)。これは、具体的な例を挙げて「並」することであり、乳と酪を具体例として因中に果が含まれることを論難することを意味しよう。また、智顗の『維摩経文疏』では「一切衆生皆如也、一切法亦如也、衆聖賢亦如也、至於弥勒亦如也」に対する疏の中で、「双並」「逆並」「順並」「反並」「並端」「結並」などの用語を用いて議論を行っている[30]。

この中で智顗は、『維摩経』の該当部分の構成は「並端」と「結並」を対とする「双並」であるとし、「並端」についてさらに「一切衆生如」「一切法如」「諸賢聖如」「弥勒如」の四についての「四並」があるとする。このうち最初の三つの並は「順並」で最後のひとつは「逆並」であり、これを一組とする「四並」によって教義が説かれていると解釈している。そのうえで、「順並」とは、衆生如と弥勒如は同一である。もし衆生如が不生不滅で受記を得られないなら、弥勒如も同様であり、どうして弥勒如だけが受記することがあろうか。反対に弥勒如が不生不滅で受記を得られるなら、二如は異なっており、異なっておれば如ではない。もし如が異ならないなら、受記も同じはずだし、受記しないことも同じでなければならないということだと解釈している。一方、「反並」とされる第四番目については、弥勒如が生滅することなく受記を得られるなら、賢聖如は不生不滅で受記を得られないないなら、弥勒如だけがどうして受記を得られようか。もし受記を得られないなら、如に異なりがあるなら、如ではない。もし異なりが無いなら、どうして受記を得られたり受記を得られなかったりすることがあろうか。諸賢聖が受記を得られないなら、弥勒もまた受記を得られないということだと解釈している。「順並」のほうは、「如」の同一を前提としてその矛盾を指摘する論法であり、「逆並」のほうは、反対に「如」の不同を前提としてその矛盾を指摘する論法であるといえよう[31]。

このような論法の指摘は吉蔵においても見られる。『百論疏』巻上之下に、

又た此れに就いて凡そ四並有り。一は近遠倶に到らざれば、則ち近遠倶に破す。二は遠近倶に到らざれば、遠近倶に破せず。三は近を破して遠を破せず。応に近に到りて遠に到らざるべくんば、則ち到る有り到らざる有り。四は若し倶に到らざれば、近を破して遠を破せず、亦た応に遠を破して近を破せざるべし[32]。

とあるのがそれで、ある命題に対して四首の「並」を立ててそれを証明するような論法の存在が指摘されていること

は、三論学派系統の義疏においてはしばしば見られるところであった。また、上述の吉蔵『十二門論疏』において、「四立四破」による八番の論法が取られていることも同じく注目されてよかろう。

王卡前掲論文は、この「八並」について、敦煌文献スタイン八二八九、同九四四三、同九四三一、同六二四五を点綴した道教教理書に「(首欠)後明八例、十略者(後欠)」とあり[33]、この後に道徳、有無、本跡、理教、境智、是非、因果、高下、大小、長短の十の教理項目を挙げて解説し、その次に「八例」の意味を解説しているという。「八例」とは、本体と現象(道と物)との関係について、実と不実、礙と不礙、正と邪、是と非、有待と無待、有為と無為、有柱と無柱、器の成と不成の八つの面から中道観によって論証問難し、その不一不二の弁証関係を明らかにするものだと解説している[34]。このうち、スタイン九四四三に「(八)例」に対する注釈として、「八種の通難にして、意は八並に同じ。今具さには載せず、更めて四勢を挙げ、用《もっ》て通法と為す」とあり[35]、王卡氏は、いわゆる「八並」とは上述の八項の弁論(八例)から帰納されてきた一組の論理法則ないし通例である。「並」の意味は「問難」であり、仮に問難する方が例則を援用して、論主が論理上あるいは応答の中で例則に違反し、自説を全うできないことを指摘すれば、ただちに論主は敗けと判定されることであると論じている。

しかし、「八並」が上の敦煌文献にいう「八例」から帰納される論理法則ないし通例であるとは必ずしもいえまい。この注からいえることは、「八例」が八種の「通難」すなわち総合的な問難であり、「八並」と同様の意義を有するものであるということだけである。同時に、この注からは「八並」というのは八種の「並」であることが知られよう。「並」は確かに「問難」の一種ではあるが単なる問難なのではない。それは上述のとおり三論学派の中で提起されてきた「難」「並」「嘖」という論議の形式のひとつなのである。

以上のことから、「王家八並」すなわち王斌の論難の形式としての「八並」が三論学派の論法における「並」に基づくものであることはほぼ間違いなかろう。それでは、「八並」の具体的な内容は何かということが問題になるが、この点に関しては、これまでのところ明確な資料を見出すことはできていない。ここでは、上述の「三順一逆」の「四並」と「正並」「反並」「並端」「結並」「例並」「横並」「豎並」といったものを組み合わせて形式化したものが「八並」ではなかったかということを指摘するに止めておく。

四　論議の場における「並」

吉蔵や智顗および湛然らが『三論』や『維摩経』『法華経』などの疏において「並」という論議の形式の存在を指摘したことは上述のとおりである。[36] しかしながら、これらの仏経や『三論』そのものの中に「並」という術語が使われていたわけではない。これはあくまでも三論学派が分析し提示した論議の形式のひとつであったといえよう。それでは、このような形式は実際の論議の場ではどのように使用されていたのか。

智顗の『法華玄義』巻一下に以下のような問答が記載されている。


問う。三蔵菩薩は四悉檀を得と雖も、通教を望まば但だ三悉檀を成すのみ。今通教より別教を望まば云何。

答う。二義有り。通に当たりては是れ四を得、別を望みては但だ三を得るのみ。

問う。別教より円を望むに亦た爾るや不や。

答う。不例なり。円と別とは道を証すること同じきが故に。

並して曰く、三蔵と通教と、倶に真諦を証せば、亦た応に倶に四を得べし。

答う。三蔵真諦同じと雖も、菩薩は断惑せざるが故に一を闕く。円と別とは倶に断惑す、是の故に倶に四たり。

又た並す。三蔵通等四なりと雖も三は是れ権なる可し、別教は四にして三ならず、応に是れ権に非ざるべし。

答う。三蔵と通教と、教証倶に是れ権なるが故に、但だ三のみにして四無し。別教は教道は権にして、証道は実なり。証に従えば則ち四、教に従えば則ち権なり。
又た並す。証道に四有らば、教道は応に三なるべし。
答う、若し地前を取りて教道と為さば、応に問う所の如かるべし。(37)

ここでは、問答二番の後に「並」と「答」の組が三番続いている。最初の問答は、「三蔵菩薩が四悉檀を得ているのかそれとも三悉檀しか得ていないのか、通教と別教との関係ではどうか」という質問に対して、「通教については四悉檀を得、別教との関係では三悉檀を得ている」という答である。第二の問答は、「別教から円教を見た場合も同じか」という質問に対して、「この質問は例が不適当だ、なぜなら円教も別教も証道という点では区別がないから」と答えている。これに対して質問者は、「問」ではなく「並」として、「三蔵菩薩も通教も真諦を証しているなら、やはりともに四悉檀を得ているはずだ」と論難している。つまり、前の「円教も別教も証道という点では区別がない」という回答を「円教も別教(三蔵菩薩)も真諦を証しているという点では区別がない」と読み替えて、「もしそうであればどちらも四悉檀を得ているはずだ」と反論している。これもまた、相手の提示した命題を正しいと仮定したうえで、そこから導かれる結論が矛盾することを指摘している。同様に、二番目の「並」では、「三蔵菩薩は断惑していないので三悉檀、通別二教はともに断惑しているので四悉檀」という答を前提として、「通別二教がともに四悉檀であるなら、別教は権ではなくなる」と批判する。最後の「並」では、「証道からいえば四悉檀だが、教道からいえば権だ」という答に対して、「証道が四悉檀だというなら、教道は三悉檀でなければならない」と論難している。このように、「問」と「並」とは、論議の中で明確に区別されており、相手の提示した命題を正しいと仮定したうえで、そこからは相手の主張と矛盾する結論が導出されることを指摘するのが「並」なのである。

道仏論争の場でこのような「並」の形式が実際に使われた例としては、道宣『集古今仏道論衡』巻丁に載せられた唐高宗の顕慶三年(六五八)の仏道論議を挙げることができる。(38)

この論議では、道士李栄が本際義を立てて、これに沙門義褒が論難を加えた。まず、李栄の立義に対して、義褒が問難し、それに李栄が答えるという問答が二番交わされ、そこで義褒は「道と本際とは相互に根源となりうる」という李栄の答を意図的に引き出している。そのうえで、義褒は第一の「並」として、「道と本際とは相互に根源となりうる」のだとすれば、自然と道も相互に法ることができるはずだと主張する。これがなぜ「並」になるかといえば、『老子』には「道法自然」という文句はあっても「自然法道」という文句はない以上、李栄は「道は自然に法り、自然は道に法らず」と答えざるを得ず、「道と本際とは相互に根源となりうる」という李栄の主張から導かれる(と義褒が考えている)結論と背反することになるからであろう。第二の「並」は、李栄の「道は自然に法り、自然は道に法らず」という新たな主張に対して同様の論理を適用したものである。このような「並」が成立するには、本際即自然という前提が両者の共通認識となっていなくてはならない。そうでなければ、義褒の「並」は論理のすり替えに過ぎなくなろう。それはともかくとして、こうした論議の場で「並」の形式を活用して議論を有利に進めたのが仏教の沙門であったということは、宗論問答における長い伝統を背景として有する仏教の方に一日の長があったことを示すものであろう。

こうした「並」の形式を援用した論議のしかたは、従来六朝から隋唐期にかけての道教文献の中では確認されていなかった。王卡氏が前掲論文の中で取り上げたＢＤ〇四六八七号は、今のところ唯一その痕跡を留める道教文献であるといえよう。この文献では、「問」「答」「難」「責(嘖)」「並」といった論議の形式に従った問答が展開されており、三論学派の論法の強い影響下にあることを示している。いま「第四竪真応義」の例を挙げて検討してみたい。この部分は、真応に関する議論を展開した部分であるが、真身応身について以下のような問答が展開されている。

問う。為た是れ真身経を説くや、為た是れ応身経を説くや。

答う。応は説き真は説かず。

……

問う。此の経は既に是れ応身説けり、未だ知らず真身も亦た説けるや不やを。

答う。真身は説かず。

難ず。若也《も》し応は説きて真は説かざれば、応に此の応は真の応に非ざるべし。

答う。応は是れ真の応なり。

難ず。応は是れ真の応ならば、亦た応に応は説き真も亦た説くべし。

答う。応は説きて真は説かず。

即ち並す。若し応は是れ真の応にして、応は説き真は説かずんば、亦た柱は是れ木の柱にして、柱は柱たりて木は柱ならざる可し。若使《も》し柱は是れ木の柱にして、柱は柱にして木も亦た柱ならば、亦た応は是れ真の応にして、応は説き真も亦た説く可し。

答う。木柱は是れ真応なる可きや。不例なり[39]。

ここでは、経は応身が説くのであって、真身それ自体が説くのではないという教説を巡って議論が展開されている。問者は、「この経が応身によって説かれたからには、真身も説くのではないか」と質問し、答者は「真身は説かない」と答え、それに対して問者は、「もし応(身)が説いて真(身)が説かないなら、この応(身)は真の応ではない」と「難」じている。それに対する答は、「応(身)は真の応である」である。これに対するさらなる「難」は、「応が真応なら、応が説き真もまた説くはずだ」であり、答は「やはり応が説き真は説かない」である。これを承けて提示される「並」は、直前のふたつの答、「応是真応」「応説真不説」を前提とすれば、同様に柱(応)は木(真)の柱(応)であるが、柱(応)は柱(応)であって木(真)は柱(応)ではないことになると類似の別の例を挙げたうえで、新たに挙げられた例が成立するならば、柱(応)は木(真)の柱(応)で、柱(応)は柱(応)で木(真)も柱(応)ということになり、応は真の応で、応が説き真もまた説くことになると論難するものである。この「並」の論理は、答者によって「不例」と斥けられているように、真／応を体／用(木／柱)と混同しており論理をなしていないが、答者の提示した命題を正しいと仮定したうえで、同様の別の例を挙げて、そこから導出される結論によって相手の矛盾を突くという点では「並」の形式に則ったものだといえよう。

いまひとつ「第六豎因果義」の例を見ておこう。この例は泥と瓶の因果関係についての議論であり、『三論』の中でもしばしば取り上げられるものである。

又た問う。因に種種の因有り、果又た種種の果有るや不や。布施因は応に布施果を成すべくんば、戒を持する者は必ずしも布施すること能わず。

答う。同じく只だ是れ一箇の因のみ、同じく一箇の果を成ず。屋の梁椽柱は同じく是れ屋の因にして、還た屋果を成得するが如し。

難ず。学問因は聡明果を得、布施因は富貴果を得、果に同じからざる有り、何の因か同じく一果を成ずと道《い》わんや。

答う。泥瓶の因果の如きは、只だ泥は是れ瓶の因にして、瓶は是れ泥の果と道うこと、前に例せり。

又た問う。泥を以て瓶を成すに、瓶成りて泥の在ること有りや不や。

答う。泥の在ること無し。

並す。泥を以て瓶を成すに、瓶成りて泥の在ること無くんば、又た金を以て釧を成すに、釧成りて金の在ること無かる可し。

答う。此くの如し。

責す。若為《いかん》が此くの如きや。

答う。泥を以て瓶を成すに、瓶成りて泥有ること無く、金を以て釧を成すに、釧成りて金有ること無し。(40)

ここでの「並」は、答者の「(以泥成瓶、)無泥在」を前提とはしながらも、直接その矛盾を導出するのではなく、同類の疑問例を提示して、相手のさらなる反論を誘うというかたちを取っており、この後もこの問題を巡って「問」「答」「難」が展開されていく。この部分だけが特に「並」とされるのは、相手の提示した命題と相応する別の命題を提示して、その間の矛盾を指摘する論法を採用しているからなのであろう。このように、ＢＤ〇四六八七号の存在によって、論議の方法としての三論学派の「並」の形式が道教教理に関する論議の展開過程においても有用な手段として実際に用いられていたことが知られる。

おわりに

『道教義枢』序に見える「王家八並」とそれにまつわる事柄について考えてきた。「王家」の王が王斌であることは明確になったが、「八並」の具体的内容までは明らかにすることはできなかった。しかし、王斌がその仏教知識の基礎にしたであろう三論学派における論議の形式の中に「並」があり、「三順一逆」の「四並」を一組として議論を展開する例をはじめ、「並」に関わる多くの術語が使われていたことが知られた。王斌の「八並」がこのような三論学派における議論の形式をもとに構成されていたであろうことは、概ね肯定されてしかるべきであろう。

撰述時期は不明であるが、六朝末から初唐頃にかけて纏められたと考えられるＢＤ〇四六八七号には、道教論書としては今のところ唯一といえる「並」の形式を実際に援用した議論の痕跡が残されていた。この文献が王斌とどのような関係にあるのかは定かではないが、この時期の三論学派の影響下に編纂されたものであることは間違いあるまい。しかし、唐代の撰述と考えられる王玄覧の『玄珠録』や『三論元旨』『道体論』といったその他の道教論書に記録された問答の中には、三論学派の影響は見られはするものの、明確に「並」の形式を援用して問答を行った例を見出すことはできない。

唐代における仏道論議の場を記録した『集古今仏道論衡』などの書に載せられた李栄と義褒との問答などから、初唐の頃までは、「並」の形式を援用した論議が実際の論争の場で行われていたこと、「並」を援用したのは仏教の沙門であり、対論者の道士はこれには習熟していなかったらしいことが知られる。また、仏教資料の中でも、湛然以降になるとほとんど「並」の形式を援用した議論の実例を見出すことができなくなる。このことは、唐代以降における三論学派の衰退を別の面から証明するものといえよう。

ＢＤ〇四六八七号以外の道教論書の中に「並」の形式が見られないことは、このような三論学派の衰退と関係するものであろうが、一方、道宣の『続高僧伝』や孟安排の『道教義枢』序が書かれた七世紀後半頃までは、王斌の「五格八並」が未だ論議の形式を記した代表的な書物として記憶されていたことを意味し、「宋氏四非」とともに、三論学派の論理あるいは論議の形式がこの時期の道教教理の理論的発展に一定の役割を果たしていたと考えられよう。

最後に、王斌が援用したいまひとつの「五格」についても言及すべきであるが、これについては現状では有力な手懸りは得られていない。今後の課題としたい。

（1）「其有支公十番之弁、鍾生四本之談、雖事玄虚、空論勝負、王家八並、宋氏四非、赭道正之玄章、劉先生之通論、咸存主客、従競往還、至於二観三乗、六通四等、衆経要旨、秘而未申、惟玄門大義盛論斯致」(葉四表)。

（2）「王玄覧著作的一点考察――中国国家図書館蔵ＢＤ〇四六八七号抄本校理　付録：王玄覧道徳経義論難(擬)」(『敦煌道教文献シンポジウム論文集』二〇一二年。付録以外の論文部分は「王玄覧著作的一点考察――為紀念恩師王明先生百年冥誕而作」として『中国哲学史』二〇一一年三期に収載)。筆者がこの問題に興味を抱いたのは、二〇一二年三月二五日に名古屋大学で開かれた「敦煌道教文献シンポジウム」に王卡氏が来られて、上記論文の内容をもとにした発表をされたのを契機とする。本論文の前半部分はこのときの筆者の王卡氏の発表に対するコメントをもとにしている。本論文執筆のきっかけを設けていただいた神塚淑子氏と王卡氏とにお礼を申し上げる。なお、王卡論文およびそれに付録された「王玄覧道徳経義論難（擬）」と題されたＢＤ〇四六八七号の釈文の中には一言の言及もないが、ＢＤ〇四六八七号はこの釈文を見る限り、陳垣の『敦煌劫余録』では「剣八七号」、従来の北京図書館の目録では「北八七二一号」という編号を付され「道教詮理答難」と擬題されるものと同一である。本章では、このＢＤ〇四六八七号の著者が誰かという問題にはあえて論及しないが、現在のところ従来の「道教詮理答難」を擬題とする方が適切であると考えている。

(3) 伊吹敦「唐僧慧祥に就いて」（『早稲田大学大学院文学研究科紀要』別冊一四集、一九八七年）。なお、先行研究として、羽渓了諦「『法華伝』の著者に就て」（『六条学報』一三六、一九一三年）および小笠原宣秀「藍谷沙門慧祥に就いて」（『龍谷学報』三一五、一九三六年）がある。

(4) 「又有王斌者、亦少為沙門、言辞清弁、兼好文義、然性用躁誕、多違戒行、体奇性異、為事不倫、常著草屩、来処上座、或著屧逍遥衢路、既頻忤僧衆、遂反緇向道、以藻思清新、乃処黄巾之望、邵陵王雅相賞接、号為三教学士、所著道家霊宝大旨、総称四玄八景三洞九玄等数百巻、多引仏経、故有因縁法輪五道三界天堂地獄餓鬼宿世十号十戒十方三十三天等、又改六通為六洞、如鬱単之国云棄賢世界、亦有大梵観音三宝六情四等六度三業三災九十六種三会六斎等語、又撰五格八並、為論難之法」（大正蔵五一、頁八一〇上）。

(5) このことについては、『集古今仏道論衡』巻丁に記録されている、顕慶二年（六五七）に帝前で行われた李栄の立てた六洞義とそれに対する僧慧立の問難に関して「次道士李栄開六洞義、擬仏法六通為言」（大正蔵五二、頁三八九上）とあるのが参考になる。

(6) 「時有王斌者、不知何許人、著四声論行於時、斌初為道人、博渉経籍、雅有才弁、善属文、能唱導而不修容儀、嘗弊衣於瓦官寺聴雲法師講成実論、無復坐処、唯僧正慧超尚空席、斌直坐其側、……而撫機問難、辞理清挙、四座皆属目、後還俗、以詩楽自楽、人莫能名之」。

(7) 慧超の伝は『続高僧伝』巻六（大正蔵五〇、頁四六八上）を参照。

(8) 法雲の伝は『続高僧伝』巻五（大正蔵五〇、頁四六三下）を参照。

(9) 「天監二年……時諸名徳各撰成実義疏、雲乃経論合撰、有四十科為四十二巻、俄尋究了、又勅於寺三遍敷講、広請義学、充諸堂宇」（大正蔵五〇、四六四上）。

(10) 空海『文鏡秘府論』には、王斌の文が三箇所引用されている。王利器『文鏡秘府論校注』（中国社会科学出版社、一九八三年)頁九八は、王斌が法雲の『成実論』の講筵に列した時期を天監七年とするが、これは天監二年の誤りであろう。

(11)「所以仏号法王、世之調御、下凡上聖靡不帰依、豈有称五老之神、佩三皇之籙、而能為釈氏之師乎」注「……顔光禄王斌等云、道者練形、法在仙化、仏者持心、教在済物、論道所宗、三皇及与五龍也」(大正蔵五二、頁五二四中)。

(12)「為道者、蓋流出於仙法、故以練形為上、崇仏者、本在於神教、故以治心為先」。

(13)『文鏡秘府論』天巻、四声論に「洛陽王斌撰五格四声論、文辞鄭重、体例繁多、剖析推研、忽不能別矣」と王斌撰の『五格四声論』に言及する。注(10)所掲王利器『文鏡秘府論校注』は、『日本国見在書目録』経部小学類に撰者名を記さずに「五格四声一巻」とだけ著録されるものを王斌の『五格四声論』と推定している。『文鏡秘府論』に三箇所引用されている王斌の文章については、諸注釈家はいずれも『五格四声論』からの引用であるとするが、それらの中には論弁に関わるような記述は見られない。もし、「五格八並」の「五格」が『五格四声論』のことだとすると、専ら「四声」や「詩韻」に関すると推定される著作が、何故『道学伝』で「論難之法」とされているのかが問題となろう。『文鏡秘府論』の注釈家の多くは「五格」の意味は不詳だとするが、『五格四声論』が「剖析推研、忽不能別矣」と空海に評されるほど難解な書であったとすれば、「五格」が論証法に関する何らかのタームであったと考えることもあながち不可能ではあるまい。

(14)「原夫論義之設、其本四焉、或撃揚以明其道、幽旨由斯得開、或影響以扇其風、慧業由斯弘樹、或抱疑以諮明決、斯要正是当機、或矜伐以冒時賢、安詞以拔愚箭、託緑乃四、通在無嫌、必事相陵、還符畜狩、故世中論士鮮会清柔、初事含容、終成陥黷、名聞誰賞、境界非凡、徒盛拒輪、畢帰磨臆、故有王斌論並、明琛蛇勢、会空屋子、宗統語工、聴其論道、惟聞殺死之言、観其容色、但見紛披之相、及後業之作也、或生充蛇報、或舌爛喉中、或僧獄接其来生、或猛火焚其往咎、彦琮山楼之験、又可誡哉、是知道寄人弘、非人未可言道、豈言義府並若斯耶」(大正蔵五〇、頁五四九下)。

(15) 鎌田茂雄「初唐における三論宗と道教」(『東京大学東洋文化研究所紀要』第四六冊、一九六八年)、同『道教義枢』にあらわれた三論思想」(『中国仏教思想史研究』春秋社、一九六八年)、中嶋隆蔵「成玄英の「一中」思想とその周辺——隋唐時代道教の中道観」(平井俊栄『三論教学の研究』春秋社、一九九〇年)、中西久味「成玄英と三論教学についての一試論」(『中国思想史研究』第一七号、一九九四年)等を参照。

(16) 注(2)所掲王卡論文。

(17) 王斌の時代すなわち斉梁時期の三論学派の江南における活動については、平井俊栄「三論教学の歴史的展開」(注(15)所掲『三論教学の研究』)を参照。

(18)「倶生破者、未生是有、既其得生、生已亦有、亦応更生。令已未倶生。名倶生破。

倶不生破者、若已生是有、既其不生、未生是有、亦応不生。名倶不生破。
以同徴異破者、既同是有、云何有一生一不生異。故名以同徴異破。
将異並同破者、未生既有、生已応無。将已未之異並有同義。名将異並同破。
無異破者、有義既同、則已未既無異。
無用破者、縦果已有、何用更生。
嘖用破者、[果](異)既已有、応有可見之用。
此七門因循次第而来」(大正蔵四二、頁一八八中)。

(19)「復次下第六無用破、自上已来、難並縦横、今並停之、直迴嘖其有義、汝既已有、何用更生、直作斯嘖、辞理則窮、無言可対」(同、頁一八九中)。

(20)『十二門論』の関連部分の原文を吉蔵の科段に従って冒頭から初章就生不生門まで掲げておく。なお、括弧内は吉蔵のいう科段名である。

　観有果無果門第二
復次諸法不生、何以故。(長行発起)
　先有則不生　先無亦不生
　有無亦不生　誰当有生者(偈本破)
若果因中先有、則不応生、先無亦不応生、先有無亦不応生。(総唱三句不生)
何以故、若果因中先有而生、是則無窮、如果先未生而生者、今生已復応更生、何以故、因中常有故、従是有辺復応更生、是則無窮。(別釈三句不生／初就生不生門／第一倶生破。以下、別釈三句不生／初就生不生門は省略)
若謂生已更不生、未生而生者、是中無有生理、是故先有而生、是事不然。(第二倶不生破)
復次、若因中先有果而謂未生而生、生已不生者、是亦二倶有、而一生一不生、無有是処。(第三以同嘖異破)
復次、若未生定有者、生已則応無、何以故、生未生共相違故、生未生相違故、是二作相亦相違。(第四捉異並同破)
復次、有与無相違、無与有相違、若生已亦有、未生時亦有者、則生未生不応有異、何以故、若有生、生已亦有、未生亦有、如是生未生有何差別、生未生無差別、是事不然、是故有不生。(第五無異破)
復次、有已先成、何用更生、如作已不応作、成已不応成、是故有法不応生。(第六無用破)
復次、若有生因中未生時、果応可見、而実不可見、如泥中瓶蒲中席、応可見而実不可見、是故有不生。(第七嘖用破)

(21)「復次下第四捉異並同破、提外人生未生異、以徴果体不応始終有同、汝已未相違、亦応有無相違、未生既有、生已則無也、又汝反世情、言未生是有者、亦反世情、已生便応是無、又此亦得是並、若必言生未生異、亦応有無異也、已未相違故、是二作相亦亦応相違者、正作有無相違難也、二所作果体之相亦応相違、則未生之果既其是有、已生之果即応是無」(同、頁一八九上)。

(22)「復次下第五無異破、前正難、次釈難、正難中前牒世間未生是無、生已是有、故言有与無相違、無与有相違也、若生已亦有下正難外也、汝若避前第四生已無難、便当果体始終都有、是故今明、若生未生二俱有生者、生已未生有何異耶、又此亦得並、若生未生同是有者、亦応生未生皆是已也、生未生俱[未](已)、若以未生為未、生已為已、亦応已生為未、未生為已、又若有未有已、則有有有無、具四難也」(同前)。

(23)この部分難解である。いまは『国訳一切経』論疏部第七巻(大東出版社、一九八一年)の長尾雅人、丹治昭義両氏による訓読および注釈に従っておく。

(24)「不老死有生者、法応先老死而後生、今不老死、云何有生耶、不生有老死者、若老死不因生有、亦此生之後応無老死、又得是並、若不老死而有於生、亦応不生而有老死也」(大正蔵四二、頁一〇二上)。

(25)「三接上破老少生、老時不失此是有法不失、無老之中無無所失、破意同前、注云泥団不応変為瓶者、此亦得是並、不失則不変、若変則失」(大正蔵四二、頁二八八下)。

(26)「問、経文題三車名、就文索之、故云羊車鹿車牛車、願時賜与、云何背文、但言二乗人索、菩薩不索耶。
又並曰、若二乗人索三者、応二乗人乗三車、二乗人実不乗三、二乗人亦不索三。

又並曰、若二乗人索菩薩車者、菩薩之人応索二乗車也、文義往推、進退窮撿、幸宜依旧、無俟斯通。

答、若領解前通、無俟後問、蓋是騰昔三以徴今一耳、昔本道三、今遂云唯此一事実、余二則非真、若爾、昔日明有羊鹿牛車、為何所在、騰三徴一、文義煥然、下諸難並、不通自去、宜改旧迷、以従新悟也」(大正蔵三四、頁四〇九下)。

(27)「三者、若縁生於果、果不生縁、則不由果有縁、亦名非縁、此偈具得破数論大乗等前因後果義、如毘曇云、報無記果未起時、云何名善悪為因、大乗仏果未起時、云何名金剛心万行為因耶、又並之、未生果已名縁者、生果竟応名非縁、又並、汝若未生果已名縁、縁不由果者、亦未有縁時已有果、果応不由縁也」(大正蔵四二、頁四七上)。

(28)先に言及した『十二門論疏』の「第四捉異並同破」の部分に付された『国訳一切経』の注(四四)には、「並同の「並」の用法難解である。徴・難・嘖(七四頁)等の文字と共に屢々用いられているが、「並」に直接、徴難等の意味はない様で、語義は「くらぶ」「ならぶ」「たぐう」であり、捉異並同とは、「異なりとの点をとって、それに並べて同じ結果(即ち異)となる」との意味であろう。即ち「生と未生と異なり」との相手の立場から、必然的に「果なる作相も異となり、有無相違する」こととなる。従って梵語の prasaj-、prasaṅga の概念に極めて近いものがある」という。なお、『国訳一切経』については、船山徹氏の教示による。

(29)「言例並者、乳為酪因、酪為乳果、乳為酪因、因中有果者、酪為乳果、果応有因」(大正蔵三八、頁二〇五下)。

(30)「此是第三双並、文即有二、(一)以四(如)為並端、二正結並、初約四如為並端者、第一約一切衆生皆如為並端、二約一切法如為並端、三約衆賢如為並端、四約弥勒如為並端、今就此四並、深求其意、亦玄約三教一教、皆作四並也、初約通作四、三是順並、従初至後、一是逆並、従後至初也、一約衆生如為端、順並者、衆生即是仮人、仮人如与弥勒如無二如、若衆生如不生不滅不得受記、弥勒如不生不滅、何得独受記、弥勒如不生不滅得受記者、此則弥勒如異一切衆生如也、若如有異、是則非如、若如無異、那得一受記一不得受記、若一切衆生如不得受記、弥勒如亦不得記、若通若並、非三教翻也、二約一切法如、順並、一切法如通有情無情、有情者内五陰実法、無情者即是外国土地水火風草木瓦石等、一切無情之物悉皆是如、与弥勒如一如無二如、若国土草木等一切法如不生不滅不得受記、弥勒如不生不滅、那独受記、若弥勒如不生不滅得受記者、是則弥勒如異国土草木等一切法如也、若如有異、是則非如、若如無異、那得一得受記一不得受記、若一切法如不得受記、弥勒如亦不得受記也、所以者何、無情之法、仏不授記、故大涅槃経云、若尼拘陀樹能修戒定智慧、我亦授三菩提記、以其無心修道、不与受記、故浄名以此為並、異有情衆生也、三約賢聖如、順並、即是三蔵教通教明三乗賢聖也、此諸賢聖皆悉是如、与弥勒如一如無二如、若諸賢聖如不生不滅不得受記者、弥勒如不生不滅、何得独受記也、若弥勒如不生不滅得受記者、此則弥勒如異諸賢聖如、若如有異、是則非如、若如無異、那一得受記一不得受記、若賢聖如不得受記、弥勒如亦不受記也、所以然者、自法華経已前、一切二乗賢聖皆不得受記、故浄名以此為並也、四還約弥勒如並、此是反並、弥勒如無生滅得受記、賢聖如不生不滅不得受記、賢聖如不得受記者、弥勒如那得独受記也、若不得受記、即如有異也、如若有異、是非如、若無異、那得一得受記一不得受記也、諸賢聖不得受記者、即弥勒亦不得受記也、次約弥勒如、反並、一切法如亦如是、次約弥勒、反並、一切衆生如亦如是、類前作並、其意宛然、二約別教作四並、一往類通教可知、三約円教作四並、亦一往類通教可知、但別円両教、皆約中道真如、作並為異也」(卍続蔵経一八、頁五九一下)。

(31)　智顗の『文疏』に対応する湛然の『略疏』(大正蔵三八、頁六三九上)もこの構造をそのまま継承して、「三順一逆」の論法が適用されているのだと解釈している。

(32)「又就此凡有四並、一近遠倶不到、則近遠倶破、二遠近倶不到、遠近倶不破、三破近不破遠、応到近不到遠、則有到有不到、四若倶不到、破近不破遠、亦応破遠不破近」(大正蔵四二、頁二五三下)。

(33) 注(2)所掲王卡論文は、首欠部分に前後の関係から推測したらしい「先述十略」を補っている。また、「十略者」を「十略上」と解読しているが、これは明らかに「上」ではなく「者」である。

(34) スタイン八二八九、同九四四三、同九四三一、同六二四五はいずれも背面に医書が写されており、かつ紙の上半が欠損しているために、手許の写真では明確に読み取れない部分が多い。王卡論文が「八例」として挙げた実と不実以下も必ずしも「八例」の解説とは断定できない。

(35) 「八種通難、意同八並、今不具載、更挙四勢、用為通法」。この部分、双行の注釈を伴う本文の最後の一字がかろうじて「例」と判読できるので、本文部分に「(八)例」と「八」の字を補った。

(36) 智顗と吉蔵ないし三論学派との関係については、平井俊栄『法華文句の成立に関する研究』(春秋社、一九八五年)、大野栄人「天台文献に見られる吉蔵以前の三論教学」(注(15)所掲『三論教学の研究』)、藤井教公「天台と三論の交流――灌頂の『法華玄義』修治と吉蔵『法華玄論』をめぐって」(『鎌田茂雄博士還暦記念論集　中国の仏教と文化』大蔵出版、一九八八年)、同「天台と三論の交渉――智顗説・灌頂録『金光明経文句』と吉蔵撰『金光明経疏』との比較を通じて」(『印度学仏教学研究』三七巻二号、一九八九年)を参照。また、湛然と三論との関係については、池田魯参「湛然の三大部注書にみる三論教学」(『三論教学の研究』)を参照。

(37) 「問、三蔵菩薩雖得四悉檀、望通教但成三悉檀、今通教望別教云何。

答、有二義、当通是得四、望別但得三。

問、別教望円亦爾不。

答、不例、円別証道同故。

並曰、三蔵通教、倶証真諦、亦応倶得四。

答、三蔵真諦雖同、菩薩不断惑故闕一、円別倶断惑、是故倶四。

又並、三蔵通等雖四而三可是権、別教四而不三、応非是権。

答、三蔵通教、教証倶是権故、但三無四、別教教道権、証道実、従証則四、従教則権。

又並、証道有四、教道応三。

答、若取地前為教道、応如所問」(大正蔵三三、頁六九〇中)。

(38) 「顕慶三年冬十一月……時道士李栄先昇高座、立本際義、勅褒云、承師能論義、請昇高座、共談名理、便即登座、問云、既義標本際、為道本於際、名為本際、為際本道、名為本際、答云、互得進、難云、道本於際、際為道本、亦可際本於

道、道為際元、答云、何往不通、並曰、若使道将本際互得相返、亦可自然与道互得相法、答曰、道法自然、自然不法道、又並曰、若使道法於自然、自然不法道、亦可道本於本際、本際不本道、於是道士著難、恐墜厥宗、但存緘黙、不能加報、褒即覆結難云、汝道本於本際、遂得道際互相本、亦可道法於自然、何為道自不得互相法、栄得重並、既不領難、又不解結」(大正蔵五二、頁三八九下)。注(1)所掲王卡論文は、同じ道宣の『続高僧伝』義褒伝を引くが、ここではより詳細な『集古今仏道論衡』による。なお、紙幅の関係でここでは取り上げないが、『集古今仏道論衡』にはこの他に、巻丁「大慈恩寺沙門霊弁与道士対論第六」(大正蔵五二、頁三九四上)の李栄と霊弁の問答の中にも「並」に関連すると思われる記事が見られ、これに続く「茅斎中与国学博士范贇談論序」(同、頁三九五上)にも「並」の論法が実際に使われた問答例が記録されている。

(39)「問、為是真身説経、為是応身説経。
答、応説真不説。

……

問、此経既是応身説、未知真身亦説不。

答、真身不説。

難、若也応説真不説、応此応非真応。

答、応是真応。

難、応是真応、亦応応説真亦説。

答、応説真不説。

即並、若応是真応、応説真不説、亦可柱是木柱、柱柱木不柱、若使柱是木柱、柱柱木亦柱、亦可応是真応、応説真亦説。

答、木柱可是真応耶、不例」。

(40)「又問、因有種種因、果又有種種果不、布施因応成布施果、持戒者不必能布施。
答、同只是一箇因、同成一箇果、如屋梁椽柱同是屋因、還成得屋果。

難、学問因得聡明果、布施因得富貴果、果有不同、何因道同成一果。

答、如泥瓶因果者、只道泥是瓶因、瓶是泥果、例前。

又問、以泥成瓶、瓶成有泥在不。

答、無泥在。

並、以泥成瓶、瓶成無泥在、又可以金成釧、釧成無金在。

答、如此。
責、若為如此。
答、以泥成瓶、瓶成無有泥、以金成釧、釧成無有金」。

第三章　唐代老子注釈学と仏教

はじめに

魏晋南北朝期を通じて、いわゆる道教がその教理を構成し、自己の宗教としての価値を確立していく過程で、『老子』の哲学の果たした役割は極めて重要である。一般に道教には創唱者としての教祖はいないといわれるが、その宗教思想の基盤をなしているのは『老子』に説かれる道の哲学であり、その神統譜の中心を占めるのは道を神格化した道君である。とりわけ六朝後半期から隋唐にかけての時代は、仏教教理学の強い影響下に、早急に独自の教理体系を構築しなければならないという状況に迫られて、道教は自己のアイデンティティの根幹をなすものとして『老子』とその道の哲学とを有効かつ積極的に活用していったのである。かくして、この時期には多数の『老子』注釈書が道教の経師たちの手によって著述されたが、その内容は教理形成の段階に応じてダイナミックに変化していった。この種の『老子』注釈書の中で、資料的まとまりを持つ比較的初期のものとしては、唐の道士成玄英の注釈が注目される。次いで、初唐期の仏道論争を経て唐代の『老子』注釈のピークをなすのが玄宗の注疏であり、その後を承けて道教教理の中における『老子』の役割を集大成したものが杜光庭の『道徳真経広聖義』であるといえよう。いま、成玄英の『老子』注釈を中心として、道教教理思想の展開の中で唐代の『老子』注釈学の果たした役割と仏教教理との関係を考察する。

一　道教教理の形成と『老子』注釈

道教教理の形成に当たって『老子』およびその注釈が果たした役割はいかようなものであったのか。道教が自己の教理を体系的に整備し始めるのは、およそ東晋末から劉宋にかけての頃と考えられる。陸修静による『三洞経書目録』の編纂は、その最初の成果ともいうべきものであるが、この書目に載せられたもの以外にも次第に多数の経典が明確な意図をもって作成されるようになる。一方、仏教の中国社会への浸透にともなって、道仏二教間の論争も激化し始め、顧歓の「夷夏論」を筆頭とする対仏教批判論が作成されて、道教の仏教に対する優位性の主張が展開されていった。「夷夏論」のインパクトがいかに大きかったかは、梁僧祐の『弘明集』巻六、七に収められた「夷夏論」をめぐる論争が雄弁に物語るところである。

しかし、この段階では『老子』は未だ道仏論争の場では重要な役割を演じるに至ってはいない。『老子』の哲学なり思想なりが関係した道仏論争の早い例は、同じく『弘明集』巻八に収められた釈僧順「答道士仮称張融三破論」（大正蔵五二、頁五一下）の中に見ることができる。張融は「三破論」の中で、「道は気なり」、「道は気を宗と為す」と主張する。ここに述べられた「道即気」という主張は、先秦道家以来の古典的な道と気の関係を基盤とし、後漢の王符や張衡の生成論を継承して成立した『老子河上公注』や『老子想爾注』に見られる道の概念の歴史的展開の延長線上に形成されてきたものといえる。この「道即気」という思想は、中国の思想史の展開の中では極めて説得力のある理論であり、最終的には道教教理の中での「道気」概念の形成に帰着する。しかし、この時期の道仏論争を通じて、「道即気」という中国固有の哲学を反映した理論が対仏教論争の場では必ずしも有利ではないと判断した六朝後半期の道教の経師たちは、次第にこのような道の解釈を捨てて新たな理論を形成していった。かかる試みはまず仏教の三身（法身、報身、応身）の論に触発された体用理論の導入によって開始された(1)。

唐高宗期の道士孟安排の『道教義枢』法身義は、このような教理形成の痕跡を今に伝えている。『道教義枢』は、隋代の道教教理全書である『玄門大義』の忠実な抄録であるから、そこに見られる教理は南北朝後半期の教説を伝えていると考えられる(2)。法身義の説くところによれば、法身には本迹それぞれ三身がある。本の三身は精神気のいわゆる三一に配して仮に三義を立てるだけで、その窮極の体は同一であるという。このような教説は、六朝後半期に徐々に形成されてきた三一説に法身説を配当することによって成立したものであるが、その三一説は『老子』第十四章の解釈と密接に結びついて形成されてきたものである。成玄英の『老子疏』に引く臧（宗道）の説には次のようにいう(3)。

夫れ［夷希］（希夷）微と言う者は、精神気を謂うなり。精とは、霊智の名なり。神とは、不測の用なり。気とは、形相の目なり。この三法を総べて、一聖人を為す。……所謂る三一なる者なり(4)。

これを承けて成玄英自身は、『老子開題序訣義疏』の中で、

第三。法体とは、案ずるに九天生神経に云く、聖人は玄元始三気を以て体と為す、と。三天の妙気に同じきを言うなり。臧宗道又た三一を用て聖人の応身と為す。言う所の三一とは、一精二神三気なり。精とは、霊智慧照の心なり。神とは、無方不測の用なり。気とは、色象形相の法なり。経に云う、之れを視れども見えず、名づけて夷と曰う。精なり。之れを聴けども聞えず、名づけて希と曰う。神なり。之れを搏てども得ず、名づけて微と曰う。気なり。此の三法を総べて一聖体を為す。経に云う、此の三者は、致詰す可からず。故に混じて一と為す、と。但だ老君は三一を以て身を為すも、身に真応の別有り(5)。

という。ここではまず聖人（神）の法体を玄元始三気とする『九天生神章経』の説が先行教理として提示されるが、成玄英の本意は精神気の三一を聖人の応身とする臧宗道説の敷衍にあった。その際に理論的根拠として持ち出された

のが『老子』第十四章の思想である。『老子』の本文は、道が形象を超絶し、視、聴、搏の個々の感覚やそれに対応した夷、希、微といった個別概念では道の真の姿を把握し難く、それらを混然一体として見たときにはじめて道の真のありかたを把握できることを述べたものである。成玄英（あるいは臧宗道）は、道に対する夷希微と聖人（神）に対する精神気を対応させることによって、道と同じく精神気の三位一体が聖人（神）の応身であることを『老子』を経証として証明しようとしたのである。同様の論述は、唐法琳の『弁正論』巻六（大正蔵五二、五三六下）にも見られる。そこでは、古来の名儒および『河上公注』は、『老子』の夷希微を精神気に当てることを述べたあと、次のようにいう。

案ずるに生神章に云く、老子は[玄]元始三気を以て、合して一と為す、と。是れ至人の法体なり。精は是れ精霊、神は是れ変化、気は是れ気象なり。陸簡寂、臧矜、顧歓、諸揉、孟智周等の老子義の如きに云く、此の三気を合して、以て聖体を成す、と。又た云く、自然を通相の体と為し、三気を別相の体と為す、と。(6)

ここでいう至人あるいは聖人とは、やはり道教の至上の神格を意味するが、その本質が玄元始の三気であり、同時に精（精霊）、神（変化）、気（気象）の三位一体によって成り立っていることを述べている。法琳のいうような精神気を夷希微に当てる解釈は、少なくとも現行の『河上公注』には見出せない。しかし、かかる『老子』第十四章の夷希微をめぐる新解釈やそれと関連しての道や聖人の「体」と自然、三気との関係が、陸修静を筆頭とする六朝後半期の経師たちによって『老子』解釈書の中で説かれていたこと、(7) 換言すれば、当時の道教教理の最先端の問題が『老子』解釈の新展開という形を取って行われていたことが、対抗勢力の仏教側によっても明確に認識されていたことが知られる。

二　成玄英の『老子』注釈の特徴

成玄英の詳しい伝記は伝わらないが、太宗から高宗期に活躍した道士である。彼の『老子』注釈書のうち、現在何らかのかたちで見ることのできるものは、『老子開題序訣義疏』『老子道徳経疏』の二種がある。[8]

まず最初に、成玄英の道に対する解釈の特徴を見ておきたい。

道は虚通を以て義と為し、常は湛寂を以て名を得。所謂る无極の大道、衆生の正性なり。

道は、虚通の妙理、衆生の正性なり。

道は是れ虚通の理境、徳は是れ[至](志)忘の聖智なり。[9]

成玄英にあっては、道とは第一義的には万事万象を貫通する根源的真理としての「虚通の妙理」であり、同時に人間に焦点を絞っていえば、衆生を本来あるべき姿たらしめている「正性」と考えられた。道を「理」ないし「性」とするこのような成玄英の定義は、六朝期における道の典型的な定義である「道は気なり」とは根本的に異なるものといわなければならない。このような定義の出現は、六朝期を通じての激しい道仏論争の中で、道教側が道の定義を変更せざるを得なかった典型的な例の一つといえる。同様の例は、『道教義枢』道意義の「道は理なり」という定義にも見ることができるが、どちらかといえば、同じく法身義に見える「[神]浄虚通曰道[身]」という道の三身の論により強い影響を受けたと考えるべきであろう。

成玄英は道を理と定義する一方で、決して「道は気なり」という定義の意味するところの、万物を生成する根源的実体としての道の概念を放棄したわけではない。しかしながら、彼の『老子』解釈にあっては、生成の実体としての道は本迹理論の適用によって理としての道とは矛盾しないような解決が図られている。彼の解釈の体系の中では、道とは妙本の現実世界における「迹」としての「応道」でもあった。

有は、応道なり。所謂る元一の気なり。元一妙本は、所謂る冥寂の地なり。言うこころは、天地万物は皆応道有法従りして生ず、即ち此の応道は妙本従りして起こる。妙本は即ち至無なり。(10)

ここでは形而下の始源である「有」を「応道」「元一の気(元気)」と規定したうえで、この「応道」は「妙本」「至無」に起源することを述べている。つまり、『老子』の説く道を「妙本」と「応道」とに分割し、さらに「応道」を形而下のレベルでは「元気」と見なして、従来からの「道は気なり」という解釈を放棄せずにすむような余地を残す途を選択した。しかし、この妙本と応道、元気との関係は、『河上公注』や『想爾注』に見られるような直接的な生成吐出の関係において捉えられてはいないところに特徴がある。このことはさらに、

一は、元気なり。二は、陰陽なり。三は、天地人なり。万物は、一切の有識無情なり。言うこころは、至道の妙本は、体は形名を絶し、本従り迹を降し、肇《はじ》めて元気を生ず。又た元気従り、変じて陰陽を生ず。(11)

とあることからより一層明瞭となる。ここでは、妙本と元気との関係は、あくまでも「従本降迹」の関係において把握されている。成玄英にあっては、道を共通項として考えた場合は、形而下の世界の始源としての道は「応道」つまり感応によって元気として顕現する道なのであり、その対極には感応の主体としての「真道」が前提されていたと考えられる。そしてその感応のメカニズムは、「従本降迹」の本迹理論を適用することによって、万物を生み出す直接の始源としての「応道」とあらゆるものの窮極の根源としての「真道」とを分離させることに成功したのである。(12)換言すれば、六朝期以降の道仏論争の中で道教側の弱点とみなされた「道は気なり」というテーゼは、「応道は気なり」と読みかえられることになる。その結果、『道教義枢』道徳義に見られる「道は理なり」という従来とは正反対の定義を持ち出すまでもなく、「妙本(真道)即理」、「応道即気」という構造の中で、従来の教理上の論点の整理と弱点の克服が図られていったと考えられる。

成玄英の『老子』注釈では、中道思想と並んで本迹の概念が様々な場面で重要な役割を果たしており、道教の聖人たる道君や老君がいかなる存在であるかを究明する際にもその理論が適用されている。

> 太上は即ち是れ今の玄天教主太上大道君なり。言うこころは、道君は玉京の上、金闕の中に在りて、神を凝らして想いを遐《はる》かにし、常応の処と為す。利根の人は、機性明敏なれば、妙本は凝寂にして、体は形名を絶し、本従り迹を降すが故に位号有るを悟り、相貌殊致に執せず。故に下之れ有るを知ると言う。太上の名号の由る所有るを知るなり(13)。

このように、道君は道における応道と同じく、妙本が「迹」として顕現したものに他ならない。それゆえ、仮に位号があり優れた相貌を持つとしても、そのような外面的形相に執着してはならないのである。これに対して老君は現世における道君の化身であり、道の真理を実践して得道するための階梯を明示する役割を担っている。そして、この道君、老君の在り方を現世において体現するものを総称して聖人という。

> 聖人は即ち是れ前三業清浄にして、六根解脱せるの人なり。能く弘誓願を発し、衆生を救度せんが為に、故に常に世間に在りて、感有れば斯ち応じ、慈善平等にして、終に遺棄せざるなり(14)。

このように、常に現世にあって衆生済度の弘誓願を発し、全ての人間を救済の対象として摂取するのが聖人の基本的な在り方と考えられている。また、

> 夫れ聖応は多途にして、機に逗《とう》ずること一に匪ず。或いは縁に随いて小教を敷《の》べ、或いは感を起こして大乗を闡《あ》かす。故に真応の両身、権実の二智有り。権を用いて以て下士を籠し、実を持して以て上機を度す。
> 聖人は能所両忘し、境智双遣す。玄鑒洞照して、気を御し雲に乗る。本迹虚夷にして、何の病累有らんや。
> 聖人は知覚の疵無けれども、凡は分別の病有り。衆生の病を病とするが為に、所以に迹を降して凡に同じくし、法を説き教を演べ、存を忘れて溺を救う。既にして病まずして病み、病みて病まず。故に病まずと云うなり(15)。

といった例からいえることは、成玄英の描く聖人像は、「能所両忘し、境智双遣す」つまり現世的作用や知覚認識から超越した存在であると同時に、衆生の病を救済するために「本従り迹を降」して現世に出現し、衆生の機根に応じて演法説教を行うことを主要な役割とする存在である。ここでは、聖人の悩める衆生の救済者としての性格が『老子』の教説に本来備わっていることが強調されており、それはまた道教が仏教同様の衆生済度の宗教であることを強調する意図に基づくと考えられる。[16]

成玄英の老子解釈のいま一つの重要な概念は、重玄と中道である。[17] 杜光庭は『道徳真経広聖義』の序において重玄を旨とする『老子』解釈の流れを整理し、成玄英をその流れを構成する一人として記述している。また、唐道宣『集古今仏道論衡』巻丙「文帝令奘法師翻老子為梵文事第十」に、「時に於いて、道士蔡晃成英二人は、李宗の望なり、……諸道士等並びに仏経中百等論を引用して、以て玄極を通ず」[18]と伝えるように、成英すなわち成玄英は『中論』『百論』といった三論教学の仏典に依拠しつつ『老子』の玄義を明らかにしようとした一群の道士たちの一人であったことが知られる。これに対して、玄奘が「仏教と道教と、理致大いに乖く。安くんぞ仏理を用いて、道義を通明せんや」[19]とこれらの道士の『老子』解釈の方法論を厳しく批判したにもかかわらず、重玄の概念はいわば中道概念の道教的表現として、両者の間に本来共通の哲学が存在することを証明するのに格好の根拠を提供するものと理解されていたのである。

玄とは、深遠の義なり。亦た是れ不滞の名なり。有無二心、徼妙両観は、一道に原《もと》づく。出づるを同じくして名を異にし、名を異にして道を一にす。之れを深遠と謂う。深遠の玄は、理無滞に帰す。既に有に滞せず、又た無に滞せず。二倶に滞せず、故に之れを玄と謂う。

有欲の人は、唯だ有に滞するのみ。無欲の士は、又た無に滞す。故に一玄を説きて、以て双執を遣る。又た行者の此の玄に滞せんことを恐る。今又た玄と説きて、更めて後病を祛《さ》る。既にして但に滞に滞せざるのみに非ず、亦た乃ち不滞に滞せず。此れ則ち之れを遣りて又た遣る。故に玄の又た玄と曰う。沖とは、中なり。言うこころは、聖人化を施し、用を為すこと多端。切当の言は、中道より先ずるは莫し。故に道沖にして之れを用うと云う。此れ則ち中を以て用を為すなり。而して或いは盈たずと言う者は、盈とは、満なり。向に一中の道を以て、二偏の執を破す。二偏既に除かれ、一中還た遣る。今教に執するの人、中一に住して、自ら満盈を為さんことを恐る。盈たずと言う者は、即ち是れ中を遣るの義なり。(20)

これらの例からもわかるように、仏教の説く「一中(中道)」は二偏の執着を除いた段階、すなわち『老子』にいう「玄」の状態であって、この「玄」をさらに捨て去って執着のない状態にも執着しない「遣中」の境地を示すのが「玄之又玄」、すなわち重玄であると理解されていた。かくして、成玄英にとっての『老子』は、三論教学に説くところの有無中道の哲学をさらに越えた「玄之又玄」すなわち重玄の哲学を展開する極めて高度な教説として捉えられていたことが知られる。

客観的に見れば、成玄英がその『老子』注釈の中で、三論を中心とする仏教教理を利用しつつ自らの道教教理を構成しようとしていたことは明らかである。にもかかわらず、おそらく彼の意識の中では、三論教学の中心理論は道教教理の依拠する『老子』の重玄の思想に包摂されるものと考えられていたに違いない。また、上記中道以外にも、自利利他、境智、理教、動寂、漸頓、権実といった仏教概念が頻繁に援用されている。しかし、これらの概念はいずれも彼の『老子』解釈の体系の中ではそれ程重要な位置を占めるものではない。おそらく『玄門大義』に集成されたような、南北朝末期における道仏交流の中から生み出された両教理に共通の概念との認識のもとに、自家薬籠中のものとして自在に援用されたのであろう。

成玄英と時代的にも近く、高宗から玄宗朝に活躍した道士の李栄にも『老子』の注釈がある。(21) 紙幅の関係から、ここでは道の定義に限定して極く簡単に成玄英と比較しておこう。李栄は道を定義して、道は、虚極の理なり。夫れ虚極の理を論ずれば、有無を以て其の象を分かつ可からず、上下を以て其の真を格《いた》す可からず。……聖人は茲の玄路を坦《あきら》かにし、開くに教門を以てせんと欲し、円通の名を借りて、虚極の理に目す。(22)

という。これから明らかなように、李栄においては、道は「虚極の理」と解されている。この「虚極」という語は、いうまでもなく『老子』第十六章の「致虚極、守静篤」に基づくが、成玄英にあってはほとんど言及されない概念である。成玄英はあくまでも道の本性がいかなるものであるかに注意を向けており、「虚」なる実体を持って万物を貫通するということから道を「虚通の理」と定義した。これに対して李栄は、道を修めるべきものがとるべき窮極の在り方としての「虚」を想定し、その「虚」を極限までつきつめたところに現れる真理を道と理解したといえよう。このような李栄の解釈は、「道は、虚極の妙用なり」、「虚極は、妙本なり」という玄宗注や「道は、虚極妙本の強名」という玄宗疏の解釈に連なるものである。(23)全体として、李栄の注には成玄英注のような三論を中心とする仏教教理学の全面的適用は見られない。使われているのは、中道、境智、理教、因縁、果報、空有といった概念であるが、その適用は極めて抑制的である。この事実は、彼が仏道論争の一方の有力な当事者であったことを反映するものであろうか。

三　唐代道仏論争と『老子』注釈

六朝期から継続してきた道仏論争は、唐代に入って一層尖鋭化した。とりわけ唐初期には傅奕らの仏教排撃の画策もあり、教理上の論争の枠を越える場合も多かった。しかし、一方で純粋に教理上の問題をめぐる論争も闘わされなかったわけではない。その場合の争点の多くは、やはり『老子』および『老子』の説く道や自然をめぐってのものであった。いま、それらの論争の二、三を例に道仏論争と『老子』注釈との関係を検討してみる。

まず、顕慶三年(六五八)四月に行われた論争を取り上げよう。[24] この時の道仏対論では、勅によって僧侶道士各七人が入内して論議した。仏教側は隠法師が五蘊義を、神泰法師が九断知義を立て、これに対して道教側は黄賾、李栄、黄寿らが論難を加えた。次いで道教側が立義したが、最初に登場した李栄は、「道生万物義」を立て、大慈恩寺の僧慧立が論難した。李栄の立論の詳細は記録されないが、『老子』第十四章の「道生一、一生二、二生三、三生万物」を典拠とする義論であることは間違いあるまい。慧立はまず「道が万物を生ずるとして、その道には知が有るのか無いのか」と問うた。これに対して李栄は、「道経に『人は地に法り、地は天に法り、天は道に法る』とある。天地の法であるからには、知が無いなどとはいえない」と答弁した。これに対して慧立はさらに論難を加える。その概要は、道に知があるとすれば、善なるもののみを生ずるはずである。しかるにこの世界には様々な邪悪なものが存在している。このように万物をごちゃまぜに生み出して善悪の区別をしないとすれば、道は知を持たず、万物を生み出すこともできないはずだ、というものであった。

同様の論争は、龍朔二年(六六二)四月に行われた『道徳経』の開題に際しても闘わされた。[25] 今回の論者は道教側が方恵長、仏教側は霊弁であった。この論争における霊弁の論難は揚足取りに類するが、方恵長が主張したのは、『老子』の説く「自然之道」が本であり、『易』その他に説く道は末であること、万物はみな道より生じ、道は万物の祖であること、万法は道に他ならないことなどであった。ここでは道と自然、道と生成、道の万物への遍在といった『老子』に基づく道教の基本的教義が取り上げられている。

しかし、道仏論争の最大のテーマともいうべきものは、道と自然との関係に関するものであった。『広弘明集』巻五に収められる孫盛の「老子疑問反訊」は『老子』への疑問を書き連ねた論文であるが、そこではいまだ道と自然との関係は取り上げられてはいない。しかし、法琳の『弁正論』巻二、三教治道篇では、この問題が重要な争点として取り上げられている。

まず儒生が、道は自然を本宗とし、虚無を本体とする。『昇玄内教経』に「夫れ道は玄妙にして、自然より出で、無生より生じ、無先に先だつ」といい、『霊宝自然経訣』に「太上は無極、大道は無上、至真にして玄居し、虚無にして無形、……道は虚無なりと雖も能く一を生じ、万物の本と為るなり」とあるがどうかと問い、通人が次のように反問する。

道能く一を生ず、誰か復た道を生ずるや。若し道従りて生ずる無ければ、亦た道一を生ぜず。若し道他従り生ぜざれば、一も亦た道従り生ぜず。若し道自生すれば、一も亦た自生す。一既に自生すること能わざれば、道も亦た自生すること能わず。若し道自ら道を生ずれば、亦た道自ら道に法る。何の故に老子に云う、人は地に法り、地は天に法り、天は道に法り、道は自然に法る、と。既に道自ら法らずして自然に法れば、亦た道自ら生ぜず、自然従り生ず可し。若し道自然従り生ぜざれば、亦た一道従り生ぜず(26)。

ここで通人は、万物の根源としての道を否定しているが、その論拠として持ち出されるのは『老子』第二十五章の「道法自然」の句である。これによって、道より根源的な自然の存在を指摘し、道の自生も道の「一」を生み出す万物の祖としての根源性をも否定する。通人の論はさらに続く。

若《も》し道より自然を望まば、即ち道自然に法る。自然は即ち道の本為り。既に道自然に本づけば、即ち自然は是れ常にして、道は是れ常なるを得ず。今道既に常と称し、自然も亦た常とならば、亦た道自然に法る可く、自然も亦た応に道に法るべし。若し自然本為れば、道は本為るを得ず。自然常為れば、道は常為るを得ず。若し両箇倶に是れ常なれば、亦た両箇倶に相い法る。如《も》し其れ一は法り一は法らざれば、亦た一は常にして一は不常なり。若し倶に常なりと言わば、即ち倶に自然なり。既に自然と自然ならざると有れば、亦た常有り無常有り。若し自然本為り、道迹為れば、本迹倶に常を称す。亦た道本為り、天迹為れば、天道倶に無常なる可し(27)。

ここでは、常無常、本迹といった概念を操作しつつ道と自然との関係が検討されているが、いかなる概念を持ち出したところで、両者を『老子』のいう「道法自然」という関係で結ぶ限り、道の根源性は成り立たないことが結論されている。

『弁正論』巻六気為道本篇では、さらに道気論と関係して同様の議論が展開されている。「道は気なり」を根拠とする得道の方法論に関する君子の問いに対して、通人は次のようにいう。

縦《たと》使い道有るも、自ら生ずる能わず、自然従り生じ、自然従り出づるなり。道、自然に本づけば、則ち道に待つ所有り。既に他に因りて有れば、即ち是れ無常なり。故に老子云く、人は地に法り、地は天に法り、天は道に法り、道は自然に法る、と。王弼云く、天地の道は、並びに相い違わざるを言うなり。故に法ると称するなり、と。自然は無称窮極の辞、道は是れ智慧霊知の号なり。用智は無智に及ばず、有形は無形に及ばず。道は是れ有義にして、自然の無義に及ばざるなり(28)。

ここでも、道の根源性を否定する根拠として、道教教理自身の拠って立つところの『老子』の「道法自然」の句が繰りかえし使われている。しかし、道教側の「道法自然」の句に対する解釈が道の上位に自然を措定し、自然が道を生み出すとするようなものであった形跡は乏しい。この句に対する成玄英の解釈は、人主は地の安寧、天の清虚、道の虚通を手本とすべきことを述べたものとし、それに続けて、

次に須く自然の妙理に法るべし。所謂る重玄の域なり。道は是れ迹にして、自然は是れ本なり。本を以て迹を収む。故に義として法ると言うなり。又解、道の性は自然にして、更に法る所無く、体は修学を絶す。故に道は自然に法ると言うなり(29)。

という。ここでは人主の手本とすべきものの一つとして「自然の妙理」があるのであって、道が法るべき対象として自然が考えられているわけではない。自然と道とは本迹関係にはあるが、これは直接の生成関係や上下関係を示すも

のではない。成玄英の理解がこのようなものであったことは、王弼の解釈とほぼ同じ「又解」を引いていることによってでも裏付けられよう。また、李栄の『老子注』の解釈もほぼ成玄英同様で、聖人の無欲、虚己、任物の在り方が自然に法るということを意味するという。

このように、「道法自然」の解釈においては先後関係や上下関係が説かれていないにもかかわらず、仏教側の道、自然、虚無の相互関係への論難を招いたことについては、それなりの理由があった。つまり、道教教理の一部には、道の上位に自然、虚無を置くようなものが確かに存在したのである。その典型的な例が『老子』をもとに作成された『西昇経』である。北宋陳景元の『西昇経集註』には、北周の韋節や唐の李栄の注などが収められている。『西昇経』第十五章は、「老子曰く、虚無自然を生じ、自然道を生じ、道一を生じ、一天地を生じ、天地万物を生ず」で始まる。この句に付された韋節の注は次のようにいう。

虚無とは、無物なり。自然とは、亦た無物なり。虚無に寄りて自然を生じ、自然に寄りて以て道を生ず。皆な其の自然を明かすのみ。一とは、即ち道の用なり。(30)

ここでは、道は明らかに虚無、自然の下位にあって、生成の根源には位置していない。虚無、自然、道の間にはやはり厳然として生成の次序が存在すると考えられているのであろう。同じ句に対する「此れ有像の物たるや、上自り下を生じ、次第に相い生ずるを謂うなり(此謂有像之物也、自上生下、次第相生也)」という李栄の注は、道は生成の根源ではなくその中間に位置することをより明確に表明するものである。そのことはまた、続く第十六章「虚無恍惚道之根、万物共本道之元」に対する李栄注が、

至本空寂、名づけて虚無と曰う。虚無は即ち空寂に非ず、有無不定、之れを恍惚と称す。虚無自然を生じ、自然道を生ずと云う。故に虚無とは、此れ即ち道の根本なるを知る。万物生ずるを得るは、皆道に由る。是れ道は物の本元為るを知るなり。(31)

といい、「虚無自然を生じ、自然道を生ず」という前提のもとに、虚無こそが道の根本であると明言していることによって明らかであろう。かかる道教経典の一部に見られる教理およびその解釈が、仏教側の道教批判の格好の標的とされたのである。

この論争を直接踏まえたものかどうかは明らかではないが、『度人経四注』巻二に引く成玄英の注は看過できない意味を有する。「上无復祖、唯道為身」という経文に付された成注は、上の『西昇経』第十五章を引いた後で、

今上に復た祖无しと云うは、道は虚无を以て宗と為し、自然を以て本と為し、道を以て身と為す。然れども此の三者は、悉く形相无し。其の理を尋ね考うれば、乃ち是れ真空なり。真中に精有り、本より名称无し。聖人将に教跡を立てんとするに、宗无かる可からず。故に虚无を挙げて道の祖と為すも、其の実は三体倶に一真に会し、形相都て无く、能く衆妙を通ず。故に上に復た祖无しと云う。復とは猶お別のごときなり。別に先祖无きなり。(32)

という。この成玄英の解釈は、韋節や李栄のそれとは根本的な違いがある。成玄英は根源としての道は、虚無を宗、自然を本、道(君)を身とする三位一体の存在であって、虚無と自然と道(君)との間に階層の上下や生成の先後関係が存するわけではないが、聖人が教義を立てて世人に説くための方便として虚無が道の祖であると述べたに過ぎず、道(君)を生み出した祖先などがあるわけではないのだと解釈している。つまり、『度人経』のこの経文を根拠として『西昇経』に対する上述の韋節や李栄の注に類する解釈を否定していると見ることができる。

こうした道と自然、虚無との関係をめぐる論争に終止符を打ったのは、玄宗の『老子疏』の出現であった(33)。『老子』第二十五章の玄宗疏は次のようにいう。

人とは王を謂うなり。人と云う所以の者は、人能く天地の生成に法り、道の清浄に法らば、則ち天下帰往するを謂う。是こを以て王為り。……王為る者は、……又た当に道の清浄無為に法り、功を物に忘れ、物をして自化せ令むべし。人君能く爾《しか》すれば、即ち道自然に法るに合す。言うこころは、道の法為る自然にして、復た自然に

倣うには非ざるなり。若し惑者の難の如く、道を以て自然に法効《のっと》るとせば、是れ則ち域中に五大有りて、四大には非ざるなり。又た西昇経を引きて、虚無、自然を生じ、自然、道を生ずと云わば、則ち道を以て虚無の孫、自然の子と為し、妄りに先後の義を生じ、以て尊卑の目を定む。源を塞ぎ本を抜き、倒置すること何ぞ深きや。且《しば》らく常試《こころ》みに論じて曰く、虚無とは、妙本の体なり。体は有物に非ず、故に虚無と曰う。自然とは、妙本の性なり。性は造作に非ず、故に自然と曰う。道は、妙本の功用にして、所謂る強名なり。通じて生ずるに非ざる無し、故に之れを道と謂う。幻体名を用うれば、即ち之れを虚無、自然、道と謂うのみ。其の所以を尋ぬれば、即ち一の妙本にして、復た何の相い倣法する所ならんや。則ち惑者の難は夫の玄鍵に詣らざるを知る。(34)

ここでの解釈は、「道法自然」とは「道之為法自然」すなわち道の本来の在り方が自然ということなのであって、惑者のいうように道が自然に倣い法るのでもなく、あるいは道は虚無や自然から生み出されるものでもないということである。その根拠をさらに論ずれば、玄宗注疏に示された妙本概念が適用されるべきであって、虚無、自然、道の三者は、妙本の「体」「性」「功用」を表す個別の概念に過ぎず、その間に先後尊卑の価値的差異が存するわけではないということであろう。この玄宗疏の議論は、明らかに前述の仏道論争を踏まえて、それに最終的決着をつける意図を持つものである。実際そのような効果があったであろうことは、仏教論書における『老子』解釈の中に見て取ることができる。

玄宗の『老子』御注および疏が頒布された後、その解釈がいわば唯一の権威ある解釈となっていったであろうことは想像に難くない。その影響の範囲が科場や道教界に止まるものではなかったことは、華厳の大師澄観の『大方広仏華厳経随疏演義鈔』巻一四(大正蔵三六、頁一〇三下)に、『老子』第二十五章および第四十二章の御注が、宗密の『円覚経大疏釈義鈔』巻七之上(卍続蔵一ノ一四、頁三五二)にも第二十五章の御注がそのまま引用されて、「道法自然」や「道生一」の句の解釈がなされていることからも知られる。さらに、宗密の『円覚経大疏釈義鈔』巻九之一では、「道

法自然」を解釈して、

道自然に法るとは、即ち大道は従りて来たる所無きを、名づけて自然と為す。別に自然有りて、大道をして之れに法ら令むるには非ざるなり。但だ以て天道の源を究め尋ぬれば、乃ち自然なるを覚るのみ。更に根源因由無し、故に之れに法ると云う。(35)

とある。ここに見える解釈は明らかに玄宗注疏の解釈を踏襲したものと考えざるをえない。仏教論書の中にこのようなかたちで玄宗注疏の説が取り込まれているということは、御注御疏の頒布が仏教側の『老子』解釈の自由を制約し、「道法自然」に関する論争を完全に終息させる役割を果たしたことを示すものであろう。

以上、六朝期からの仏道論争や道教教理形成過程における『老子』の扱われ方を手懸りに、この時期の道教教理思想の一面を見てきた。取り上げた事例は必ずしも十分ではないが、一見不毛に思われる道仏論争を通じて、特に道教側がその教理の核心部分を修正して仏教側に対抗していった過程を見ることができた。また、これは唐代における特殊事情、すなわち玄宗自らが『老子』の注釈を行って広く頒布したことに影響された面が強いとはいえ、仏教論書の中に玄宗の『老子』解釈が標準的なものとして引用されて、従来の争点に決着がつけられるに至ったことは、やはり思想史の事実として重要である。この時期の『老子』注釈学が、道教独自の教理体系の構築に果たした役割と、仏教教理の影響のもとに新たな注釈の地平を切り拓いていった過程とは、今後も検討を深めていかなければならない課題である。

（１）　この点については、本書第一部第一章、第二章を参照。
（２）　この点については、本書第三部第一章を参照。

(3) 以下の成玄英『老子疏』の引用は原則として、藤原高男「輯校賛道徳経義疏」(『高松工業高等専門学校研究紀要』第二号、一九六七年)による。

(4) 第十四章「搏之不得、名曰微」疏「夫言[夷希](希夷)微者、謂精神気也、精者霊智之名、神者不測之用、気者形相之目、総此三法、為一聖人、……所謂三一者也」。

(5)「第三、法体者、案九天生神経云、聖人以玄元始三気為体、言同三天之妙気也、臧宗道又用三一為聖人応身、所言三一者、一精二神三気、精者、霊智慧照之心、神者、無方不測之用、気者、色象形相之法、経云、視之不見、名曰夷、精也、聴之不聞、名曰希、神也、搏之不得、名曰微、気也、総此三法為一聖体、経云、此三者、不可致詰、故混而為一也、但老君以三一為身、身有真応之別」(ペリオ二三五三、大淵忍爾『敦煌道経 図録編』福武書店、一九七九年、頁四六二)。

(6)「案生神章云、老子以[玄]元始三気、合而為一、是至人法体、精是精霊、神是変化、気是気象、如陸簡寂、臧矜、顧歓、諸揉、孟智周等老子義云、合此三気、以成聖体、又云、自然為通相之体、三気為別相之体」(大正蔵五二、頁五三六下)。

(7) こうした試みが道教教理形成過程においていかなる意味を持つものであったかについては、「道と気と神——道教教理における意義をめぐって」(『人文学報』第六五号、一九八九年)で言及した。

(8) 成玄英の伝記、著作、思想の概要については、砂山稔「成玄英の思想について」(『隋唐道教思想史研究』平河出版社、一九九〇年)を参照。

(9) 第一章「道可道非常道」疏「道以虚通為義、常以湛寂得名、所謂无極大道、衆生正性也」。第六十二章「道者万物之奥」疏「道者虚通之妙理、衆生之正性也」。経序「道是虚通之理境、徳是[至](志)忘之聖智」。

(10) 第四十章「天地之物生於有、有生於無」疏「有応道也、所謂元一之気也、元一妙本、所謂冥寂之地也、言天地万物、皆従応道有法而生、即此応道従妙本而起、妙本即至無也」。

(11) 第四十二章「道生一、一生二、二生三、三生万物」疏「一、元気也、二、陰陽也、三、天地人也、万物、一切有識無情也、言至道妙本、体絶形名、従本降迹、肇生元気、又従元気、変生陰陽」。

(12) 注(8)所掲砂山論文は、妙本概念の特色は、その物質(気)的性格を多く担うところにあるとするが(頁二五三以下)、果たしてそうであろうか。物質的性格を担うのはあくまでも「従本降迹」した後の応道と考えるべきであって、これによってはじめて妙本はその根源性を疑われることがなくなるのである。玄宗注が妙本概念を軸に三教の合一を図ろうとするのも、妙本が物質的性格を捨象したところに成立する概念であることによるのである。

(13)　第十七章「太上下知有之」疏「太上即是今玄天教主太上大道君也、言道君在玉京之上、金闕之中、凝神遐想、為常応之処、利根之人、機性明敏、悟妙本凝寂、体絶形名、従本降迹、故有位号、不執相貌殊致、故言下知有之、知有太上名号之所由也」。

(14)　第二十七章「是以聖人常善救人而無棄人」疏「聖人即是前三業清浄、六根解脱之人也、為能発弘誓願、救度衆生、故常在世間、有感斯応、慈善平等、終不遺棄也」。

(15)　第三十六章序「夫聖応多途、逗機匪一、或随縁而敷小教、或起感而闡大乗、故有真応両身、権実二智、用権以籠下士、持実以度上機」。

第七十一章「是以聖人不病」疏「聖人能所両忘、境智双遣、玄鑒洞照、御気乗雲、本迹虚夷、有何病累也」。

同「以其病病、是以不病」疏「聖人無知覚之疵、而凡有分別之病、為病衆生之病、所以降迹同凡、説法演教、忘存救溺、既而不病而病、病而不病、故云不病也」。

(16)　成玄英にあっても、聖人の衆生済度のみならず、衆生の得道の階梯を説くことが重要であったことはいうまでもない。注(8)所掲砂山論文は、この階梯を「従本降迹」に対して「摂迹帰本」と規定し、前者を利他行、後者を自利行に当て、双方ともに本迹理論によって貫かれていたと分析している。ただ、この時期の道教思想史上どちらに重点があったかといえば、それはあくまでも利他行に置かれていたというべきであろう。

(17)　道教思想史上における重玄の意味については、盧国龍『中国重玄学』(人民中国出版社、一九九三年)に詳しい。また、成玄英の中道思想あるいは三論教学との関係については、中嶋隆蔵「成玄英の「一中」思想とその周辺――隋唐時代道教の中道観」(平井俊栄『三論教学の研究』春秋社、一九九〇年)、中西久味「成玄英と三論教学についての一試論」(『中国思想史研究』第一七号、一九九四年)を参照。

(18)　「於時道士蔡晃成英二人、李宗之望、……諸道士等並引用仏経中百等論、以通玄極」(大正蔵五二、頁三八六下)。

(19)　「奘曰、仏教道教、理致大乖、安用仏理、通明道義」(同前)。

(20)　第一章「同謂之玄」疏「玄者、深遠之義、亦是不滞之名、有無二心、徼妙両観、原於一道、同出異名、異名一道、謂之深遠、深遠之玄、理帰無滞、既不滞有、又不滞無、二倶不滞、故謂之玄」。

同「玄之又玄」疏「有欲之人、唯滞於有、無欲之士、又滞於無、故説一玄、以遣双執、又恐行者滞於此玄、今説又玄、更袪後病、既而非但不滞於滞、亦乃不滞於不滞、此則遣之又遣、故曰玄之又玄」。

第四章「道沖而用之、或不盈」疏「沖、中也、言聖人施化、為用多端、切当之言、莫先中道、故云道沖而用之、此則以中為用也、而言或不盈者、盈満也、向以一中之道、破二偏之執、二偏既除、一中還遣、今恐執教之人、住於中一、自為満盈、言不盈者、即是遣中之義」。

(21) 蒙文通による李栄注の輯本(『道徳経註』一九四七年)の叙録によれば、李栄は成玄英と同じく蜀の出身で綿州の人という。以下の引用は本書による。なお、本書は後に『道書輯校十種』(『蒙文通文集』第六巻、巴蜀書社、二〇〇一年)に収載されている。

(22) 第一章「道可道非常道」注「道者、虚極之理也。夫論虚極之理、不可以有無分其象、不可以上下格其真。……聖人欲坦茲玄路、開以教門、借円通之名、目虚極之理」。

(23) 第一章「道可道、非常道」注「道者、虚極之妙用」(巻一、葉一表)、第十六章「致虚極、守静篤」注「虚極者、妙本也」(同、葉一九表)、第一章「道可道、非常道」疏「道者、虚極妙本之強名」(巻一、葉一表)。

(24)『集古今仏道論衡』巻丁(大正蔵五二、頁三八七下)。

(25)『集古今仏道論衡』巻丁(大正蔵五二、頁三九三中)。

(26)「儒生問曰、道以自然為宗、虚無為本、其証非一、……又昇玄内教経云、……夫道玄妙、出於自然、生於無生、先於無先、又霊宝自然経訣云、太上玄一真人曰、太上無極、大道無上、至真玄居、虚無無形、……道雖虚無而能生一、為万物之本也、通人問曰、道能生一、誰復生道、若道無従生、亦道不生一、若道不従他生、一亦不従道生、若道自生、一亦自生、一既不能自生、道亦不能自生、若道自生道、亦道自法道、何故老子云、人法地、地法天、天法道、道法自然、既道不自法而法自然、亦可道不自生、従自然生、若道不従自然生、亦一不従道生」(大正蔵五二、四九九中)。

(27)「若道望自然、即道法自然、自然即為道本、既道本於自然、即自然是常、道不得是常、今道既称常、自然亦常、亦可道法自然、自然亦応法道、若自然為本、道不得為本、自然為常、道不得為常、若両箇倶是常、亦両箇倶相法、如其一法一不法、亦一常一不常、若言倶常、即倶自然、既有自然不自然、亦有常有無常、若自然為本道為迹、本迹倶称常、亦可道為本天為迹、天道倶無常」(同前)。

(28)「縦使有道不能自生、従自然生、従自然出、道本自然、則道有所待、既因他有、即是無常、故老子云、人法地、地法天、天法道、道法自然、王弼云、言天地之道並不相違、故称法也、自然無称窮極之辞、道是智慧霊知之号、用智不及無智、有形不及無形、道是有義、不及自然之無義也」(大正蔵五二、頁五三七上)。

(29)『老子』第二十五章「道法自然」疏「次須法自然之妙理、所謂重玄之域也、道是迹、自然是本、以本収迹、故義言法也、又解、道性自然、更無所法、体絶修学、故言道法自然也」。

(30)「老子曰、虚無生自然、自然生道、道生一、一生天地、天地生万物」注「虚無者、無物也、自然者、亦無物也、寄虚無生自然、寄自然以生道、皆明其自然耳、一者、即道之用也」(巻四、葉一表)。

(31)「至本空寂、名曰虚無、虚無即非空寂、有無不定、称之恍惚、云虚無生自然、自然生道、故知虚無者、此即道之根本、万物得生、皆由於道、是知道為物之本元也」(同、葉二裏)。

(32)「今云上无復祖者、道以虚无為宗、以自然為本、以道為身、然此三者、悉无形相、尋考其理、乃是真空、真中有精、本无名称、聖人将立教跡、不可无宗、故挙虚无為道之祖、其実三体倶会一真、形相都无、能通衆妙、故云上无復祖、復猶別也、別无先祖也」(巻二、葉八表)。

(33) 玄宗の『老子』注疏の撰述とその思想については、本書第四部第二章を参照。

(34)「人謂王者也、所以云人者、謂人能法天地生成、法道清浄、則天下帰往、是以為王、……為王者、……又当法道清浄無為、忘功於物、令物自化、人君能爾、即合道法自然、言道之為法自然、非復倣自然也、若如惑者之難、以道法効於自然、是則域中有五大、非四大也、又引西昇経云、虚無生自然、自然生道、則以道為虚無之孫、自然之子、妄生先後之義、以定尊卑之目、塞源抜本、倒置何深、且常試論曰、虚無者、妙本之体、体非有物、故曰虚無、自然者、妙本之性、性非造作、故曰自然、道者、妙本之功用、所謂強名、無非通生、故謂之道、幻体用名、即謂之虚無自然道爾、尋其所以、即一妙本、復何所相倣法乎、則知惑者之難、不詣夫玄鍵矣」(巻三、葉一八裏)。

(35)「道法自然者、即大道無所従来、名為自然、非別有自然、而令大道法之也、但以究尋天道之源、乃覚自然而已、更無根源因由、故云法之矣」(卍続蔵一ノ一四、頁四一三)。

第四章　道教類書と教理体系

はじめに

中国における類書の歴史は、先秦時代の『呂氏春秋』や前漢の『淮南子』にまで遡ることが可能である。しかし、『皇覧』をはじめとする本格的類書が編纂されるのは、魏晋南北朝、とりわけ五世紀以降のことである。この時代は、学術、文化のうえでは仏教の流入定着と道教の成立という大きなできごとがあった。あらゆる書物からの網羅的抄録を分類整理して、厖大な知識を簡便に提供することを目的とした類書の内容も、このような学術、文化の新しい潮流を取り込むべく変化を余儀なくされる。また、知識体系の分類整理を目的とする類書の性格上、編纂者の世界観が全体の構成に反映されることはいうまでもなかろう。とりわけ、仏教なり道教なりに特化した類書であれば、その教理体系への明確な理解のもとに類書の構成がなされたと考えられる。逆から見れば、類書の構成なり引用経典の分析からその当時の教理体系のスナップショットを再現することもある程度可能になろう。この点にこそ、類書研究が単に逸存資料の捜集に不可欠であるだけでなく、宗教思想史研究にとっても極めて有意義でありうる理由が存する。

ところで、本論に入る前に、まず類書の定義を明確にしておく必要があろう。類書の定義については様々な説が存在するが、とりあえず『類書的沿革』の定義をもとに論を進めていくことにしたい(1)。本書によれば、類書というの

は、

一　不特定あるいは特定のジャンルに属する知識に関する材料を群書から捜集し、

二　加工整理を加えて分類項目を立て、

三　出所を明示して条項ごとに配列し、

四　知識と資料の検索の便に供する。

ための書物ということになる。従って、一書からの抜き書きのみのものや群書からの抄写であっても分類整理を加えていないもの、あるいは出所を明示していないものは類書の範疇には入らないということになる。また、類書といわゆる百科事典の類似が強調される場合がある。しかし、知識体系を分類して項目を立てるところまでは両者に共通であるが、百科事典が多様な資料に基づいて書き手が項目を叙述する(知識の再構成をする)のに対して、類書は関連する原資料をそのまま引用配列することによって、読み手に知識の細部についての再構成を委ねるという根本的な相違が存在する。この点に留意しながら、以下の論述を進めていくことにしたい。

一　仏教類書の出現

『皇覧』の編纂に始まる類書編纂の歴史は、中国社会における仏教の浸透にともなって、斉梁の際に新たな展開を見せる。それは、雑家的網羅的な類書の性格から離れて、仏教に特化した類書が編纂されるようになったことである。もちろん、このようなものが突如として編纂されるようになった訳ではなく、そこに至る前段階的な書物の存在があるのだが、その多くはすでに亡逸してしまっていて、今つぶさにその歴史を辿ることは容易ではない。ここでは、現存する最古の仏教類書ともいうべき『経律異相』の編纂の経過を通じて、道教類書の出現に先立って類書の歴史にその足跡を記し始めた仏教の影響を見ておこう。

漢訳仏典の増加に対応して、劉宋の頃から仏典抄録の必要性が高まり、「抄某某経」と称する一連の書物が出現するようになるとともに、やがてこれら抄経を集成した抄経集とでもいうべき書物が出現するに至る。いま『出三蔵記集』を見るに、巻五には「抄経録」が一項として立てられ、「右抄経、四十六部、凡三百五十二巻、其三十八部一百五十一巻、並有経、其八部二百一巻、今闕」と当時の情況を総括したうえで、抄経集の代表的なものとしての『法苑経』一百八十九巻を著録し、「此の一経は、近世の抄集。群経を撮撰し、類を以て相い従わす。号を法苑と立つと雖も、終に抄の数に入る。今此の経を闕く」と注記している(2)。『法苑経』は「群経を撮撰し、類を以て相い従わす」とあるように、群書からの資料の抄出と分類整理という類書に不可欠な二条件を満たすものであり、後の仏教類書に繋がるものであったと考えられる。しかし、第三の必要条件である出所の明示がなされていたかどうかは不明である。僧祐は『出三蔵記集』において、『法苑経』を「抄経録」に記載すると同時に「偽経録」にも収録して、「経」を称しながら実は「経」ではないことを明示しようとしている(3)。

ところで、僧祐が抄経の類を「或いは衆品を棋散し、或いは正文を爪剖す。既に聖言をして本を離れ使め、復た学者をして末を逐わ令む(4)」として疑偽経に類するものと考えていたこと、『釈迦譜』や『世界記』において「出某某経」と出典を明記する方法を考案して、みずからの著作が疑偽経に堕す危険を回避しようとしたことはすでに指摘されているところであるが(5)、『法苑経』に関しては抄経集であること自体を問題にしたというよりは、「抄」を冠せずに「法苑経」と「経」を称することのほうがより問題にされたと考えられる。こうした点からは、『法苑経』には出典が明示されていなかった可能性が強いと考えられよう。いずれにせよ、僧祐は抄経類が疑偽経に類するという認識のもとで、出典となる経典名を明記することによって恣意的な「抄撮」に堕して後学を惑わすという抄経類の弱点を克服し、仏教類書を経典に準ずるものとして認知させることに成功したといわれる。ただ、このような出典を明示するという発想は、中国における類書の伝統の上に立ってこそ容易に出現しえたと考えることができよう。

上述のような抄経や特定の主題のもとに編纂された抄経集の後を承けて、梁の武帝の命によって宝唱らの手によって編纂されたのが、現存最古の仏教類書『経律異相』である。今、その序文には次のように編纂の経過が述べられている。

聖旨に以為《おも》えらく、象正浸《ようや》く末にして、信楽弥いよ衰え、文句浩漫にして、能く該洽なること鮮《すくな》し。天監七年を以て、釈僧旻等に勅して、衆典を備《ことごと》く鈔し、深文を顕証し、神宗を控会せしむ。辞は略にして意は暁《あきら》か、鑽求する者に於いて、已に太半の益有り。但だ希有の異相は、猶お衆篇に散じ、難聞の秘説は、未だ標顕を加えず。又た十五年末を以て、宝唱に勅して経律の要事を鈔し、皆な類を以て相い従わ使め、覧る者をして了し易から令む。又た新安寺の釈僧豪、興皇寺の釈法生等に勅して、相い助けて検読せしむ。是こに於いて経籍を博綜し、秘要を択採し、上は神慮を詢《はか》りて、則を取り規を成し、凡そ五十巻と為す。又た目録五巻。分かちて五秩と為し、名づけて経律異相と為す。将来の学者、労せずして博なる可し。[6]

この序文によれば、梁の武帝は天監七年(五〇八)に釈僧旻等に命じて衆経から仏教教義の真髄を抄出させて一書を編纂させたが、異相秘説については不十分であったために、天監十五年(五一六)末になって、宝唱らに命じて経律の要事を抄出させ、分類排列して閲覧により便利な『経律異相』五十巻が編纂されたことが知られる。ここにいう『経律異相』に先立って編纂された書とは『衆経要抄』八十八巻であることは、『歴代三宝記』巻一一他によって確認される。[7]このように、『衆経要抄』は僧旻や劉勰など僧俗三十人ほどの人々によって上定林寺で編纂されたことが知られるが、こうした仏教類書の編纂には、当然のことながら多くの経典を自在に手に取って閲覧できる施設と目録とが完備していることが前提となる。『梁書』巻五〇劉勰伝に、

勰早く孤たり、志を篤くして学を好む。家貧しくして婚娶せず、沙門僧祐に依り、之れと与に居処す。積むこと

十余年、遂に博く経論に通ず。因りて部類を区別して、録して之れに序す。今定林寺の経蔵は、勰の定むる所なり。(8)

とあるように、上定林寺の経蔵は劉勰の手によって整備管理されて目録が作成されていたのであり、当時の上定林寺はまさに『衆経要抄』編纂の必要条件を満たすうってつけの場所であったことが知られる。しかし、『衆経要抄』そのものは、内容的にも形態的にも必ずしも十分に当時の要求を満たすものではなかったために、改めて『経律異相』の編纂が命じられたのである。

さて、『経律異相』の編纂については、やはり『続高僧伝』巻一釈宝唱伝に次のようにある。

(天監)十四年、安楽寺の僧紹に勅して華林仏殿経目を撰せしむ。復た勒成すと雖も未だ帝旨に愜《かな》わず。又た唱に勅して重ねて撰せしめ、乃ち紹の前録に因りて、合離を注述し、甚だ科拠有り。一帙四巻。雅に時望に愜う。遂に勅して華林園宝雲経蔵を掌せしめ、遺逸を捜求して、皆な具足せ令む。三本を備造し、用を以て上に供す。是れに縁りて又た勅して経律異相五十五巻、飯聖僧法五巻を撰せしむ。(9)

これによれば、華林園中の仏殿には宝雲経蔵が置かれ、僧紹の手によって経目が編まれていたが、武帝の意に満たなかったために、改めて宝唱に命じて目録一帙四巻(いわゆる「宝唱録」)を作成させたこと、これを契機として宝唱が宝雲経蔵の管理を任されて、遺逸経典を捜求して経蔵の充実を図り、その上で勅命を受けて『経律異相』を編纂したという経緯が知られる。このように、『経律異相』の編纂には華林園宝雲経蔵とその目録が活用されたのであり、仏教類書の編纂には、経蔵と経目の存在が不可欠であったことが明らかである。ただ、『経律異相』の編纂が『衆経要抄』とは全く別に一から始められたわけではなく、『経律異相』は『衆経要抄』のほとんどの条文をそのまま利用したうえで遺漏を補い正したものであったといわれる。(10) このように、劉宋の抄経に始まり、『法苑経』のような「類を以て相い従わす」という形態を有する抄経集の出現を見、僧祐の『釈迦譜』や『世界記』という特定の主題のもとに出典を明記した抄経のみで構成される書物の編纂を経て、梁代には『衆経要抄』、『経律異相』という出典を明記したうえで「類を以て相い従わす」排列方法で構成され、類書の構成要件を満たす仏教類書が編纂されるようになった。

では、これらの仏教類書はどのような用途に供されたのか。一般の類書同様、仏教類書の多くも皇帝の命によって編纂されたことは、その第一の目的が皇帝の閲覧および作文の便に供するものであったことを物語っている。例えば、『広弘明集』巻一六（大正蔵五二、頁二一〇上）に収める梁簡文帝の「為人造丈八夾紵金薄像疏」なる一文は、仏像造営のための資金を募ることを目的としてある比丘のために代作したものであるが、その中の「水精龍塔永愴恨於遺髭、明鏡石龕独徘徊於留影」という一文は、『経律異相』巻六の「天人龍分舎利起塔」および同「仏影」を典拠として作成されたものであることが指摘されている(11)。

こうした実用的な用途とは別に、『経律異相』の編纂には梁武帝の菩薩皇帝としての全宇宙を包みこもうとする意識が反映されていたと考えられている。武帝は、『経律異相』の編纂と相前後して、『華林遍略』『通史』の編纂をも命じている。『華林遍略』はいうまでもなく『修文殿御覧』とともに『太平御覧』の藍本となった代表的な類書であり、一方『通史』は文字どおり上古から梁代に至る通史である。武帝は『経律異相』の中に仏教的世界を内包させ、『華林遍略』には中国の伝統的な世界を包含し、『通史』によって悠久の時間をおのれに収斂させようという壮大な意図を抱いていたといわれる。その意味で、武帝は仏教教理に依拠する自らの内的精神的世界を『経律異相』を通して体系的に表現しようとしたのだともいえる(12)。

『経律異相』は大別して、天地部、仏部、菩薩部、声聞部、国王部、太子部、長者部、優婆塞優婆夷部、外道仙人部、居士庶人等部、鬼神部、畜生部、地獄部の十三大部から構成される。これを見て明らかなように、『経律異相』はまず仏教的宇宙観を最初に掲げ、次いで仏菩薩声聞ら仏教の悟りを得た優れたものの世界を描き、次いで国王以下居士庶人に至る世俗の世界を明らかにし、最後に鬼神、畜生、地獄という六道の世界を描くという構成を取っている。これは、三界二十八天を中心とする仏教の世界観のもとに、現実の世界を再構成し、その中で人はどのように生きていくべきかの指針を多くの仏典の記述に依拠しながら、さらに関連する因縁譚を効果的に付加することによって明示しようとするものである。

しかし、『経律異相』をはじめとする仏教類書の用途はそれだけに止まるものではなかった。『続高僧伝』巻三〇に立伝される道紀は、最近の研究で『今昔物語集』の種本のひとつに擬せられている『金蔵論』の撰者に比定されている。『金蔵論』は「衆経要集金蔵論」とも称され、衆経からの抄写を「類を以て相い従わ」せて編纂されたものであり、ここで問題としている仏教類書のひとつといってよい。いま、道紀伝を見てみると、

天保年中……乃ち退きて房戸を掩い、広く経論を読み、彼の士俗の為にして開化を行う。故に其の撰集を名づけて金蔵論と為すなり。一帙七巻、類を以て相い従わす。寺塔幡灯の由、経像帰戒の本、具さに一化を羅《つつ》み、大いに福門を啓く。論成るの後、同行七人と与に鄴の郊東を出づること七里にして頓す。周匝七里、士女通集す。為に斯の論を講ずること、七日にして一遍。(13)

とあり、土地の士女を集めて『金蔵論』を講じていたことが知られる。本書には、「寺塔幡灯の由、経像帰戒の本」が項目立てて排列されており、道紀はそれに基づいて仏教教義をわかりやすく講じたのであろう。いわば、説教の種本としての役割を『金蔵論』は担っていたといえる。(14)

二　道教類書の出現

仏教類書の編纂にやや遅れて、北朝においては周の武帝の命によって最初の道教類書ともいうべき『無上秘要』が編纂されたことは、この時代の道教教理の展開を考えるうえでの重要なできごとのひとつである。道教類書の編纂に

当たっては、仏教類書の編纂同様、大部の道教経典を収蔵する経蔵の存在と目録の編纂とが前提条件となっていたはずである。北周では通道観という国立の宗教研究所に相当するものが設置されてその役割を担ったと考えられるが、その活動の実態はかならずしも明らかではない。以下、『無上秘要』編纂の過程を見ながら、この問題を考えてみたい(15)。

北周の武帝は即位後の天和年間に大徳殿に百官僧道を集めて自ら『礼記』を講じ、また仏道の教義を講論させている(16)。その意図するところは、三教の序列を正し、仏教を抑圧することに重点があったとされるが、表面上は三教の斉一が強調された(17)。しかし、間もなく武帝は廃仏を主目的としつつ仏道両教の禁断に踏みきると同時に、三教斉一の理想を実現するための施設として通道観の設立を命じた。『北周書』巻五武帝紀上には、次のように記録されている。

(建徳三年、五七四)五月……丙子、初めて仏道二教を断じ、経像悉く毀ち、沙門道士を罷め、並びに民に還ら令む。並びに諸もろの淫祀、礼典の載せざる所の者を禁じ、尽く之れを除く。……六月……戊午、詔して曰く、至道は弘深、混成は無際、体は空有を包み、理は幽玄を極む。但だ岐路既に分かれ、派源逾《いよ》いよ遠く、淳離れ朴散じ、形気斯《すなわ》ち乖《そむ》く。遂に三墨八儒をして、朱紫交ごも競い、九流七略をして、異説相い騰《あが》ら使む。道の小成に隠るること、其の来たるや旧し。会帰有らざれば、争駆息む靡し。今通道観を立てて、聖哲の微言、先賢の典訓、金科玉篆、秘蹟玄文、黎元を済養し、教義を扶成する所以の者は、並びに宜しく弘闡し、一以て之れを貫く可し。夫の培塿を翫ぶ者をして、嵩岱の崇崛を識り、磧礫を守る者をして、渤澥の泓澄を悟ら俾《し》む。亦た可ならざるか(18)。

このように、三教の「争駆」を収束させ、「会帰」するところを有らしめるために建てられたのが通道観であり、そこでは聖哲の微言や先賢の典訓はもとより、金科玉篆、秘蹟玄文に至るまで、政治に資し教化を完成させるのに役立つものを統一的に考究することが求められたのである。『広弘明集』巻一〇弁惑篇によれば、通道観には百二十人の定員が配されて、道釈の当世に名ある人々が選ばれ、衣冠笏履をつけて出仕し、通道観学士と呼ばれたという(19)。しかし、現存の資料からその存在が確認される通道観学士は、樊普曠(『広弘明集』巻一〇弁惑篇)、釈彦琮(『続高僧伝』巻二本伝)、長孫熾(『隋書』巻五一本伝)、張弌(『新唐書』巻七二下宰相世系表)のわずか四人に過ぎない。

この通道観で実際にどのような活動が行われたのかについては、残念ながら十分な資料がない。しかし、北周武帝による『無上秘要』編纂に関しては、通道観が何らかの役割を担ったであろうことは、『続高僧伝』巻二釈彦琮伝の以下の記事から推測できよう。

釈彦琮、俗縁李氏、趙郡柏人の人なり。……十歳に至り、方《はじ》めて出家を許され、名を道江と改む。……周武斉を平ぐるに及び、尋《つ》いで延入を蒙り、共に玄藉を談じ、深く帝心に会す。勅して通道観学士に預らしむ。時に年二十有一。宇文愷等周代朝賢と与に、大易老荘を以て、講論に陪侍す。江便ち外は俗衣を仮《か》るも、内は法服を持す。名を彦琮と更む。武帝自ら道書を纘し、無上秘要と号す。時に于《お》いて綸囹を霑《うるお》すに預り、特に収採を蒙る(20)。

これによれば、釈彦琮は、武帝が設置した通道観に学士として参与し、武帝が自ら『無上秘要』を編纂した際には、編纂に関与してその成果が受納されたことが知られる。道教類書である『無上秘要』の編纂に、仏教の徒である釈彦琮が関わっていたことは一見奇異に思われるが、通道観での活動が廃仏後の三教斉一の理念の実現に寄与することであったとすれば、武帝の強力な意思によるものであったのであろう。しかし、もう一方の当事者である道教徒の通道観における活動の痕跡ははなはだ曖昧である。

『雲笈七籤』巻八五尸解に載せる王延の伝記には、彼が通道観で三洞の経図の校訂に関与していたことが伝えられている。

周武沙門の邪濫を以て、大いに其の詘を革《あらた》む。玄教の中も、亦た澄汰せ令むるも、素より延を重んじ、其の道徳を仰ぎ、又た召して京に至らしめ、其の道要を探り、乃ち雲台観に詔して道士八人を精選せしめ、延と共に玄旨を弘めしむ。又た勅して通道観を置き、延をして三洞の経図を校し、観内に緘蔵せ令む。延珠囊七巻を作る。凡そ経伝疏八千三十巻、奏して通道観の蔵に貯う。是れに由りて玄教光興す。朝廷大象を以て紀号す。隋文位を禅るに至りて、玄都観を置き、延を以て観主と為す。又た開皇を以て号と為す。六年丙午、詔して宝車を以て延を大興殿に迎え、帝は潔斎して益を請い、智慧大戒を受く。時に于いて丹鳳来儀し、飛びて壇殿に止まる。詔して延を以て道門威儀と為す。道門威儀の制は延自り始まるなり[21]。

しかし、この記事に見える通道観に関しては、武帝が都に置いた通道観学士の活動の場である通道観とする解釈と、そうではなく終南山に別に置かれたもうひとつの道教徒の活動の場である通道観であるという解釈とがある[22]。確かに北周時代、ふたつの通道観が存在したらしいことは、窪徳忠氏が挙げられた資料から推測できるのであるが、王延が活動した場が終南山の通道観であったことまでは確定できないように思われる。とりわけ彼が北周の都に置かれた通道観を継承した隋の玄都観の観主に任じられていることは、北周から隋にわたって終始王延が都に居たことを示唆するように思われる。このような問題を残すとはいえ、勅命によって通道観が設置され、そこで王延が三洞の経図を校訂して観内に緘蔵したうえ、経伝疏八千三十巻を通道観の経蔵に保存することを奏上したというこの記事は、『無上秘要』の編纂の前提条件ともいえる道教経典を収集した経蔵の存在と経目の編纂が北周武帝の時代に確かに行われたことを強く示唆するものとして注目される。

編纂の主要な担い手が誰であったのかや、一体どこで実際の編纂作業が行われたのかについて多くの疑問を存したままとはいえ、北周の武帝の命によって編纂された『無上秘要』は、最古の道教類書として、また当時の道教教理のひとつの完成形態を示すものとして今日に伝えられている。現在、我々が目にすることができる『無上秘要』のテキストは以下のものである。

一、正統道蔵本　全百巻、うち巻一、二、一〇―一四、三六、五八―六四、六七―七三、七五、七七、七九―八
二、八五―八六、八九―九〇の三十二巻が欠け、巻四〇は後半が欠けていて、完全なのは六十七巻のみ。
二、敦煌文献(ＤＸ＝オルデンブルグ本、珍字＝北京図書館本)
1　ペリオ二八六一　首題尾題とも「无上秘要目録」　開元六年(七一八)写本
2　ＤＸ一七〇ａ＋ＤＸ一六九ａ　首尾欠　道蔵本巻五相当
3　スタイン八〇　尾題「无上秘要巻第十」　地獄品
4　ペリオ二六〇二　首題尾題とも「无上秘要巻第廿九」
5　スタイン五三八二　首尾欠　道蔵本巻三一相当
6　ペリオ二三七一　尾題「无上秘要第卅三」
7　珍字二〇　尾題「无上秘要巻第五十二」
8　ペリオ三三二七　首尾欠　道蔵本巻六二または六三相当
9　ペリオ三一四一　尾題「无上秘要巻第八十四」
10　ペリオ三七七三、ペリオ五七五一　首尾欠　道蔵本巻八四相当

このように、現存の正統道蔵本は不完全であるうえに、敦煌出土のものも全て断篇であるので、そのままでは全体の構成がどのようなものであったのかを知ることはできない。しかし、幸いペリオ二八六一の「无上秘要目録」の存在によって、当時の『無上秘要』の全体構成を知ることができる。この「无上秘要目録」は、冒頭の注記に「合一百巻、二百八十八品、義類品例卌九科」と記しており、全体で百巻、二百八十八品であった。道蔵本の現存部分もほぼこの目録に沿った構成をとっているが、四十九科に大別することは記されていない。果たして編纂当時の『無上秘要』目録に四十九科の分段が存在したのか、それともこの目録が付されたはずの当時のテキストの編纂者ないしはこ

の目録の書写者である沙州燉煌県神泉観の道士馬処幽および姪の道士馬抱一の分段であるのかについては、もはや明確な結論を得ることは困難であろう。四十九科の詳細と教理体系との関係については次節に譲る。

『無上秘要』に続く現存の道教類書としては、唐初の王懸河の手になる『三洞珠嚢』と『上清道類事相』を挙げることができよう。王懸河は唐高宗武后間の人で、蜀の成都を活躍の場とした道士であるが(23)、彼がこの二書を編纂した動機などについては、序文その他が存在しないために明らかではない。正統道蔵所収の『三洞珠嚢』は、救導品以下叩歯嚥液品に至る三十五品十巻の構成をとるが、『宋史』芸文志や『通志』芸文略には「三洞珠嚢三十巻」とあり、現行本は完本ではない。『上清道類事相』は、仙観品以下宅宇霊廟品に至る六品四巻からなり、書名のとおり教理ではなく事相に重点を置いた構成である。この両書はある意味で相互補完的な関係にある。

唐も玄宗朝になると、道蔵の整備が進み、それに基づいて『妙門由起』が史崇玄らの手によって編纂された。『妙門由起』は、『一切道経音義』とともに編纂されたものであるが、今、『妙門由起』の序として伝えられるが実は『一切道経音義』の序とされるものによれば、

故に勅して金紫光禄大夫鴻臚卿員外置同正員上柱国河内郡開国公太清観主臣史崇を大使と為し、……絳州玉京観主席抱舟等をして、見在せる道経を集めて、其の本末を稽《かんが》え、其の音義を撰せしむ。然れども運数綿曠にして、年代遷易し、時に夷険有り、経に隠見有り、或いは劫初に即ち下り、劫末に還り昇り、或いは無道の君、投じて以て煨燼し、或いは好尚の士、之れを巌穴に秘するを以て、因りて残欠して、其の部伍を紊す。目に拠りて論ずるに、百に一を存せず。今且らく京中の蔵内に見在せる経二千余巻に拠りて、以て音訓を為《つく》る。具さには目録の如し。……名づけて一切道経音義と曰う。兼ねて妙門由起六篇を撰し、具さに列ぬること左の如し。及び今音する所の経目と旧経目録と、都て一百十三巻を為す。崇等学は琅書に昧《くら》く、情は宝訣に昏し。伏して天渙を承け、敢えて謏聞を罄す。錦蘊を抜きて慙多く、糸言に対して自失す(24)。

とあるように、長安の経蔵に収められた道経二千余巻を対象に音義を施し、あわせてその要旨をまとめて『妙門由起』六篇にまとめたものである。その六篇とは、明道化、明天尊、明法界、明居処、明開度、明経法である。このように玄宗朝では、長安において道経が集められて経蔵が置かれ、その経目と音義が編まれるとともに、『妙門由起』という類書形式の道教教理の大要を示す書物が編纂された。この過程は、梁における仏教類書の編纂過程を髣髴させるものである。なお、本書の完成年代については、史崇玄が誅殺された玄宗の先天二年(七一三)を遠くさかのぼるものではないと考えられる。

これ以外にも、完全な類書というわけではないが、基本的に抄経を中心に道教教理を体系的に示す目的で編纂された書に唐孟安排編の『道教義枢』十巻がある。現行道蔵本は一部欠落があるが、道徳義以下仮実義に至る三十七義で構成される。本書の編纂の意図は序文に、

> 其れ支公十番の弁、鍾生四本の談有り。玄虚を事とすと雖も、空しく勝負を論ず。王家の八並、宋氏の四非、赭道正の玄章、劉先生の通論は、咸な主客を存し、従いて往還を競うも、二観三乗、六通四等、衆経の要旨に至りては、秘して未だ申べず。惟だ玄門大義のみ盛んに斯の致を論ぜり。但し、その文浩博なるを以て、学者能く精研する罕《な》し。遂に修証をして位業の階差に迷い、談講をして理教の深浅に昧《くら》から使む。今、此の論に依准して、繁冗を芟夷《さんい》し、広く衆経を引きて、事を以て之れを類し、名づけて道教義枢と曰う。至道の教方を顕わし、大義の枢要を標《しめ》すなり。勒して十巻を成し、凡そ三十七条あり。夫の大笑の流をして蕭然として法を悟り、勤行の士をして玄宗を指示せ俾《し》めん。其れ善からずや、其れ善からずや[25]。

と記されるように、孟安排が先行する大部の道教教理書の『玄門大義』の繁雑冗長な部分を節略し、広く衆経を引用し、「事を以て之を類」して作成したものである。従って、本書は隋から初唐時期の道教教理の大要を知るうえで極めて有用な類書類似の書物ということになる[26]。

なお、正統道蔵には含まれないが、敦煌出土の経巻の中にも道教類書に分類すべきもの数点があり、大淵忍爾『敦煌道経 図録編』(福武書店、一九七九年)に収録されている。その中には、抄経集に類するもので類書とはいえないものもあるが、ペリオ二四五六、同二四六六、スタイン三六一八、ペリオ二三六三、貞松堂蔵本、ペリオ三八三九の六点が挙げられている『大道通玄要』は典型的な道教類書である。ペリオ二四五六後半の序文には、

廼ち中興十有五載に於いて、三洞の霊文を開き、衆経の閟義を採り、類を以て相い従わせ、集めて八十一品と為し、陽九の円数に応ず。号して大道通玄要と曰う。別に九科を序し、衆妙品義と名づけ、以て開唱の法と為す。(27)

とある。ここにいう「中興十有五載」の「中興」とは則天武后による簒奪から唐王室が回復したことを意味し、その十五年後の玄宗朝の開元七年(七一九)に本書が編纂されたことを示す。(28) 前述の『妙門由起』が編纂されたのは、史崇玄が誅殺された玄宗の先天二年(七一三)七月以前のことであるが、本書の編纂はそれに後れること数年のことであり、何らかの継承ないし参照関係が存在することも考えられよう。いずれにせよ、本書は「類を以て相い従わせ、集めて八十一品と為」した典型的な類書であり、さらにその内容を九科に要約した『衆妙品義』なる一篇あるいは別書も存在したかのようである。

三　道教類書と教理体系

ペリオ二八六一の『无上秘要目録』が全二百八十八品を四十九科に分類していたことはすでに述べた。この分類が『無上秘要』編纂当初のものなのか、それとも後世の付加なのかは確定できないが、少なくともこの写本が作成された開元六年以前のものであることだけは明らかである。『無上秘要』の構成に当時の道教教理がどのように反映されているのか、あるいは『無上秘要』の利用者たちがどのように見做していたのかを知る手懸りにはなろう。

現行道蔵本『無上秘要』の冒頭二巻は欠けているため、従来、どのような内容で構成されていたのか不明であったが、ペリオ二八六一によって、大道品、一気変化品、大羅天品、三天品、九天品、卅二天品、卅六天品、十天品、八天品、九天相去里数品、卅二天相去気数品と続き、その後に現行本巻三の日品、月品、星品、三界品、九地里数品、霊山品、林樹品、仙菓品、山洞品、洞天品、神水品、巻四の人品、身神品、人寿品が続いていたことが確認される。ペリオ二八六一の四十九科の分類は、大道品を第一、一気変化品を第二、大羅天品以下人寿品までの二十四品を第三、劫運品を第四とする。それぞれには、一科の要旨を簡潔に述べた以下のような短文が付されている。

至道は形无く、混成して体を為す。高深を妙洞し、小大を弥羅す。既に空有の窮名を統べ、復た動静の極目を苞む。故に宗本を表明し、品を建てて之れを言う。　（大道品）

混成の内、眇莽幽冥たり。无を変じて有を化し、皆な気従り立つ。故に第二に次す。　（一気変化品）

気の分かるる所、天を生じ地を成す。形象既に敷きて、衆類斯ち植つ。故に第三に次す。　（大羅天品以下人寿品まで）

衆類推遷し、循環して息まず。年候を存するに匪ず、其の際を知る莫し。故に第四に次す。(29)　（劫運品）

これらは一見して明らかなように、「道」から混元の一気が生じ、その一気が変化して天地人の三才を生ずるという道教の生成論あるいは宇宙観に基づいて構成されている。ただし、実際には大道品、一気変化品、大羅天品、三天品、九天品、卅二天品、卅六天品、十天品、八天品、九天相去里数品、卅二天相去気数品という、宇宙生成の根本部分についての記述を現行道蔵本が欠いているために、そこにどのような経典が引かれてどのような教理が集成されていたかを知ることはできない。ただ、これらの品名から推測できることは、『無上秘要』のこの部分の構成は、六朝時期を通じて次第に体系化されてきた道教の神学的宇宙生成論と天界説を反映していたであろうということである。(30)天地人の現実の世界が構成された後は、その世界が悠久の時の中で成住壊空のサイクルを繰り返すという劫運説が取りあげられ、そのような世界からの離脱と常住不壊の三天以上の世界への登遐が説かれる。これらの四科こそは、当時の道教教理の中心部分であるといえる。

以上に続く諸品は、

劫運交ごも馳せ、部域弘広たり。天を承けて物を統ぶるは、帝王に帰す。故に第五に次す。（帝王品、州国品）

惟れ王は国を建て、天下を光宅す。徳を布きて政を為すは、兵を慎しむに在り。故に第六に次す。[31]（論徳品、王政品、慎兵品）

と二科に纏められる五品である。これは『華林遍略』や『修文殿御覧』といったこの当時の類書が、天地から始めて地上世界の頂点に立つ帝王や国家を順次並べるのと対応するものであり、『経律異相』も同様な構成であったことに留意すべきであろう。以下、循物喪真品、善悪品、衆難品、諸患品は現行本に欠けているが、人として生を受けて以降、現世における様々な罪障とそこからの度脱を述べたものである。[32]以後、仙界における役所や位階およびその昇降、服色、経典の出所、伝授などの記述が続き、人界における修道や斎戒の方法、具体的な道術や仙薬に関する記述などを経て、最後は修道の結果仙界に昇った具体的な人々の名簿や昇るべき天界の記述に至る。そして最後の第四十九科は、変神景品、体兼忘品、会自然品、帰寂寂品の四品を纏めて、

行は上道を窮め、位は高真を極む。景を易え霊に通じ、形を陶し質を変ず。物我を混同せば、則ち天地等しく遺る。其の由を識る莫くんば、則ち視聴寄する无し。斯れ乃ち自然の妙旨にして、冥寂の玄宗たり。造化の神涂、茲こに於いて験す。此こに終わるまで卌有九。[33]

と結んでいる。このように、『無上秘要』が道から始まる道教の世界観のもとに全体を体系的に構成したうえで、当時流通していた様々な道経の抄録によって、その教理を具体的に示そうとしたものであることが理解されよう。

『無上秘要』に引用される道教経典は多種多様であり、その間に明確な教派的偏向が見られるわけではない。南朝

において作成されたと思われる多くの上清経典や霊宝経典がいち早く利用されていることは、北周の通道観に集められた経典の多様性を示すものであり、その捜集の範囲の不偏性を示すものでもある。これらの収蔵経典および経録をもとにしなければ、おそらく『無上秘要』の編纂は困難であったろうと思われ、同時に『無上秘要』の編纂に通道観学士が三教調和の立場から関わっていたであろうことが、教派的偏向を見せない理由のひとつであると考えられよう。

『無上秘要』の編纂後、本書がどのように活用されたのかについては明確な資料がないが、唐の開元年間に西辺の敦煌において書写されていることからして、唐代にはかなり広範囲に流布していたと考えられる。『旧唐書』経籍志には「無上秘要七十二巻」と著録されていることから、完本かどうかはともかくとして、唐朝には『無上秘要』が所蔵されていたのは確かであろう。唐王朝成立後間もなく五朝の正史の編纂が開始され、太宗の貞観十八年(六四四)に完成すると、太宗は引き続いて五朝についての十篇の「志」の編纂を命じた。これは高宗の顕慶元年(六五六)に完成している。いま、『隋書』経籍志として伝えられるものは、この五朝についての十篇の「志」のひとつであるが、その道経序の叙述が基本的に『無上秘要』の構成に基づいていることが指摘されている(34)。こうして見ると、『無上秘要』は当初の三教斉一政策の一翼を担うことに始まり、各地の道観におけるミニ道蔵や手冊の役割を果たすとともに、道教教理の体系を記す書物として、中央における正史の編纂の参考の用にも供されたということができよう。

さて、目を王懸河の『三洞珠嚢』と『上清道類事相』に転じよう。前述のように、王懸河は唐の高宗期の蜀の成都で活動していた道士である。彼がこの両書の編纂に際してどのような方法を取ったかは明らかではない。しかし、相当量の道経を所蔵する道観の存在抜きには、このような編纂作業はやはり難しかろう。前述のように、現行の『三洞珠嚢』も不完全なテキストであって、原本の本来の姿を完全に知ることはできないが、一部にその手懸りは残されている。

まず、巻八分化国土品の注に「第一巻応道降生品も亦た分化の語有り(第一巻応道降生品亦有分化語)」(葉三二表)とあることから、原本第一巻には「応道降生品」が存在したこと、巻四神丹仙薬名品の注に、「又た第九巻服食品、第二十九隠山品、並びに仙薬名有り(又第九巻服食品、第二十九隠山品、並有仙薬名)」(葉五裏)とあることから、服食品は元来第九巻に配されていたこと、第二十九巻には隠山品が含まれていたことなどが知られる。さらに、巻七、三部八景二十四神品は経典の引用は一切なく、「上清九真中経内訣に出づ。已に具さに録出して前の第八名数八景品中に在れば、此こに再びは写さざるなり(出上清九真中経内訣、已具録出在前第八名数八景品中、此不再写也)」(葉一六裏)という一文のみから成っていて、第八巻には八景品があったことが知られ、巻九時節品に「冬至の日、太霄玉妃太虚上真人上りて太皇宮に詣る。太微天帝君遊宴の時にして、清景行道受仙の日なり(冬至之日、太霄玉妃太虚上真人上詣太皇宮、太微天帝君遊宴之時、清景行道受仙之日也)」(葉二二表)と冬至日の意味を述べた後に、「先に録出して道例に在り。第九巻八節斎日品中に具さに之れを説くなり(先録出在道例、第九巻八節斎日品中具説之也)」(同前)といい、道例なるものおよび第九巻に八節斎日品が存在したことが推測される。(35)

現行の『三洞珠嚢』の構成は、救導品(巻一)、貧倹品、韜光品、勅追召道士品、投山水龍簡品(巻二)、服食品(巻三)、絶粒品、神丹仙薬名品、丹竈香鑪品(巻四)、坐忘精思品、長斎品(巻五)、斎会品、捨失戒品、清戒品、立功禁忌品、受持八戒斎品(巻六)、二十四治品、二十四気品、三部八景二十四神品、二十四地獄品、二十四職品、地発二十四応品、二十四真図品、二十五性色品、二十七中法門名数品、二十八中法門名数品、三十二中法門名数品(巻七)、相好品、諸天年号日月品、分化国土品(巻八)、劫数品、老子為帝師品、老子化西胡品、時節品(巻九)、叩歯嚥液品(巻一〇)の三十五品からなる。しかし、現行本『三洞珠嚢』は原本『三洞珠嚢』の極く一部を残すに過ぎないことが知られる以上、単純に現行本の構成に基づいて『三洞珠嚢』に反映された本来の教理体系を推測することは避けるべきであろう。ただ、巻一に応道降生品が存在したことは、原本『三洞珠嚢』もおそらく『無上秘要』同様、道教教理の根幹をなす混元の「道」から展開する道教的世界観の解説から始まり、天神の出現や天界の構成を説いていたのではないかと推測することは許されるであろう。

現行本『三洞珠嚢』の再編者は、残存部分を再構成するに当たって、まず『道学伝』『神仙伝』『真誥』を主たる依拠資料とし、道教徒の実際の信仰や修行の諸相といった伝記的要素を主内容とする救導品、貧倹品、韜光品、勅追召道士品を冒頭に置き、次いで、投簡、服食、辟穀、煉丹、坐忘、斎戒、禁忌といった実際的な道術や戒律を連ね、名数に関わる教理を次に配し、さらに劫運説や老子転生、化胡説、最後に再び叩歯嚥液の実際の道術の類を配置した。その意図はおそらく抽象的な道教教理よりも、まずは現実の道教徒の修道のよすがとなる先人の足跡に重点を置いて伝記的要素を提示し、その上で実際の道術に関する教説や名数に関わる教理的説明をしようとしたものであろう。

原本『三洞珠嚢』が道教教理体系を総合的に概観するための類書であったとすれば、王懸河のもうひとつの類書である『上清道類事相』は、仙観品（巻一）、楼閣品、仙房品（巻二）、宝台品（巻三）、瓊室品、宅宇霊廟品（巻四）という構成からもわかるように、道教における天界仙界の建築的要素に的を絞った類書である。この書においても多くの道経から抄写された記事が分類配列されている。しかしながら、本書の編纂の目的意図がどのようなものであったのかについては、明確な記述は見られない。

玄宗朝では道蔵の充実が図られ、それをもとに『妙門由起』が編纂された。本書は、教理の根本である「道」とそのはたらき（明道化）から始まり、「道」を根拠に生みだされた至上神である元始天尊をはじめとする神々の世界（明天尊）、その下に展開する天上および地上世界（明法界）、玄都玉京山を中心とする神仙および道教信者の居るべき居処（明居処）、神々による教化と済度（明開度）、神々による説法と経典の開示および伝授の次第（明経法）を説く六篇から構成される。引用される経典の数や種類は決して多くはないし、教理の詳細にわたるわけでもないが、道教教理の由って来たるゆえんを簡潔に述べており、『一切道経音義』に付された総論的書物としての性格を色濃く有している。

玄宗朝のいまひとつの道教類書であった『大道通玄要』は、残存する部分から、道品、道生一品、人品(巻二)、反俗品、入道初門品、三十行品(巻五)、可従戒品、度生戒品、勧助戒品、持身戒品、十善戒品、十悪戒品、要決十戒品(巻六)、上元戒品、中元戒品、下元戒品(巻七)、仙品、兼忘品、真一品(巻一四)、念品(巻数不詳)の存在が確認される。巻一は首完尾欠であるから、本書が「道品」、「道生一品」、「人品」の順序で構成されていたことは間違いなかろう。従って、本書も『無上秘要』や『三洞珠囊』同様、道教教理の根本である「道」とそこから派出する混元の一気の解説に始まることが知られるが、その後は、天界などの説明なしに、ただちに人間存在の問題を主題とするであろう「人品」が配置されている。この点は他書と最も異なる点である。その後、巻二から巻四が不明であるが、俗世からの離脱と入道、それにともなう戒律の問題へと展開していったことが知られ、抽象的な教理の解説よりも実際の人間社会における道教信仰への回心、修行といった問題が重視されていたと考えられる。

おわりに

道教類書は中国における類書編纂の長い伝統の延長上に出現した。それと同時に、類書が盛んに編纂され始めた魏晋南北朝時代は、道教教理の体系化が徐々に進められていった時期でもある。陸修静による『三洞経書目録』の編纂を契機とする三洞四輔による道経分類が確立したのもこの時期のことである。しかしながら、最初の道教類書である『無上秘要』をはじめとして、三洞四輔による道教経典および教理の体系をその構成の原理とするものは出現しなかった。それは、『皇覧』以来の伝統的類書における天地人の三才を基調とする分類構成の原理の強い影響が道教の類書にも及んでいたことに主要な原因を求めることができよう。事情は、仏教の類書においても似通ったものであった。類書というものは、まず、この世界のあらゆる構成要素を反映し、編纂者の根本的な世界観に基づいて全体の構成を行うものであったのである。

(1)『類書的沿革』(四川省中心図書館委員会編印、一九八一年)頁二。
(2)「此一経、近世抄集、撮撰群経、以類相従、雖立号法苑、終入抄数、今闕此経」(大正蔵五五、頁三八中)。
(3)「法苑経一百八十九巻、抄為法捨身経六巻、右二部、蓋近世所集、未詳年代人名、悉総集群経、以類相従、既立号法苑、則疑於別経、故注記其名、以示後学、巻数雖多、猶是前録衆経、故不入部最之限」(同、頁四〇下)。
(4)『出三蔵記集』巻五抄経録叙「或棋散衆品、或爪剖正文、既使聖言離本、復令学者逐末」(同、頁三七下)。
(5)岡部和雄「僧祐の疑偽経観と抄経観」(『駒沢大学仏教学部論集』二、一九七一年)。
(6)「聖旨以為、象正浸末、信楽弥衰、文句浩漫、鮮能該洽、以天監七年、勅釈僧旻等、備鈔衆典、顕証深文、控会神宗、辞略意暁、於鑽求者已有太半之益、但希有異相、猶散衆篇、難聞秘説、未加標顕、又以十五年末、勅宝唱鈔経律要事、皆使以類相従、令覧者易了、又勅新安寺釈僧豪興皇寺釈法生等、相助検読、於是博綜経籍、択採秘要、上詢神慮、取則成規、凡為五十巻、又目録五巻、分為五秩、名為経律異相、将来学者、可不労而博矣」(大正蔵五三、葉一上)。
(7)『歴代三宝記』巻一一「衆経要抄一部并目録八十八巻。(右一部、天監七年十一月、帝以法海浩博、浅識窺尋、卒難該究、因勅荘厳寺沙門釈僧旻等於定林上寺緝撰此部、到八年夏四月方了、見宝唱録)」(大正蔵五五、頁二六六中)。また、『続高僧伝』巻五釈僧旻伝には、「以天監五年、遊于都輦、天下礼接下筵、亟深睠悦、……六年、制注般若経、以通大訓、……又勅於慧輪殿講勝鬘経、帝自臨聴、仍選才学道俗釈僧智僧晃臨川王記室東莞劉勰等三十人、同集上定林寺、抄一切経論、以類相従、凡八十巻、皆令取衷於旻」(大正蔵五〇、頁四六二下)とある。
(8)「勰早孤、篤志好学、家貧不婚娶、依沙門僧祐、与之居処、積十余年、遂博通経論、因区別部類、録而序之、今定林寺経蔵、勰所定也」。
(9)「(天監)十四年、勅安楽寺僧紹撰華林仏殿経目、雖復勒成未愜帝旨、又勅唱重撰、乃因紹前録、注述合離、甚有科拠、一帙四巻、雅愜時望、遂勅掌華林園宝雲経蔵、搜求遺逸、皆令具足、備造三本、以用供上、縁是又勅撰経律異相五十五巻飯聖僧法五巻」(大正蔵五〇、頁四二六下)。
(10)舘裕之「『経律異相』を中心としてみた梁代仏教類書の編纂事情」(『仏教大学大学院研究紀要』一〇、一九八二年)。

(11) 注(10)所掲舘論文。同論文では、さらに『広弘明集』巻二八(大正蔵五二、頁三二四下)に収める梁簡文帝の「為人作造寺疏」も同じく『経律異相』を典拠とすることを指摘している。

(12) これらの諸点については、勝村哲也「修文殿御覧天部の復元」(山田慶児編『中国の科学と科学者』京都大学人文科学研究所、一九七八年)を参照。

(13) 「天保年中……乃退掩扉戸、広読経論、為彼士俗而行開化、故其撰集名為金蔵論也、一帙七巻、以類相従、寺塔幡灯之由、経像帰戒之本、具羅一化、大啓福門、論成之後、与同行七人出鄴郊東七里而頓、周匝七里、士女通集、為講斯論、七日一遍」(大正蔵五〇、頁七〇一中)。

(14) 道紀伝および『金蔵論』の性格については、宮井里佳「道紀伝について――中国仏教の類書の研究の基礎作業として」(『埼玉工業大学人間社会学部紀要』一、二〇〇三年)を参照。

(15) 『無上秘要』についての概括的研究には、John Lagerwey, "Wu-shang Pi-yao", *École Française d'Extrême-Orient*, 1981, Paris がある。

(16) 『北周書』巻五武帝紀上「(天和三年、五六八)八月……癸酉、帝御大徳殿、集百僚及沙門道士等、親講礼記」、同「(天和四年、五六九)二月……戊辰、帝御大徳殿、集百僚道士沙門等、討論釈老義」。

(17) 『北周書』巻五武帝紀上「十二月癸巳、集羣臣及沙門道士等、帝升高座、弁釈三教先後、以儒教為先、道教為次、仏教為後」、同巻三一韋敻伝「武帝又以仏道儒三教不同、詔敻弁其優劣、敻以三教雖殊、同帰於善、其迹似有深浅、其致理殆無等級、乃著三教序奏之、帝覧而称善」。

(18) 「五月……丙子、初断仏道二教、経像悉毀、罷沙門道士、並令還民、並禁諸淫祀、礼典所不載者、尽除之、……六月……戊午、詔曰、至道弘深、混成無際、体包空有、理極幽玄、但岐路既分、派源逾遠、淳離朴散、形気斯乖、遂使三墨八儒、朱紫交競、九流七略、異説相騰、道隠小成、其来旧矣、不有会帰、争駆靡息、今可立通道観、聖哲微言、先賢典訓、金科玉篆、秘賾玄文、所以済養黎元、扶成教義者、並宜弘闡、一以貫之、俾夫翫培塿者、識嵩岱之崇崛、守磧礫者、悟渤澥之泓澄、不亦可乎」。

(19) 『広弘明集』巻一〇弁惑篇、周祖廃二教已更立通道観詔「武帝猜忌黒衣、受法黄老、欲留道法、擯滅仏宗、僉議攸同、咸遵釈教、帝置情日久、殊非本図、会道安法師上二教論、無聞道法、意弥不伏無奈、理通衆口、義難独留、遂二教俱除、憤発於内、未逾経月、下詔曰、……于時員置百二十人、監護吏力各有差、並選釈李門人有名当世者、著衣冠笏履、名通道観学士、有前沙門京兆樊普曠者、彭享譎詭、調笑動人、帝頗重之、召入通道」(大正蔵五二、頁一五三上)。なお、仏教側か

ら見たこの間の動きは、『広弘明集』巻八弁惑篇周滅仏法集道俗議事(大正蔵五五、頁一三六上)に明らかなとおりである。また、武帝の宗教政策については、塚本善隆「北周の廃仏に就いて」(『東方学報(京都)』第一六、一八冊、一九四八、五〇年)、同「北周の宗教廃毀政策の崩壊」(『仏教史学』一、一九四九年)に詳しい。

(20)「釈彦琮、俗縁李氏、趙郡柏人人。……至于十歳、方許出家、改名道江、……及周武平斉、尋蒙延入、共談玄藉、深会帝心、勅預通道観学士、時年二十有一、与宇文愷等周代朝賢、以大易老荘、陪侍講論、江便外仮俗衣、内持法服、更名彦琮、武帝自纘道書、号無上秘要、于時預霑綸囹、特蒙収採」(大正蔵五〇、頁四三六下)。

(21)「周武以沙門邪濫、大革其訛、玄教之中、亦令澄汰、而素重於延、仰其道徳、又召至京、探其道要、乃詔雲台観精選道士八人、与延共弘玄旨、又勅置通道観、令延校三洞経図、緘蔵於観内、延作珠囊七巻、凡経伝疏八千三十巻、奏貯於通道観蔵、由是玄教光興、朝廷以大象紀号、至隋文禅位、置玄都観、以延為観主、又以開皇為号、六年丙午、詔以宝車迎延於大興殿、帝潔斎請益、受智慧大戒、于時丹鳳来儀、飛止壇殿、詔以延為道門威儀、道門威儀之制自延始也」(葉五表)。

(22)この問題に関する議論は、窪徳忠「北周の通道観に関する一臆説」(『福井博士頌寿記念東洋文化論集』早稲田大学出版部、一九六九年)、山崎宏「北周の通道観について」(『東方宗教』五四、一九七九年)、窪徳忠「二つの通道観」(『東方宗教』五五、一九八〇年)を参照。窪一九六九は、通道観にふたつあることを指摘、山崎一九七九は塚本善隆説に依拠して、通道観を都に置かれた学士の活動の場であると主張、窪一九八〇はこの山崎説に反駁したものである。

(23)王懸河は『宝刻類編』(粤雅堂叢書本)巻八「道士」にその名が見え、

追尊老子号玄元皇帝詔　乾封元年二月二十八日行書　弘道元年十二月刊　成都

太平公主出家勅　咸亨三年　成都

道蔵経序碑二　其一高宗製　其一武后製　弘道元年十二月二十三日刻　成都

と成都での碑刻が記録されている。

(24)「故勅金紫光禄大夫鴻臚卿員外置同正員上柱国河内郡開国公太清観主臣史崇為大使、……絳州玉京観主席抱舟等、集見在道経、稽其本末、撰其音義、然以運数綿曠、年代遷易、時有夷険、経有隠見、或劫初即下、劫末還昇、或無道之君、投以煨燼、或好尚之士、秘之巌穴、因而残欠、紊其部伍、抛目而論、百不一存、今且抛京中蔵内見在経二千余巻、以為音訓、具如目録、……名曰一切道経音義、兼撰妙門由起六篇、具列如左、及今所音経目与旧経目録、都為一百十三巻、崇等学昧琅書、情昏宝訣、伏承天渙、敢罄謏聞、披錦蘊而多慙、対糸言而自失」(葉四表)。

(25)「其有文公十番之弁、鍾生四本之談、雖事玄虚、空論勝負、王家八並、宋氏四非、赭道正之玄章、劉先生之通論、咸存主客、従競往還、至於二観三乗、六通四等、衆経要旨、秘而未申、惟玄門大義盛論斯致、但以其文浩博、学者罕能精研、遂使修証迷位業之階差、談講昧理教之深浅、今依准此論、芟夷繁冗、広引衆経、以事類之、名曰道教義枢、顕至道之教方、標大義之枢要、勒成十巻、凡三十七条、俾夫大笑之流、蕭然悟法、勤行之士、指示玄宗、不其善乎、不其善乎」（葉四裏）。

(26)『道教義枢』については、本書第三部第一章および王宗昱『《道教義枢》研究』（上海文化出版社、二〇〇一年）を参照。

(27)「廼於中興十有五載、開三洞之霊文、採衆経之閫義、以類相従、集為八十一品、応陽九之円数、号曰大道通玄要、別序九科、名衆妙品義、以為開唱之法」（大淵『図録』頁七七九）。

(28) 大淵忍爾『敦煌道経 目録編』（福武書店、一九七八年）頁三四五を参照。

(29)「至道无形、混成為体、妙洞高深、弥羅小大、既統空有之窮名、復苞動静之極目、故表明宗本、建品言之」（大道品）。
「混成之内、眇莽幽冥、変无化有、皆従気立、故次第二」（一気変化品）。

「気之所分、生天成地、形象既敷、衆類斯植、故次第三」（大羅天品以下人寿品まで）。

「衆類推遷、循環不息、匪存年候、莫知其際、故次第四」（劫運品）（大淵『図録』頁七四七）。

(30) この時期の道教の神学的宇宙生成論と天界説の形成については、麥谷邦夫「道と気と神――道教教理における意義をめぐって」（『人文学報』第六五号、一九八九年）、および本書第一部各章、第二部第一章を参照。

(31)「劫運交馳、部域弘広、承天統物、帰於帝王、故次第五」（帝王品、州国品）。
「惟王建国、光宅天下、布徳為政、在於慎兵、故次第六」（論徳品、王政品、慎兵品）（同前）。

(32)「人之稟生、各有崖限、違分広求、則乖理傷性、故次第七」（循物喪真品）。
「善由心召、悪自身招、善則天地弗違、悪則人神同逆、故次第八」（善悪品）。

「心行会理、而所図皆易、志趣虧忠、則為事俱難、故次第九」（衆難品）。

「好尚不淳、触塗興滞、事既无極、患則随及、故次第十」（諸患品）（同前）。

(33)「行窮上道、位極高真、易景通霊、陶形変質、混同物我、則天地等遺、莫識其由、則視聴无寄、斯乃自然之妙旨、冥寂之玄宗、造化神涂、於茲験矣、終此卌有九」（大淵『図録』頁七五一）。

(34) 興膳宏「隋書経籍志道経序の道教教理――特に無上秘要との関連について」（『京都大学文学部研究紀要』三二、一九九三年）。

(35) ちなみに、『雲笈七籤』巻八六尸解修九真中道に引く『上清九真中経内訣』は、「九真名字多、此不具録之、略鈔出在道例第九名数品中」と道例なるものに言及する。この記事はおそらく、『三洞珠嚢』三部八景二十四神品に「出上清九真中経内訣、已具録出在前第八名数八景品、此不再写也」とあることと関係するものであろう。そうだとすると、『雲笈七籤』は直接『上清九真中経内訣』を引用したのではなく、原本『三洞珠嚢』から孫引きした可能性がある。また、道例というのも『三洞珠嚢』とは別の王懸河の知られざる著書であった可能性も考えられ、『三洞珠嚢』巻九時節品のこの注記は、「先録出在道例第九巻八節斎日品中、具説之也」と読むべきなのかも知れない。

第四部　唐玄宗三教思想研究

第一章　玄宗『道徳真経』注疏における「妙本」

はじめに

唐王朝の歴代皇帝のなかでも、玄宗の老子崇拝はとりわけ顕著である。特に、『道徳真経』に対する注疏の撰述と弘布とは、仮にそれが玄宗自身の手になったものではなく、単に批正しただけのものであったとしても、隋初唐以来の道教教理体系化の試みを踏まえた上で、御撰の名を冠した標準的『老子』解釈を確立しようとしたという意味において、この時期の思想史にとって種々の興味ある問題を内包している。

玄宗の『老子』注疏を一貫する中心的な概念をなし、その『老子』解釈の本質を知る上での鍵となるのは、第一章冒頭の注「道は、虚極の妙用なり」、「無名なる者は、妙本なり」や、玄宗の『老子』総論ともいうべき『道徳真経疏』釈題の「故に知る、大道は、虚極妙本の強名なるを」等に見られる「虚極」と「妙本」、とりわけ「妙本」という概念であろう[1]。そのことはまた、天宝元年(七四二)四月の詔に「我が烈祖玄元皇帝は、乃ち妙本を発明し、生霊を汲引し、遂に玄経五千言を著わし、用て時弊を救う云々[2]」と、『老子』の思想の精髄は「妙本」の発明にあると端的に表明されていることからも明らかである。そこで、「妙本」とはそもそもいかなる概念を示し、いかなる思想史的意義を有するのか、「道」とはどのような関係にあるのか、それと関連して、玄宗注疏の生成論はどのようなものであるのかといった問題を巡って、その思想的特質を探ってみたい。

一　「道」と「妙本」

まず、「妙本」とは何かに関しては、前引の第一章「無名、天地之始」の注に、「妙本、気を見《あら》わし、天地を権輿し、天地資《よ》りて始まる」とあり、第五十一章「道生之、徳畜之」の注には、「妙本動用して和気を降し、物得て以て万類を生養す」とあって、(3)「妙本」が「(和)気」を顕出する天地宇宙の根源的実体を指すことが知られる。それでは、本来『老子』にあって根源的存在とされてきた「道」とこの「妙本」とはどのような関係にあるのかといえば、同じく第五十一章の疏では注を敷衍して、「妙本は、道なり。至道、炁を降し、物の根本と為る。故に妙本と称するなり(妙本、道也、至道降炁、為物根本、故称妙本)」(巻三、葉五裏)といい、「道」と「妙本」とを同一のものと規定している。このような、「道」と「妙本」との同一性は、第四章「道沖而用之」の注に、「道動いて沖和の気を出し、用て生成するを言う(言道動出沖和之気、而用生成)」(巻一、葉五表)とあり、第五十一章とほぼ同内容の事柄が「道」の働きとして説かれていることからも知られよう。

それでは、「虚極」と「妙本」との関係はどうかといえば、第十六章「致虚極、守静篤」の注には、

虚極とは、妙本なり。言うこころは、人の生を受くるや、皆な虚極妙本を稟く。形に受納有るに及んでは、則ち妙本離散す。今、虚極妙本をして必ず身に致さ令めんと欲せば、当に須く塵境の染滞を絶棄すべし。此の雌静を守ること篤厚なれば、則ち虚極の道、自ら身に致さるるなり。(4)

とあり、「虚極」と「妙本」も同一のものということになる。しかし、玄宗注疏中の用例を検討してみると、「虚極」が「虚極之道」「虚極至道」「虚極妙本」というように、「道」「妙本」に対する修飾関係において多く用いられるのに

対して、「妙本」にはそのような用例が見られない。このことから、「虚極」は「道」ないし「妙本」の窮極的在り方を示し、一方、「妙本」は、従来「道」と表現されていた、この世界の根源的始元的実体を示すことが知られよう。そして、この「妙本」と「道」との関係が、上述の同一性を示す記述の存在にもかかわらず、結局、根源的始元的実体とそれに付された仮の名称との関係として規定されることは、前引の疏「釈題」の記述から知られる。この点に関しては、第一章「道可道、非常道」の疏により詳細な記述がある。

道は、虚極妙本の強名にして、通と訓じ径と訓ず。……可道とは、言うこころは此の妙本、通じて万物を生じ、是れ万物の由径なれば、称して道と為す可し。故に可道と云う。常の道に非ずとは、妙本生化するに、用に定方無く、強いて之れが名を為すも、徧《あまね》く挙ぐ可からざればなり。(5)

万物の始元としての「虚極妙本」は、言表によってはその実体を一意的に規定できない幽奥霊妙な存在であるから、万物を生成するその経過、経路に注目して仮に「道」という名称を付与したに過ぎないということである。第一章注に「道は、虚極の妙用なり」というのも、「妙用」の体としての「妙本」を前提とした表現である。それゆえ、第二十五章注、第六十二章注、疏「釈題」等において、天地万物の生成に関しては、常に「妙本」がその作用の実体として言及されるのである。しかし、「道」といおうが「虚極妙本」といおうが、いずれも言表であるという点においては何ら差異がない。それゆえ、王弼や河上公等の『老子』解釈では、同様の事柄を「道」あるいは「無」といった『老子』に本来的に存在する概念のみによって解釈している。玄宗注疏は、ただ単に屋上屋を重ねるがごとく、「道」を「妙本」という新しい表現に置き換えて解釈しただけなのか。それとも、そこには何らかの必然的意味があるのであろうか。

まず、「妙本」なる語はいつごろから出現するのか。その語臭からして、仏典関係に出自があるようにも思われるが、仏典関係では、隋の『法経録』に初見し偽経とされる羅什訳『梵網経』巻一〇上に、(6)「妙本無二にして、仏性玄覚し、常常大いに満ち、一切衆生、礼拝するが故に、尊敬するが故に、是れ仏世尊なり」と見え、また、『高僧伝』巻二卑摩羅叉伝に、「既に漢言に通じ、善く相い領納し、無作の妙本、大いに当時に闡らめらる」などとあるに過ぎないようである。(7)ここでは、「妙本」は仏教の窮極的真理の当体を意味するものとして用いられているが、その後の仏典の中で、この「妙本」が重要な概念として頻繁に用いられた例はないようである。一方、『老子』解釈に関係して「妙本」が用いられる早い例としては、『道徳真経注疏』第七十一章「是以聖人不病」の条に引く顧歓注に、「其れ唯だ聖人のみ、真に妙本を知り、言教を洞遣す（其唯聖人、真知妙本、洞遣言教）」（巻七、葉一八裏）とあるのが挙げられよう。従って、「妙本」は、概ね五世紀後半以降になって使用されるようになった比較的新しい語ではないかと考えられる。

玄宗注疏に先だって、この「妙本」なる語を『老子』解釈に頻繁に使用したのは、成玄英の疏である。成疏における「妙本」の用例は、

至道の妙本は、体、形名を絶し、本従り迹を降し、肇《はじ》めて元気を生ず。（第四十二章「道生一、一生二、二生三、三生万物」疏）

至道は至虚、大音は寂乎として響无し。妙本自り迹を降し、声無きを声とす。（第四十一章「大音希声」疏）

至道の妙本は、幽隠にして窈冥、形器の測量する所に非ず、豈に名言の能く詮弁せんや。（同「道隠無名」疏）

天地万物は、皆な応道有法従りして生ず。即ち此の応道は、妙本従りして起こる。妙本とは、即ち至無なり。(8)（第四十章「天地之物生於有、有生於無」疏）

などに代表されるように、「道」の根源性と万物生成の作用とを、郭象以来の「本迹」思想を援用して分析的に解釈し、現象の奥にある幽隠至無の実体を「妙本」とし、そこから派生する万物や現象作用を「粗迹」として、対蹠的に解説するものであった。従って、「至道の妙本」という用例が端的に示すように、「妙本」とは「道」という語の内包

する根源的実在と生成作用との両義から、根源的実在という面のみを抽出した概念であり、「道」の持つそのような意義を明示的に解説する際に好んで使用されたのである。また、第三部第三章で述べたように、成玄英にあっては、道を共通項として考えた場合は、形而下の世界の始源としての道は「応道」つまり感応によって元気として顕現する道なのであり、その対極には感応の主体としての「真道」が前提されていたと考えられる。それゆえ、成疏における「妙本」は「真道」とほぼ等値的関係にあって、決して両者の間に価値的差異が存在するとは考えられていなかったといえよう。

この成疏の後に書かれた玄宗注疏は、こうした成疏の解釈を踏まえながら、「妙本」により重要な役割を担わせている。この点に関しては、次節で詳論するが、玄宗注疏にあっては、「道」は「虚極の妙用」であり、「虚極妙本の強名」であって、「妙本」こそが世界の根源にある窮極的な存在を表象しうる唯一の概念であるという明確な意識が存在する。

ところで、『玄宗注』と『玄宗疏』との間には、「妙本」概念の援用において微妙な相違が看取される。注の方は、成疏に顕著な「本迹」関係に立った解釈をほとんど見せないのに対して、疏の方は、概ね成疏の延長上に「妙本」概念を展開している。そのことは、例えば第一章あるいは第二十一章の注と疏とを比較することによって容易に知られる。第一章注は、「道」を「虚極の妙用」と定義し、「無名」を「妙本」と定義するのみで、「本」から「迹」への展開には全く言及しない。これに対して、疏のほうは、「道」から現象世界への展開と「道」への復帰とを、「本迹の同異」あるいは「本自りして迹を降す」「迹を摂して本に帰す」と解説して、「本迹」関係に全面的に依拠した解釈を行っている。また、第二十一章では、注が「有無」の関係において「道」から現象世界への展開を解説するのに対して、疏では、第一章同様、「本迹」関係によって詳細に解説しており、あたかも成疏を見るかのごとき印象を与える。また、疏の行論が仏教教理学の方法論を援用して形成されてきた道教教理学の論法を濃厚に滲ませているのに対して、注がそのような痕跡を露骨には見せないということは、次章で述べるように、一般的な疏の饒舌性を割り引いても、疏がより道教教理に詳しい人物の手になることを想像させ、玄宗疏が王顧らによって修撰されたのではないかという推測を裏付ける一つの証左ともなっている。

二　「妙本」の思想史的意義

玄宗注疏の「妙本」概念が、成玄英の疏中におけるのとはいささか異なった意義を有することは、前節で簡単に触れた。ここでは、そのような相違が一体いかなる思想史的意義を有するのかについて検討する。この点に関する最も有力な手懸りとなるのは、第二十五章「人法地、地法天、天法道、道法自然」に付された次の疏である。

言うこころは、道の法為る自然にして、復た自然に倣うには非ざるなり。若し惑者の難の如く、道を以て自然に法効《のっと》るとせば、是れ則ち域中に五大有りて、四大には非ざるなり。又た西昇経を引きて、虚無、自然を生じ、自然、道を生ずと云わば、則ち道を以て虚無の孫、自然の子と為し、妄りに先後の義を生じ、以て尊卑の目を定む。源を塞ぎ本を抜き、倒置すること何ぞ深きや。且らく常試《こころ》みに論じて曰く、虚無とは、妙本の体なり。体は有物に非ず、故に虚無と曰う。自然とは、妙本の性なり。性は造作に非ず、故に自然と曰う。道は、妙本の功用にして、所謂る強名なり。通じて生ずるに非ざる無し、故に之れを道と謂う。幻体名を用うれば、即ち之れを虚無、自然、道と謂うのみ。其の所以を尋ぬれば、即ち一の妙本にして、復た何の相い倣法する所ならんや。則ち惑者の難は夫の玄鍵に詣らざるを知る。(9)

この『玄宗疏』の主張から知られることは、当時「道法自然」という『老子』本文の解釈として、「道」の上位に「虚無」「自然」を置き、「虚無」「自然」から順次展開して「道」が生ずるという解釈が存在していたこと、疏はそれを誤りとして新たな正しい解釈を提示しようとしたことである。つまり、「虚無」といい「自然」といい「道」というも、いずれも同一の「妙本」の「幻体」、仏教教理学の用語を借りていえば「法体」に対する「応身」に他ならないのであり、従って、これらの間に先後尊卑の関係を設定するのは重大な誤りであるということである。『玄宗疏』のこのような主張は、ただ単に『老子』解釈の相違を止揚しようという意図をもって行われただけのものではない。その背景には、六朝後半から隋唐期に至る間の道仏論争が大きく影響している。この点に関する理解を欠いては、玄宗注疏の「妙本」の位置付けを明確にすることはできないであろう。

六朝隋唐期の道仏論争の中で、「道」と「自然」との関係が重要な論争点の一つであったことは、『集古今仏道論衡』巻丙(大正蔵五二、頁三八一上)の伝える、唐武徳八年(六二五)に帝前で行われた三教対論などに典型的に見られるところである。この論争では、仏教側を代表する慧乗が、道教側は「道」が「至極」「至大」であるといっているが、それならば、『老子』第二十五章に「道は自然に法る」という「道」の上位により根源的な「自然」が存在することを示す記述があるのはなぜかという疑問を提起し、これに対して、道教側を代表する李仲卿が、『老子』第二十五章の記述は「道」と「自然」との間に上下先後の区別が存在することをいったものではなく、この両者は同位の存在であると答えている。慧乗はさらに、その前の句で「人は地に法り、地は天に法り、天は道に法る」といっているのは、いずれも下位の存在が上位の存在に規定されることをいったものであり、「道は自然に法る」の句のみをそのような関係から除外して同位の概念であると解釈するのは論理矛盾であって、それならば、人と地、地と天、天と道も同位の存在になるという論理で李仲卿を攻撃している。

また、『弁正論』巻六では[10]、通人の説として、「縦使《たと》い道有るも、自ら生ずる能わず、自然従り生じ、自然従り出づるなり。道、自然に本づけば、則ち道に待つ所有り。既に他に因りて有れば、即ち是れ無常なり」とし、王弼の『老子』注を援用したうえで、「道」を「智慧霊知の号」「有」、「自然」を「無称窮極の辞」「無」と規定することによって、「道」が「自然」に及ばないことを示し、道教側の「道」を至上至極の根源的実在ないし神格とする教理を否定しようと試みている。これらの資料は、仏教側からする道教教理批判を反映したもので、道教側に「道」の上位に「自然」を置くような解釈が存在したことは直接的には看取されない。

しかし、かかる解釈が、この時期の道教教理の中でかなり普遍的に行われていたことを窺わせる資料は、疏に引かれた『西昇経』以外にもいくつか見られる。同じく『弁正論』巻二（大正蔵五二、頁四九九中）では、儒生が、「道は自然を以て宗と為し、虚無を本と為す。其の証一に非ず（道以自然為宗、虚無為本、其証非一）」として、『太上玄妙経』の「自然は、道の真なり。無為は、道の極なり。虚無は、徳の尊なり（自然者、道之真也、無為者、道之極也、虚無者、徳之尊也）」、『昇玄内教経』の「夫れ道は玄妙にして、自然より出で、無生より生じ、無先に先んず（夫道玄妙、出於自然、生於無生、先於無先）」等の道教経典を経証に引いて「道」の本質を質したのに対して、通人の言として、「自然」は「常」「本」、「道」は「無常」「迹」であって、「道」（この場合は至上神としての「道（天尊）」をも含む）は決して道教教理にいうような窮極的な存在ではないと攻撃している。

さらに、成玄英の疏は、このような「道」の上位に「自然」を置く道教教理を、仏教教理学の方法を援用して巧みに構成している。第二十五章「人法地、地法天、天法道、道法自然」では次のようにいう。

既に能く天の如くせば、次に須く道の虚通して、万物を包容するに法るべし。既に能く道の如くせば、次に須く自然の妙理に法るべし。所謂る重玄の域なり。道は是れ迹にして、自然は是れ本なり。本を以て迹を収む。故に義として法ると言うなり。[11]

ここでは、「道」は「迹」、「自然」は「本」と明言されて、両者は本迹の関係において明確に規定されている。また、同じく『度人経四注』に見える成玄英の注では、

此れ真文の体を挙げて、諸天の根本と為す。元始妙炁の自然を稟けて、大道の法身を化成す。妙炁は自ら成り

て、復た更に先祖有らざるなり。西昇経に云く、虚无、自然を生じ、自然、道を生ず、と。今上に復た祖无しと云うは、道は虚无を以て宗と為し、自然を以て本と為し、道を以て身と為す。然れども此の三者は、悉く形相无し。其の理を尋ね考うれば、乃ち是れ真空なり。真中に精有り、本より名称无し。聖人将に教跡を立てんとするに、宗无かる可からず。故に虚无を挙げて道の祖と為すも、其の実は三体倶に一真に会し、形相都て无く、能く衆妙を通ず。故に上に復た祖无しと云う。復とは猶お別のごときなり。別に先祖无きなり。(12)

という。ここでは、やはり『西昇経』を経証として、神格としての道君という存在が、「虚無」を「宗」とし「自然」を「本」とし「道」を身とすることを明言しているが、一方この三者が「倶に一真に会」すること、いずれも本来的には形相を持たないこと、具体的な「教」として教義を立てる際に、便宜的に「宗」「本」というものを立てたに過ぎないことをも述べている。こうした道教教理が前述の仏教側からの攻撃を招来したわけであり、その結果、道教側では「道」と「自然」との関係に関する本迹説を放棄して、本来の解釈に回帰する必要が生じたのだといえる。

しかし、「道」「自然」「虚無」という用語を使用して教理構成を行う限り、上下先後の関係を引きずった従来の教理の残滓を完全に払拭することは困難であったろう。こうした教理上の矛盾点を一気に解消するために、「道」と「自然」と「虚無」とを「妙本」の「幻体」の「体」「性」「功用」に対する個別の名称に過ぎないとし、三者の関係を「道」のさらに奥にある窮極的実体としての「妙本」のもとに整合的に規定しようとしたのが玄宗疏の解釈であったといえる。玄宗自身がどこまでこのような「道」の本質規定上の論争に知識を有していたかは定かではない。しかし、玄宗注が「道」の実体を示すことよりも、本質的概念としての「妙本」を措定し、『老子』の思想に対する解釈を一貫させようとした背景には、上述のような道仏論争の影響の存在を考えることは、注と疏との撰述時期がそれほど隔たっていないこともあって、あながち的外れな推定ではなかろう。

三　生成論

玄宗注疏においては、「妙本」が現象世界の根源的実在とされていることは上述の通りであるが、その「妙本」から現実の世界が生成されてくる過程はどのように考えられているのであろうか。生成論に関する記述は、主として第四十二章、第四章、第五十二章に見える。特に第四十二章は、『老子』自体の生成論に関する記述に対する注釈であり、最も重要である。以下に第四十二章「道生一、一生二、二生三」に対する注疏の関係部分を挙げる。

一とは、沖気なり。言うこころは、道動きて沖和の妙気を出すも、物を生ずるの理に於いて未だ足らず、又陽気を生ず。陽気は独り生ずる能わず、又陰気を生ず。沖気の一に積む、故に一、二を生ずと云う。陽気の二に積む、故に二、三を生ずと云う。（注）

道とは、虚極の神宗なり。一とは、沖和の精気なり。生とは、動出なり。言うこころは、道動きて和気を出し、以て物を生ず。然れども応化の理、自ら未だ足らざるに由り、更に陽気を生ず。陽気を積みて以て一に就く、故に之れを二と謂うなり。純陽又能わず、更に陰気を生ず。陰を積みて二に就く。故に之れを三と謂う。[13]（疏）

ここで特に注目すべき点は、「道」が最初に「沖和の妙気」を吐出するが、それは未だ現実の世界における万物の生成に関しては具体的な機能を有しないこと、そこで第二に「陽気」が形成されるが、この「陽気」は必ず「陰気」との対で生成能力を有するのであって、そこでさらに「陰気」が形成されるとする点にある。しかし、「陰陽」二気は逆に「沖和の気」の持つ調和的作用を抜きにしては生成能力を発揮できないのであって、ここに「沖和の気」「陽気」「陰気」の三気による万物生成の過程が構想されることになる。

このような玄宗注疏の解釈は、一見何の変哲もないように思われるが、先行の『老子』諸注と比べてみると、際だった特徴を有する。以下、『王弼注』、『河上公注』、『成玄英疏』との比較によって、この点を明らかにしよう。まず第一に、王弼はこの第四十二章に対しては、次のような注を付している。

万物万形、其の帰は一なり。何に由りて一を致すや、無に由ればなり。無に由りて乃ち一なれば、一は無と謂う可し。已に之れを一と謂えば、豈に言無きを得んや。言有り一有れば、二に非ずして如何。一有り二有れば、遂に三を生ず。無従り有に之《ゆ》く、数斯こに尽く。此れを過ぎてより以往は、道の流に非ず。故に万物の生ずるや、吾其の主を知る。万形有りと雖も、沖気焉《こ》れを一にす。百姓心有り、国を異にし風を殊にするも一なるを得る者は、王侯焉れに主たればなり。一を以て主となせば、一何ぞ舎《す》つべけんや。[14]

この王注は難解であるが、「道生一」の「一」が「有」なる現象世界の根底に潜む「無」に当てられ、その「無」は無形無限定であるが故に「有」なる現象世界の多様性を統一し調和あらしめることができるのだといっているのであろう。そして、「沖気」はそのような「無」の働きを物質レベルにおいて保証する要素であり、人間社会にあっては王侯がその役割を担うのだと考えられている。従って、王弼にあっては、特に「沖気」の持つ調和性が重視されているのであって、生成の諸段階に対応するものとしての「沖気」にはほとんど関心がないといってもいい。これは王弼注自体が玄学的な解釈を主として、具体的な生成論にほとんど関心を持たないことに起因するものではあるが、「沖和の気」を生成の初めに措定する玄宗注疏との間にある隔たりは大きいといわなければならない。

次に、『河上公注』では、「道生一」には「道の始めて生ずる所の者なり(道始所生者一)」、「一生二」には「一、陰と陽とを生ずるなり(一生陰与陽也)」、「二生三」には「陰陽生じ、和気濁り、三気分かれて天地人と為るなり(陰陽生、和気濁、三気分為天地人也)」といい、「沖気以為和」には「万物中に皆な元気有り、得て以て和柔なり(万物中皆有元気、得以和柔)」と注している。ここでは、王注とは異なり、万物の生成の過程における陰陽沖気が問題とされている。「道の始めて生ずる所の者」とは、『河上公注』の他の部分との比較から「元気」を指すことは明らかであるが、

「元気」と「沖気」との関係は必ずしも明確ではない。『老子』本文の「沖気」を「元気」に置き換えて解釈していることからは、一見「元気」と「沖気」とが同一のものとされているようにも思われるが、一方で、陰陽沖和の三気が分かれて天地人となるといっていることや、各所で「元気」の万物への普遍的な内在を主張していることを考慮すれば、人間に内在する「元気」に焦点を当てて解釈しようとしたために、「沖気」をことさらに「元気」に置き換えたのだと考えるのが、最も妥当な解釈であろう。従って、『河上公注』の生成論は、あくまでも道—元気—陰陽（沖和の気）—万物という漢魏の古典的生成論の延長上にあるといえる。(15)

また、玄宗注疏に影響を及ぼした成玄英の疏はどうかといえば、

一は、元気なり。二は、陰陽なり。三は、天地人なり。万物は、一切の有識無情なり。言うこころは、至道の妙本は、体は形名を絶し、本従り迹を降し、肇《はじ》めて元気を生ず。又た元気従り、変じて陰陽を生ず。是こに於いて陽気は清浮して、昇りて天と為り、陰気は沈濁して、降りて地と為り、二気昇降して、和気人と為りて、三才有り、次に万物を生ず。(16)

とあり、「本迹」説に基づいた解釈を付加してはいるが、基本的には『河上公注』同様、漢魏の古典的生成論の範囲を一歩も出ていない。

以上のような先行諸注とは異なって、玄宗注疏はまず第一に「一」を「沖和の妙気」と規定し、万物は全てこの「沖和の妙気」を根底に有するとする。つまり、玄宗注疏における「沖和の気」はそれ以前の生成論における「元気」の地位を担っているわけである。と同時に、従来その生成に関しては時間的な先後関係は考えられていなかった陰陽二気に関して、陽気の先生を説いているように思われることも重要な点である。これらの点に関しては、さらに何箇所かで同様の主張が行われている。

まず、第四章「道沖而用之、或似不盈」の注では、

道動いて沖和の気を出し、用て生成す。生成の道有るも、曾つて盈満せざるを言う。(17)

といい、第三十九章「昔之得一者」では、

一とは、道の和にして、沖気を謂うなり。其の妙用物に在りては一為るを以ての故に之れを一と謂うのみ。（注）

一とは、沖和の気なり。称して一と為すは、其の物と合同し、古今不二なるを以て、是れ之れを一と謂う。故に易繋辞に曰く、(18)一陰一陽之れを道と謂う、と。蓋し道気陰に在りては、陰と合一し、陽に在りては、陽と合一するを明かすのみ。（疏）

といい、また、第五十一章「道生之」では、

妙本動用して和気を降す。（注）

道之れを生ずとは、自然沖和の炁、万物を陶冶し、物得て以て生ずるを言う。(19)（疏）

といい、さらに、第五十二章「天下有始、以為天下母」の注では、

始とは、沖気なり。この妙気万物を生成し、茂養の徳有るを言う。(20)

といい、同章「既知其子、復守其母、歿身不殆」の疏では、

人既に身は是れ道炁の子にして、沖炁従りして生ずるを知るを言うなり。(21)

などという。これらは、「道」と「沖和の気」とを直接の生成関係に置き、その「沖和の気」によって万物の生成育成がなされるとするもので、第四十二章の主張に沿ったものである。

ただし、ここで注目されるのは、疏の方では新たに「道気」なる概念が持ち出されている点である。第三十九章疏では、『易』繋辞伝の解釈にからんで「道気」に言及しているが、この「道気」とは陰陽未分の状態であると同時に、その内に陰陽分裂の契機を宿すものであり、魏晋の古典的生成論の中での「元気」に相当する。と同時に、至

上神との関係を念頭に生成が説かれる場合には、「道気」は至上神そのものをも意味するものである[22]。玄宗疏でいう「沖和の気」の「沖和」とは、『河上公注』や『成玄英疏』のように陰陽二気の分裂の後に、それがほどよく混じり合い調和した状態というわけではなく、未分でありながらかつ分化の契機を内に宿した始源的状態を表現するもので、これも「元気」に相当するものである。また、第五十一章注が「身は是れ沖気の子」というところを、疏の方で「身は是れ道炁の子にして、沖炁よりして生ず」と敷衍しているのは、六朝後半期以降の道教教理を援用して注を敷衍していることを示すものである。ちなみに、成疏は、第三十九章「昔之得一者」では「一は、道なり(一、道也)」、同「天得一以清」では「道の気を稟得す。故に陽を積みて天を成し、清浮にして上に在り(稟得道之気、故積陽成天、清浮在上也)」といって、「一」を「道(道気)」に当てている。ここでは、「道」は同時に実体としては「道気」とされているわけであり、従って、第五十一章の成疏が「既に道は是れ我が母なるを知るを得ば、即ち我は是れ道の子なるを知る。道従りして生ずるが故なり(既得知道是我母、即知我是道子、従道而生故也)」といっているのは、その背景に「道気の子」という意識が並行して存在していると考えて大過ないであろう。

このような思考は、杜広庭の『道徳真経広聖義』になるとより明らかな形で現れてくる。その第三十九章「昔得一者」に対する義では、「老君将に沖和の道気、通じて万物を生ずるを明かさんと欲し、得一の妙を歴叙して、以て生化の由を明かす(老君将欲明沖和道気、通生万物、歴叙得一之妙、以明生化之由)」(巻三一、葉一裏)といい、「沖和の道気」なる表現にまで進んでいる。これは明らかに「沖和の気」を「沖和」の状態にある「道気」の意に解したものである。また、玄宗注が「道気」の概念を持ち出さないのに対して、疏のほうが何箇所かで「道気」の概念を援用している点は、両者の相違点を考えるうえでの重要なポイントの一つであるが、この点に関しては別の機会に論ずることにしたい。

『老子』の解釈は、六朝後半期以降、仏教教理学の影響下に大きく変化する。その代表的なものが、梁陳の臧玄靖、諸糅から唐の成玄英といった一連の経師達の『老子』解釈である。彼らは、「本迹」「体用」「動寂」「智境」等の仏教教理学の概念を駆使して、時代の思潮に合致した道教教理を、『老子』を最終的な拠り所としつつ形成していった。玄宗の『老子』注疏は、それらの成果を基盤としながら、「妙本」概念や生成論において独自の解釈を展開するとともに、初唐期の道仏論争に見られた、「道」と「自然」「虚無」等の本質規定の混乱に対する最終的な回答を提示して、唐代の『老子』解釈学の一頂点を築いたものであるといえる。本章では触れなかった様々な問題をも含めて、唐代の思想史を解明するうえでの重要な手懸りを与えてくれる資料であり、今後のより一層の研究が待たれる。

（1）第一章「道可道、非常道」注「道者、虚極之妙用」（巻一、葉一表）、同「無名、天地之始」注「無名者、妙本也」（同）、『道徳真経疏』釈題「故知大道者、虚極妙本之強名」（巻一、葉二表）。玄宗注および疏の引用は、正統道蔵所収の『唐玄宗御註道徳真経』、『唐玄宗御製道徳真経疏』による。なお、玄宗注疏の成立時期等の書誌的事項に関しては、武内義雄『老子の研究』（『武内義雄全集』第五巻所収、角川書店、一九七八年）、今枝二郎「玄宗皇帝の『老子』注解について」（『中国古典研究』第二三号、一九七八年）、同「唐玄宗御製「道徳真経疏」について」（『大正大学研究紀要』第六四輯、一九七八年）等の論考がある。

（2）「我烈祖玄元皇帝、乃発明妙本、汲引生霊、遂著玄経五千言、用救時弊」（『冊府元亀』巻五四）。

（3）第一章「無名、天地之始」注「妙本見気、権輿天地、天地資始」（巻一、葉一表）、第五十一章「道生之、徳畜之」注「妙本動用降和気、物得以生養万類」（巻三、葉一六表）。

（4）「虚極者、妙本也、言人受生、皆稟虚極妙本、及形有受納、則妙本離散、今欲令虚極妙本必致於身、当須絶棄塵境染滞、守此雌静篤厚、則虚極之道、自致於身也」（巻一、葉一九表）。

（5）「道者、虚極妙本之強名、訓通訓径、……可道者、言此妙本通生万物、是万物之由径、可称為道、故云可道、非常道者、妙本生化、用無定方、強為之名、不可偏挙」（巻一、葉一表）。

（6）『梵網経』偽経説に関しては、望月信亨『浄土教の起源及発達』（共立社、一九三〇年）を参照。

(7)『梵網経』巻一〇上「妙本無二、仏性玄覚、常常大満、一切衆生、礼拝故、尊敬故、是仏世尊」(大正蔵二四、頁一〇〇三上)、『高僧伝』巻二卑摩羅叉伝「既通漢言、善相領納、無作妙本、大闡当時」(大正蔵五〇、頁三三三下)。

(8) 以下、成玄英義疏の引用は、藤原高男「輯校賛道徳経義疏」(『高松工業高等専門学校研究紀要』第二号、一九六七年)による。

第四十二章「道生一、一生二、二生三、三生万物」疏「至道妙本、体絶形名、従本降迹、肇生元気」。

第四十一章「大音希声」疏「至道至虚、大音寂乎无響、自妙本降迹、而声無声也」。

同「道隠無名」疏「至道妙本、幽隠窈冥、非形器之所測量、豈名言之能詮弁也」。

第四十章「天地之物生於有、有生於無」疏「天地万物、皆従応道有法而生、即此応道、従妙本而起、妙本即至無也」。

(9)「言道之為法自然、非復倣自然也、若如惑者之難、以道法効於自然、是則域中有五大、非四大也、又引西昇経云、虚無生自然、自然生道、則以道為虚無之孫、自然之子、妄生先後之義、以定尊卑之目、塞源抜本、倒置何深、且常試論曰、虚無者、妙本之体、体非有物、故曰虚無、自然者、妙本之性、性非造作、故曰自然、道者、妙本之功用、所謂強名、無非通生、故謂之道、幻体用名、即謂之虚無自然道爾、尋其所以、即一妙本、復何所相倣法乎、則知惑者之難、不詣夫玄鍵矣」(巻三、葉一八裏)。

(10)「通人曰、縦使有道不能自生、従自然生、従自然出、道本自然、則道有所待、既因他有、即是無常、故老子云、人法地、地法天、天法道、道法自然、王弼云、言天地之道並不相違、故称法也、自然無称窮極之辞、道是智慧霊知之号、用智不及無智、有形不及無形、道是有義、不及自然之無義也」(大正蔵五二、頁五三七上)。

(11)「既能如天、次須法道虚通、包容万物也、既能如道、次須法自然之妙理、所謂重玄之域也、道是迹、自然是本、以本収迹、故義言法也」。

(12)「此挙真文之体、為諸天之根本、稟元始妙炁之自然、而化成大道之法身、妙炁自成、不復更有先祖也、西昇経云、虚无生自然、自然生道、今云上无復祖者、道以虚无為宗、以自然為本、以道為身、然此三者、悉无形相、尋考其理、乃是真空、真中有精、本无名称、聖人将立教跡、不可无宗、故挙虚无為道之祖、其実三体倶会一真、形相都无、能通衆妙、故云上无復祖、復猶別也、別无先祖也」(巻二、葉八表)。

(13)「一者沖気也、言道動出沖和妙気、於生物之理未足、又生陽気、陽気不能独生、又生陰気、積沖気之一、故云一生二、積陽気之二、故云二生三也」(巻三、葉八表)。

「道者、虚極之神宗、一者、沖和之精気、生者、動出也、言道動出和気、以生於物、然応化之理、由自未足、更生陽気、積陽気以就一、故謂之二也、純陽又不能、更生陰気、積陰就二、故謂之三」(巻六、葉五表)。

(14)「万物万形、其帰一也、何由致一、由於無也、由無乃一、一可謂無、已謂之一、豈得無言乎、有言有一、非二如何、有一有二、遂生乎三、従無之有、数尽乎斯、過此以往、非道之流、故万物之生、吾知其主、雖有万形、沖気一焉、百姓有心、異国殊風、而得一者、王侯主焉、以一為主、一何可舎」。

(15) この点に関しては、本書第一部第一章を参照。

(16)「一、元気也、二、陰陽也、三、天地人也、万物、一切有識無情也、言至道妙本、体絶形名、従本降迹、肇生元気、又従元気、変生陰陽、於是陽気清浮、昇而為天、陰気沈濁、降而為地、二気昇降、和気為人、有三才、次生万物」。

(17)「言道動出沖和之気、而用生成、有生成之道、曾不盈満」(巻一、葉五表)。

(18)「一者、道之和、謂沖気也。以其妙用在物為一、故謂之一爾」(巻三、葉四表)。

「一者、沖和之気也、称為一者、以其与物合同、古今不二、是謂之一、故易繋辞曰、一陰一陽之謂道、蓋明道気在陰与陰合一、在陽与陽合一爾」(巻五、葉一〇表)。

(19)「妙本動用降和気」(巻三、葉一六表)。

「道生之者、言自然沖和之炁、陶冶万物、物得以生」(巻七、葉五裏)。

(20)「始者、沖気也、言此妙気生成万物、有茂養之徳」(巻三、葉一七表)。

(21)「言人既知身是道炁之子、従沖炁而生也」(巻七、葉八裏)。

(22) 六朝後半期の道教教理中での「道気」の意味、およびその思想史的意義については、本書第一部第三章を参照。

第二章　玄宗と『道徳真経』注疏の撰述

はじめに

『老子道徳経』の長い注釈史を振り返るとき、南北朝末期から隋初唐期にかけてが一大転換点をなすこと、唐玄宗の御注『道徳経』および疏の撰述がそれを象徴する出来事であったことは贅言を弄するまでもなかろう。御注および疏が提示した「妙本」が、当時の思想、宗教界における激しい論争の後を承けて、儒仏道三教を巧妙に調和させつつ、実は道教の優位を暗々裏に主張する意図を秘めた重要な概念であったことは、前章ですでに述べたところである。ここでは、前章で言及できなかった二、三の問題を取り上げて、玄宗による『道徳経』注釈の実態を明らかにし、併せて両者の思想的関係を検討することとしたい。

一　御注撰述に関する問題点

玄宗の『道徳経』に対する注釈が開元二十年(七三二)に完了していたことは、易州開元観に建てられた御注道徳真経幢に刻された勅文末の「開元廿年十二月十四日」の紀年によって確実に知られること、すでに先人の指摘するとお

りである。(1)玄宗は、この直後、翌二十一年正月に、

其れ老子は、宜しく士庶をして家ごとに一本を蔵せ令め、仍りて勧めて習読せ令め、旨要を知ら使めよ。毎年貢挙の人、量りて尚書、論語の一両条の策を減じ、数に准じて老子の策を加え、道本を敦崇し、化源を附益せ俾めよ。(2)

との有名な詔勅を下している。従来、このことから、御注『道徳真経』は完成後直ちに頒布されたかのように理解されているが、果たしてそのように考えてよいものであろうか。

御注の頒布の年月に関わる資料としては、『冊府元亀』巻五三帝王、尚黄老、開元二十三年の条に、

二十三年三月癸未、親しく老子に注し、幷びに疏義を修むること八巻、及び開元文字音義三十巻に至るまで、公卿士庶、及び道釈二門に頒示し、可否を直言するを聴《ゆる》す。(3)

とある。これに関連して、『曲江集』巻一三には「請御注道徳経及疏施行状」とそれに対する玄宗の御批とが収められているが、内容から見てこの時のものに違いあるまい。そこでは、

伏して恩勅を奉ずるに、臣等に集賢院に賜う。諸学士と御注道経及び疏本を奉観するに、天旨玄遠にして、聖義発明せられ、詞は約にして理は豊か、文は省にして事は愜せり。上は以て玄元の至化を播《ひろ》むるに足り、下は以て来代の宗門を闡《ひら》くに足る。陛下の、道は帝の先を極め、勤は祖の業を宣ぶるに非ざれば、何ぞ能く日月の晷度《きゅうど》を廻らし、乾坤の戸牖を鑿《うが》ち、盲者をして反視し、聾者をして聳聴せ使めんや。……請うらくは、所司に宣付して施行せられんことを。(4)

とあり、御注と疏とがまず集賢院の学士たちに下賜されて、その後、有司の手で施行されたことが知られる。これらの記事に依れば、御注は開元二十年に一応完成した後、暫く玄宗の手元に留められたままで、疏の完成を待って同時に頒布されたと考えるべきではなかろうか。

こうした推定を補完する史料がさらに二、三存在する。第一に、「開元聖文神武皇帝注道徳経勅」の付文には、御注施行後約半年にして、道門威儀司馬秀による御注『道徳経』石台建立の奏請が行われたことが記されている。

玄元皇帝道徳経御注。右検校道門威儀龍興観道士司馬秀奏すらく、望□両京及び天下の応に官斎等を修むべき州は、尊を法物に取り、各おの本州の一大観に於いて石台を造立し、経注を刊勒し、及び天下の諸観に幷せて開講せ令めん、と。勅旨、奏に依る。開元廿三年九月廿三日。(5)

この奏請に基づいて開元二十七年頃までに易州、邢州、懐州などで次々と御注『道徳真経』石台が建立されたことが知られるが、(6)この事業は、当然のことながら、御注の施行と密接に関連して企画されたものと考えられる。第二に、『冊府元亀』巻五三帝王、尚黄老、開元二十四年の条に、「八月庚午、都城の道士、龍興観に於いて斎を設け、御書道徳経を発揚す(八月庚午、都城道士、於龍興観設斎、発揚御書道徳経)」とあり、これも御注『道徳経』石台の建立に関わる一連の行事と考えられる。第三に、敦煌本の御注残巻の紀年が同じく開元二十三年になっていることである。このペリオ三七二五の御注残巻は、道経第三十四章の途中から巻末までを残すのみであるが、幸い巻尾に以下のような記述が見られる。

国子監学生楊献子初校
国子監大成王仙周再校
開元廿三年五月　日令史陳琛
宣徳郎行主客主事専検校写書楊光喬
朝議郎行礼部員外郎上柱国高都郡開国公楊仲昌
正議大夫行礼部侍郎上柱国夏県開国男姚奕
金紫光禄大夫礼部尚書同中書門下三品上柱国成紀県開国男林甫(7)

この残巻が果たして礼部で書写作成された原本であるかどうかは疑わしいが、留意すべきことは、正しく開元二十三年という年に、礼部において御注『道徳真経』が書写されて、その写しの類が地方にも流布していたということである。この御注が何ゆえに礼部で書写されたかという点に関しては、科挙を掌管する礼部が科挙に応ずるものの求めによって配付したとの指摘がある(8)。

以上の諸点を総合すると、玄宗の御注は開元二十年までに一応完成していたが、直ちに施行されたわけではなく、二十一年の「家蔵一本」の詔勅を経て、二十三年に疏とともにはじめて集賢院学士のもとに下賜されて検討が命ぜられ、その奏請に基づいて漸く施行された。施行とともに、礼部でとりあえず正本が書写作成されて流通が始まり、それとほぼ時を同じくして司馬秀らの奏請に基づいて両京および地方の主要な宮観に御注『道徳経』の石台が建立されることとなり、それらは二十七年頃までには概ね完成して、御注が『道徳経』解釈の標準として広く全土に浸透するようになったのだといえよう。

次に、御注が果たして玄宗自身の手になるものであるかどうかという点に関しては、開元年間に玄宗がしばしば集賢院に学者を集めて『老子』などを講じさせたという記事が散見される。『旧唐書』巻九七陳希烈伝には、「開元中、玄宗、意を経義に留め、褚无量、元行沖卒する自りの後は、希烈と鳳翔の人馮朝隠とを得て、常に禁中に於いて老、易を講ず。……玄宗、凡そ撰述有れば、必ず希烈の手を経(9)」とあり、『新唐書』巻二〇〇儒学下、康子元伝には、「開元初、中書に詔して張説をして能く易、老、荘を治むる者を挙げしむ。集賢直学士侯行果、子元及び平陽の敬会真を説に薦め、説藉りて以て聞す。並びに衣幣を賜い、侍読たるを得たり。子元は擢《ぬきん》でられて秘書少監を累ね、会真は四門博士たりて、俄かに皆な集賢侍講学士を兼ぬ。……始め行果、会真及び長楽の馮朝隠同に進講す。朝隠は能く老荘の秘義を推索し、会真も亦た老子を善くし、篇を啓く毎に、先ず薫盥して乃ち読む(10)」とあり、また、『冊府元亀』(11)巻五三帝王、尚黄老には、開元十八年十月に、陳希烈等が麟徳殿で『道徳経』を講じたという記事が載っていて、玄宗が『老子』『荘子』『易』などの講釈を彼らとともに日常的に行っていたことが知られる。

ただし、これらの人物については馮朝隠に『老子注』があったことが両唐志に伝えられるのみで、その『老子』解釈を窺い得る史料は残されていない。さらに、御注道徳真経幢に刻された勅文には、

> 朕は誠に寡薄なるも、嘗て斯の文に感じ、猥《みだ》りに有後の慶を承け、無為の理を失わんことを恐る。毎に清宴に因りて輒ち玄関を叩き、意得する所に随いて、遂に箋注を為す。豈に一家の説を成さんや、但だ遺闕の文に備うるのみ。今茲こに筆を絶ち、是こに衆に詢る。公卿臣庶、道釈二門、能く予を起こすこと卜商に類し、疾に針すること左氏に同じきもの有らば、善を納るるに渇するは、朕の懐いを虚しくする所なり。[12]

とあり、平常『道徳経』の真理の理解に努力し、その会得した所を書き留めていたことが知られる。従って、陳希烈伝に「玄宗、凡そ撰述有れば、必ず希烈の手を経」とあるのを勘案しても、御注が玄宗自身の手に出ることはほぼ間違いあるまい。

二　疏撰述に関する問題

次に、いわゆる玄宗御疏について、同様の問題を検討しよう。現在、我々が目にすることができるものは、道蔵に収められ冒頭に「釈題」を付す『唐玄宗道徳真経疏』十巻、同じく道蔵所収で「外伝」を備える『唐玄宗道徳真経疏』四巻と、玄宗疏をもとにこれを敷衍する杜光庭の『道徳真経広聖義』五十巻とがある。このうち、第二に挙げた「外伝」を備える四巻本の疏は、内容からして玄宗以後の注釈を引く等、別の注釈が誤って玄宗疏とされたものであることが、すでに指摘がある。[13] 従って、検討の対象となりうるのは、「釈題」を付す十巻本の『唐玄宗道徳真経疏』と『道徳真経広聖義』ということになる。

まず、疏の巻数については、『旧唐書』経籍志と『広聖義』は六巻とするのに対して、『新唐書』芸文志は八巻とし、さらに、『宋史』芸文志は『玄宗音疏』六巻を挙げる。また、『冊府元亀』巻五三に「親しく老子に注し、幷びに疏義を修むること八巻」というのが、注と疏とを合わせて八巻という意味だとすれば、当然、疏は六巻であったということになろう。このように、玄宗疏の巻数に関しては、旧来六巻とするものと八巻とするものとがあったことが知られる。現行の道蔵本が十巻となっているのは、当然分巻されるべきである第三十七章と第三十八章、つまり道経と徳経とが同じく巻五に収められていることによって、本来の疏の姿ではなく後人が便宜的に再編したものであることが推測される。しかし、なぜ六巻本と八巻本とが著録されているかについては、単なる誤記であると考えるものと、疏が前後再編されて六巻から八巻に増えたとする考えがあって結論は出ていない。ただ、『日本国見在書目録』に玄宗疏を六巻として著録していることは、当時流行の疏が六巻本であったことをほぼ確定的にするものであろう。

御注に対して、疏がいつ編纂されたかについては、前引の張九齢「請御注道徳経及疏施行状」とそれに対する御批とが、『冊府元亀』巻五三帝王、尚黄老、開元二十三年条の、「親しく老子に注し、幷びに疏義を修むること八巻、及び開元文字音義三十巻に至るまで、公卿士庶、及び道釈二門に頒示し、可否を直言するを聴」したとある記事に対応するものに違いないとすれば、開元二十三年が御疏修撰完了の年ということになろう。従って、御注と御疏との間にはほぼ三年の懸隔が存したことになる。

しかし、ここで注意すべき事は、「施行状」と『冊府元亀』とがともに開元二十三年に御注と疏とが同時に修撰されたかのような書き方をしている点である。「施行状」には「伏して恩勅を奉ずるに、臣等に集賢院に賜う。諸学士と御注道経及び疏本を奉観するに云々」とあり、この記述に依る限り、玄宗御注と疏とは、個々別々にではなく、同時にまとめて張九齢を筆頭とする集賢院の学士たちに下賜され、そこでの検討が命じられたと考えられる。しかも、ここで特に注意しなければならないことは、御注に関しては、「御注道徳経」とはっきり「御注」であることを表明しているのに対して、疏の方については「御」字が冠せられず、単に「疏」ないし「疏本」と表現されていることである。このことは、『冊府元亀』の同条で、「親注老子、幷修疏義八巻、及至開元文字音義三十巻」とあって、注に関しては「親しく老子に注す」とあるが、疏義に関しては単に「修む」と表現されていることも参考になろう。もちろん、「親しく」を「修む」にもかけて読むことは可能ではあろうが、そのような読み方を少なくとも躊躇させるような資料が一方に存在する。

『顔魯公集』巻一四贈尚書左僕射博陵崔孝公宅陋室銘には、「(開元)二十年春、勅を奉じて龍門公宴詩序を撰し、絹を賜わること百疋。延《まね》かれて集賢院に入り、老子道徳経疏を修め、天下に行わる」とあり、また、『玉海』巻五三、老子の条に引用する『集賢注記』には、「開元二十年九月、左常侍崔沔入院修撰し、道士王虚正、趙仙甫幷びに諸学士と参議して老子疏を修む」と同様の記事があって[14]、これらは上の張九齢の「施行状」に先立って集賢院で老子疏の修撰が王虚正らの手で進められていたことを示すものであろう。また、道蔵所収の彭耜『道徳真経集注雑説』に董逌『広川蔵書志』を引いて、「王顧等、玄宗の命を奉じて注する所の経の疏を撰す(王顧等奉玄宗命撰所注経疏)」(巻上葉三表)というのも、『集賢注記』の記事と同じことをいったものであり、王顧と王虚正とは同一人物であろうと考えられている[15]。

このように見てくると、玄宗の御疏というのは、実は御注の作成に直ちに引き続いて、開元二十年に集賢院の学士と若干の道士たちの手によって撰述が開始され、開元二十三年に完成したことが知られる。しかし、「釈題」末尾に、「毎《つね》に聖祖訓えを垂れ、厥《そ》の孫謀を詒《のこ》すを惟《おも》い、聴理の余に、伏して講読に勤め、今、復た一二その要妙なる者を詮疏するも、書は言を尽くさず、粗ね大綱を挙げて、以て学者を裨助せんのみ」[16]というのが全くの虚構ではないとすれば、玄宗の意向もかなりの程度疏の内容に反映されていると考えることができよう。かくて、疏の完成と同時に御注も含めて集賢院で最終的な内容の検討が行われ、実際に外部に頒布できる状態になると、同年に司馬秀らが両京および地方の主要宮観に御注の石台を建立することを奏請し、一方、礼部では集賢院での検討終了後の同年五月に、科挙に使用するための正本の書写が行われたという次第になる。従って、御注と疏とは、従来漠然と考えられていたように、御注が開元二十年に完成して先に世に行われ、その後二十三年に疏が完成して頒布されたというわけではなく、当初から御注と疏とは一対のものとして同時に世に行われたと考えるべきであろう。

ところで、ここで今一つ忘れてはならない記事が御注と疏とに関しては存在する。それは、『旧唐書』巻九玄宗紀下、天宝十四年(載)の「冬十月……甲午、御注老子幷びに義疏を天下に頒つ」という記事である。この記事は、『冊府元亀』巻五四ではやや詳しく、「十月、御注道徳経並びに義疏を十道に分示し、各おの巡内をして伝写して以て宮観に付せ令む」[17]とある。天宝十四年(七五五)は、開元二十三年(七三五)に御注と疏とが施行されてからちょうど二十年後にあたる。なぜこの時期に再び御注と義疏とが天下に頒布されたのか。それは単に二十年を経て、新たな需要が生じたというだけではなく、もっと別の理由があったのではなかろうか。

開元二十三年以降の『道徳経』に関わる出来事を拾ってみると、まず第一に、『全唐文』にいわゆる「分道徳為上下経詔」が天宝元年四月に下されていることが注目される。ところで、「道徳を分かちて上下経と為す」というのは一体どういうことであろうか。この表現を素直に解釈すれば、『道徳経』を上経下経の二経に分割するということのようであり、従来もそのように理解されていたと考えられる。しかし、『道徳経』は魏晋以降すでに道経と徳経の上下二篇に分かたれ、道経を上経、徳経を下経と称することも行われていたうえに、書物としての体裁も二巻仕立てというのが通常の形態であって、ことさらにこの段階で上経下経二経に分割するというのは意味をなさない[18]。

それでは、この詔は一体何を意図して発せられたのであろうか。今、この詔の内容を少し詳しく見てみると[19]、まず、「化の原なる者を道と曰い、道の用なる者を徳と為す。其の義は至大にして、聖人に非ざれば孰れか能く之れを章《あき》らかにせんや」といい、道徳とは生化の根源とそのはたらきを意味し、至大の義を含むものであって、聖人でなければ明らかにできないことを宣明している。次いで、「昔、有周の季年、代、道と与に喪《ほろ》ぶ。我が烈祖玄元皇帝、乃ち妙本を発明し、生霊を汲引し、遂に玄経五千言を著わして、用て時弊を救う。義は象繋より高く、理は希夷を貫く。百代の能く儔とするに非ず、豈に六経の擬する所ならんや」と述べて、唐室の祖たる老子の著である『道徳経』は、根源の真理である「妙本」を発明したものであり、その価値たるや空前絶後、六経すらその足許にも及ばない至高のものであることをいう。しかし、と詔は続けて、「承前習業の人等、其の巻数多きに非ざるを以て、列して小経の目に在らしむ。微言奥旨、称謂殊に乖けり」という。ここで「列して小経の目に在らしむ」というのは、『大唐六典』巻四礼部に、「凡そ正経に九有り。礼記、左氏春秋を大経と為し、毛詩、周礼、儀礼を中経と為し、周易、尚書、公羊春秋、穀梁春秋を小経と為す。……それ孝経、論語、老子は並びに須く兼習すべし[20]」という「小経」のことに他ならない。

　これによれば、『老子』は『孝経』、『論語』とともに独立した一経としては立てられず兼習の対象でしかなかったので、正確には「小経」にも該当しなかったことが知られるが、それではあまりだというので「列して小経の目に在らしむ」と表現したのであろう。しかし、「義は象繋より高く、理は希夷を貫く。百代の能く儔とするに非ず、豈に六経の擬する所ならんや」と宣明した『道徳経』がこのような地位に置かれていることは、「称謂殊に乖く」ものであり、とりわけ老子および『道徳経』に対する厚い尊崇の念を抱いていた玄宗にとっては、かかる状況を放置しておくことは許されないことと意識されたであろう。この詔は、こうした『道徳経』の地位を改めて、儒教経典と同様のいやそれに勝る地位を与えることを宣言したものに他ならない。

　詔は続けて「自今已後、天下の挙に応ずるもの、崇玄学士を除くの外、自余の試むる所は、道徳経は宜しく並びに停め、仍りて所司をして更めて詳らかに一小経を択んで之れに代え令むべし」というが、これは、『道徳経』を専修する崇玄学の学生を除いて、一般の科挙受験者がこのような至高の『道徳経』をいわばおまけとして兼習することを禁じたものである。そして、問題の「其れ道経を上経と為し、徳[経]を下経と為せば、道尊く徳貴く、是れ崇び是れ奉ずるに庶《ちか》からん。凡そ遐邇に在るもの、朕が意を知れ」という言葉でこの詔は結ばれている。従って、この詔のいわんとするところは、従来の『道徳経』の地位を改めて、儒教経典以上の地位を与えることにあり、それに付随して、「道徳」というこの上ない価値を持つ言葉を軽々しく使わずに、「道経」「徳経」という名称を「上経」「下経」に変えよと命じたものであろう。『全唐文』の標題は詔の内容を曲解したものといわざるをえない。ちなみに、『大唐六典』が李林甫らの手によって完成したのが開元二十六年、崇玄学が設置されたのが開元二十九年、そしてこの詔が発せられたのが翌天宝元年であったことが思い起こされる。

さて、いま一つの重要な出来事は、天宝五年二月に起こった。それは、第十章冒頭の「載」字を「哉」字に改めて第九章末尾に付する旨の詔勅が下されたことである(21)。こうして天宝初期には、『道徳経』の地位、名称および分章に関する重要な変更が行われていたのである。このような状況を考えれば、天宝十四年の御注および疏の頒布に際しては、当然、これらの重要な変更が反映されてしかるべきであろうが、果たしてそうであろうか。

現行の道蔵本の御注は、各巻の経名を「道経」「徳経」としており、また、第十章の章名は「載営魄章第十」のままで「載」字を改め移してもいないし、第五十一章の注では「具如載営魄章」と述べているので、開元二十三年の御注の系統を引くものと考えられよう。また、道蔵本の疏は「道経」「徳経」の経名を載せず、第十章の章名も御注と同様であり、杜光庭の『広聖義』も道蔵本の疏と同様の体裁をとる(22)。ただし、ここで問題となるのは、疏の各章に付された章題の内容である。例えば、第十章の章題は以下のようになっている。

前章は、欲を縦にし情に溺れ、驕盈するが故に咎有るを明かす。此の章は、神を養い気を愛み、雑ならざれば則ち疵無きを明かす。営魄より已下滌除に至るまでは、身を修むるは徳を全うする所以なるを戒む。愛人已下明白に至るまでは、徳全ければ、以て君と為るべきを示す。結ぶに之れを生じ之れを畜うを以てするは、玄功の物を被うを表すなり。[23]

ここで、章句を標出するにあたって、「載営魄」とせずに「営魄」としているのは、明らかに天宝五年の詔に基づくと考えざるを得ない。しかし、本文は「載」字を上章に移してはおらず、本文および章名と章題とは矛盾したものとなっている。このことをどう解釈するかは非常に難しい問題であるが、少なくとも天宝五年の詔が発せられた後、経および注疏の本文そのものが書き直されることはなかったが、比較的修正が容易な章題の標出部分だけは書き直されたと考えられよう。また、「上経」「下経」という呼称については、第二十章注と第三十三章疏に「下経云」、第三十八章および第五十二章の疏に「上経云」として経文が引用され、同じく第三十七章章題に「故演暢此章於上経之末」とあることから、天宝元年の詔勅が反映されていると考えられる。しかし、同時に、第四十五章の疏では「注云直而不肆、上巻道経之文也」[24]、第四十八章の疏では「上巻云」として「上巻」「道経」として表記されるなど、必ずしも厳密に詔勅の意を承けて書き直されたわけではなさそうである。

ただし、疏「釈題」には、「而して経上下に分かつ者は、先ず道を明かして徳之れに次ぐなり(而経分上下者、先明道而徳次之也)」(葉二裏)とあり、続いて「上経曰」「下経曰」として経文が引かれていることから、「釈題」そのものは再修されたものが伝えられている可能性が考えられないわけではない。もしそうだとして、このような中途半端なことになったのは、天宝十四年十月が、安史の乱の勃発の直前の月であり、仮に完全に修正された御注と疏とが頒布されていたとしても、その後の動乱によって、それが行き渡ることがなかったためと考えられよう。いずれにせよ、現在我々が目にすることができる玄宗の御注と疏とは、開元二十三年に施行されたものであり、仮にその後に再修が行われたのだとしても、そのテキストは実際には行われなかったといえよう。

三　御注に見られる『道徳経』解釈の特徴

御注の『道徳経』解釈の最大の特徴は、第一章冒頭における「道とは、虚極の妙用なり(道者、虚極之妙用)」(巻一、葉一表)、「無名とは、妙本なり。妙本、気を見わして、天地を権輿し、天地、資りて始まる(無名者、妙本也、妙本見気、権輿天地、天地資始)」(同)に端的に示されている。ここにいう「虚極」とは、第十六章において「虚極とは、妙本なり(虚極者、妙本也)」(巻一、葉一九表)と明言されているように、「妙本」の別称である。従って、第一章の「道は、虚極の妙用なり」というのは、「道は、妙本の妙用なり」ということにほかならない。このように、御注では「道」はもはや絶対窮極の根源的一者ではなく、「道」の背後にある真の根源的実在としての「妙本」の「用」として位置づけられている。御注が「道」の存在論的窮極性、根源性を否定し、かわりに「妙本」にその地位を賦与したことが、儒仏道三教がそれぞれに主張する窮極的な原理を「妙本」を核として調和合一させようという意図に基づくであろうことについては、すでに前章および第三部第四章で述べたとおりである。この「妙本」の概念自体は、すでに成玄英の『老子疏』の中に繰り返し見られるのであるが、しかし、そこでの「妙本」の位置は御注とは根本的に違う。成玄英の段階では、「道」はあくまでも窮極的、根源的実在性を失ってはおらず、その「道」と現象世界との関わりを本迹論的に解釈する際に、「妙本」と「粗迹」という一対の対立概念が使用されているに過ぎない。この意味で、御注の出現は、従来の『老子』解釈史における画期的な出来事であったといっても過言ではない。

このように、御注はある意味で従来の『道徳経』解釈から超然とした自由な立場に身を置いていたといえる。御注の従来の解釈に囚われない独自性を示す今一つの例として、「難得之貨」の解釈を挙げることができよう。『道徳経』には、「難得之貨」という表現を使用する章が三章ある。第三章、第十二章、第六十四章である。第三章「不貴難得之貨」に対する従来の解釈は、王弼注が「貨を貴ぶこと用に過ぐれば、貪者競い趣き、窬を穿ち篋を探り、命を没して盗む」、河上公注が「人君、珍宝を御好せざれば、黄金は山に棄てられ、珠玉は淵に捐てらるるを言う」であり、[25]いずれも「難得之貨」とはいわゆる珍宝珠玉の類が想定されていた。また、御注に先行し、御注同様仏教的解釈を『道徳経』に施した成玄英の疏では「難得の貨とは、隋珠荊璧、垂棘照車を謂うなり。若使《も》し普天宝を貴ばば、則ち盗賊斯れ生じ、率土珍を賤まば、則ち盗窃起こらず。故に盗まずと言う」[26]と解釈されており、第十四章、第六十四章も含めて従来の解釈の外に出るものでない。これに対して御注の解釈は次のようなものである。

　難得の貨とは、性分の无き所の者を謂う。求めて得可からず、故に得難しと云う。夫れ本分に安んぜず、无き所を希効するは、既に性分を失う、寧んぞ盗窃に非ざらんや。物をしてその性に任じ、事をしてその能に称わ使めんと欲せば、則ち難得の貨、貴からず、性命の情、盗を為さざるなり。[27]

　ここでは、「難得之貨」を「性分」すなわち天与の本性に備わっていない所の能力、性質などを意味するものと解釈している。「性分」に備わらないものを求めることを否定する主張は、第六十四章「為者敗之、執者失之」に対する注「凡情は因任すること能わず、分外を営為す。為す者は求遂し、理として必ず之れを敗る。事に於いて忘遣する能わざれば、動けば執着を成し、執着して得んことを求めば、理として必ず之れを失う」[28]などでも説かれている。これらには、一部、郭象以来の「安分自得」の思想の残滓が見られはするが、「難得之貨」を人間に先天的な非物質的な本性とする解釈は、これまでにない御注独特のものである。

　このような御注の解釈は、前述の「妙本」の導入と密接に関連していると考えられる。御注においては、存在論的には「妙本」が窮極のものとして措定されたわけであるが、それが現実の人間存在の解釈あるいは証悟といった問題に応用される場合には、「正性」という概念が中心的役割を担わされている。御注は第一章において、「道」は「虚極妙本」の「用」であり、「妙本」こそが天地万物の根本、本始であること、その「妙本」が「元気」を現出することによって、人間を含めた現象としてのこの世界が生み出されてくることをいう。そして、「常無欲以観其妙」の句に注して、「人生まれながらにして静なるは、天の性なり。物に感じて動くは、性の欲なり」という『礼記』楽記の語を引き、「若し、常に清静を守り、心を解き神を釈きて、正性を返照せば、則ち妙本を観ん。若し、性を正さず、其の情、欲を逐いて動かば、性、欲に失われ、道原に迷う。妙本を観んと欲せば、則ち辺徼を見ん」という。ここでいう「正性」とは、正しく人間において「妙本」に対応する本質的属性であり、それゆえに、「正性」を「返照」することが「妙本」を認識することにほかならないのである。このような認識に基づいて、第十六章「致虚極、守静篤」では次のようにいわれる。[29]

虚極とは、妙本なり。言うこころは、人の生を受くるや、皆な虚極妙本を稟く。形に受納有るに及んでは、則ち妙本離散す。今、虚極妙本をして必ず身に致さ令めんと欲せば、当に須く塵境の染滞を絶棄すべし。此の雌静を守ること篤厚なれば、則ち虚極の道、自ら身に致さるるなり。[30]

さらに、続く「帰根曰静、静曰復命」に対しては、「人能く根に帰り至静なれば、所稟の性命を復すと謂う可し（人能帰根至静、可謂復所稟之性命）」といい、「妙本」が「身に致さ」れることと、「所稟の性命」を回復することとは表裏一体の関係として考えられている。こうした思想は、第二十章「荒兮其未央哉」では、「若し、俗学を畏絶せずんば、則ち衆生の正性荒廃し、其れ未だ央止するの時有らず」、第四十三章「天下之至柔、馳騁天下之至堅」では、「天下の至柔なる者は、正性なり。若し、代務に馳騁し、塵境に染雑し、情欲充塞せば、則ち天下の至堅と為る」、第六十四章「其安易持、其未兆易謀」に対する、「言うこころは、人の正性は、安静なるの時は、執持して散乱せざら令めんと将《ほっ》欲す。故に心を起こさんと欲すと雖も、尚お未だ形兆さざれば、之れを絶ちて起こさざら令めんと謀度するに、並びに甚だ易きのみ」などにも同様に表明されている。[31]

ところで、第十五章「清静の性をして法に滞せざら令む（令清静之性、不滞於法）」（巻一、葉一八裏）、第八十一章「聖人清静の性に於いては、曾つて減耗無し（於聖人清静之性、曾無減耗）」（巻四、葉二二裏）という「清静の性」、第六十四章「常に其の自然の性を全うす（常全其自然之性）」（巻四、葉六裏）、「以て其の自然の性を輔す（以輔其自然之性）」（同、葉七表）、第六十五章「物をして乃ち大いに自然の性に順うに至ら令む（令物乃至大順於自然之性）」（同、葉八表）などに見える「清静の性」「自然の性」なども「正性」と一連の概念であって、いずれも従来「道」のもつ本質的な属性を表現したものであり、人間におけるその回復が求められてきたものであるが、御注にあっては「妙本」の属性と考えられている。いずれにせよ、御注の中心をなす思想は、「道」のさらなる上位概念としての「妙本」の措定、その「妙本」による現象世界の生成およびそれと対をなす人間における「正性」の回復による「妙本」への復帰という主張にあることは明らかであろう。

このように、御注には独自の思想的展開が見られるのであるが、すべてがこのような独創的な解釈を提示しているわけではなく、先行する『老子』解釈を襲って説を構成している部分も当然ながら存在する。とりわけ、成玄英の疏と類似の解釈が行われている章が目立つ。その典型的な例は、第二十三章であろう。成疏は、「希言自然」の句を「希とは、簡少なり。希言とは、猶お言を忘るるがごとし。自然とは重玄の極道なり。至道は言を絶し、言わば則ち理に乖くを明かさんと欲す。唯だ当に言を忘れ教を遣るべくんば、適に虚玄に契会す可きなり(32)」と解釈し、言教に執着することなく、忘言遣教の境地に立つべきことを説く。成疏の特徴は、さらに続く「飄風不終朝、驟雨不終日」の句に対して、「言に滞することの多ければ、教に執して迷を生じ、妄りに躁行を為して、以て速報を求むるに譬う。既に至理に乖けば、久長なる可からず」といい、最終句「信不足有不信」に対しても、「言を忘るること能わず、言に執して理を求むれば、信道と名づくと雖も、理に於いて未だ足らず。所以に名教に執滞すれば、未だ真源に達せず。故に重玄の境に於いて、不信の心有るなり(33)」として、忘言遣教の教理で一章の解釈を貫徹している点にある。

一方、御注の方も成疏に対応して、「希言自然」の句に対しては、「希言とは、言を忘るるなり。言を忘ると云わずして希と云う者は、言に因りて以て道を詮すれば、都《すべ》て忘る可からざるも、道を悟れば則ち言忘るるを明かす。故に希と云うのみ。若し能く言に因りて道を悟り、言に滞せずんば、則ち自然に合す」、「飄風不終朝、驟雨不終日」の句に対しては、「風雨飄驟なれば、則ち暴卒にして物を害す。言教執滞すれば、則ち道を失いて迷いを生ず」、「信不足有不信」に対しては「言に執し教えに滞せば、了悟すること能わず。是れ信に於いて足らざるなり」というが、さらに徹底して全句でこの教理を援用して注釈を施している。(34) もちろん、成疏は「重玄」を一方の柱として注釈を施しているのに、御注には「重玄」の概念は説かれていないという相違は存在するが、基本的な注釈の態度は同一といってよいほど似通っている。このように、御注は一方では先行する『道徳経』解釈にも十分目を配っていたことが知られよう。

御注のいま一つの独自性は、経文そのものに対する態度のなかにも見られる。一般に、経というものは聖人の制作にかかるものであり、その文言は一字一句たりともおろそかにはできない。まして、恣意的に経文を改変するなどということは許されないものとして意識されていたことは、儒仏道いずれの経典であれ共通した事情といってよいであろう。ところで、玄宗は天宝五年に第十章冒頭の「載」字を「哉」字に改め、前章の末尾に付する旨の詔勅を発したことはすでに言及したところである。この改変は比較的軽微なもので、どちらかというと経文の校正に近い改変であった。(35) ところが、御注は一箇所大きな経文の改変を行っている。それは、第二十章末句の「我独異於人而貴求食於母」である。この句は従来の王弼本や河上公本など玄宗御注による改変以前のテキストではいずれも「我独異於人而貴食母」に作る。(36) 従って、この改変は御注独自の判断で行われたものであるが、それに関して御注自身が改変の正当性を次のように主張している。

先に求於の両字无し。今加うる所なり。且つ聖人の経を説くや、本と諱を避くること无し。今の代に教えを為さば、則ち理を暢ぶるに嫌疑有り。故より義は移す可からず。文に臨めば則ち句は須く穏便なるべし。今に便にして古を存するは、是れ庶幾する所なり。又た司馬遷、老子説くこと五千余言と云うは、則ち理詣りて言を息むを明かすなり。必ずしも五千を以て定格と為さず。(37)

古えの聖人の教えを現代の世で述べようとすれば、当然よくわからないところが生ずる。そこで理を明らかにする必要があるが、経の本義を変えることは許されない。しかし、現代での教化に便利であり、しかも古義を存する限りにおいては、経文の改訂はかえって願うところだ、というのが御注の主張であろう。しかし、そのような主張が正当化されるには、やはりそれ相応の確乎とした根拠が存在しなければならないという意識が根底で働いていたと考えられる。

そこで持ち出されたのが、『史記』老子列伝の中で、司馬遷が「老子は五千余言を説いた」と経文の文字数については概数しか述べていないということであった。御注は「五千余言」の「余言」に注目して自己の主張の根拠としたのであるが、一方、「五千」という数に拘泥して五千字本の『道徳経』テキストを確定しようという試みが六朝期に行われていたことにも留意しておくべきであろう。そのような試みの代表的なものとして、葛玄の『老子解題序訣』を付した五千字本の『道徳経』が存在し、道教の経籙伝授の中で大きな意味が与えられてきた。(38)しかし、御注はこのようなテキストには全く価値を見出してはいなかったわけで、彼の周囲にあって『道徳経』の講釈に関係していた学者たちの立場がほのかに想像されるのである。それはともかくとして、御注の『道徳経』の経文に対する態度は比較的自由なものであった。それは御注が皇帝権力を背景にしていたことと全く無関係というわけではないであろうが、『道徳経』を教化の根本に据え、そのために経義をより明確にしようという意図に基づく要請の方がより重要であったと考えるべきであろう。

四　御注と疏との思想的関係

ここで取り上げようとするのは、御注と疏との間にはどの程度の思想的連関性が存在するかという問題である。このことに関しては、御注と疏との成立過程から考えて、当然かなり密接な連関性の存在が予想されるのであるが、同時に、両者の間に存在する相違も無視できないものがある。一般に、『五経正義』などに見られるように、義疏、正義の類は、最初に経文に対する注釈を施し、続いて注に対する詳釈を施すのが常例である。しかし、御疏の場合は、全くこのような義疏の体例に従っておらず、注と同様に直接経文を解釈することを専らとしていて、注の意義を順次敷衍解釈するという方法をとっていない。そのことを端的に示すのは、疏の中で全部で三十三例出現する「注云」という形での注の引用のうち、わずか五例を除いていずれも注文の語句の出典の明示ないし語句の訓詁である点であろう。このような特徴は一体どこから生ずるものであろうか。それは、この疏が玄宗御注を敷衍解釈するものとしてではなく、御注との相補関係において経文のより詳細な解釈を提示するという目的で作成されたからではないだろうか。もし、疏が御注の敷衍を目指したものであるならば、当然、御注を標出して逐一それに対する注釈を施すというのが通例であろうが、疏では注を全く無視したといってもよいような形での、経文に対する新たな注釈が行われることが多いのである。これは、疏があくまでも御疏という体裁をとって作成されたために、御注そのものの解釈にはそれほど拘泥せずに直接経の解釈に没頭できたからではなかろうか。

また、今一つの疏の特徴として、『道徳経』以外の書物の引用、特に『荘子』『列子』『西昇経』および五経からの引用が多いということが挙げられる。御注では、明示的な書物の引用は、第三十六章に『周易』、第三十八章に『荘子』が各一例ずつ見られるに過ぎない。それと較べると、この限りにおいては疏は義疏としての性格を保持しているといえよう。さらに、疏において『西昇経』が頻繁に引用されていることは、疏の直接の作成者が道教教理に親近な立場にあることを強く示唆するものであり、疏が御注の立場に沿いながらもより道教教理に即した立場から敷衍しようという傾向を強く見せることの説明ともなるものである。(39) 以下、二、三そのような例を取り上げて、御注との思想的関連を検討しよう。

第五十四章は、「善建者不抜、善抱者不脱」で始まる章であるが、御注には全く道教教理に関わるような解釈は見られない。御注は、道をもって国を建て、百姓を統治する君主は、その功績が後世に伝わり、国が滅びることなく子孫の祭祀が絶えることがない。このような方法を一身、一家、一郷、一国から天下にまで及ぼせば、それぞれの徳は十全な状態になるということを説く。そして、「故以身観身」以下「以天下観天下」に至る経に対しては、一身、一家、一郷、一国から天下に至るまで、それぞれを修めるのにふさわしい方法でそれぞれを観察すると、「能く清静なる者は真(能清静者真)」(巻三、葉二一表。以下も同じ)、「能く和睦する者は余り有り(能和睦者有余)」、「能く序に順う者は乃ち長たり(能順序者乃長)」、「能く勤倹なる者は乃ち豊か(能勤倹者乃豊)」、「能く無為なる者は乃ち普し(能無為者乃普)」という状態にあることがわかると解釈している。このような解釈、特に後半部分は、王弼注の「天下百姓の心を以て天下の道を観る(以天下百姓心観天下之道)」という解釈や、河上公注の「道を修むるの身を以て、道を修めざるの身を観れば、孰れか亡び孰れか存せん(以修道之身、観不修道之身、孰亡孰存也)」などの解釈とも異なる御注独自のものである。

これに対して疏の方は、前半についてはほぼ御注を忠実に敷衍するが、「以身観身」の解釈では、注の解釈からは大きく外れて、道教教理に基づく注釈を施している。疏は注にいう「清静なる者」を解釈して、「注に修身の法を以て身を観れば能く清静と云うは、身の実相は本来清静なるを観じ、塵雑に染まらず、諸もろの有見を除くを謂う。(40) 有見既に遣れば、空も亦た空なるを知る。二偏を頓捨して、中道に廻契すれば、清静にして真に契すと謂う可し」といい、「観身」の「観」を身の実相が本来清静であり、空有二偏を離れた中道に一致することを観ずる、仏教でいうところの中道観の観法を適用して解釈している点が疏独自の道教教理的解釈といえよう。しかし、このような観法を「観家」以下に具体的に適用することは実際上は不可能であって、疏も御注の説をそのまま承けてほとんど発明するところがなく、最終句において、「蓋し此の観身等の観を以てして之れを観、我自り国を刑《おさ》め、内由り外に及ぼさば、則ち之れを知るのみ。易に曰く、我が生を観、其の生を観る、と。自ら観じて人を観ぜんと将欲《ほっ》するなり」[41]といって、一身の観法から拡大して家郷国天下を観察することが可能であることを、今度は『周易』観卦の爻辞を根拠にして示すが、御注が「此の観身等を以て之れを観れば、則ち知る可きのみ(以此観身等観之、則可知爾)」(巻三、葉二一裏)としか述べていないのに対して、いささか唐突の感を免れない。因みに、成疏は前半については自利利他などによって解釈を施しているが、ここで問題にした部分については、ほとんど河上公注の解釈をそのまま襲っていて、何ら観法について言及するところはない。

　同様の例は疏の各所に見られるが、さらに一例を挙げるならば、第六十三章首句「為無為、事無事、味無味、大小多少、報怨以徳」の解釈が注目される。ここでは、御注が大小多少など、分を超えない限りは怨みを生ずることはない。しかし、外界を追い求めて有為の心を生じ、分に違い性を傷つけるならば、大小多少となく怨対を生ずることになると解釈するのに対して[42]、疏は、「無為」「無事」「無味」の三をそれぞれ心、身、口の三業に関わる教説とした上で、

> 三業既に尽くれば、六根の塵自ら息むのみ。若し夫れ大小の為、多少の事、苟くも有為の境に渉れば、怨対の讎に非ざる無し。若し能く彼の無為を体し、茲の有欲を捨て、真実の相を悟りて、慮心を起こすこと無くんば、自然に怨対生ぜず。怨みに報ずるに徳を以てすと謂う可きのみ。[43]

といい、身口意(心)の三業が尽きれば、六根の塵欲が自然に消滅することを前提として「報怨以徳」を解釈してお

り、ここでも御注の解釈を傍らに置いて、道教教理を援用して経文の意義を直接解釈するという方法が取られている。

最後に、疏が御注とは別個に独自の議論を展開ないし御注の説を改変している例を挙げておこう。その代表的な例は、前章で詳細に述べたとおり、第二十五章「人法地、地法天、天法道、道法自然」に対する議論である。これは、初唐期における仏道論争の展開を十分踏まえた上で、「道」の上位概念として、「自然」ないし「虚無」を措定するような一類の道教教理を否定し、「道」「自然」「虚無」を唯一絶対の「妙本」の功用、性、体と規定するものである。

また、これほど顕著なものではないが、第三章「難得之貨」に対して、疏の方は、一応御注の「性分の无き所」という解釈を敷衍した上で、「又解云」として、「人君珠犀宝貝を貴ばずんば、則ち其の政清浄なるを以て、故に百姓之れに化し、自ら貪取を絶ち、人各おの足るを知る。故に盗を為さず[44]」と、従来の解釈を挙げて御注の独創的解釈をある意味で希薄化させるような態度を取っている。しかも第三章では「又解云」と別解を紹介しただけのような体裁を取りながら、第六十四章では、「難得の貨とは、内には性分の無き所を謂い、外には珠犀宝貝を謂う。聖人は欲に於いて欲無く、内に性分の無き所に務めず、外に累徳の宝貨を営まず。故に難得の貨を貴ばずと云うのみ[45]」と説いて、御注独特の解釈と従来のありきたりの解釈とを完全に融合させており、あたかも伝統的な解釈に譲歩したかのような感じを与えている。確かに、「難得之貨」を御注のように解釈することは、かなり強引な解釈であるといわなければならない。おそらく、疏は目立たないような形で御注と従来の解釈との調和を図ったのであろう。

以上のような諸点を勘案すれば、疏は基本的には御注の解釈に沿いつつ直接経文を解釈するという態度を取り、全くの従属的な立場から御注を敷衍するものでない。特に、仏教教理を大幅に取り込んで形成された当時の道教教理がかなり鮮明に反映された部分には、御注とはまた異なった疏の独自性が看取される。このことは、「釈題」において玄宗が述べている彼自身の発明にかかる御注以後の『道徳経』解釈と、『玉海』にいうところの、玄宗の命を受けて左常侍崔沔が道士王虚正、趙仙甫および諸学士らと修撰したという二つの部分から御疏が構成されているからに他ならないであろう。

（1）武内義雄『老子の研究』(『武内義雄全集』第五巻所収、角川書店、一九七八年)第七章。

（2）「其老子宜令士庶家蔵一本、仍勧令習読、使知旨要、毎年貢挙人、量減尚書論語一両条策、准数加老子策、俾敦崇道本、附益化源、……開元二十一年□月一日」(「開元聖文神武皇帝注道徳経勅」北京大学図書館蔵芸風堂拓片、陳智超『道家金石略』文物出版社、一九八八年、頁一一八。また、『曲江集』巻七歳初処分)。『冊府元亀』巻五三帝王、尚黄老が開元二十年とするのは誤り。

（3）「二十三年三月癸未、親注老子、幷修疏義八巻、及至開元文字音義三十巻、頒示公卿士庶、及道釈二門、聴直言可否」。

（4）「伏奉恩勅、賜臣等於集賢院。与諸学士奉観御注道経及疏本、天旨玄遠、聖義発明、詞約而理豊、文省而事愜。上足以播玄元之至化、下足以闡来代之宗門、非陛下道極帝先、勤宣祖業、何能廻日月之晷度、鑿乾坤之戸牖、使盲者反視、聾者聳聴、……請宣付所司施行」。

（5）「玄元皇帝道徳経御注、右検校道門威儀龍興観道士司馬秀奏、望□両京及天下応修官斎等州、取尊法物、各於本州一大観造立石台、刊勒経注、及天下諸観幷令開講、勅旨依奏、開元廿三年九月廿三日」(芸風堂拓片、『道家金石略』頁一一八所収)。

（6）懐州では、開元二十五年に、道士尹愔が石台建立のことを奏請し(『集古録跋尾』巻六)、易州のものは開元二十六年に建立され(『金石萃編』巻八三)、邢州龍興観の場合は、開元二十七年になって漸く建立されている(『金石萃編』巻八三、帰有光『震川集』巻五「跋唐石台道徳経」)。

（7）大淵忍爾『敦煌道経 図録編』(福武書店、一九七九年)頁四八九。

（8）陳智超「唐玄宗《道徳経》注諸問題——与李斌城同志磋商」(『世界宗教研究』一九八三年三期)。

（9）「開元中、玄宗留意経義、自褚无量元行沖卒後、得希烈与鳳翔人馮朝隠、常於禁中講老易、……玄宗凡有撰述、必経希烈之手」。

（10）「開元初、詔中書令張説挙能治易老荘者、集賢直学士侯行果薦子元及平陽敬会真於説、説藉以聞、並賜衣幣、得侍読、子元擢累秘書少監、会真四門博士、俄皆兼集賢侍講学士、……始行果会真及長楽馮朝隠同進講、朝隠能推索老荘秘義、会真亦善老子、毎啓篇、先薫盥乃読」。

(11)「十八年十月、命集賢院学士陳希烈等於三殿講道徳経、侍中裴光庭等奏曰、……遂命集賢院学士中書舎人陳希烈諫議大夫王廻質侍講学士宗正少卿康子元賛善大夫馮朝隠等於三殿侍講、敷暢真文」。

(12)「朕誠寡薄、嘗感斯文、猥承有後之慶、恐失無為之理、毎因清宴、輒叩玄関、随所意得、遂為箋注、豈成一家之説、但備遺闕之文、今茲絶筆、是詢於衆、公卿臣庶、道釈二門、有能起予類於卜商、針疾同於左氏、渇於納善、朕所虚懐」(芸風堂拓片、『道家金石略』頁一一六所収。また、『金石萃編』巻八三)。

(13)注(1)所掲武内義雄『老子の研究』を参照。

(14)「(開元)二十年春、奉勅撰龍門公宴詩序、賜絹百疋、延入集賢院修老子道徳経疏、行於天下」(『顔魯公集』)、「開元二十年九月、左常侍崔沔入院修撰、与道士王虚正、趙仙甫幷諸学士参議修老子疏」(『玉海』)。なお、『顔魯公集』については吉川忠夫氏の教示による。

(15)注(1)所掲武内義雄『老子の研究』を参照。

(16)「毎惟聖祖垂訓、詒厥孫謀、聴理之余、伏勤講読、今復一二詮疏要妙者、書不尽言、粗挙大綱、以裨助学者爾」(葉三裏)。

(17)「十月、御注道徳経並義疏分示十道、各令巡内伝写以付宮観」。

(18)スタイン七五およびペリオ二三七〇の『老子解題序訣』には、「(老子)世衰大道不行、西遊天下、関令尹喜曰、大道将隠乎、願為我著書、於是作道徳二篇五千文上下経焉」とあり、既に「上下経」の語が見えている。『解題序訣』のこの部分の成立年代については、葛玄によるとするものから(武内義雄『老子原始』弘文堂書房、一九二六年、第二章)、遅くとも六朝末までに成立していたとするものなどがあるが(楠山春樹『老子伝説の研究』創文社、一九七九年、前篇第三章)、玄宗以前のものであることは確実である。

(19)「四月戊寅、詔曰、化之原者曰道、道之用者為徳。其義至大、非聖人孰能章之、昔有周季年、代与道喪、我烈祖玄元皇帝、乃発明妙本、汲引生霊、遂著玄経五千言、用救時弊、義高象繫、理貫希夷、非百代之能儔、豈六経之所擬、承前習業人等、以其巻数非多、列在小経之目、微言奥旨、称謂殊乖、自今已後、天下応挙、除崇玄学士外、自余所試、道徳経宜並停、仍令所司更詳択一小経代之、其道経為上経、徳[経]為下経、庶乎道尊徳貴、是崇是奉、凡在遐邇、知朕意焉」(『冊府元亀』巻五四帝王、尚黄老、『全唐文』巻三一)。

(20)「凡正経有九、礼記左氏春秋為大経、毛詩周礼儀礼為中経、周易尚書公羊春秋穀梁春秋為小経、孝経論語老子、並須兼習」。

(21)「其載二月二十四日、詔曰、朕欽承聖訓、覃思玄経、頃改道徳経載字為哉、仍隷属上句、及乎廷議、衆以為然、遂錯綜真詮、因成註解」(『唐会要』巻七七論経義)。

(22) この他にも、御注および疏の中における『荘子』『列子』の引用に関して、いずれも天宝元年の『荘子』を『南華真経』、『列子』を『沖虚真経』とするという詔を反映していないことも一つの徴証となるものであるが、杜光庭の『広聖義』「義曰」の部分も同様に『荘子』『列子』のままであるから、必ずしも全ての書物が『荘子』『列子』の引用にあたって、天宝元年の詔に従っているわけではないことも、同時に留意しておかなければならない。

(23)「前章明縦欲溺情、驕盈故有咎、此章明養神愛気、不雑則無疵、営魄已下至滌除、戒修身所以全徳、愛人已下至明白、示徳全可以為君、結以生之畜之、表玄功之被物也」(巻一、葉一九表)。

(24) この疏は完全な間違いで、「直而不肆」は第五十八章の文である。すでに言及したように、『広聖義』では、この部分の疏は「注云直而不肆、此巻之経文也」となっている。

(25)「貴貨過用、貪者競趣、穿窬探篋、没命而盗」(王弼注)、「言人君不御好珍宝、黄金棄於山、珠玉捐於淵」(河上公注)。

(26)「難得之貨、謂隋珠荊璧、垂棘照車也、若使普天貴宝、則盗賊斯生、率土賤珍、則盗窃不起、故言不盗」。以下、成玄英疏の引用は、藤原高男「輯校賛道徳経義疏」(『高松工業高等専門学校研究紀要』第二号、一九六七年)による。

(27)『唐玄宗御註道徳真経』「難得之貨、謂性分所无者、求不可得、故云難得、夫不安本分、希効所无、既失性分、寧非盗窃、欲使物任其性、事称其能、則難得之貨不貴、性命之情不為盗矣」(巻一、葉三裏)。

(28)「凡情不能因任、営為分外、為者求遂、理必敗之、於事不能忘遺、動成執着、執着求得、理必失之」(巻四、葉六表)。

(29)「人生而静、天之性、感物而動、性之欲、若常守清静、解心釈神、返照正性、則観乎妙本矣、若不正性、其情逐欲而動、性失於欲、迷乎道原、欲観妙本、則見辺徼矣」(巻一、葉一裏)。

(30)「虚極者、妙本也、言人受生、皆稟虚極妙本、及形有受納、則妙本離散、今欲令虚極妙本必致於身、当須絶棄塵境染滞、守此雌静篤厚、則虚極之道、自致於身也」(巻一、葉一九表)。

(31)「若不畏絶俗学、則衆生正性荒廃、其未有央止之時」(巻二、葉一裏)、「天下之至柔者、正性也、若馳騁代務、染雑塵境、情欲充塞、則為天下之至堅」(巻三、葉九裏)、「言人正性、安静之時、将欲執持令不散乱、故雖欲起心、尚未形兆、謀度絶之、使令不起、並甚易耳」(巻四、葉五裏)。

(32)「希、簡少也、希言、猶忘言、自然者、重玄之極道也、欲明至道絶言、言則乖理、唯当忘言遺教、適可契会虚玄也」。

(33)「譬滞言之多、執教生迷、妄為躁行、以求速報、既乖至理、不可久長」、「不能忘言、而執言求理、雖名信道、於理未足、所以執滞名教、未達真源、故於重玄之境、有不信之心也」。

(34)「希言者、忘言也、不云忘言而云希者、明因言以詮道、不可都忘、悟道則言忘、故云希爾、若能因言悟道、不滞於言、則合自然」(巻二、葉七表)、「風雨飄驟、則暴卒而害物、言教執滞、則失道而生迷」(同前)、「執言滞教、不能了悟、是於信不足也」(同、葉八表)。

(35)『新唐書』巻五七芸文志「今文尚書十三巻」の条の注記には、「開元十四年、玄宗以洪範無偏無頗声不協、詔改為無偏無陂。天宝三載、又詔集賢学士衛包改古文従今文」とあり、同様の経文の改変が『尚書』においても行われたことが知られる。

(36)馬叙倫『老子覈詁』による。『文献通考』巻二一一経籍考道家には「明皇老子注二巻 疏一巻」が挙げられ、晁氏の説として「唐玄宗撰、天宝中加号玄邁道徳経、世不称焉、又頗増其詞、如而貴食母作児貴求[食](合)於母之類」とある。これによれば、「児貴求食於母」に作る御注本があったことになるが、現在見られる開元碑や開元幢などはいずれも「而貴求食於母」に作っていて、晁氏の説に合致するもののないこと、馬氏の指摘のとおりである。

(37)「先无求於両字、今所加也、且聖人説経、本无避諱、今代為教、則有嫌疑暢理、故義不可移、臨文則句須穏便、便今存古、是所庶幾、又司馬遷云、老子説五千余言、則明理詣而息言、不必以五千為定格」(巻二、葉三裏)。

(38)五千字本は実際には四千九百九十九字。天宝十載の紀年を有するスタイン六四五三や、ペリオ二五八四などが敦煌残巻の中に存在する。

(39)疏が援用する道教教理は、南北朝末から隋初唐にかけて、仏教教理を大幅に取り入れて形成されたものであり、一見したところ仏教教理そのものを援用して『道徳経』の解釈を行っているように見える。しかし、疏の作成者としては、なんら仏教教理を援用しているという意識は持っていなかったであろう。このことについては、本書第三部第一章を参照。

(40)「注云以修身之法観身能清静者、謂観身実相、本来清静、不染塵雑、除諸有見、有見既遣、知空亦空。頓捨二偏、廻契中道、可謂清静而契真矣」(巻七、葉一五表)。

(41)「蓋以此観身等観而観之、自我刑国、由内及外、則知之爾、易曰、観我生、観其生、将欲自観而観人也」(同、葉一六表)。

(42)「於為無為、於事無事、於味無味者、仮令大之与小、多之与少、既不越分、則無与為怨、若逐境生心、違分傷性、則無大無小、皆為怨対、今既守分全和、故是報怨以徳」(巻四、葉四裏)。

(43)「三業既尽、六根塵自息爾、若夫大小之為、多少之事、苟渉有為之境、無非怨対之讎、若能体彼無為、捨茲有欲、悟真実相、無起慮心、自然怨対不生、可謂報怨以徳爾」(巻八、葉一四裏)。

(44)「以人君不貴珠犀宝貝、則其政清浄、故百姓化之、自絶貪取、人各知足、故不為盗」(巻一、葉八裏)。

(45)「難得之貨、内謂性分所無、外謂珠犀宝貝、聖人於欲無欲、内不務於性分之所無、外不営於累徳之宝貨、故云不貴難得之貨爾」(巻八、葉一八表)。

第三章　玄宗と三経御注

はじめに

唐王朝の対三教政策、特に仏道二教政策が、時代によってかなり大きく変化したことは周知の事柄であろう。とりわけ、高宗、武后から玄宗に至る時期は、三教に対する比重が仏教から道教へと傾いた時期であり、その傾向は玄宗朝において顕著であった。

玄宗が即位した当時は、仏道両教に対して統制的な施策が取られていたが、とりわけ偽濫僧の横溢と造寺造仏に熱中する仏教教団が批判の対象となっていた。姚崇を宰相に抜擢した玄宗は、彼の助言に従って次々と綱紀の粛清を目指す政策を実行し、仏教教団の抑圧を行った。開元二年(七一四)正月には、僧尼を検責する命を下して偽濫僧を還俗させ、ついで二月には、寺院の創建を禁ずる詔を出し、閏二月には僧尼に父母を拝するよう命ずる勅を発布している。(1)

その後、開元九年(七二一)に姚崇が死ぬのと前後して、玄宗の道教への傾斜が始まる。この年に玄宗は天台山にいた司馬承禎を宮中に迎えて、みずから法籙を受け(2)、翌十年には、両京および諸州に玄元皇帝廟を置き、さらに崇玄学を設けて『道徳経』『荘子』『列子』を学習させ(3)、十三年には泰山に行幸して昊天上帝を祀っている。(4)

こうした、政治的諸施策と対応する形で、玄宗は開元十年六月に『孝経』の注を撰述して天下に発布し、[5]開元二十年(七三二)十二月には『道徳経』の注を完成させ、翌二十一年正月にはいわゆる「家蔵一本」の詔を発布している。しかし、この『道徳経』の御注は完成後しばらく玄宗の手許に留められ、御疏の完成を待って開元二十三年(七三五)三月に頒布されたと考えられる。[6]これを承けるかたちで、同年六月には、都釈門威儀僧思有が『金剛般若経』の御注撰述のことを願い出た。玄宗はその願いを受け入れ、同年九月十五日に御注を完成させ、同月十八日に洛陽の敬愛寺で慶讃法要が挙行されたことが、房山石経本『御注金剛般若経』末尾に付された題記によって知られる。[7]こうして、玄宗による三教それぞれの代表経典である『孝経』『道徳経』『金剛般若経』に対する注釈が揃ったわけである。ちなみに、房山石経碑は『御注金剛般若経』頒布の七年後、天宝元年(七四二)八月十五日に建てられている。本章では、玄宗の手になる『孝経』『道徳経』『金剛般若経』三経の御注、とりわけ『御注金剛般若経』の分析を通じて、玄宗の三教理解をめぐる諸問題を検討することを目的とする。

一　『孝経』注の作成

従来の研究によれば、『孝経』注の作成に先立っては、元行沖、劉知幾、司馬貞らによる『孝経』の今古文をめぐる論争や盧履冰の服喪の制に関する上表とそれをめぐる論争があり、[8]玄宗はそれらの論争を踏まえたうえで、王朝としての統一的解釈を示す意図をもって『孝経』注を作成したと考えられている。今に残る玄宗の『孝経』注を見る限り、そこには玄宗が儒教以外の道仏二教を視野に入れて、それらとの関係で『孝経』の注を撰述した痕跡は全くといっていいほど見られない。それは、このような撰述の経緯を考えれば、何ら不思議なことではない。

また、『孝経』に対する玄宗の認識は、『御注金剛般若経』序に昔歳、孝経を述べて以て百行の首と為せり。故に深く要旨を覃(談)じ、微言を闡らかにせんことを冀う。唯に先王の至徳のみならず、実に君子本を務むるを謂う。(9)

といい、続けて『孝経』『道徳経』は「凡そ以て天下を理《おさ》むるの二経有り、故に闕く可からざるなり(凡有以理天下之二経、故不可闕也)」というとおりであり、このことも、最初に『孝経』注が撰述された理由のひとつと思われる。『御注孝経』完成後、玄宗は元行沖に命じて疏を作らせ、注の不十分なところを補わせているが(10)、これは、後に『道徳経』『金剛般若経』の御注撰述後に同じくそれらの疏を編纂させたことにつながろう。

二　『道徳経』注疏の作成

次に作成された『道徳経』に対する注釈は、玄宗が道教に思い入れを深くした時期の思想を色濃く反映しているといえる。『御注道徳経』頒布に際して出された「頒示箋注道徳経勅」(開元道徳真経幢、『全唐文』巻三二)には、

朕は誠に寡薄なるも、嘗つて斯の文に感じ、猥りに有後の慶を承け、無為の理を失わんことを恐る。毎に清宴に因りて、輒ち玄関を叩き、意得する所に随いて、遂に箋注を為す。豈に一家の説を成さんや、但だ遺闕の文に備うるのみ。今茲こに筆を絶ち、是こに衆に詢る。公卿臣庶、道釈二門、能く予を起こすこと卜商に類し、疾に針すること左氏に同じきもの有らば、善を納るるに渇するは、朕の懐いを虚しくする所なり。(11)

とあり、近臣との玄学に関する談論がしばしば行われ、その中で玄宗の『道徳経』に対する見方が次第に深化していったことが知られる。また、『道徳経』は唐王朝の聖祖とされる李耳の教えであること、さきの『御注金剛般若経』の序に述べるように、『孝経』と並んで治世に不可欠な経典であるがゆえに、これまた自ら注釈を加えるに値すると考えられたのである。

同時に、当時の仏道二教間の論争を承けて、玄宗はこの『御注道徳経』において、道教を中心とする三教の調和的合一を主張したことが知られる。その際のキーワードは「妙本」であり、玄宗は「道」よりさらに根源的な実在ない し理法としての「妙本」から儒仏道三教が派生したのであり、この「妙本」のもとにおいては、三教間における相違や対立は全て止揚されるという主張を展開した。玄宗注を承けて作成された疏はこの立場をより一層鮮明にするものであった。(12)

玄宗の『道徳経』御注および疏が発布されると、そこに示された「妙本」を核とする解釈は、仏教側の老子解釈をも強力に規制することになった。その典型的な例として宗密の『道徳経』第二十五章「道法自然」の解釈を挙げることができよう。宗密は『円覚経大疏釈義鈔』巻九之一において次のようにいう。

道自然に法るとは、老経云く、人は地に法り、地は天に法り、天は道に法り、道は自然に法る、と。釈して曰く、法るとは、倣いて前則を取ら教《し》むるなり。人は地に法るとは、地は寂静なり、人は当に如《しか》すべきなり。其の志を寂静にし、道を守り時を待ち、人の知らざるを患えずして、自ら能く功成り事遂ぐ。地は天に法るとは、天行健壮にして、万物を生成し、衰怠有る無し。地は天を得ずんば、以て生成する無し。天は尊く地は卑し、故に之れに法るなり。理実よりして言わば、人は天地に法りて、唯に地のみにはあらず。故に易に云く、天地変化し、聖人之れに効う、と。天は道に法るとは、天は運行して息まずと雖も、尽く是れ常道にして、為す無くして為さざる無し。故に道に法りて為す無きなり。道自然に法るとは、即ち大道は従りて来たる所無きを、名づけて自然と為す。別に自然有りて、大道をして之れに法ら令むるには非ざるなり。但だ以て天道の源を究め尋ぬれば、乃ち自然なるを覚るのみ。更に根源因由無し、故に之れに法ると云う。(13)

このような宗密の『老子』解釈、とりわけ「道自然に法るとは、即ち大道は従りて来たる所無きを、名づけて自然と為す、別に自然有りて、大道をして之れに法ら令むるには非ざるなり」という「道」と「自然」との関係についての解釈は、玄宗疏の「道法自然」に対する解釈と軌を一にするものである。この第二十五章に対する玄宗疏は、唐初以来の道仏論争における主要な論争点のひとつであった「道法自然」の解釈について、「道」の上位に「自然」や「虚無」を措定する『西昇経』を初めとする一部の道教経典の説を明確に否定するとともに、「道」「自然」「虚無」の三者の相互関係を統一的に解釈するための概念としての「妙本」を提示する。このことによって、「道法自然」に対する仏教側の批判、つまり「道」の上位概念として「自然」あるいは「虚無」が存在するのであって、「道」は決して唯一無二の至上の存在ではないという批判への窮極の反論とすると同時に、儒仏道の三教をも妙本のもとに秩序づけようとするものであった(14)。宗密は当然これまでの道仏論争の経過を知っていたであろう。にもかかわらず、宗密はあえて「道」の上位に「自然」を置かないという立場に立ち、これまでの仏教側の道教批判の論理を否定する解釈を行っているのは、玄宗の注疏の説を唐王朝の公式の解釈として受容したことを示すものといえよう。

この一例をもってしても、玄宗の『道徳経』の御注および疏が唐王朝の公式の『道徳経』解釈として強い規制力を有したこと、そこでの重要な概念として提示された「妙本」が、従来の三教論争の主要な対立点を解消し、道教を中心とする三教の秩序を確立するという意図を有して提示されたことが知られるのである。

三　『御注金剛般若経』撰述の意図

こうして、玄宗は『御注孝経』を最初に頒布して、国家イデオロギーとしての儒教の確乎不抜の地位を認める一方、唐王朝の老子崇拝の伝統のうえに、次第に道教への傾斜を強めつつ、『道徳経』の御注御疏を頒布した。このことに危機感を募らせたと思われる仏教側は、『金剛般若経』の御注撰述を請願することによって、三教間での仏教の地位を安定させようと試みた。玄宗はこの請願を受け入れて、三月ほどの短期間に御注を完成させた。今、『御注金

剛般若経』の玄宗の序を再度見てみると、『孝経』『道徳経』については、

昔歳、孝経を述べて以て百行の首と為せり。故に深く要旨を覃(談)じ、微言を闡らかにせんことを冀う。唯に先王の至徳のみならず、実に君子本を務むるを謂う。近ごろ又た道徳を賛するに、伏して知れり、聖祖教えを垂れ□を著わし、□□□□□□□□訓を稟くるを。況んや道家は人をして精神専一にして、動いて無為に合せ使むるをや。凡そ以て天下を理《おさ》むるの二経有り、故に闕く可からざるなり。(15)

といい、『孝経』と『道徳経』を天下統治のために欠くべからざる経典として重視している。これに対して、『金剛般若経』については、

今の此の注は則ち来請に順う。夫れ衆竅互いに作すも、之れを鼓する者は風なり。柤梨相い殊なるも、口にす可き者は味なり。苟くも在□□□□□□□□□将《もっ》て我を助くる者は、何ぞ間然たらんや。(16)

と述べている。これは、治世にとって不可欠ではないにしても、何がしかの役には立つのであれば、なおざりにはしないでおくということであり、それ程重要な意味づけをされているようには思われない。しかも、「来請に順」って作成したと明言している。

かかる経緯を考えると、『金剛般若経』の御注は、必ずしも玄宗自身の内発的要求にもとづくものとはいえず、三教政策上のバランスをとるという目的のもとに撰述されたと考えて大過なかろう。このことは、張九齢の「請御註経内外伝授状」と「賀御註金剛経状」に対する玄宗の御批および手詔の中にも明確に示されている。(17) 一方、仏教側にとって御注の頒布は大きな意味を有したことはいうまでもない。頒布後間もなく長安の千福寺や興唐寺には御注の石幢や石経を安置するための「御注金剛経院」が建てられたと推定される痕跡が『貞元新定釈教目録』巻一四の記事や朱景玄の『唐朝名画録』神品上呉道玄の条に引く『両京耆旧伝』などに見出される。(18)

ところで、仏教側が何故にあまたの仏典の中から、特に『金剛般若経』を選んで御注の撰述を要請したのであろう

か。ひとつには経典の分量が注を付すには手頃であったことがあろうが、同時に、高橋佳典氏が指摘されたように、千秋節（後の天長節）における法会での「金剛無量寿道場」の存在や、延寿経典としての『金剛般若経』に対する信仰がその背景に存在したことも理由のひとつと考えられよう。(19) また、『宋高僧伝』巻五道氤伝が、玄宗が般若会の中で『金剛般若経』の経義を聞いていたと伝えるように、玄宗自身にとって『金剛般若経』が身近な存在であったことも関係していよう。(20) 以下、従来の研究の蓄積が少ない『金剛般若経』の御注に関して考察を進めることにする。

四　房山石経本とスタイン二〇六八

さて、従来『孝経』および『道徳経』の玄宗注に対して『金剛般若経』の玄宗注の研究が進んでいなかったのは、『金剛般若経』の玄宗注が現存のいずれの宝蔵にも入蔵されておらず、伝本が全く知られていなかったことによる。この状況は、一九五六年に、中国仏教協会が釈迦涅槃二千五百年を契機として、房山雲居寺石室内の石経全部の拓本を取るという大事業を行ったときに、石経山第八洞から四石八面の『御注金剛般若波羅蜜経』が発見されたことによって、はじめて打開されることになった。しかし、その後の文革の影響などのため、この石経の拓本はなかなか公開されず、容易に見ることはできなかった。

その全部の釈文を見ることができるようになったのは、ようやく一九八七年になって、呉夢麟女士の手になる釈文が『世界宗教研究』に掲載されてからである。(21) この釈文には、一見して誤りと思われるところも多かったが、拓本自体の鮮明な写真が公開されていないために確認のしようがなかった。筆者は、二〇〇〇年三月に中国仏教協会ではじめてこの拓本を見、その細部を撮影する機会に恵まれた。時を同じくして、『房山石経』の新版第三冊「隋唐刻経」にこの拓本の印影が収められて、(22) 現在では容易に拓本を見ることができるようにはなっている。しかし、『房山石経』

の印影は縮小がきつく、御注部分の細部については確認できないところも多い。呉夢麟女士はその後、「房山石経本《唐玄宗註金剛経》整理記——附録文」[23]において、先の釈文の一部を修正してはいるが、それでもまだ不完全なところが残っているし、石経の表面の剥落による解読不能の部分の存在はいかんともしがたいところである。

前述のように、玄宗の『御注金剛般若経』は、現存の各種宝蔵には収められておらず、その存在自体は知られてはいても、最近まで現物には接することはできなかった。従って、呉夢麟女士のいうごとく、房山雲居寺石経本が天下の孤本であると思われてきたのは、ある意味で当然であった。しかし、少しく注意して『金剛経』の現存注釈類を精査すれば、房山石経本『御注金剛般若経』は、実は天下の孤本ではなく、別に一本が存在することが知られるのである。

スタイン将来の敦煌写本の中にスタイン二〇六八がある。本写本は、ジャイルズの目録では五五七二という通番が付され、"The Diamond Sutra (N. 10), with extensive commentary in double columns. Good MS. Light greyish paper. 20 1/2 ft." と記されているが、首尾を欠いているために、撰者や書写年代などについての記述はない。大正蔵巻八五はこのテキストを『金剛般若経挟註』と題して収めており、『挟註金剛経』とも呼ばれている[24]。しかし、このスタイン二〇六八こそ、実は『御注金剛般若経』のもうひとつの貴重な現存テキストなのである。

ところで、房山石経本末尾の題記によって、『御注金剛般若経』は小麻紙三十五張に書写されていたことが知られる[25]。手許のスタイン二〇六八の写真では紙の継目は判別できないので、残存部分が何張の紙に書写されていたか確認はできないが、内容的には御注全体の約八割とおぼしき部分が残っている。房山石経本は、碑石表面の剥落によって判読不明な部分が相当あるのに対して、スタイン二〇六八の残存部分は、その欠を補って余りあるものがあり、この両本を校合することによって、原本の約九割を復原することが可能である。この写本は首尾を欠くために断定的なことはいえないが、礼部で書写されて各地に頒布されたはずの官製の原本とは考えられない。そう推定する根拠は、書写の間違いを示すレ点や脱字を後から補った跡、原字の上をなぞって別字に修正した箇所がかなり見られるからである。おそらく頒布本を基に転写されたものと考えられるが、原本を見たわけではないので、紙質などから書写年代を推定することはできない。この写本と石経本とを比較すると、一箇所を除いては大きな異同は見られない。それは、石経本第二面の「河谷深空云々」の「河谷深空」がスタイン二〇六八では「般若深宗」に作ってある箇所がそれに当たる。文脈からは「般若深宗」が正しいと思われる。これ以外には、両者の間には異体字の相違や助字の使用に細かい差異が見られる程度の違いしかない。

筆者は早くこのことに気付き調査をしてきたが、衣川賢次氏も同様に調査を進め、また吐魯番文献Ch一〇三七、Ch三〇三も御注の断片であることを見出されて論考を発表されていたことを後に知った(26)。その後、氏は私の調査結果も参考にされてあらたに釈文を発表されており(27)、一方、私も氏の釈文をも参考にして別個に釈文を作成するとともに、一字索引を作成して公刊している(28)。これによって、現在はテキストにまつわる問題はほぼ解決されたといえよう。

五　『御注金剛般若経』と道氤『御注金剛般若経宣演』

さて、この『御注金剛般若経』がはたして玄宗の手になるものかどうかについては、『道徳経』の御注御疏同様、別人の代作を疑う議論も存在した(29)。しかし、房山石経本に付された序および張九齢の賀状、さらには『冊府元亀』などの記事を見るかぎり(30)、玄宗の自作をあえて疑わなければならない事情は見当たらない。また、『御注道徳経』の撰述に引き続いて疏が作成されたのと同様、『御注金剛般若経』の頒布に引き続いて道氤の手で疏六巻が作成された(31)。この道氤の疏は現存しないが、道氤には御注の主旨を敷衍したという『御注金剛般若経宣演』なるものが残されている(32)。

道氤は『宣演』の序文の中で玄宗の詔を承けて御注を「弘揚」したというが(33)、『御注』と『宣演』の性格は全くといってもよいほど異なっており、現存の『宣演』が『御注』に言及するのは、わずかに二箇所のみである。一箇所は、「開釈経題」の部分であり、もう一箇所は、前述の『宋高僧伝』道氤伝に載せられた、玄宗が経文について狐疑したという部分(後述)の注を引用して問答を展開する部分であるが、その問答自体は玄宗の注を宣揚敷衍するようなものではない(34)。道氤の『宣演』は平井宥慶氏の研究によれば、窺基の『金剛般若論会釈』の大なる影響下にあるとされており、御注とはほとんど関係なしに、法相唯識の学僧の立場から『金剛般若経』を直接注釈している(35)。なお、御注は須菩提の漢訳として「善吉」を使用しているが、『宣演』では別訳である「善現」を使用して、御注の書法を全く無視していることも注意しておかなければならない点であろう。

六　『御注金剛般若経』の特徴

(一) 自由な観点からの注釈

一般に、経というものは聖人の制作にかかるものであり、その文言は一字一句たりともおろそかにはできない。まして、恣意的に経文を改変するなどということは許されないものとして意識されていたことは、儒仏道いずれの経典であれ共通した事情といってよいであろう。しかし、玄宗の経典に対する注釈態度には、このような暗黙の規制からは超越した自由な発想が見られる。その典型的な例は、天宝五年(載)(七四六)に『道徳経』第十章冒頭の「載」字を「哉」字に改め、前章の末尾に付する旨の詔勅を発したことに見られる(36)。しかし、この改変は比較的軽微なもので、どちらかというと経文の校正に近いものであった。玄宗はさらに『道徳経』第二十章末句を大きく変えている。従来の王弼本や河上公本など玄宗御注による改変以前のテキストではいずれも「我独異於人而貴食母」に作るのを、玄宗は「我独異於人而貴求食於母」に改めたのは、従来のテキストおよび注釈を無視し、玄宗独自の判断で行ったものである。(37) このことは、御注の『道徳経』の経文に対する態度が比較的自由なものであったことを示している。

これと同様の事例が、『御注金剛般若経』においても見られる。『宋高僧伝』巻五道氤伝には、玄宗が御注撰述に際して、経文の「先世罪業応堕悪道乃至罪業則為消滅」の部分に疑問を抱き、道氤にその是非を定めさせようとしたことが述べられている。(38) 今この部分に相当する御注を見てみると、

【経】若善男子善女人受持読誦此経、若為人軽賤、是人先世罪業応堕悪道、以今世人軽賤故、先世罪業則為消滅、当得阿耨多羅三藐三菩提。

【注】以此敦勧持経之人爾、夫業若先定、応堕悪道、即是鈍根、聞必驚怖、安能信奉而読誦此経耶、若後五百歳、聞是章句、能生信心者、此人已於千万仏所種諸善根、復若為人軽賎乎、況此経仏為大乗最上乗者説、皆真実不誑、不応苟勧愚人崇信、而発菩提取相之言、将如来別有深意乎、為訳経之人失其旨也。

(石経本五／五、スタイン二〇六八／行一六九)(39)

とあり、前世の罪業によって悪道に堕すべき者が、今世で軽賤の人となって経を受持することによって、前世の罪業を消滅させ、阿耨多羅三藐三菩提を得ることができると説くのに対し、玄宗注は「況んや此の経は仏大乗最上乗者の為に説けば、皆真実にして誑ならず。応に苟くも愚人に勧めて崇信せしむべからず、而るに菩提取相の言を発するは、将た如来別に深意有るか、為た訳経の人の其の旨を失えるや」との疑問を抱き、結局、如来には凡人にはわからない深意があっての教説なのか、あるいは訳経者の誤訳なのかと注している。玄宗の当時、漢訳以外の西域諸語の版本としては、玄奘の齎した梵本が存在したはずであるが、いずれにせよ、この部分は現存の漢訳以外の版と対応させて見ても、羅什の訳は正確であって、訳経者の誤訳ということはありえない。(40) 道氤ほどの学僧であれば、これが誤訳ではないことは当然知っていたであろうから、このような注はやはり玄宗自身の経文に対する自由な立場から付され

たと考えるのが妥当であろうと思われる。

（二）煩瑣な教学的注釈の回避

さて、御注の内容そのものに関してであるが、採用されたテキストは当時通行していた数種の『金剛般若経』のテキストのうち羅什訳が使われている。羅什訳に関しては、梁の昭明太子が三十二段に分段したといわれているが、御注のテキストは一切分段は設けていない。また、注釈のスタイルは非常にシンプルで、『孝経』『道徳経』の御注のスタイルに通ずるものである。道氤に代表される当時の専門の学僧たちの注疏が、科段を設けて詳細精密に分析を加えるという注釈法を取るのに対して、従来の注でいえば、僧肇の『金剛般若経』の注釈に近いスタイルといえよう。いくつか例を挙げるならば、まず「中道」を強調する例としては以下のようなものがある。

・【序】故発菩提者、趣於中道、習無漏者、名為入流、将会如如、故須遣遣□。（石経本一／五）

・【経】須菩提、若菩薩以満恒河沙等世界七宝布施、若復有人知一切法無我、得成於忍、此菩薩勝前菩薩所得功徳。

【注】離彼両辺、契於中道、悟無生忍、勝福甚多、財施校量非所及也、知無有我亦無無我、遣之又遣、深入菩提、故知一切法無我也。（石経本八／二、スタイン二〇六八／行二九九）

・【経】仏告須菩提、諸菩薩摩訶薩応如是降伏其心、所有一切衆生之類、若卵生、若胎生、若湿生、若化生、若有色、若無色、若有想、若無想、若非有想、若非無想、我皆令入無余涅槃而滅度之。

【注】卵胎湿化、依四縁生、有色無色、依有無生、有想無想、依境界生、若非有想、若非無想、依麁細観生、如是衆縁、皆非中道、故我以般若正観、皆令悟入円寂常楽、則滅尽苦趣、超渡愛流、夫以般若智破、煩悩障尽、般

若智存、斯有余也、若能遣之又遣、空法亦空、一切皆如、離涅槃相、湛常円寂、故曰無余。（石経本一／一〇）

・【経】爾時須菩提聞説是経、深解義趣、涕涙悲泣、而白仏言、希有、世尊、仏説如是甚深経典、我従昔来所得慧眼、未曾得聞如是之経。

【注】昔得慧眼、於有見空、今聞是経、於空亦遣、是名中道、故未曾聞、善吉解空、久得深趣、将欲起教、以示未来、故涕涙悲泣、歎其希有。（石経本四／一、スタイン二〇六八／行一〇四）

・【経】仏告須菩提、善男子善女人発阿耨多羅三藐三菩提者、当生如是心、我応滅度一切衆生。

【注】衆因縁生、本非有法、妄心執著、起衆生相、今悟性空、則衆縁自滅、菩提中道、応発是心也。（石経本五／一〇、スタイン二〇六八／行一八七）

・【経】所以者何、須菩提、仏説般若波羅蜜、則非般若波羅蜜。

【注】説般若法、差煩悩病、煩悩是妄、由執見生、妄病既除、真法応捨、若執持般若、不解空義、惟此般若、亦成煩悩、故仏説般若波羅蜜、則無定法名般若。（石経本三／一二、スタイン二〇六八／行八九）

・【経】須菩提、如来所得阿耨多羅三藐三菩提、於是中無実無虚。

【注】此又双遣也、前云以有法得者、虚妄也、以無法証者、真実也、此乃寄無以遣有、仮実以明虚、虚有之妄既除、実無之法亦尽、但約辺以趣中道爾、於是中豈有虚実耶。（石経本六／一、スタイン二〇六八／行二〇九）

これらの注釈の要点は、いずれも般若の空の思想を三論教学の方法論で解釈したような印象を与え、有無の両辺を捨て、非有非無を超越した中道の立場こそが「空」そのものだというものである。ここで注目されるのは、「遣之又遣」という重玄の論理とともに「中道」が提起されていることであるが、この点については後に述べることにする。

また、玄宗注中で「論曰」として唯一引用される「論」なるものが『中論』ないし『正観論』の記述を踏まえているらしいことも、上述の推定を支持するものと思われる。具体的には、

【経】須菩提、汝若作是念、如来不以具足相故、得阿耨多羅三藐三菩提、須菩提、莫作是念、如来不以具足相故、得阿耨多羅三藐三菩提。

【注】前破有相不見如来、恐衆生即作無相求仏、故此破云汝勿謂無相可得菩提、菩提非有無、故以有無求、皆不得也、論曰、大聖説空法、為破諸見故、若復見有空、諸仏所不化、今者捨有而滞無、亦由避溺而投火也。

（石経本七／一四、スタイン二〇六八／行二九一）

が挙げられるが、玄宗注が「論曰」として引くものは、次の『中論』観行品第十三の記述、

答曰、大聖説空法、為離諸見故、若復見有空、諸仏所不化、大聖為破六十二諸見及無明愛等諸煩悩故説空、若人於空復生見者、是人不可化、譬如有病須服薬可治、若薬復為病則不可治、如火従薪出、以水可滅、若従水生、為用何滅、如空是水、能滅諸煩悩火。

（大正蔵三〇、頁一八下）

と密接に関連していると思われる。ただし、同様の記述は『三論玄義』に「正観論云」としても引用されており、[41]玄宗注の「論」が『中論』を意味するのか『正観論』を意味するのか、あるいは『三論玄義』を通じての間接的な引用なのかなどについては、俄かには断定できない。しかし、玄宗が三論の教学にそれなりの知識を有していたことは十分に首肯できよう。

㈢　他の経典および注釈との関係

御注の中には、主として『維摩経』およびその注釈の影響らしきものが見られることが注目される。まず、「須菩提言、世尊、如来説人身長大則為非大身、是名大身」に付された注には、

人身長大、仮合衆縁、分分不同、則為非大、而身相具足、是名大身、則知不離仮合之身而有大身、不離因縁生法

而有仏法、煩悩之外、豈復別有涅槃耶。（石経本六／三、スタイン二〇六八／行二一五）

とある。この「煩悩の外に、豈に復た別に涅槃有らんや」という注は、『維摩経』弟子品「不断煩悩而入涅槃是宴坐」に付された羅什および僧肇の注に、

什曰、煩悩即涅槃、故不待断而後入也、肇曰、七使九結悩乱群生、故名為煩悩、煩悩真性即是涅槃、慧力強者、観煩悩即是入涅槃、不待断而後入也。（大正蔵三八、頁三四五中）

とある「煩悩即涅槃」や「煩悩真性即是涅槃」の思想を反映したものと考えられる。

また、「一切賢聖皆以無為法而有差別」に対する、

無為法中、本無差別、三乗賢聖、根識不同、一音演説、浅深随分、未悟、則量病授薬、已悟、則薬病皆除、無法可説。（石経本二／九、スタイン二〇六八／行二一六）

という玄宗注は、いうまでもなく『維摩経』仏国品の経文および僧肇の注、

【経】仏以一音演説法、衆生随類各得解、皆謂世尊同其語、斯則神力不共法、仏以一音演説法、衆生各各随所解、普得受行獲其利、斯則神力不共法、仏以一音演説法、或有恐畏或歓喜、或生厭離或断疑、斯則神力不共法。

【注】肇曰、仏以一音説一法、衆生各随所好而受解、好施者聞施、好戒者聞戒、各異受異行、獲其異利、上一音異適、此一法異適也。（大正蔵三八、頁三三三下）

を踏まえて付されたものであろう。

さらに例を挙げるならば、「何以故、如来者、即諸法如義」に対する玄宗注、

如者法性也、是性清浄、無有定相、遂通於感、物得皆如、既如陰如陽、亦不皦不昧、悟斯如義、来成仏果、了此空相、寂然無体、豈於有法而得是耶。（石経本五／一六、スタイン二〇六八／行二〇六）

の「如とは法性なり」という解釈は、天台智顗の説を基に書かれたとされる荊渓湛然の『維摩経略疏』弟子品に見え

る、

法随於如無所随故者、理解心及諸法即是法性、法不乖如、故言法随於如、法即法性、法性即如、無能所之異、故言無所随也。　　　　　　　　　　　　　　　　　（大正蔵三八、頁六一四下）

不出於如者、如大品云、菩薩行般若時、不見有法出法性外、法性即如之異名。　（同、頁六二九上）

などの「法は即ち法性、法性は即ち如」や「法性は即ち如の異名」という解釈に通ずるものがある。湛然の『維摩経略疏』は、その序文によれば、智顗が隋の煬帝の命で『維摩経』を解説したのを煬帝が側近に筆受させたが、その内容がまま広繁であったので、湛然が本意を損わないように節略したものだという（大正蔵三八、頁五六二下）。この煬帝が筆受させたテキストは『維摩文疏』として流通していた（『仏祖統紀』巻二五、山家教典志第十一、大正蔵四九、頁二五八中）。湛然による『維摩経略疏』の撰述は広徳二年（七六四）とされるので[42]、玄宗が『維摩経略疏』を見て『金剛般若経』の注を書いたということはありえない。しかし、当時智顗の『維摩文疏』の伝本が存在したことは確かであるから、玄宗がそれを参考にした可能性を考えることは全くの的外れであるとはいえないであろう。

このように、玄宗注には『維摩経』およびそれに関連するいくつかの注釈の影響が考えられる。しかし、これ以外には明瞭に影響を指摘できるものはないようである。玄宗の仏教理解がどの程度のものであったのかはこれだけでは断定はできないが、当時の知識人一般の仏教理解から飛び抜けたものであったとは思われない。

仏典の影響とは別に、『金剛般若経』の御注には『道徳経』と『荘子』および先行して撰述された『道徳経』の御注御疏の思想を反映した解釈がかなり見られる。先に三論との関係で引用した部分と共通するが、まず「無余涅槃」についての注では、「若し能く之れを遣りて又た遣らば、空法も亦た空、一切皆な如にして、涅槃の相を離れ、湛常円寂なり。故に無余と曰う[43]」（石経本一／一二）といい、また「一切法無我」については、「彼の両辺を離れて、中道に契し、無生忍を悟る。勝福甚多にして、財施校量の及ぶ所に非ざるなり。我有ること無く亦た我無きこと無きを知り、之れを遣りて又た遣り、深く菩提に入る。故に一切法は我無きを知るなり」[44](石経本八／二)などと「遣之又遣」という「重玄」の論理が援用されている。「重玄」の論理はいうまでもなく三論の論理と密接に関係して成立し、この時代の道教教理の中核をなすものの一つであった。『金剛般若経』の御注に両者の影響が見られるのは、基本的には『道徳経』の御疏における「重玄」の論理の援用の延長上にあると思われるが、仏典の解釈に当たっても「三論」的な論理を基盤とするがゆえに有用な枠組として機能することができたのだといえよう。

次に「般若波羅蜜」について、「般若の正智は、喩えば金剛の如し。煩悩障を破して、中道に了出し、貪愛の流れを渡りて、彼岸に超到す。故に是の名字を以て、無量勝義とす。汝当に名に循《したが》いて実を責め、是れに依りて奉持すべし」[45](石経本三／一二、スタイン二〇六八／行八八)と「了出中道」をいうが、これは『道徳経』第一章章題の疏に「衆妙の門とは、了出を示すなり。所謂る進修の階漸、体悟の大方なり」といい、第十三章「徳者同於徳」の疏に「体悟の人は事に道に順うを謂う。豈に唯だに自ら能く了出するのみならんや」といい、第三十七章「不欲以静、天下将自正」の疏に「夫れ無名の樸は、既に将に欲せざらんとす。欲せざるの欲も、此こに於いて亦た忘るれば、則ち泊然清浄たり。是れを了出と名づく」といい、第四十章「天下之物生於有、有生於無」の疏に「諸法の実性は、理中には有らず、亦た復た無からず。事は因待を絶す。言う所の物は有より生じ、有は無より生ずとは、皆な是れ代法に約して言うのみ。若し輿を数うれば輿無きを知らば、即ち諸法を数うれば諸法無きを知る。豈に権実有りて相い生ずと言う可けんや。斯の理を悟る者は、了出と謂う可し」という例などに見られる「了出」の思想と共通するものである。[46] この他にも『道徳経』の解釈と共通するものが数例あるが、煩瑣になるのでここでは省略する。

『荘子』との関連については、外物篇の「忘筌」を踏まえるもの[47](スタイン二〇六八／行一八)、応帝王篇の「至人之用心若鏡、不将不迎、応而不蔵、故能勝物而不傷」を踏まえるもの[48](石経本六／一二、スタイン二〇六八／行二四五)、斉物論篇の「一受其成形、不忘以待尽、与物相刃相靡、其行尽如馳、而莫之能止、不亦悲乎」を踏まえるもの[49](石経本六／一〇)、列禦寇篇の「驪龍」の寓話を踏まえるもの(50)(石経本八／四)などが挙げられる。

このように、『金剛般若経』の御注には玄宗が傾倒した『道徳経』や『荘子』の思想が援用され、また『道徳経』の御疏の注釈方法と共通する部分がかなり見出される。このことは、注釈者としての玄宗が自己の思想基盤としての老荘思想、より具体的にいえば当時の老子解釈学の主流であった重玄を旨とする立場に引きつけて『金剛般若経』を解釈していたことがわかる。しかし、『金剛般若経』の御注には、『道徳経』の御注に見られたような、「妙本」という新たな概念を導入して三教の合一を主張するというような積極的な意図をもった思想が見られないことも同時に留意しておかねばならない点である。

(四)　後世への影響

『御注金剛般若経』が後世の仏教に対して何らかの影響を有したのかどうかについては、十分な資料はない。ただ、禅文献のひとつである『大乗開心顕性頓悟真宗論』に数条の引用があることが指摘されてはいるが、どの程度の影響力を有したかは分明ではない(51)。また、周辺諸国への伝播情況に関しては、日本に齎されたことは各種目録から知られるところであるが(52)、今のところ現存するものは確認されていない。朝鮮半島にも当然伝播したと思われるが、この点については今後の課題としたい。

おわりに

以上の論述を踏まえてあえて結論的なことをいうならば、『金剛般若経』の御注は、法相宗に代表されるような高度な仏教教学の専門的知識および方法を駆使して書かれたものではなく、仏教教理に対して一応の教養を有するものが、その知識に基づいて伝統的な中国古典注釈学の手法に従って作成したものであるということができよう。筆者としては、玄宗自身が注釈を加えたとして問題ないと考えているが、そうだとすれば、玄宗はこの注釈を作成することによって、ことさらに三教の調和や合一を主張する意図はなかったように思われる。そのような立場はすでに『道徳経』の注や疏の中で明確に表明されていること、『金剛般若経』そのものに三教調和の議論を展開するに足る要素が見られないことなどが、このような御注を生みだした要因と考えられよう。玄宗自身は、おそらく『金剛般若経』に仏教側からの要請に応じて注釈を付すという行為そのものによって、三教の調和がみずからの立場であることを宣明するという政治的効果を念頭に置いて注を付したのであろう。

『金剛般若経』の御注が頒布の直後にこそ道氤らによって宣揚されたとはいえ、唐以後のどの宝蔵にも入蔵されず、房山と敦煌あるいはトルファンという、いわば東西の両辺境にのみわずかに残されたということは、この注釈そのものの価値が仏教教学の立場からは大して評価されなかったことを意味しているのではなかろうか。それは、当の道氤自身が御注を宣揚すると称しながら、その内容を全く無視するような『宣演』を残したことからも明らかであろうし、道氤の疏が散逸してしまっていることも同様の事情によるものであろう。しかし、仏教教学からの評価と中国思想史からの評価はおのずから別である。『御注金剛般若経』の思想史的位置を正しく評価する作業は、これからも継続して進めていかなければならない。

（１）『旧唐書』巻八玄宗紀上「二年春正月、……丙寅、紫微令姚崇上言請検責天下僧尼、以偽濫還俗者二万余人、……閏月癸亥、令道士女冠僧尼致拝父母」。

（２）『旧唐書』巻一九二隠逸司馬承禎「開元九年、玄宗又遣使迎入京、親受法籙、前後賞賜甚厚」。

（３）『冊府元亀』巻五三帝王部「十年正月己丑、詔両京及諸州各置玄元皇帝廟一所、並置崇玄学、其生徒令習道徳経及荘列文子等、毎年准明経例挙送」。

(4) 玄宗の封禅については、麥谷邦夫「唐代封禅議小考」(小南一郎編『中国文明の形成』朋友書店、二〇〇五年)を参照。また、この間の玄宗の道教との関わりについては、宮川尚志「唐の玄宗と道教」(『東海大学紀要 文学部』三〇、一九七八年)、今枝二郎『玄宗皇帝』(高文堂、一九九九年)などに詳細な論がある。

(5)『旧唐書』巻八玄宗紀上「六月辛丑、上訓註孝経、頒于天下」。

(6) 玄宗の『老子』注疏の作成については、本書第四部第二章を参照。

(7)『御注金剛般若経』題記「右経開[元]二十三乙亥之歳六月三日、都釈門威儀僧思有表請、至九月十五日経出、合城具法儀於通洛門奉迎、其日表賀、便請頒示天下、写本入蔵、宣付史官、其月十八日、於敬愛寺設斎慶讃、兼請中使王公宰相百……。開元廿三年十月、□□書手臣張若芳、用小麻紙三十五張、　校書郎　坦初校、　校書郎韓液再校、　正字李希言三校、　装書匠臣陳善装、　典書臣侯令惲典、　秘書郎臣盧倬掌、　朝散大夫守秘書監上柱国平郷県開国男臣宋昇監、　[正議大夫……上]柱国載国公臣李道□□、　光禄大夫秘書監同正員上柱国汝陽郡王臣揔淳監、　天宝元年八月十五日立」(房山石経)。

(8) 吉川忠夫「元行沖とその「釈疑」をめぐって」(『東洋史研究』四七、一九八八年)、島一「『孝経』注疏とその周辺」(『学林』二八、二九、一九九八年)、島一「母のための三年の喪」(『立命館文学』五五一、一九九七年)等を参照。

(9)「昔歳、述孝経以為百行之首、故深覃(談)要旨、冀闡微言、不唯先王至徳、実謂君子務本」。

(10)『孝経』玄宗序「是以一章之中、凡有数句、一句之内、意有兼明、具載則文繁、略之又義闕、今存於疏、用広発揮」。『旧唐書』巻一〇二元行沖伝「上又特令行沖撰御所注孝経疏義、列於学官」。同巻四六経籍志「孝経疏三巻(元行沖撰)」。

(11)「朕誠寡薄、嘗感斯文、猥承有後之慶、恐失無為之理、毎因清宴、輒叩玄関、随所意得、遂為箋注、豈成一家之説、但備遺闕之文、今茲絶筆、是詢於衆、公卿臣庶、道釈二門、有能起予類於卜商、針疾同於左氏、渇於納善、朕所虚懐」。

(12) この点については、本書第四部第二章を参照。

(13)「道法自然者、老経云、人法地、地法天、天法道、道法自然、釈曰、法者、倣教取前則也、人法地者、地寂静也、人当如也、寂静其志、守道待時、不患人不知、自能功成事遂矣、地法天者、天行健壮、生成万物、無有衰怠、地不得天、無以生成、天尊地卑、故法之也、理実而言、人法天地、不唯於地、故易云、天地変化、聖人効之、天法道者、天雖運行不息、尽是常道、無為而無不為、故法於道而無為也、道法自然者、即大道無所従来、名為自然、非別有自然、而令大道法之也、但以究尋天道之源、乃覚自然而已、更無根源因由、故云法之矣」(卍続蔵一ノ一四、頁四一三)。

(14) この点については、本書第三部第三章、第四部第一章を参照。

(15)「昔歳、述孝経以為百行之首、故深覃(談)要旨、冀闡微言、不唯先王至徳、実謂君子務本、近又賛道徳、伏知　聖祖垂教[著]□□□□□□□稟訓、況道家使人精神専一、動合無為、凡有以理天下之二経、故不可闕也」。

(16)「今之此注則順乎来請、夫衆竅互作、鼓之者風也、相梨相殊、可口者味也、苟在□□□□□□□□将助我者、何間然乎」。

(17)玄宗「答張九齢請御註経内外伝授批」「此経宗旨、先離諸相、解説者衆、証以真空、僧徒固請、欲以宏教、心有所得、輒復疏之、今請頒行、慮無所益」(『全唐文』巻三七)。玄宗「答張九齢賀御註金剛経批」「不壊之法、真常之性、実在此経、衆為難説、且用稽合同異、疎決源流、朕位在国王、遠有伝法、竟依羣請、以道元[玄](元)、与夫孝経道経、三教無闕、豈兹秘蔵、能有探詳、所賀知」(同)。玄宗「答張九齢等賀御注金剛経手詔」「僧徒固請、欲以興教、心有所得、輒復疎之、今請頒行、仍慮未愜」(『全唐文』巻三〇)。

(18)『貞元新定釈教目録』巻一四「沙門智柔言、伏以聖智宏深、藉弘演而弥広、真源妙極、仮言象而方伝、……貞元六年八月十一日、千福寺御注金剛経宝幢院検校功徳沙門智柔表進、……」(大正蔵五五、頁八九四上)。唐朱景玄『唐朝名画録』神品上呉道玄「又按両京耆旧伝云、寺観之中、図画牆壁凡三百余間、変相人物、奇蹤異状、無有同者、上都唐興(興唐)寺御注金剛経院、妙跡為多、兼自題経文」。

(19)高橋佳典「玄宗朝における『金剛経』信仰と延命祈願」(『東洋の思想と宗教』一六、一九九九年)。

(20)『宋高僧伝』巻五道氤伝「開元十八年、於花蕚楼対御定二教優劣、氤雄論奮発、河傾海注、道士尹謙対答失次、理屈辞殫、論宗乖舛、帝再三歎羡、詔賜絹伍伯匹、用充法施、別集対御論衡一本、盛伝于代、後撰大乗法宝五門名教幷信法儀各一巻、唯識疏六巻、法華経疏六巻、御注金剛経疏六巻、初玄宗注経、至若有人先世罪業応堕悪道乃至罪業則為消滅、雖提兎翰、頗見狐疑、慮貽謬解之愆、或作余師之義、遂詔氤決択経之功力、剖判是非、奏曰、仏力経力、十聖三賢、亦不可測、陛下曩於般若会中聞熏不一、更沈注想、自発現行、帝於是豁然若憶疇昔、下筆不休、終無滞礙也、続宣氤造疏矣、四海嚮風、学徒鱗萃、於青龍寺執新疏、聴者数盈千計、至于西明崇福二寺講堂、悉用香泥築、自水際至于土面、荘厳之盛、京中甲焉」(大正蔵五〇、頁七三四下)。また、注(33)所掲道氤『御注金剛般若経宣演』序参照。

(21)呉夢麟「房山石経本《唐玄宗注金剛経》録文」(『世界宗教研究』一九八二―二、一九八二年)。

(22)『房山石経三　隋唐刻経』(華夏出版社、二〇〇〇年)。

(23)『房山石経研究(二)』(中国仏教文化出版有限公司、一九九九年)。

(24)本経については、スタイン将来敦煌写本の整理に関与されてきた、中国社会科学院世界宗教研究所の方広錩教授の「敦煌文献中的《金剛経》及其注疏」(『世界宗教研究』一九九五―一、一九九五年)においても、作者不詳と解説され、同氏の最新の研究レベルを示すと思われる『敦煌学大辞典』(上海辞書出版社、一九九八年)においても同様の解説を付している。さらに、道氤や曇曠らの『金剛経』注釈の専門家である平井宥慶氏も「敦煌文書における金剛経疏」(阿部慈円編『金剛般若経の思想的研究』春秋社、一九九九年)の中では、本写本については特に何も言及されていない。

(25) 注(7)所掲『御注金剛般若経』題記を参照。

(26) Ch一〇三七、Ch三〇三については、Gerhard Schmitt / Thomas Thilo, *Katalog chinesischer buddhistischer Textfragmente*, vol.1, Berlin, 1975を参照。衣川賢次氏の論考は、「唐玄宗《御注金剛般若経》的復原与研究」(『新世紀敦煌学論集』巴蜀書社、二〇〇三年)。

(27) 衣川賢次「唐玄宗《御注金剛般若経》校録」(『蔵外仏教文献』第八輯、宗教文化出版社、二〇〇三年)、同「唐玄宗《御注金剛般若経》的復元与研究」(『花園大学文学部研究紀要』三六、二〇〇四年)。

(28) 麥谷邦夫編『唐玄宗金剛般若波羅蜜経注索引』(京都大学人文科学研究所附属漢字情報研究センター、二〇〇七年)。

(29) 例えば、陳祚龍「学仏随筆」第一章「関於唐玄宗御注金剛経」(『獅子吼』一九七七―八、一九七七年)。

(30) 『冊府元亀』巻五一「二十三年九月、親注金剛経及修義訣、中書令張九齢等上言、伏見御注前件経及義訣……帝手詔曰、僧徒固請、欲以興教、心有所得、輒復疏之、今請頒行、仍慮未愜」。

(31) 注(20)所掲『宋高僧伝』道氤伝参照。

(32) 『御注金剛般若経宣演』の現存テキストには、『御注金剛般若波羅蜜経宣演』巻上(ペリオ二一七三、首完尾闕)、『金剛般若経宣演』巻下(ペリオ二一三二、首尾完)があり、大正蔵巻八五に収められている。また、『金剛般若経疏』(ペリオ二一三三〇、首尾闕)も実は『宣演』巻上の一部である。

(33) 「大唐開元中、歳次大泉献、皇帝御天下之二十三載、四門允穆、百揆時叙、至化洽於無垠、玄風昌於有截、廼凝睿思、暢述儒道、仍懐妙覚、注訣斯経、直照精微、洞開秘密、天章発耀、仏日増輝、映千古以首出、超百王以垂範、既而雄都上京、刊勒金石、溥天率土、班宣句味、洗生霊之耳目、裂魔著之籠樊、曠劫未逢、今茲何幸、氤臥病林藪、杜跡弥年、伏覧聖謨、載懐抃躍、旋荷明詔、濫預弘揚、力課疲朽之余、虔敷幽奥之蹟、才微任重、覆餗増尤、処座之辰、詎忌詞費、窃惟君唱臣和、糸発輪行、若不広引教文、何以委明、注意是用、提撕衆論、対会六経、適自脣吻、彰乎翰墨、頓犀象而輸牙角、括川沢而薦珠珍、所以附賛天文、所以荘厳義府、涓波赴海、豈益洪溟之深、蛍爝呈光、未助太陽之景、恭申罔極、俯効忠勤者也」(大正蔵八五、頁九上)。

(34) 開釈経題「注分為四、一釈喩、即金剛真宝、能砕堅積、二釈智、即般若正智、能破煩悩、三弁徳、即無住無取、証波羅而捨筏、即色即空、契菩提於中道、四釈経、即如是降伏、可以称常、故言金剛般若波羅蜜経」(大正蔵八五、頁九上)、および「経、是人先世至則為消滅」に対する「問、注云業若先定、応堕悪道、即是鈍根聞必驚怖、安能信奉而読誦此経耶、若後五百歳、聞是章句、能生信心者、此人已於千万仏所種諸善根、復若為人軽賤乎、如何会釈、……」(同、頁三〇下)。

(35) 平井宥慶「敦煌本・道氤集『御注金剛経宣演』考」(『印度学仏教学研究』二一―一、一九七三年)、同「敦煌本・道氤集『宣演』と曇曠撰『旨賛』」(『印度学仏教学研究』二三―二、一九七五年)、同「金剛般若経」(『講座敦煌』七、大東出版社、一九八四年)など。

(36) 『唐会要』巻七七論経義「其載二月二十四日、詔曰、朕欽承聖訓、覃思玄経、頃改道徳経載字為哉、仍隷属上句、及乎廷議、衆以為然、遂錯綜真詮、因成註解」。

(37) この点に関しては、本書第四部第二章を参照。

(38) 注(20)所掲道氤伝参照。

(39) 以下、石経本の引用は注(28)所掲麥谷邦夫編『唐玄宗金剛般若波羅蜜経注索引』の釈文による。「五／五」は石経第五面第五行を意味する。

(40) 注(34)所掲開釈経題参照。道氤は、玄宗注の前半だけを引用し、疑問を提起している後半部分「況此経仏為大乗最上乗者説、皆真実不誑、不応苟勧愚人崇信、而発菩提取相之言、将如来別有深意乎、為訳経之人失其旨」は無視している。

(41) 『三論玄義』「難曰、若邪正並冥、豈非空見、答、正観論云、大聖説空法、為離諸見故、若復見有空、諸仏所不化、如水能滅火、今水還出火、当用何滅、断常為火、空能滅之、若復著空、即無薬可滅也」(大正蔵四五、頁七上)。

(42) 日比宣正『唐代天台学序説――湛然の著作に関する研究』(山喜房仏書林、一九六六年)第二篇第五章「維摩経畧疏」を参照。

(43) 「若能遣之又遣、空法亦空、一切皆如、離涅槃相、湛常円寂、故曰無余」。

(44) 「離彼両辺、契於中道、悟無生忍、勝福甚多、財施校量非所及也、知無有我亦無無我、遣之又遣、深入菩提、故知一切法無我也」。

(45) 「般若正智、喩如金剛、破煩悩障、了出中道、渡貪愛流、超到彼岸、故以是名字、無量勝義、汝当循名責実、依是奉持」。

(46) 第一章章題疏「衆妙之門者、示了出也、所謂進修之階漸、体悟之大方也」(巻一、葉一表)。

第十三章疏「謂体悟之人順事於道、豈唯自能了出」（巻三、葉一二裏）。

第三十七章疏「夫無名之樸、既将不欲、不欲之欲、於此亦忘、則泊然清浄、是名了出」（巻五、葉五表）。

第四十章疏「諸法実性、理中不有、亦復不無、事絶因待、所言物生於有、有生於無者、皆是約代法而言爾、若知数輿無輿、即知数諸法無諸法、豈有権実而可言相生乎、悟斯理者、可謂了出矣」（同、葉一六表）。

(47)「如来常説、汝等比丘知我説……況非法」注「以是不取於相、故如来常説、説無……法、本破於有、若知有不有、遂悟……岸、筌以取魚、得魚忘筌、到岸捨筏、故大聖……諸見、諸見既除、空法亦尽、況非空法其可……」。

(48)「須菩提、過去心不可得、現在心不可得、未来心不可得」注「以三世法、求生知心、是心無常、求不可得、前云非心名心、借常心以破妄、此云求不可得、又遣破妄之常、然不将不迎、応而無主、万境咸入、我用不疲、千相取容、其求皆給、不唯般若之蘊乎」。

(49)「何以故、如来説諸心皆為非心、是名為心」注「何以故如来悉知、謂此諸心皆由妄起、与物相刃、逐境交馳、如是等心、是生知見、妄法非有、畢竟皆空、唯浄信心、如所教住、証達本末、是名為心」。

(50)「菩薩所作福徳、不応貪著、是故説不受福徳」注「貪著福徳、求受勝報、未能無我、不趣菩提、如驪龍球、探必受害」。

(51)田中良昭「校注和訳『大乗開心顕性頓悟真宗論』」（『松ヶ岡文庫研究年報』三、一九八九年）。

(52)『恵運禅師将来教法目録』（承和一四年〔八四七〕録）「注金剛般若経一巻 御製」（大正蔵五五、頁一〇八八上）。
『恵運律師書目録』（応和三年〔九六三〕写本）「註金剛般若二巻、（一巻御註、一巻江寧県牛頭山融和尚註）」（大正蔵五五、頁一〇九一中）。

『諸阿闍梨真言密教部類総録』巻上（元慶九年〔八八五〕安然録）「注金剛般若二巻、（一巻御註、一巻山融、〔恵〕運私云、上二宣傍見之」（大正蔵五五、頁一一一三中）。

『山王院蔵』（延長三年〔九二五〕僧貞宗書　僧空慧記）「御注金剛般若経一巻 改小字為麁書」（『昭和法宝総目録』巻三、頁七七二中）。

『東域伝灯目録』（寛治甲戌〔一〇九四〕作成、興福寺沙門永超集）「同（金剛般若経）註一巻 御註」（大正蔵五五、頁一一四五下）。

あとがき

本書に収められた論文は、この三十数年の間に折に触れて発表してきたものの一部である。その多くは時々の関心の趣くままに書き散らしてきたものであり、道教の教理思想に関わるという以外、明確なテーマに貫かれているというわけではない。しかしながら、道教の教理思想の根幹には「気」の思想が揺ぎない地位を占めて存在している。それぞれの論文のテーマは表向きは様々であるが、それらに共通する鍵語は「気」であり、その道教的展開を端的に表明する「道気」である。強いていうならば、本書はこの「道気」をめぐる道教教理思想の諸相を論じたものということになろう。

いま、各論文の初出を示せば以下のとおりである。

第一部

第一章　魏晋南北朝期の道家・道教における気(原題「道家・道教における気」、小野沢精一他編『気の思想』東京大学出版会、一九七八年三月)

第二章　道教的生成論の形成と展開(原題「道教的生成論の形成と展開――『気の思想』補論」、『東大中哲文学会報』第四号、一九七九年六月)

第三章　『老子想爾注』と道気論(原題「『老子想爾注』について」、『東方学報(京都)』第五七冊、一九八五年三月)

第二部

第一章　道教教理における天界説(原題「道教における天界説の諸相」、『東洋学術研究』第二七号別冊、一九八八

年一一月）

第二章　初期道教における救済思想（『東洋文化』第五七号、一九七七年三月）

第三章　道教における真父母の概念と孝（原題「真父母考――道教における真父母の概念と孝をめぐって」、麥谷邦夫編『中国中世社会と宗教』道気社、二〇〇二年四月）

第三部

第一章　『道教義枢』と南北朝隋初唐期の道教教理学（麥谷邦夫編『三教交渉論叢』京都大学人文科学研究所、二〇〇五年三月）

第二章　道教教理学と三論学派の論法（原題「『道教義枢』序文に見える「王家八並」をめぐって――道教教理学と三論学派の論法」、『中国思想史研究』第三三号、二〇一二年一二月）

第三章　唐代老子注釈学と仏教（荒牧典俊編『北朝隋唐 中国仏教思想史』法蔵館、二〇〇〇年二月）

第四章　道教類書と教理体系（京都大学人文科学研究所編『中国宗教文献研究』臨川書店、二〇〇七年二月）

第四部

第一章　玄宗『道徳真経』注疏における「妙本」（原題「唐・玄宗『道徳真経』注疏における「妙本」について」、秋月觀暎編『道教と宗教文化』平河出版社、一九八七年三月）

第二章　玄宗と『道徳真経』注疏の撰述（原題「唐・玄宗御注『道徳真経』および疏撰述をめぐる二、三の問題」、『東方学報（京都）』第六二冊、一九九〇年三月）

第三章　玄宗と三経御注（原題「唐・玄宗の三経御注をめぐる諸問題――『御注金剛般若経』を中心に」、麥谷邦夫編『三教交渉論叢続編』京都大学人文科学研究所、二〇一一年三月）

本書を出版するに際しては、諸論文の間でバラバラであった字体や仮名遣い、用語、表記や注釈の体例を統一したほか、引用文に関しては本文中では原則として訓読文を使用し、原文を注記することとした。また、全体の行論を整える上で必要な最小限の修改を施したが、第三部第二章に関しては、第三部第一章との重複を避けるためやや大幅な削除を行った。なお、原論文発表以降の新しい研究成果については、原則として触れることはしていない。従って、各論文の趣旨に関してはほぼ発表時のものと基本的には同一である。

当初、私は陶弘景の本草学を中心とした学術思想に興味を抱いて研究を進めていたが、その過程ではじめて『真誥』や『登真隠訣』といった道典の存在を知り、一応道蔵本を繙いてはみたものの、浅学非才の若造には字面を追うことすら難しく、内容を理解することなど思いもよらなかった。そのような時に、京都大学人文科学研究所での共同研究の情況や当時道教研究に本格的に着手し始めていた福永光司人文研教授の論文を紹介して下さったのは、当時の指導教官の戸川芳郎先生であった。その後間もなく、山井湧先生のご尽力によって、福永光司先生が東京大学文学部中国哲学科の教授に転じられ、私の博士課程の指導教官となられた。指導学生としての三年間、また研究室の助手としての二年間、先生の講義を拝聴し演習に参加する中で、道教や仏教を思想史的にどう扱えばよいのか、また、そのための資料操作はどうあるべきかなど、様々なことを学ぶことができた。毎回、大量の手書きの原文資料を配布されての講義は、汲めど尽きせぬ泉のごとく啓発、示唆に富むものであった。本書に収めた論文のいくつかは、発表の時期こそ大分後になるが、この時の講義に触発されて書かれたものである。また、福永先生のもとで学ぶという得難い機会に巡り合えたのは、山井湧、戸川芳郎両先生のお蔭でもあり、感謝の念に耐えない。

福永先生は、東大での五年の後、再び人文研に戻られて共同研究班を組織された。時を同じくして、私は名古屋大学に職を得、先生のお誘いもあって人文研の共同研究班に参加することになった。この研究班では『広弘明集』の会読が行われ、京都周辺の名だたる中国学関係者が多数参加して訳稿の検討が進められ、加えて福永先生の情熱的なレクチャーもあって、毎回新しい知見や研究上のヒントが得られた。こうして名古屋と京都を往復している間に、奇しくも私自身が人文研に席を与えられることになり、福永先生が定年退職されるまでの一年間という短い期間ではあったが、先生のもとで研究に従事する幸運にも恵まれた。この時の研究班の報告書のために、私に与えられたテーマが『道教義枢』の道教教理」であった。この研究班の報告書は、先生のご病気や退職など様々の事情から出版には至らなかったが、報告論文の作成過程を通じて、私自身の研究方向も次第に明確になっていった。福永先生の学恩には、謝しても謝しきれぬものがある。

以後、退職までの三十年余にわたって、私は人文研という得難い研究環境の中に身を置かせていただいてきた。この間、共同研究の面では、吉川忠夫、荒牧典俊、礪波護、小南一郎、蜂屋邦夫(客員)教授らの研究班に参加するとともに、一九九八年以降は自身の研究班を組織して、主に六朝隋唐時期の道教を中心にした三教交渉に関する研究を進めてきた。その成果として、『三教交渉論叢』(二〇〇五年)、『三教交渉論叢続編』(二〇一一年)を刊行することができたのは、ひとえに人文研の同僚諸氏はいうに及ばず、研究班に参加された多くの研究者の協力の賜物である。本書に収録した論文の多くが、このような人文研での共同研究の成果を踏まえたものであることはいうまでもない。一々お名前を挙げることはしないが、関係諸氏にはこの場を借りて厚くお礼を申しあげる。

自身の研究成果を一書に纏めることに怠惰であった私の背中を強力に押してくれたのは、坂内栄夫、金志玹、古勝隆一、宇佐美文理の諸氏であった。沖縄での学会の後で、還暦祝の席で、そして退職記念パーティーの席でと、一向に腰をあげようとしない私を事あるごとに根気よく叱咤激励し、徐々に外堀を埋めるように手筈を調えていってくれた。諸氏の好意と尽力なくしては、本書の刊行は成し得なかったに違いない。ここに深甚の謝意を表したい。

最後に、本書の出版全般にわたって大変お世話になった岩波書店編集部の杉田守康氏にお礼申しあげる。

二〇一七年九月

麥谷邦夫

魏晋思想史研究　福永光司　A5判四一六頁　本体九八〇〇円

道教思想史研究　福永光司　オンデマンド版　本体九二〇〇円

語録の思想史——中国禅の研究　小川隆　A5判四九二頁　本体一二〇〇〇円

唐代伝奇小説論——悲しみと憧れと　小南一郎　A5判二八〇頁　本体六八〇〇円

書物誕生　あたらしい古典入門
『老子』——〈道〉への回帰　神塚淑子　四六判二四〇頁　本体二一〇〇円

読書雑志　中国の史書と宗教をめぐる十二章　吉川忠夫　四六判二五〇頁　本体三〇〇〇円

杜甫詩注（第Ⅰ期全一〇巻）　吉川幸次郎　興膳宏編　A5判　本体六二〇〇～一一〇〇〇円

岩波書店刊

定価は表示価格に消費税が加算されます

2018年1月現在

麥谷邦夫
1948年生まれ．京都大学名誉教授．中国思想史．
主要著書『三教交渉論叢(正・続)』(編，京都大学人文科学研究所)，『中国中世社会と宗教』(編，道氣社)，『真誥研究(訳注篇)』(共編，京都大学人文科学研究所)，『真誥索引』(京都大学人文科学研究所)，『老子・列子』(学習研究社)ほか．

六朝隋唐道教思想研究

2018年1月18日　第1刷発行

著　者　麥谷邦夫《むぎたにくにお》

発行者　岡本　厚

発行所　株式会社 岩波書店
〒101-8002 東京都千代田区一ツ橋 2-5-5
電話案内 03-5210-4000
http://www.iwanami.co.jp/

印刷・法令印刷　函・加藤製函所　製本・松岳社

ISBN 978-4-00-025576-9　　Printed in Japan

書名・人名索引

サ 行

タ　行

ナ 行

ハ 行

マ 行

ヤ 行

ラ 行

事項索引

ア 行

カ 行

サ 行

タ 行

ナ 行

ハ 行

マ 行

ヤ 行

ラ 行